DER GROSSE ERZIEHUNGSBERATER

Jan-Uwe ROGGE

DER GROSSE ERZIEHUNGS-BERATER

Rowohlt

«Es gibt nichts Neues unter der Sonne.
Zwar gibt es bisweilen ein Ding,
von dem es heißt: Sieh dir das an, das ist
etwas Neues aber auch das gab es schon
in Zeiten, die vor uns gewesen sind.»
(Prediger/Kohelet 1. Buch)

«Auch wenn du jemandem etwas tausendmal
gesagt hast, und er hat nicht zugehört,
musst du es ihm immer und immer wieder sagen.
Das ist Geduld.»
(Mahatma Gandhi)

«Erziehung sollte keine Vorbereitung auf das
Leben sein, sondern das Leben selbst.»
(Anthony de Mello)

4. Auflage Dezember 2004
Copyright © 2003 by Rowohlt Verlag GmbH,
Reinbek bei Hamburg
Alle Rechte vorbehalten
Satz aus der Plantin PostScript QuarkXPress
bei KCS GmbH, Buchholz/Hamburg
Druck und Bindung Clausen & Bosse, Leck
Printed in Germany
ISBN 3 498 05760 X

KAPITEL EINS

Leichtigkeit in der Erziehung

«Die Jugend liebt heute den Luxus», schreibt der griechische Denker Sokrates 400 vor Christi Geburt. «Sie hat schlechte Manieren, verachtet die Autorität, hat keinen Respekt mehr vor älteren Leuten und schwätzt, wo sie arbeiten sollte. Sie widerspricht ihren Eltern und tyrannisiert ihre Lehrer.»

Knapp 2100 Jahre später stellt der englische Philosoph John Locke fest: «Ich bin in der letzten Zeit von vielen Eltern um Rat gefragt worden, die bekennen, dass sie nicht mehr wissen, wie sie ihre Kinder erziehen sollen. Die frühe Verderbnis der Jugend ist jetzt eine so allgemeine Klage geworden, dass es angebracht erscheint, diese Frage öffentlich zur Diskussion zu stellen und Vorschläge zur Besserung der Jugend zu machen.»

Man kann diese skeptischen, kulturkritischen, pessimistischen Sinnsprüche, in denen über Kinder und Heranwachsende diskutiert, besser: hergezogen wird, leicht bis in die Gegenwart hinein verlängern. Mit jeder neuen Generation, die heranwächst, scheint die Gesellschaft, glaubt man ihren Schwarzmalern und -sehern, sich apokalyptischen Abgründen zu nähern.

Wer sich einmal den Berg an Ratgebern ansieht, die jedes Jahr erscheinen und die mit ihren Titeln den Vätern und Müttern alltägliches Glück und vollkommene Erziehung versprechen, der hat eine Ahnung davon, wie schwer man sich in der Erziehung tut. Manchmal gewinne ich den Eindruck, als ob mancher Vater oder manche Mutter die Kindererziehung als Punktesammeln fürs Paradies begreift. Je schlechter es einem dabei geht, je mehr man leidet, desto schneller meint man in den Himmel zu kommen unter Umgehung des Fegefeuers, hat man das doch schon auf Erden erlebt.

Dabei hat Erziehung doch mit Lachen, mit heiterer Gelassenheit zu tun und nichts mit jener Verbissenheit, mit jenem Zwang, mit jenem Perfektionismus, der den Erziehungsalltag allzu häufig prägt.

Axel Hacke hat dies in seinem «Kleinen Erziehungsberater» so wunderbar und unnachahmlich beschrieben – ein ermutigendes Buch, gerade für jene Stunden, in denen Eltern nicht mehr weiter wissen. Hacke steht dabei in einer langen Tradition. «Es ist des Menschen würdiger», so formuliert es der römische Dichter Seneca etwa 30 vor Christi Geburt, «sich lachend über das Leben zu erheben, als es zu beweinen. Um das Menschengeschlecht macht sich verdienter, wer es belacht, als wer darüber Tränen vergießt.» Dieser heiter-gelassene Grundton durchzieht (hoffentlich) auch diesen Ratgeber.

Kinder finden Erziehung zum Lachen. Sie finden Eltern ausgesprochen komisch, die zu Erziehungsvorträgen und -seminaren gehen – und dies den Kindern vorher noch anklagend, beschwörend, mahnend ankündigen: «Ich gehe nur deinetwegen da hin!» Geradezu zum Lachen finden Kinder jene Eltern, die bei diesen Veranstaltungen gar mitschreiben, die an den Lippen des Vortragenden hängen, jede seiner Weisheiten wie Labsal aufsaugen. Mir hat einmal der zehnjährige Markus schmunzelnd gestanden: «Meine Mama ist so anstrengend, wenn sie bei dir auf einem Vortrag war. Sie versucht, alles auszuprobieren, was du ihr gesagt hast. Aber ich warte eine Woche ab. Dann ist alles beim Alten!» Markus hat auf eine sehr direkte Weise umschrieben, was ein indischer Philosoph so ausgedrückt hat: Zur Bildung braucht es Bücher, zur Weisheit braucht es Zeit.

Bücher können erzieherisches Handeln nicht anleiten, gar ersetzen. Erst im Tun, im Vollzug, erfährt man, ob eine Erziehungsstrategie, ein Erziehungsstil passt oder nicht. Und die Antwort auf die Frage, ob etwas richtig oder falsch war, erhält man nicht selten erst dann, wenn die Kinder längst ausgezogen sind. Aber häufig gibt einem die Biographie dann noch eine zweite Chance: Als Großvater oder Großmutter jene Großzügigkeit, jene Gelassenheit und Souveränität, jene Leichtigkeit des pädagogischen Seins an den Tag zu legen, die Jahrzehnte zuvor nicht möglich waren.

Der Schweizer Pädagoge Marcel Müller-Wieland hat über die «heitere Grundstimmung» als Voraussetzung für Erziehung nachgedacht, in der man über gegenseitige Achtung, gegenseitigen Respekt nicht nur redet. Dazu bedarf es freilich des Mutes zur Unvollkommenheit. Diesen können Eltern von ihren Kindern lernen. Kinder sind auf eine wunderbare Art und Weise unvollkommen: Sie gehen kaum von A nach B direkt. Sie gehen zunächst nach Z, dann nach M, weil sie diesen Buchstaben auf dem Weg zum Z gesehen haben. Und vom M machen sie sich auf, um das W kennen zu lernen, bevor sie sich vielleicht entscheiden, doch beim B anzukommen.

Kinder lieben Umwege, weil Umwege die Ortskenntnis erweitern. Kinder lieben Eltern, die Fehler machen und die dazu stehen, ohne in den Kindern die Ursachen für gemachte Fehler zu sehen – nach dem Motto: «Ich wäre ja ganz lieb zu dir, aber du zwingst mich einfach, böse zu sein.»

Kinder mögen Eltern, die sich für Fehler entschuldigen, aufrecht, ehrlich, selbstbewusst und getragen von der Absicht, sie zukünftig zu vermeiden. Kinder sind zugleich großzügig genug, Fehler zu vergeben – auch dann noch, wenn Eltern sie ein zweites oder drittes Mal machen. Kinder können langmütig sein, weil sie spüren, irgendwann müssen's die Eltern doch mal kapieren.

Kinder haben Probleme mit jenen Vätern, jenen Müttern, die alles richtig machen, die perfekt, die vollkommen sein, die jeden Tag den pädagogischen Oscar am Bande verliehen haben wollen. «‹Kinder brauchen Grenzen›», schrieb mir einmal der elfjährige Jakob, «ist ein blödes Buch. Du hast so viele Tricks von uns Kindern einfach verraten. Aber ich hab mir neue ausgedacht, und die verrat ich dir nicht. Und dann weiß Mama nicht, was sie tun soll. Dann ist sie sauer, nicht auf mich, sondern auf dich, weil das nicht klappt, was du schreibst!»

Diesen hinterlistig-anarchischen Ton haben jene Briefe nicht, die Eltern an mich richten. Zwar loben sie meine Ansichten über die Erziehung von Kindern, aber manche schlagen abschließend vor: «Könnten Sie in einer Neuauflage nicht ein Stichwortverzeichnis hinzufügen? Dann kann man Ihr Buch noch besser benutzen!» Erziehung hat aber nichts zu tun mit dem Befolgen von Rezepten. Erziehung stellt eine Haltung gegenüber dem Kind dar, und sie gelingt nur auf der Basis einer festen Beziehung zum Kind.

In meinen Büchern geht es nicht um Erziehungstechniken, die einen Erfolg zweifelsfrei garantieren. Erziehungstechniken, die ohne eine innere Einstellung dem Kind gegenüber daherkommen, sind zum Scheitern verurteilt. Sie sind ohne Seele, ohne geistige Haltung.

Wenn in diesem Ratgeber nun trotz mancher Bedenken, die ich habe, ein Stichwortverzeichnis enthalten ist, so dient dies nur dem leichteren Auffinden von Sachverhalten. Es ist nicht dazu gedacht, dass man in Konfliktsituationen nachschlägt – nach dem Motto: «Mal sehen, was im ‹Großen Rogge› steht!» Oder: «Was würde Rogge jetzt wohl sagen?»

Die populäre Erziehungsliteratur, die Erziehungsratgeber, die Elternzeitschriften haben zweifellos das Erziehungswissen der Eltern enorm vertieft und differenziert. Eltern von heute wissen sehr viel über ihre Kinder, vor allem darüber, wie man sich in bestimmten Konflikt- und Problemsituationen verhält, besser: verhalten sollte. Dabei werden ihnen nicht selten Ideallösungen vorgeschlagen, die sich im realen Alltag nur begrenzt praktizieren lassen. Dies erzeugt Minderwertigkeits-, dies bringt Versagensgefühle mit sich: «Warum klappt es bei mir nicht?» – «Warum habe ich nur solch ein Kind?» – «Was mache ich falsch?» Verhält ein Kind sich nicht so, wie man es gelesen hat oder die Umwelt meint, wie es sich verhalten müsste, sind Schuldgefühle die Folge. Und allzu häufig ziehen sich vor allem Mütter die Schuhe an, die ihnen Freunde, Verwandte oder Bekannte bereitstellen.

So viel Eltern gegenwärtig über Erziehung wissen, so lückenhaft sind ihre Informationen über die Entwicklung von Kindern. Und dies bringt Probleme mit sich. Anders formuliert: Im kindlichen Handeln drückt sich eben nicht allein ein elterlicher Erziehungsstil aus, kindliche Handlungsmuster sind zugleich Spiegel von Entwicklungsstufen, die ein Kind durchläuft, sind Ausdruck seines Temperaments, seines Charakters oder seiner Individualität.

Kinder kommen nicht als unbeschriebene Blätter auf die Welt. Und das ist gut so: Es wäre ja noch schöner, wenn Eltern die Blätter selber bekritzeln könnten, um sie dann, wenn ihnen etwas nicht passt, zu löschen. Nein, Kinder sind beschriebene Blätter, auf denen die Einzigartigkeit eines jeden Kindes festgelegt ist. Damit ist elterliches Handeln keinesfalls überflüssig: Eltern stellen aus den beschriebenen Blättern das Buch des Lebens zusammen, wie es für die ersten Jahre gültig ist – nicht mehr und nicht weniger.

Und noch eines macht Eltern Mühe: Es gibt keine Reifung, keine Entwicklung ohne Reibung, keinen Entwicklungsprozess, der nur gradlinig, ohne Widersprüche verläuft. In jedem Entwicklungs- und Reifeschritt, den ein Kind durchläuft, ist immer auch das Gegenteil von dem enthalten, was sich Eltern wünschen. Sie wollen autonome, selbstbewusste Kinder, die eigenständig handeln – nur richten sich solche Persönlichkeitsmerkmale nicht selten gegen elterliche Bedürfnisse. Kinder lösen sich aus der Eltern-Kind-Einheit, sie wollen losgelassen werden. Und je mehr die Eltern halten, ja festhalten, desto mehr Energie benötigen die Kinder, um sich abzugrenzen. Kinder reden nicht allzu viel, sie handeln, wenn ihnen etwas nicht passt.

Es geht mir in diesem Ratgeber zunächst nicht um die Vermittlung von Erziehungstechniken, darum, wie man in alltäglichen Konfliktsituationen am «besten» handelt. Im Vordergrund stehen vielmehr Haltungen, die man dem Kind gegenüber einnimmt:

■ Nicht jedes Verhalten, nicht jedes Handeln eines Kindes darf sofort und kausal auf einen Erziehungsfehler zurückgeführt werden! Vielleicht hat ja die Aktion, die das Kind macht, mehr mit einer Entwicklungsbesonderheit zu tun! Zwischen Erziehung und Entwicklung zu trennen ist mehr als eine nur akademische Unterscheidung. Erziehungsfehler gilt es abzustellen; Entwicklungsbesonderheiten gilt es anzunehmen und zu begleiten. Konkret: Das Trotzalter, die Pubertät – zwei Phasen, in der kindliche Eigenständigkeit und Autonomie im Vordergrund stehen, die sich in Zornes- und Wutausbrüchen ausdrücken – kann man nicht überspringen oder gar unterbinden. Kinder kommen ins Trotzalter, Heranwachsende in die Pubertät – egal, was die Eltern tun oder unterlassen. Und dennoch ist Erziehung nicht überflüssig. Sie kann in dieser Zeit sicherstellen, dass kein würdeloses Gegeneinander entsteht, man trotz unterschiedlicher Interessen die Gemeinsamkeiten pflegt.

■ Kinder entwickeln sich höchst unterschiedlich. Entwicklung stellt sich nicht als kontinuierliche Aufwärtsentwicklung dar. Diese lässt sich erst aus der Rückschau feststellen. Wer Kinder begleitet, hat es mit einem Gemenge aus Vorwärtsbewegung, Stillstand und Rückschritt zu tun. Und jedes Kind hat dabei ein ganz eigenes Tempo. Die Aufgabe der Eltern besteht darin, dem Kind sein eigenes Tempo zu lassen. Kinder reagieren auf Tempobeschleunigungen – ständiges pädagogisches Trainingsprogramm – ebenso widerständig wie auf Verlangsamungen – «Dafür bist du noch zu klein!» Jedes Kind kommt mit einem höchst individuellen Tempo auf die Welt – das eine als ICE, das andere als Schnecke. Und beide vollziehen ihren Weg, das eine schneller, das andere langsamer. Der ICE wird der Schnecke vielleicht voraus sein – in den ersten Lebensjahren. Aber um die Mitte des zweiten Lebensjehnts werden sie sich möglicherweise vor einer Disco treffen. Der ICE wird zur Schnecke sagen: «Ganz schön lahm, Mensch!» Darauf die Schnecke zum ICE:

«Ganz schön aus der Puste, was?» Der ICE wird lachen: «Voll cool, Alter!»

- Eltern nicken zustimmend, wenn sie den Satz hören, Kinder sollten so angenommen werden, wie sie sind – und nicht, wie man sie gerne haben möchte. Doch dazu gehört, Kinder nicht ständig miteinander zu vergleichen: «Johannes, du bist schon sechs und kommst noch jede Nacht zu uns. Dein Bruder ist drei und schläft ganz allein durch!» Vergleiche werden den Kindern nicht gerecht, nehmen deren Einzigartigkeit nicht ernst. Vergleiche orientieren sich an einem idealen statistischen Durchschnittskind, das es nirgends gibt. Das kalendarische Alter gibt höchstens an, wann das Geburtstagsfest oder eine ärztliche Routineuntersuchung ansteht, es sollte aber nicht als Ausgangspunkt für Förderprogramme genommen werden, die sich mehr an elterlichen Bedürfnissen und Wünschen als an denen der Kinder orientieren. Die Unterschiede von Kind zu Kind sind enorm. Nimmt man sechsjährige Kinder, so kann eines in seiner Entwicklung wie ein fünfjähriges daherkommen, ein anderes wie ein siebenjähriges. Die interpersonellen Unterschiede, also jene von Kind zu Kind, können bis zu drei Jahren betragen. Solche Vielfalt ist normal.
- Noch etwas anderes treibt Eltern häufig um: Die intrapersonellen Unterschiede, d.h. die Entwicklungsunterschiede im einzelnen Kind. Da ist Julia, fünf Jahre, die sich sprachlich gut ausdrücken kann, über ein profundes Wissen verfügt, aber «häufig», so die Mutter, «viel weint, ganz jämmerlich wirkt, wie ein Baby daherkommt. Das macht mir Sorge.» Da ist Elias, sieben Jahre, körperlich robust, fein- und grobmotorisch äußerst geschickt, der sich aber sprachlich nicht so differenziert ausdrücken kann, wie man es, so sein Vater, «von einem Siebenjährigen doch erwarten muss». Und da ist noch Jonathan, acht Jahre, «der bisher problemlos war», so die Mutter, «jetzt aber wie ein kleines Kind daherkommt, tagsüber ist er der wilde Kerl, nachts kommt er zu uns ins Bett gekrochen.»

Die körperlichen, emotionalen, kognitiven, sprachlichen und sozialen Reifungs- und Entwicklungsschübe, die ein Kind durchläuft, vollziehen sich nur selten harmonisch. Vielmehr ist Ungleichzeitigkeit angesagt. Kinder müssen innere Spannungszustände aushalten. Eltern kommt dann die Aufgabe zu, Kinder darin zu begleiten und bei Entwicklungsverzögerungen nicht sofort von Störungen oder Teilleistungsschwäche zu reden, die es schnellstmöglich zu beheben gilt. Entwicklungsverzögerungen geben Eltern vielmehr Hinweise, sich auf das individuelle Tempo der Kinder einzulassen, es ernst zu nehmen und pädagogische Eingriffe, die die Entwicklung beschleunigen (oder verlangsamen) wollen, auf ein Minimum zu reduzieren.

Damit ist schließlich eine weitere Grundhaltung angesprochen. Kinder wollen im Hier und Jetzt angenommen und nicht ständig unter einer prognostischen Perspektive betrachtet werden. Solche Perspektive ist leider der Ansatz vieler (meist unfruchtbarer) Trainingsprogramme – nach dem Motto: «Aber er/sie kommt doch in einem Jahr in den Kindergarten/die Schule/auf das Gymnasium!» Wenn Kinder vier Jahre alt sind, dann sind sie vier und nicht sechs, wenn sie sechs sind, dann sind sie sechs und nicht neun, und wenn sie neun sind, dann sind sie neun und nicht dreizehn ...

Kinder wollen in den einzelnen Entwicklungsstufen begleitet und nicht gehetzt, aber eben auch nicht festgehalten werden.

Und ein weiterer Gedanke ist mir wichtig: Die Erziehungspartnerschaft von Eltern und Kindern. Partnerschaft hat nichts mit Freundschaft zu tun. Eltern und Kinder sind nicht gleichrangig: Eltern sind meist eine Generation älter. Sie haben Lebenserfahrungen gemacht, haben Erfahrungsvorsprünge, auf die sich Kinder verlassen wollen in Zeiten der Entwicklung, der Übergänge, der Krisen. Erfahrungsvorsprünge sind nur dann kontraproduktiv, wenn sie von Eltern als Grundlage von Bevormundung, Bewahrung, Behütung missverstanden werden und dazu führen, Kindern Erfahrungen vorzuenthalten. Doch Eltern und Kinder sind gleichwertig. Eltern sind nicht nur Lehrer, sie sind auch Schüler, und

Kinder sind nicht nur Schüler, sie sind auch Lehrer – manchmal langmütiger, spontaner, manchmal einfühlsamer und geduldiger als Eltern. Kinder ernst zu nehmen meint eben auch, sie als Lehrer zu begreifen, von denen man viel erfahren kann. Mit Kindern zu leben heißt nicht, für sie zu leben, sondern gemeinsam mit ihnen zu lernen und zu leben.

Kinder brauchen Halt gebende, nicht aber klammernde Eltern. Sie brauchen Erwachsene, die ihnen Wurzeln und Flügel verleihen – Wurzeln, um mit der Erde verbunden zu bleiben. Wurzeln zeigen Kindern an, woher sie kommen. Wurzeln zeigen Kindern die Traditionen, die Großeltern und Eltern geprägt haben. Die Aufgabe der Kinder besteht darin, diese Traditionen daraufhin abzuklopfen, welche für sie zukünftig gültig sind, welche über Bord geworfen werden können. Kinder entscheiden, welche Normen und Werte sie im Rucksack des Lebens verstauen, welche sie zurücklassen. Mit diesem Rucksack und ausgestattet mit Flügeln machen sie sich auf den Weg – begleitet von den besten Wünschen der Eltern: «Mach's gut! Du schaffst es!» Kinder sind Gäste, die nach dem Weg fragen, die ihn suchen und finden – mal schneller, mal langsamer, mal leichter, mal problembeladener.

Der Weg ist dabei das Ziel. Und hin und wieder kommen Kinder kurz zurück, um von der weiten Welt zu erzählen, von den Wegen, den Irr- und Umwegen und um den Rucksack wieder aufzufüllen für die nächsten Etappen.

Im Talmud, einem 1500 Jahre alten Buch, in dem jüdische Gesetze und Geschichten enthalten sind, steht, was Eltern ihren Kindern mitgeben sollen. Das fünfte Gebot lautet dabei: Eltern müssen ihre Kinder das Schwimmen lehren. «Warum», so fragt Wayne Dosick, ein amerikanischer Pädagoge, «besteht der Talmud ausgerechnet darauf, dass Eltern ihre Kinder das Schwimmen lehren sollen?» Und er gibt selbst die Antwort: «Wer seinen Kindern das Schwimmen beibringen will, der muss wissen, wie lange man sein Kind festhalten soll und wann man loslassen muss.» Wer Kinder loslässt, hat die Hände frei für Neues, für sich. Wer in die leeren Hände schaut und der Vergangenheit nachtrauert, wird in der Gegenwart nicht ankommen, schon gar nicht die Zukunft gestalten können und damit dem Kind Kraft für die ganz eigenen Wege zu geben.

KAPITEL ZWEI

Die Null- bis Sechsjährigen –
Vom Säugling bis zum Ende
des Kindergartens

«Mit einem Male», erzählt Marion Cramer, «kommt das Kind schon in die Schule. Wenn das Kind auf die Welt kommt, ist man noch unsicher. Gut, ich hab mich sehr gefreut. Aber man will ja auch alles richtig machen. Und da ist man gewaltig verkrampft. Und das überträgt sich natürlich auch auf das Kind.» Sie überlegt: «Manchmal möchte ich die Uhr nochmal zurückdrehen, es noch einmal, natürlich besser machen.» Marion Cramer lacht: «Ich glaub, ich könnte das dann viel mehr genießen.»

«Das stimmt», erhält sie von Cornelia Meissner Unterstützung. «Diese einzelnen Entwicklungsschritte bekommt man schon mit. Man ist auch stolz auf das Kind ... Und auf sich natürlich auch ein bisschen. Aber manchmal geht das so schnell. Da wunderst du dich nur noch, was das Kind mit einem Male alles kann, wie es lernt, einen auch herausfordert.» Sie denkt nach: «Meine Julia hat mich genauso erzogen, würde ich sagen. Ich musste mich anpassen. In den ersten Monaten war sie pflegeleicht, aber dann forderte sie. Spätestens als sie krabbeln konnte, dieser Vierfüßlergang. Die war ständig unterwegs.» Sie rollt mit den Augen: «So schnell konnte ich gar nicht hinterher sein! Mensch, war die flink!»

«Für mich war das Überraschendste», greift Beate Roberts ein, «wie Babys komplette, vollständige Wesen sind, wenn sie auf die Welt kommen. Ihre Blicke, ihre Reaktionen, ihre Neugierde. Und das schon nach ein paar Wochen. Ach was», verbessert sie sich, «schon nach ein paar Tagen konnte ich das bei unserer Nicola beobachten. Und wie sie, je älter sie wurde, immer forschender, neugieriger war. Sie fasste alles an, wollte alles in den Mund nehmen, alles begreifen.»

«Als Jannis anfing zu laufen», erklärt Sonja Michaelis, «da wusste ich, nun geht er von mir weg. Auf der einen Seite ist man natürlich stolz, auf der anderen Seite ist da auch Schmerz dabei. Ja», sie fasst sich an die Stirn, «vom Kopf her ist einem alles klar, man muss das Kind loslassen. Aber das ist ja nun nicht nur eine Frage des Verstandes, oder? Da spielen Gefühle mit!»

«Bei mir kam noch etwas anderes hinzu», führt Anke Martini fort, «immer dieses genaue Hinschauen auf das Kind. Man liest so viel, hört so viel. Und diese Kommentare von den anderen Miterziehern. Da wirst du verrückt. Das eine Kind kann das, das andere schon das! Und dann diese ständigen Aufforderungen: ‹Ich würd das so machen!› Die nächste Freundin sagt dann das genaue Gegenteil. Man schwimmt ja völlig, hat keine Orientierung. Gut, man sagt immer: ‹Verlasse dich auf deinen Bauch!›, aber», sie zögert, «man will sich ja später auch nicht Vorwürfe machen, weil man vielleicht etwas versäumt hat.»

«Da hat sie Recht», unterstützt Vera Fischer, «man will sich ja nichts nachsagen lassen. Ich frage mich immer wieder: ‹Hast du auch alles getan, was in deiner Kraft steht?› Und wenn dann mein Jonas mal etwas hat, nicht durchschlafen kann oder sich vor einer Hexe fürchtet, dann fragt man sich sofort, warum macht er das? Hast du etwas übersehen? Etwas Falsches gemacht? Also, man ist ja ständig dabei, sich zu hinterfragen, an sich zu zweifeln.» Dann lacht sie: «Wenn die Kinder nicht so stark auf die Welt kommen würden, sie würden unsere Sorgen und Bemühungen gar nicht aushalten!»

Überblickt man den Abschnitt zwischen der Geburt eines Menschen und dem Eintritt in die Schule, lassen sich drei Phasen unterscheiden, die aufeinander aufbauen:

■ Die Entwicklung des Kindes beginnt schon vor der Geburt. Motorische Fähigkeiten bilden sich ebenso aus wie verschiedene Sinnestätigkeiten. Die Mutter-Kind-Beziehung entfaltet sich schon während der Schwangerschaft. Und sie erhält mit der Geburt eine neue Qualität. Die ersten Begegnungen zwischen Mutter und Kind sind von intensiver Zuwendung geprägt. Das Kind braucht Halt und Geborgenheit. Auch wenn es in den ersten Wochen und Monaten viel schläft, kann man in den Wachphasen viele motorische Aktivitäten, Reaktionen und Reflexe beobachten. Der Säugling kommuniziert, er ist neugierig, nimmt schnell an seiner unmittelbaren Umwelt Anteil. Er sendet Signale aus. Er lächelt, und die Umgebung reagiert darauf – wie auch umgekehrt. Nur wenn das Kind sich in der Beziehung gebunden fühlt, wenn es aufgehoben ist, entwickelt es sich. Der Säugling benötigt einen festen Rahmen, aber er will nicht festgehalten werden.

■ Indem sich das Kind seiner motorischen Fähigkeiten allmählich bewusst wird – es kriecht, krabbelt, macht den Bären- oder Vierfüßlergang, steht auf und geht –, löst es sich allmählich von der Mutter und anderen Bezugspersonen. Das kleine Kind erkundet, erforscht die Nahwelt, erwirbt dadurch Selbstbewusstsein. Und je mehr es sich seiner körperlichen Fähigkeiten bewusst ist, umso autonomer und eigenständiger handelt es. Das Kleinkind grenzt sich von den Eltern ab, will allein sein und tun. Und es erfährt, welche Macht es über Vater und Mutter, seine unmittelbare Nahwelt hat. Das Kind lässt nicht mehr nur mit sich machen, es drückt seiner Umgebung seinen Stempel auf. Das kleine Kind ist nicht nur ein lernendes Wesen, es agiert zugleich als Lehrmeister, der Einfluss auf das Alltagsgeschehen haben will.

■ Mit Beginn des Kindergartenalters stehen Reifungsprozesse und erzieherisches Handeln nebeneinander. Mit dem Zuwachs an intellektuellen, emotionalen, sprachlichen und sozialen Kompetenzen wird sich das Kind seiner Möglichkeiten bewusst, Einfluss zu nehmen, Wirkungen zu haben. Zwar können fördernde Umweltfaktoren die Entwicklung der Kinder unterstützen und begleiten, beschleunigen können sie diese aber nicht. Kinder kommen mit einem individuellen Entwicklungstempo auf die Welt, das es unbedingt zu respektieren gilt. Verändert man dieses Tempo, werden Kinder schnell aus der Bahn geworfen.

Jedes Kind durchläuft diese Entwicklungsstufen. Sie bauen aufeinander auf, werden differenzierter. Dabei muss man allerdings beachten: Auch wenn sich Entwicklung als eine Abfolge von Stufen darstellt, bedeutet Entwicklung nicht nur eine stetige Kontinuität, ein ebenmäßiges Vorwärtsschreiten.

Entwicklung stellt sich als ein Ineinander von Schüben, Stillstand, aber auch Rückschritten dar. Nicht selten folgen nach einem Entwicklungssprung Wochen und Monate des Innehaltens, des Verweilens, des Verschnaufens. Das Kind braucht Zeit, sich seiner Kompetenzen bewusst zu werden. Und manchmal sinken Kinder zurück auf frühere Entwicklungsstufen, weil sie sich überfordert haben, zu weit gegangen sind, oder weil sie gelernt haben, dass ihnen als kleinem Kind mehr Aufmerksamkeit zuteil wurde als nun dem großen Kind.

1. Die körperliche und motorische Entwicklung

Schon in der Schwangerschaft beginnt die motorische Entwicklung. Eine Bewegungskoordination kann man bereits in der Gebärmutter feststellen: In der sechsten Schwangerschaftswoche lassen sich Bein- und Armbewegungen, im dritten Monat Bewegungen von Fingern, Rumpf und Kopf beobachten. Zu heftigen Arm- und Beinbewegungen kommt es etwa im fünften Monat, während sich im achten/neunten Monat alle Körperteile rühren. Die motorische Entwicklung in den ersten beiden Lebensjahren vollzieht sich geradezu spektakulär, wobei eine Wechselwirkung zwischen körperlicher und kognitiver Entwicklung zu beobachten ist.

Die Beherrschung des Körpers im ersten, aber auch im zweiten

Lebensjahr ist dabei weniger das Ergebnis von pädagogischen Übungsprogrammen als vielmehr das Resultat von Reifung. Und dies meint: Übungen zur Körperbeherrschung sind nur dann sinnvoll, wenn man damit das unterstützt, was das Kind schon kann und wofür es reif genug ist.

Die ersten Bewegungen eines Neugeborenen sind Reflexe, die vom Gehirnstamm aus gesteuert werden. Der wichtigste Reflex ist das Saugverhalten, weil dies das Überleben des Säuglings sichert. Aber auch der Umklammerungs- und der Handgreifreflex sind notwendig, damit das neugeborene Kind sich halten kann. Mit diesen Reflexen sucht sich das Kind Geborgenheit, findet es Bindung. Der Akt des Stillens ist mithin zunächst ein Akt der Nähe, des Einsseins mit der Mutter, erst in zweiter Linie ein Akt der Nahrungsaufnahme.

In der zweiten Hälfte des ersten Lebensjahres fängt das Kind an, sich fortzubewegen. Es will Räume erobern – «Hänschen klein geht allein in die weite Welt hinein ...» Die ersten Monate setzt sich das Kind noch mit der Schwerkraft auseinander, versucht es, seinen Körper gegen die Anziehungskräfte der Erde hochzuhalten. Etwa mit drei Monaten hebt der Säugling den Kopf, schaut sich aus der Bauchlage um. Aber das reicht ihm bald nicht mehr. Er stützt sich auf Ellenbogen und Hände. Bald darauf – zwischen dem vierten und neunten Monat – bewegt sich das Kind: um die eigene Körperachse, von der Bauch- in die Rückenlage und zurück. Danach – zwischen dem siebten und zehnten Monat, manchmal aber auch später – robbt es, kriecht es und bewegt es sich im Vierfüßler-, auch Bärengang genannt, fort. Danach ist es so weit entwickelt, dass es sich aufsetzt und irgendwann frei sitzen kann.

Ging man früher davon aus, dass Kinder alle die genannten Stufen durchlaufen müssen, so scheint diese Auffassung, wie Remy Largo, ein Schweizer Arzt, überzeugend beschrieb, überholt. Es gibt keine einheitliche Abfolge der motorischen Entwicklungsstadien, vielmehr vollziehen sich diese vielfältiger: Manche Kinder kriechen lange, andere nur sehr kurz, manche Kinder bewegen sich im freien Sitzen, rutschen auf dem Hosenboden, wieder andere gehen unendlich lange im Vierfüßlergang, bevor sie sich bequemen zu gehen.

Doch mit einem Male können Kinder gehen. Sie sind dermaßen stolz darüber, dass die Entwicklung in anderen Bereichen manchmal stagniert. Wenn sie dann gehen können, erobern die Kinder Räume, rennen herum, können gar nicht genug davon bekommen, sich in ihren Bewegungen zu beweisen. Sie wollen sich erproben und allen Menschen ihre erworbenen Kompetenzen zeigen. Der Bewegungsdrang, den Kleinkinder in dieser Zeit an den Tag legen und der natürlich von Kind zu Kind sehr unterschiedlich ausgebildet ist, darf nun nicht – wie es leider immer häufiger geschieht – als Verhaltensauffälligkeit, gar Hyperaktivität gedeutet werden. Kinder, die sich nicht bewegen, sich nicht körperlich austoben, nicht bis an ihre physische Grenze gehen können, werden schnell ungeduldig, frustriert, könnten den Eltern erzieherische Schwierigkeiten bereiten.

Drei Gedanken scheinen mir für Eltern wichtig zu sein:

- Die motorische Entwicklung folgt einem Reifungsprozess, der nach inneren Gesetzen abläuft, einem Reifungsprozess, der ausgesprochen individuell ist. Jedes Kind nimmt sich seine Eigenzeit. Formulierungen wie: «Kinder, die spät laufen lernen, verfügen über wenig Selbstvertrauen» oder «Spätes Laufenlernen deutet auf eine geringe Bindungsqualität zwischen Kind und Eltern hin» entbehren jeglicher Grundlage. Zudem besteht auch kein Zusammenhang zwischen dem Tempo der motorischen Entwicklung und anderen Entwicklungsbereichen. So kann ein Kind, das sich motorisch nur langsam entwickelt, intellektuell, sprachlich oder gefühlsmäßig sehr weit entwickelt sein.

- Übungen, um das Entwicklungstempo zu beschleunigen, bringen nichts! Wenn das Kind nicht frei gehen kann oder will, führen gut gemeinte Förderprogramme nur zu Frustration auf beiden Seiten, zu Widerstand und Blockaden seitens der Kinder, letztlich zu Minderwertigkeitsgefühlen aller Beteiligten («Warum habe ich nur dieses Kind?» «Wenn ich das nicht kann, haben meine Eltern mich nicht lieb!»). Sind motorische Fähigkeiten allerdings herangereift, können sie begleitet und das Kind in seinen Kompetenzen unterstützt werden. Dadurch bildet man den Stolz des Kindes auf sich aus, stärkt man sein Selbstwertgefühl, fördert seine Leistungsbereitschaft und seine Motivation, sich neuen Aufgaben zu stellen.

■ Unterstützung der motorischen Entwicklung durch die Eltern kann sich in vielen Facetten zeigen. Eltern sollten sich bemühen, das Umfeld so zu gestalten, dass das Kind in seinem Bewegungsdrang, in seiner Neugierde nicht eingeschränkt wird, dass es lernt, mit seinen neu erworbenen Fähigkeiten umzugehen. Zugleich müssen Eltern darauf achten, dass das Kind sich nicht gefährdet.

Lars war knapp drei Jahre, als er die 300 Meter Fußweg von der elterlichen Wohnung zum Haus seiner Großeltern schon allein zurücklegte. Er musste dabei eine kleine Straße überqueren. Dazu benutzte er einen Zebrastreifen. Dann streckte er seine rechte Hand aus, überquerte vorsichtig, aber ganz selbstsicher die Straße.

Lars' Mutter, Pia Seibold, war hin und her gerissen. Sie spürte: «Lars kann das! Ich kann ihm da vertrauen!» Aber sie hatte zugleich auch Nachbarn, Verwandte und Bekannte, die ihr Leichtfertigkeit, ja Fahrlässigkeit vorwarfen, ihr Angst machten: «Wenn Lars etwas passiert, dann wirst du nie mehr glücklich!»

«Und in meinen Träumen malte ich mir die allerschrecklichsten Sachen aus! Ich wachte nachts schweißgebadet auf, sah mich vorm Richterstuhl!» Pia Seibold ließ sich verunsichern. Sie verbot Lars den Allein-Gang zu den Großeltern und zu den Freunden. Doch Lars sah die mütterliche Grenze nicht ein. Tag für Tag «büxte» er aus, machte sich auf seinen Weg. Ihm passierte nichts. Kam er jedoch wieder zu Hause an, erwartete ihn ein Donnerwetter, zunehmend hagelte es Sanktionen, die Lars aber nicht von seinem Tun abhielten.

Rolf Seibold, Lars' Vater, griff in die Situation ein, kritisierte seine Frau wegen ihrer Nachgiebigkeit, ihres Langmuts.

«Ich nehme das jetzt in die Hand», meinte er, drohte Lars, ihn in seinem Zimmer einzuschließen, sollte er nochmals ohne Erlaubnis und allein das Haus verlassen. Lars überhörte die Drohung, wusste er doch aufgrund seiner Erfahrung vom inkonsequenten Erziehungsstil seines Vaters. Doch Lars hatte sich diesmal verschätzt. Als er wieder einmal allein aus dem Hause schlich, verspätet zum Abendessen kam, erwartete ihn der wütende Blick des Vaters: «Morgen sperr ich dich ins Zimmer. Dann kommst du nicht raus!» Lars' Mutter führte die Drohung am nächsten Tag aus. Doch Lars öffnete das Fenster, kletterte katzengewandt hinaus, schlich zu seiner Großmutter. Dies wiederholte sich am nächsten Tag. Die Stimmung in der Familie verschlechterte sich zunehmend. Argumenten war Lars nicht zugänglich – ihm passierte doch nichts, war sein entscheidendes Gegenargument.

«Aber da kann was passieren!»

«Mir nicht!»

«Morgen bleibst du hier!»

«Warum?»

«Du hast mich hoffentlich verstanden!»

Nach dem zehnten «Warum?» flog Lars aus dem Raum, und zwischen den Eltern flogen die Fetzen.

«Ich glaube, wir sind nicht gerecht!», versucht Pia Seibold einzulenken.

«Der spinnt doch!» Rolf Seibold ist zornig. Ein Wort gibt das andere, der Ton wird scharf.

«Damit du's weißt, morgen binde ich Lars an, wenn der wieder abhaut! Mal sehen, wer hier gewinnt. Das wollen wir doch mal sehen!» Pia Seibold versucht – eher matt denn engagiert –, ihren Mann von seinem Vorhaben abzubringen. Kein Argument hilft. Der nächste Morgen kommt. Rolf Seibold informiert Lars am Frühstückstisch über sein Vorhaben.

«Wenn du heute gehst, binde ich dich morgen an der Garage an! Verstanden?» Lars nickt beiläufig.

Am Nachmittag geht Lars zu den Großeltern. Am Tag darauf findet sich Lars am Garagentor angebunden, eine sechs Meter lange Leine mit mehreren Knoten um seinen Bauch gebunden. Lars kann kaum glauben, was ihm da passiert ist. Er versucht, die Knoten zu lösen – vergeblich. Lars windet sich hin und her wie ein Löwe im Käfig. Er findet keinen Ausweg, fühlt sich gefesselt, fängt an zu schreien. Immer schriller werden seine Laute – bis der Vater kommt. Lars bittet mit flehender Stimme: «Ich gehe nie wieder weg, wenn du mich losbindest!» Der Vater lässt sich erweichen, löst die Knoten. Nur kurz darauf ist Lars verschwunden, unterwegs zu seinem Freund – und allein.

Der Vater ist hilflos, die Mutter verzweifelt. Sie wissen keinen Ausweg mehr. Die Mutter meint: «Ich lass ihn gehen. Ich vertraue ihm!» Sie überlegt: «Ihm passiert nichts!»

«Und wenn?»

«Ihm passiert nichts!»

Die Mutter stellt diese Situation gemeinsam mit Lars auf einem Familienseminar vor, will wissen, ob sie ihrem Sohn, der mittlerweile knapp vier Jahre ist, den Weg allein zumuten kann. «Ich fühle, er schafft's! Aber mein Kopf sagt, er ist noch zu klein!»

«Ich kann es!», meint Lars selbstbewusst.

Gemeinsam versuchen wir Absprachen, um Pia Seibold wie Lars Sicherheit zu geben: Lars ruft an, wenn er sein Ziel erreicht hat, er verspricht, pünktlich nach Hause zu kommen, immer den gewohnten Weg zu benutzen. Lars lässt sich auf alle Absprachen ein.

Das Familienklima entspannt sich, die Warnungen der Nachbarn hören dagegen nicht auf. Fast scheint es, als warteten sie geradezu auf ein Unglück. Aber nichts passierte. Im Gegenteil: Lars entwickelte sich zu einem selbstbewussten Kind, das sich in der Folgezeit viel zutraute. Auf meine Feststellung während des Beratungsgesprächs: «Lars, dir kann nichts passieren, nicht?», lächelt er, nickt ganz spontan.

«Bin doch ein Indianer!», antwortet er selbstbewusst. Dann fasst er in die Hosentasche, holt ein Abziehbild mit einem Indianer heraus. Er schmunzelt: «Mein bester Freund ... Hab ich immer bei mir. Der hilft!» Er schmunzelt und steckt das Bild zurück: «Der hilft mir!»

Diese Geschichte stößt bei vielen Zuhörerinnen und Zuhörern, wenn ich sie ihnen vorstelle, auf Widerspruch. Viele meinen, die Mutter habe leichtfertig gehandelt angesichts der vielfältigen Gefahren, die jüngeren Kindern drohen. Lars' Situation ist nicht zu verallgemeinern, schon gar nicht vorschnell auf andere Situationen zu übertragen. Aber die Problemlösung macht ein Erziehungsverhalten deutlich, das sich am ganz individuellen Verhalten eines Kindes, an einem pädagogischen Handeln im Hier und Jetzt orientiert: Die Mutter hat nicht leichtfertig gehandelt, sondern auf der Grundlage ihrer Beobachtungen. Ihre Beobachtungen gaben ihr das Gespür, Lars schon mehr zutrauen zu können als anderen Kindern in seinem Alter:

- Als Lars bemerkte, seine Eltern orientieren sich in ihrem Erziehungsstil mehr an der Meinung anderer Menschen als an seinen Möglichkeiten, trat er mit den Eltern in einen Machtkampf ein. Er machte sie hilflos, spielte mit ihnen, rächte sich bei ihnen für die ständigen Reglementierungen.

- Lars war sich seines Handelns sicher. Er wollte als Lars angenommen sein, als ein Mensch mit ganz unverwechselbaren Zügen, spezifischen Fähigkeiten, Eigenarten und Kompetenzen.

Als die Eltern dies erkannten, ihm vertrauten, sogar mehr vertrauten als anderen Kindern seiner Altersgruppe, ohne ihn deshalb zu überfordern, war er bereit, mit ihnen in eine konstruktive Erziehungsbeziehung zu treten.

«Bist du aber groß geworden!», sagt Großmutter Hilde zu ihrer Enkelin Ann-Kathrin, neun Monate, überrascht. Das letzte Mal, als sie Ann-Kathrin gesehen hatte, war sie noch ein «Winzling», wie es die Mutter ausdrückte.

«Ungeheuerlich», berichtet Anton Sauer stolz, «wie der Timo wächst, dem kannst du beim Wachsen zusehen. Welches Tempo die haben, ein Wahnsinn! Bin ich froh, ihn zu beobachten. Wenn du nicht dabei bist, versäumst du wirklich etwas.»

Die körperlichen Wachstumsschübe sind im ersten Lebensjahr enorm: um den fünften Lebensmonat herum haben Säuglinge bereits ihr Geburtsgewicht verdoppelt, zum ersten Geburtstag verdreifacht. In den ersten drei Lebensmonaten wachsen Kinder durchschnittlich um drei bis vier Zentimeter pro Monat, im dritten Lebensjahr nur noch sieben Millimeter. Aber auch hier gilt, was ich bei der motorischen Entwicklung angemerkt hatte: Längenwachstum und Gewichtszunahme sind höchst verschieden. Es gibt Kinder, die lassen sich Zeit. Andere kommen mit einer ungeheuren Entwicklungsgeschwindigkeit daher. Vergleiche sind nicht angebracht, schon gar nicht, ob ein Kind nun zu groß oder zu klein, zu schwer oder zu leicht ist. Entscheidend ist, wie das Kind über Wochen und Monate an Gewicht und Länge zunimmt. Eine allmähliche Zunahme des Körpergewichts gibt zuverlässige Hinweise, ob ein Kind wächst.

Mit dem Wachstum verändert sich auch die Gestalt des Kindes. Körperproportionen entwickeln sich. Dies wirkt sich auf das Erscheinungsbild aus, mit dem ein Kind wahrgenommen wird. Nimmt der Kopf des ungeborenen Kindes im Alter von zwei Monaten noch die Hälfte der Gesamtlänge ein, so macht der Kopf des Neugeborenen nur noch etwa ein Viertel aus. Zugleich verändern sich die Proportionen des Kopfes: Säuglinge weisen einen großen Hirn- und einen kleinen Gesichtsschädel auf. Wachsen die Säuglinge, nimmt Letzterer immer mehr an Größe zu.

Die Veränderungen des Körpers, der Gestalt kommen nicht zuletzt dadurch zustande, dass sich die Organe im Inneren entwickeln. Vor allem der Veränderung des Gehirns kommt eine maß-geblische Rolle zu. Es weist bereits bei der Geburt ein Drittel der Größe eines erwachsenen Gehirns auf.

Mit der Geburt werden zudem die Sinnesorgane differenziert. Das neugeborene Kind verfügt bereits über ein fertiges System von Sinneswahrnehmungen, wenn es auf die Welt kommt.

So ist der Säugling in der Lage, Geräusche in seiner Umgebung zu orten. Babys reagieren auf Gerüche. Sie orientieren sich vor allem an der Mutter und erkennen diese an ihrem unverwechsel-baren Geruch. Säuglinge weisen mehr Geschmacksrezeptoren auf als Erwachsene, reagieren also unterschiedlich auf süße oder sal-zige Flüssigkeiten, auf Wasser oder Tee.

Nicht zu vergessen ist schließlich die visuelle Wahrnehmung. Während sich die Neugeborenen in den ersten Monaten an gro-ben Unterschieden orientieren, zum Beispiel Gegenständen, die reizintensiv sind, sich bewegen, kann man zwischen dem vierten und fünften Lebensmonat feine Differenzierungen festmachen, wie Kinder ihre Aufmerksamkeit verteilen. So bevorzugen sie vor allem vertraute Gesichter, während sie bei unvertrauten eher «fremdeln», sich abwenden, verunsichert reagieren. Doch dazu später.

Generell lässt sich festhalten: In den ersten Lebensmonaten sind der Hör-, der Geruchs- und der Tastsinn ausgesprochen wich-tig. Kinder nehmen über diese gefühlsbetonten Sinne ihre Umge-bung wahr. Und deshalb ist eine einfühlsame Umgebung wichtig, ein zuverlässiger Bezugsrahmen, der den Kindern das Gefühl des Haltes auch dann bietet, wenn die Bezugspersonen nicht direkt wahrzunehmen sind. Störungen in der Wahrnehmung haben des-halb in den ersten Lebensjahren nachhaltige Auswirkungen auf die Entwicklung der Kinder, wie Bettina Mähler und ich in «Kinder, die den Rahmen sprengen» aufgezeigt haben.

2. Die sexuelle Entwicklung

Wenn nun von «Sexualität» die Rede ist, so stellt sich das aus der Sicht des Erwachsenen dar. Die Erkundung des eigenen Körpers durch das Kind vollzieht sich nämlich auf einer anderen Ebene als der, die wir Erwachsenen «Sexualität» nennen: Das Kind nimmt den Grundsatz «Begreifen geht über Greifen» auf eine ganz wörtliche Weise auf. Ein Körpergefühl erwerben die Kinder nur, indem sie ihn im wahrsten Sinne «erfühlen». Erwachsene bleiben mit ihren Erklärungen abstrakt und lösen so Irritationen bei Kindern aus.

Volker Apel, Vater der sechsjährigen Jessica, ist fast froh, als sie fragt, woher denn Kinder kommen. Er hatte sich schon seine Gedanken gemacht, warum sie niemals fragte, wo doch alle anderen Kinder ihre Eltern mit ihrem Wissensdurst nervten: «Hab ich was falsch gemacht? Waren wir zu prüde?» Dabei hatte er – wie beiläufig – Kinderbücher zum Thema Aufklärung «in der Wohnung herumliegen lassen». Jessica ignorierte diese, schien anders zu sein als jene Kinder, die in der Ratgeberliteratur vorkommen und Fragen formulieren, auf welche die dort vorgestellten Eltern nur richtige Antworten haben.

Nun war die Gelegenheit da. Volker Apel antwortete nicht auf Jessicas Fragen – er referierte über den Zeugungsakt, der natürlich kein technischer Vorgang sei, sondern ein Akt der Liebe, er dozierte über Lust, über seinen Penis, die Feuchtigkeit der Mutter, seinen Samenerguss, über das Einnisten des Eis in der Gebärmutter. Er bemühte sich um eine kindgerechte Sprache.

Doch bei allen Bemühungen übersah er Jessica, die voller Erstaunen dasaß, den Redeschwall ihres Vaters nicht stoppen konnte, so sehr brach es aus ihm heraus – nach den vielen Seminaren zur Sexualaufklärung, den langen Seiten in Aufklärungsbroschüren. Volker Apel redete und redete, erzählte vom Fötus, ja, er gebrauchte dieses Wort, verbesserte sich dann, sprach vom kleinen

Kind, das im Bauch wächst, davon, dass die Mutter dicker und dicker werde, dass sie ihr Kind spürt – bis es eines Tages, nein: nicht eines Tages, vielmehr nach neun Monaten, manchmal früher, manchmal später, das Licht der Welt erblickte.

«Tut das weh?»

«Was?»

«Wenn das Kind gemacht wird?»

«Was?»

«Wenn der Pipi in Mama steckt?»

Diese Frage hatte er nicht erwartet, seine Tochter war noch bei der Zeugung, er schon bei der Geburt. Er wirkte irritiert: «Ich glaub nicht, wenn es feucht ist ...»

«Wie wird es feucht?»

Volker Apel referierte von Drüsen und Hormonen, von Lust und Empfindung – alles in einer «kindgerechten» Sprache, versteht sich. Als er am Ende war, nicht mehr weiterwusste, unterbrach Jessica ihren Vater, offenbar einen weiteren Referatsschwall befürchtend. Nun wisse sie es, meinte sie ganz bestimmt, sie wolle keine Kinder haben, weil alles nur wehtue – am Anfang, wenn keine Feuchtigkeit da sei, und am Ende bei der Geburt.

Nein, Jessica war sich da ganz sicher, mit ihr seien keine Kinder zu machen. Sie stand auf, streichelte ihren Vater flüchtig und ließ ihn mit der Erkenntnis zurück: «Wie man's macht, macht man's verkehrt. Nie wieder Aufklärung!»

Kinderfragen zur Sexualität können sich aus verschiedenen Motiven ergeben:

- Bei Kindern um das vierte/fünfte Lebensjahr kann Wissensdurst ein zentrales Motiv sein. Das Kind hat Beobachtungen gemacht, die es mit dem vorhandenen Wissen nicht mehr deuten kann. Es braucht neue Informationen.

- Und damit tauchen andere Fragen auf, die das Kind beantwortet haben möchte. Manchmal haben Erwachsene aber auch nicht genau zugehört, haben die Bedeutungen, die hinter den Kinderfragen standen, nicht erkannt oder fehlinterpretiert.

■ Missverständnisse resultieren häufig daraus, dass Erwachsene sehr faktenbetont-rationalistisch antworten, sich nicht auf die Wahrnehmungs- und Altersbesonderheiten von Kindern einlassen. Nicht die richtige ist manchmal die passende Antwort, vielmehr eine wahrhaftige, die sich an den Vorstellungen und Phantasien von Kindern orientiert.

Aus diesen Überlegungen lassen sich einige Grundsätze ableiten, die bei der Beantwortung von Kinderfragen Eltern beachten sollten:

1. Zunächst ist wichtig, den Sinn einer Frage zu erkennen. Kinder fragen in der Regel nicht abstrakt, sie fragen nicht wissenschaftlich, sie sind als Menschen am Menschen interessiert. Deshalb muss auf kindliche Fragen kein sexualwissenschaftlicher Vortrag erfolgen. Zwar ist es von Belang, dass Eltern – wollen sie kompetent antworten – Bescheid über das wissen, was sie vermitteln wollen. Aber nicht alles, was sie wissen, müssen sie in ihren Antworten unterbringen. Sonst beherrscht man mit seiner Antwort das Kind. Ein langatmiger Wortschwall verkennt nicht nur den Sinn einer Frage, er geht meist auch am Erkenntnissstand des Kindes vorbei.

2. Je jünger das Kind, umso konkreter, klarer, knapper und anschaulicher können die Antworten sein. So wichtig es ist, Sachverhalte nicht zu verfälschen, so bedeutsam ist der Mut zum Fragmentarischen.

3. Durch diesen Mut können weitere Fragen der Kinder angeregt werden. Dies ist umso wahrscheinlicher, je intensiver sich ein Kind durch die Antworten angesprochen *fühlt*. Antworten haben deshalb die Empfindung des Kindes zu berücksichtigen.

4. In elterlichen Antworten können Rückfragen an Kinder enthalten sein – zum Beispiel: «Wie stellst du dir das vor?» Rückfragen können zu Assoziationen und Phantasien führen, die dem Erwachsenen zeigen, wo das Kind intellektuell und emotional steht. Jedes Kind hat Vorstellungen, Meinungen, Haltungen, an

denen sich Erwachsene orientieren sollten. Antworten, die nicht am Hier und Jetzt des Kindes anknüpfen, überfordern es.

5. Schließlich: Sexualerziehung ist niemals abgeschlossen, sie stellt sich als lebenslange Aufgabe dar: erst im Kindes-, dann im Jugendalter, später in den unterschiedlichsten Phasen der Partnerschaft bis in das hohe Alter. Jedes Lebensalter, jeder Lebensabschnitt bringt neue, veränderte Erfahrungen mit sich. Natürlich werden im Kindesalter wichtige Erfahrungen gemacht, zweifelsohne ist die Pubertät ein zentraler, nachhaltiger Einschnitt – aber Sexualerziehung ist damit nicht am Ende angekommen: Dieses Wissen könnte Eltern und Erziehende entlasten und dazu führen, Kinder wie Kinder und nicht wie kleine Erwachsene aufzuklären, ihnen und sich bei den Antworten Zeit zu geben. Dies meint nicht, Kinder auf ein imaginäres «Später» zu vertrösten, sondern ihnen Antworten zu geben, die ihrem Erfahrungs- und Entwicklungsstand entsprechen. Weniger ist manchmal mehr und Gelassenheit ein besserer Begleiter als guter Wille. Gelassenheit meint nicht Gleichgültigkeit, und der Verweis auf das Recht des Kindes auf Kindsein bedeutet nicht Kindertümelei – aber Gelassenheit bewahrt vor Erziehungsstress, davor, dass aus dem «Ich mein es doch nur gut mit dir» ein sexualaufklärerischer und erzieherischer Hochleistungssport wird.

Die nachstehenden Situationen erheben nicht den Anspruch, alle Fragen der Sexualerziehung umfassend zu beleuchten, vielmehr will ich einige typische Aspekte ansprechen, die Eltern Kopfzerbrechen machen.

Dorothea Elser zögert, sie hat Schwierigkeiten, ihre Frage bei einem Elternseminar zu formulieren.

«Also», fängt sie an, «mein Sohn, der Benno, liegt häufig auf dem Bauch. Und dann geht es auf und ab ...» Sie sieht mich fragend an, ob ich sie denn wohl verstanden habe.

«... er onaniert», ergänze ich.

«Ja.» Ihre Stimme ist sehr leise, sie klingt brüchig.

«Sein Kopf ist dann ganz rot ... Ich will ihn ablenken. Aber nichts hilft.» Ihr Blick geht nach oben. Sie schüttelt den Kopf. Dann schaut sie mich an: «Nun hab ich gelesen, Selbstbefriedigung hat mit sexuellem Missbrauch zu tun. Aber Benno ist nicht missbraucht worden. Dafür leg ich meine Hand ins Feuer, ehrlich nicht. Ich bin da völlig fertig.»

Eine andere Situation. Sie «habe Angst», erzählt mir Gisela Bartels mit stockender Stimme. Ihre Tochter Jasmin, sieben Jahre, masturbiere ständig ...

«Ständig?»

«Na, nicht ständig, aber mir fällt's halt auf ...» Sie ist unsicher, wirkt verzweifelt.

«Sie haben Angst?»

«Ja. Man liest so viel, Kinder, die das machten, seien in Gefahr.»

«Ist Jasmin in Gefahr?»

«Sie nicht!» Frau Bartels' Stimme klingt bestimmt.

«Wer?»

«Ich weiß nicht ... echt.» Sie hat Tränen in den Augen. «Ich hab Angst, Angst, dass Jasmin etwas passieren kann!»

«Was ist Ihnen passiert?»

Und dann erzählt Gisela Bartels, wie sie als Kind gern und häufig masturbiert habe. Ihre Tante habe sie einmal «erwischt». Sie sei ganz freundlich gewesen. Abends musste «ich zu ihr ins Bett, und dann hat sie mich verführt. Damals wusste ich das nicht, was das war. Ich war ja erst fünf. Aber es war auch schön ...» Sie weint. «Aber irgendwann wollte ich das nicht mehr, und dann musste ich immer zu ihr. Und sie hat dann gesagt, wenn ich nicht mehr komme, sagt sie es meiner Mutter ... Ich war froh, als sie wegzog ... Und später», es schüttelt Gisela Bartels, «hatte ich sogar Mitleid mit ihr, weil sie so allein war.» Sie sieht mich ernst an: «Und nun habe ich Angst, dass Jasmin Ähnliches passiert.»

Onanie, Masturbation wird allzu oft ausschließlich negativ diskutiert: War es früher eine verquere Sexualmoral, die kindliche Selbstbefriedigung mit Strafe und Zurichtung belegte, so wird Onanie heute (vor-)schnell unter der Perspektive des Missbrauchs gesehen. Oder anders formuliert: Häufiges Onanieren *kann* einen Hinweis auf sexuellen Missbrauch geben – Selbstbefriedigung wird in manchen Fällen vom Kind als auffälliges Verhalten inszeniert, um auf seine Situation aufmerksam zu machen. Dies mag bei gezielten Verdachtsmomenten wichtig werden. Doch hat Selbstbefriedigung aus der Sicht von Kindern ein sehr weites Bedeutungsspektrum:

- Onanie ist Bestandteil der körperlichen Selbstfindung und der emotional-sexuellen Entwicklung von Kindern. Solche Ausdrucksformen kommen häufiger vor, als Eltern meinen. Doch spielen sich diese mehr in unbeobachteten Momenten ab. Onanie hat zu tun mit der Entdeckung des eigenen Körpers, mit Körpergefühl. Selbstbefriedigung spielt im Übrigen auch in der Erwachsenensexualität eine wichtige Rolle.

- Dass die Berührung des Körpers mit lustvollen Momenten verbunden ist, erfährt das Kind eher beiläufig: durch die Reibung der Kleidung, durch das Liegen auf dem Bauch. Solche Gefühle werden dann durch Manipulationen verstärkt: Die Jungen berühren den Penis, drücken ihn rhythmisch gegen weiche Unterlagen; die Mädchen reizen ihren Kitzler mit der Hand, legen sich Kissen oder Stofftiere zwischen die Schenkel, um die angenehmen Gefühle zu verstärken.

- Onanie bedeutet für Kinder Lust, sie bringt keinen körperlichen oder seelischen Schaden mit sich. Ein sich durch die gefühlsmäßige Entwicklung ergebendes Bedürfnis nach Selbstbefriedigung braucht nicht unterbunden zu werden. Die häufig zu beobachtende Wiederholung der Selbstbefriedigung hat zu tun mit den lustvollen Gefühlen, die auf ein Noch-mehr drängen, sowie der Neugier, mit der ein Kind eigene Möglichkeiten entdeckt, den Körper spielerisch zu gebrauchen.

- Aufmerksamkeit ist dann geboten, wenn Kinder ihre Geschlechtsorgane gegenseitig erkunden oder beginnen, sich gegenseitig sexuell zu stimulieren. Dies gilt insbesondere für kleine Kinder, die die Folgen ihres Tuns nicht abschätzen können. Doch Aufmerksamkeit bedeutet nicht Verbot oder Ausgrenzung. Verbot und Ausgrenzung führen nur zu Verdrängungen, zu Heimlichkeiten. Sie helfen Kindern kaum, ein gesundes sexuelles wie körperliches Selbstbewusstsein auszubilden.

Grenzen können nur durch klare Regeln und Rituale gezogen werden: Sexuelle Spiele müssen von Gleichrangigkeit und Gleichwertigkeit – also nicht ältere Kinder *gegen* jüngere Kinder, Jungen *gegen* Mädchen oder umgekehrt –, von Freiwilligkeit – also keine erzwungene und erpresste Teilnahme am Spiel – geprägt sein. Die Spiele dürfen nicht zu Verletzungen führen – zum Beispiel dürfen keine Gegenstände in die Scheide oder den Po eingeführt werden.

Kinder können lernen, dass nicht jede Situation des Alltags dafür geeignet ist, ihren Bedürfnissen nach Sexualität und Selbstbefriedigung nachzugehen. Bei allem Verständnis ist der vormittägliche Stuhlkreis im Kindergarten ein zwar subjektiv möglicher, objektiv aber wenig passender Ort für das Ausleben körperlich-sexueller Gefühle. Dies gilt gleichermaßen für die sonntägliche Kaffeerunde, wenn die Oma zu Besuch anwesend ist, um ihre Enkel zu sehen. Aufschieben des Bedürfnisses – nicht: Verbot! – kann ebenso hilfreich sein wie der Hinweis an das Kind, sich in eine ruhigere Ecke des Kindergartens oder in das eigene Zimmer zurückzuziehen.

Solche von Verständnis getragenen Hinweise können dem Kind dazu verhelfen, Bedürfnisse nach sexueller Stimulation nicht sofort und unmittelbar zu befriedigen, sondern aufzuschieben oder sich andere, aber adäquate Symbole und Situationen zu suchen, um Lust zu spüren und auszuleben.

Marion Weber, Mutter der siebenjährigen Patrizia, erzählt: «Ich fand es irgendwann völlig unmöglich. Patrizia nuckelte und nuckelte. Immer ging der Daumen in den Mund. Ich hab's ihr verboten. Hab ihr die ganze Sache madig gemacht. ‹Pfui›, hab ich gesagt. ‹Du siehst aus wie ein Affe . . .› und so.»

«Hat's etwas genützt?», will ich wissen.

«Und wie!», meint sie mit viel Ironie in der Stimme. «Nun onaniert sie wie verrückt. Früher hatte sie den Daumen im Mund, und nun hat sie ein Stofftier zwischen den Schenkeln, liegt auf dem Bauch, und schon geht die Post ab.» Sie wirkt nachdenklich: «Hätte sie doch bloß noch ihren Daumen im Mund.»

Eine andere Situation: Katharina, fünf Jahre, geht zwei- bis dreimal am Vormittag zu ihrem Tisch, der in der Ecke des Kindergartenraumes steht. Sie stellt sich breitbeinig hin, schiebt die Tischkante zwischen ihre Schenkel, bewegt sich dann rhythmisch, versunken und gedankenverloren. Ihr Kopf wird rot, ihre Augen scheinen versonnen. Katharina ist in diesem Moment nicht ansprechbar. Nach zehn Minuten kommt sie wieder zu sich, steht auf, geht zu den anderen Kindern und spielt weiter.

Katharinas Verhalten fällt den Erzieherinnen auf, den Kindern nicht. Sie betrachten das offensichtlich als normal.

Katharinas Mutter, Julia Rückmers, ist besorgt: Auch zu Hause lege Katharina ein ähnliches Verhalten an den Tag. Sie benutze dort die Stuhlkante zur Stimulation. Dabei sei ihre Scheide stark gerötet, sie habe Schmerzen, könne aber nicht von ihrem Tun lassen.

«Wann onaniert Katharina?»

«Fast immer!»

«Wann genau?», bohre ich weiter.

Die Mutter überlegt, denkt angestrengt nach. Sie sucht nach Situationen, nach Anlässen, in denen sich die Tochter selbst befriedigt.

«Wenn sie zur Ruhe kommen will», entfährt es der Mutter spontan.

«Was war dann vorher?»

«Na ja, dann stand sie irgendwie unter Strom. Sie nimmt sich aber auch verdammt viel vor!»

«Und wie ist es mit Ihren Forderungen an Ihre Tochter?»

«Na ja, ich will schon, dass aus ihr etwas wird!»

Um die subjektive Bedeutung der Selbstbefriedigung aus der Sicht des Kindes genauer einzuschätzen, ist es unabdingbar, den Alltag und die Tagesabläufe der Kinder genauer zu beobachten. Viele Kinder leben unter Stress, sind ohne eine selbst gestaltete Freizeit in fest verplante Tagesabläufe eingespannt; viele fühlen sich unter Druck, den die Eltern ausleben oder ihren Kindern als Lebensmaxime vormachen.

Permanente Spannungszustände vermögen Kinder auf Dauer nicht auszuhalten. Gibt man ihnen keine Möglichkeiten, Spannung zu reduzieren, fordert der kindliche Körper sein Recht: Das Kind nuckelt, es fällt in frühkindliche Verhaltensweisen zurück, will gewickelt werden, hat übertriebene Zärtlichkeitsbedürfnisse – oder es onaniert.

Man kann zwei Formen der Selbstbefriedigung unterscheiden:

- das Kind entwickelt ein Gefühl für seinen Körper und begreift, erkundet ihn mit seinen Händen (entwicklungsbedingte Selbstbefriedigung),
- es onaniert, um körperliche Stresszustände abzubauen.

Während der entwicklungsbedingten Selbstbefriedigung kaum mit Sublimationen – also durch die Verlagerung auf andere Objekte – beizukommen ist, gelingt das bei der Selbstbefriedigung als Ausdruck von Entspannung eher: Suchen Sie nach Möglichkeiten, den Stress, die Überforderung des Kindes generell zu reduzieren. Man kann Formen der Entspannung – zum Beispiel Meditation, Yoga, autogenes Training, Sport mit dem Kind – entwickeln, um ihm Gelegenheit zu geben, seine körperlichen Gefühle auf vielfältige Weise anzugehen.

Wohlgemerkt: Sublimation der Selbstbefriedigung hat nichts zu tun mit Verbot. Vielmehr wird dem Kind eine Vielzahl an Möglichkeiten angeboten, damit es sich alters- und situationsangemessen entspannen kann.

Eine Situation aus einem Kinderhort. Im Anschluss an ein sich spontan ergebendes Gespräch über Fragen der Empfängnisverhütung während der Hausaufgaben bringt Jan-Peter, knapp sechs Jahre, am nächsten Tag seiner Horterzieherin Elisabeth ein buntes Kondom mit. Es entspinnt sich ein Gespräch zwischen Jan-Peter und der Erzieherin.

«Hier», sagt Jan-Peter und zeigt ihr ein Kondom, das er sich über den Finger gezogen hat. Die Erzieherin ist überrascht, schluckt kurz.

«Hier», insistiert Peter.

Die Erzieherin findet mühsam ihre Worte: «Woher hast du denn das?»

«Aus Papas Schublade im Schrank. Der steht beim Bett.»

Die Erzieherin will etwas sagen, ihr fehlen aber die Worte, sie lächelt Jan-Peter an: «Und?»

«Rat mal, Elisabeth, warum schmeckt das nach Erdbeere?»

«Woher weißt du denn das?»

«Hab dran geleckt!»

Die Erzieherin schaut Jan-Peter an: «So, so.»

Jan-Peter grinst: «Schmeckt gut! Wie Bonbons! Willst du auch mal?» Er hält ihr seinen Finger hin. Als Elisabeth reflexartig zurückweicht, den Kopf vehement schüttelt, fragt er ganz nachdenklich: «Elisabeth, warum müssen Kondome nach Erdbeeren schmecken?» Bevor er eine Antwort bekommt, meint er kopfschüttelnd: «Die sind doch dazu da, dass keine Kinder kommen? Komisch!»

Während der letzten Worte ist Thomas, acht Jahre, hinzugekommen, hat sich Jan-Peters Überlegungen angehört. Thomas baut sich vor dem Jüngeren auf: «Du hast keine Ahnung.»

Jan-Peter wirkt irritiert: «Ich hab doch Ahnung!»

«Quatsch! Die schmecken nach Erdbeeren, weil Mama nimmt Papas Ding in den Mund. Und wenn das nach Erdbeeren schmeckt, mag Mama das lieber.»

Jan-Peters Augen zucken, ein leichtes Kopfschütteln ist zu sehen. Jan-Peter runzelt die Stirn, sieht Elisabeth an. Beide sind sprachlos.

«Und das war gut so», erinnert sie sich später, «sonst hätte ich nur Blödsinn erzählt.» Während Thomas abdreht – auch in der Gewissheit, es «diesem Kleinen mal wieder gegeben zu haben» –, schüttelt Jan-Peter den Kopf. Er klettert auf Elisabeths Schoß, sucht ihre Nähe, sieht sie mit einer Mischung aus Unsicherheit und Nachdenklichkeit an.

«Im Nachhinein», überlegt sie, «hat er mir, hat uns das geholfen. Jetzt konnte ich ihn annehmen und wirklich beobachten.»

Nach einiger Bedenkzeit meint Jan-Peter: «Ich weiß, warum die nach Erdbeeren schmecken.»

Elisabeth schaut Jan-Peter an.

«Weil die Kinder, die dann nicht geboren werden, wegen dem Kon..., diesem Ding da», er zeigt mit seinem Kopf auf das Kondom am Finger, «nicht so traurig sind, wenn die keine Kinder werden.»

Nach diesem Satz wirkt er, als habe er seine Lösung gefunden. Er scheint mit seiner Erklärung zufrieden. Elisabeth sagt nichts dazu, setzt ihn ab, geht und überlegt:«Hätte ich dazu nun etwas sagen sollen?»

Zwei weitere Bemerkungen zu dieser Situation. Kurz darauf ging die Erzieherin zu Thomas. Als sie mit ihm alleine ist, fragt sie: «Woher weißt du das mit dem Erdbeergeschmack?» Als er zu einem altväterlichen «Das weiß man doch!» ansetzen will, reagiert die Erzieherin schroff: «Zieh nicht so 'ne Show ab!» Thomas wird ernsthaft, berichtet von einer Aufklärungsbroschüre, in der er gelesen habe. «Aber», meint er zum Schluss des Gesprächs, «ich find das schon eklig. Also, ich würd doch lieber 'n Erdbeerbonbon lutschen.»

Zweiter Nachtrag – fast ein Jahr später: Jan-Peter kommt zu Elisabeth, jetzt wisse er das mit «der Erdbeere auf dem Gummi ganz genau». Seine Mama habe ihm das erklärt: Sie «mag Papas Pipi und dann küsst sie ihn. Weil nur auf den Mund küssen sei so langweilig. Und sie mag ja Erdbeeren.» Jan-Peter macht den Eindruck, als habe er Verständnis für die Erklärung seiner Mutter, als sei nun alles für ihn klar. Seine Augen gehen nach innen, als suchten sie Bilder für das, was die Mutter ihm erzählt hatte.

«Aber Elisabeth, warum tut sie dann nicht Erdbeermarmelade um seinen Pipi?»

«Ich musste lachen», berichtet Elisabeth mir später. «Ja, was sollte ich sagen. Tja, irgendwie hab ich dann gesagt: ‹Papas Pippi ist doch kein Brötchen.› Da hat's ihn vor Lachen fast zerrissen.»

So weit die Geschichte. Folgende Aspekte sind mir dabei wichtig:

- Sexualaufklärung funktioniert nicht allein über Sprache, ist nicht allein eine Frage der präzisen Information. Vertrauen und Beziehung sind die Voraussetzung für eine Aufklärung, die sich am Kind orientiert. Das Kind braucht das Gefühl des Angenommenseins, das Gefühl, verstanden zu werden.

- Die Erzieherin hat an der spezifischen Entwicklungsphase des Kindes angesetzt, den Erfahrungen des Kindes. Und da Jan-Peter und Thomas ganz spezifische Erfahrungen besitzen, hat sie entsprechend gehandelt.

- Die Erzieherin hat ihrem Gefühl vertraut. Und sie hat den Kindern *vertraut*. Wenn Kinder nicht mit den Antworten auf die von ihnen gestellten Fragen einverstanden sind, dann insistieren sie weiter, fordern sie Erwachsene weiter heraus. Und umgekehrt gilt: Wenn Kinder sich von Antworten überfordert fühlen, dann ziehen sie sich häufig zurück, dann schweigen sie.

- Die Erzieherin hat den Kenntnisstand beider Kinder berücksichtigt, sie hat beide für sich angenommen: Jan-Peter in seiner noch magischen Betrachtung von Wirklichkeit, Thomas in seinem schon authentisch-realistischen Herangehen.

- Die Erzieherin hatte den Mut zum Fragmentarischen. Als die unterschiedlichen Erfahrungen von Thomas und Jan-Peter aufeinander prallten, konnte sie beiden nicht zugleich gerecht werden. Sie hat sich in einem ersten Schritt für Jan-Peter entschieden, Thomas' Hinweis zunächst überhört. Dieses Überhören betraf Thomas' Einwand, als Person hat sie ihn wahrgenommen. Es war deshalb wichtig, dass sie später Kontakt zu Thomas aufgenommen hat. Noch wichtiger: Die Erzieherin besaß den Mut, Jan-Peters magische Deutung als Realität stehen zu lassen. Sie fühlte, diese Sichtweise passe *momentan* für ihn. Und noch wichtiger: Die magische Deutung wurde dem Kind nicht von außen auferlegt. Es war Jan-Peters ganz eigene Erklärung. Sie hatte für ihn im Augenblick alle Gültigkeit.

■ Die Erzieherin vertraute auf Jan-Peters Entwicklung, darauf, dass er zu ihr kommen würde, wenn es weitere Fragen, Probleme und Unsicherheiten geben sollte. Dies trat ein. Elisabeth blieb konsequent im Hier und Jetzt, orientierte sich am Hintersinn kindlicher Fragen – und nicht daran, was sie alles wusste, oder gar daran, was man zu dieser Frage alles sagen könnte. «Aber, ehrlich gesagt, damit bin ich auch ganz schön ins Schwitzen gekommen. Also das mit den Erdbeeren – mein lieber Gott, wo ich doch gar keine mag, schon gar nicht da!»

■ Schließlich hatte sie den Mut zu einem für Jan-Peter überraschenden Satz: «Aber Papas Pipi ist doch kein Brötchen!» Diesen Satz konnte sie formulieren, diese Formulierung vermochte Jan-Peter nur anzunehmen, weil die Vertrauensbasis, die emotionale Beziehung zwischen beiden Beteiligten gegeben war.

Marc und Jakob, beide knapp über sechs Jahre alt, treten mit ihrer Erzieherin, Stefanie Schrader, über sexuell gefärbte Annäherungsversuche in einen Machtkampf: Mal beißen sie in ihre Bluse, mal versuchen sie, diese zu öffnen, oder sie schleudern ihr den Turnbeutel zwischen die Beine. Stefanie mahnt, droht – vergeblich. Auch als sie deutlich ihre Grenzen formuliert, ihr Recht auf körperliche Unversehrtheit einfordert, hören die Jungen nicht mit ihren Aktionen auf, selbst dann nicht, als sie Strafen androht. Im Gegenteil: Die Machtkämpfe nehmen an Intensität zu.

Eines Tages – als eine ganze Gruppe von Kindern wieder um Stefanie herumsteht – springt Marc plötzlich auf sie zu, zieht sich ein kleines Stückchen an ihr hoch, ertastet ihre Brust, nimmt sie vorsichtig in die Hand, beißt dann jedoch durch den dünnen Pullover kurz, aber heftig, vor allem sehr schmerzhaft zu. Stefanie ist von der Aktion völlig überrascht. Aber sie wirkt nur kurz geschockt. Reflexartig beugt sie sich zu Marc, packt ihn schnell, nimmt ihn auf den Arm und setzt ihm schmatzend einen Kuss auf seine Wange.

«Ich musste sofort handeln», erinnert sie sich im Rückblick.

«Meine Worte, meine sprachlichen Grenzen reichten offensichtlich nicht mehr aus. Marc machte ja ständig weiter. Meine Beziehung zu Marc stimmte. Das spürte ich. Aber es musste etwas passieren. Er war ein absolutes Schmusekind, das wusste ich. Nur vor der Gruppe, da spielte er den starken Macho . . . , den Unberührbaren. Irgendwie war's ein Reflex von mir. Ich wollte ihm zeigen: Du tust mir weh. Ich musste ihm das begreiflich machen. Da hab ich aus dem Gefühl heraus etwas gemacht, was er auch nicht mochte. Pädagogisch war das natürlich nicht richtig. Das weiß ich. Aber er hat mich verstanden. Für den Tag hatte ich meine Ruhe.»

Sie erzählt weiter: «Marc zog sich zurück, beobachtete mich. Der Abschied war völlig normal.» Der nächste Morgen. Marc kommt ganz selbstbewusst auf seine Erzieherin zu. Er gibt ihr die Hand. Er lächelt.

«Na», fragt Stefanie, «willst du wieder beißen?» Marc, ganz bestimmt: «Nee, ich bin giftig.» Daraufhin zieht er seinen Pulloverärmel hoch. Auf dem Arm hatte er sich mit Farbe eine grelle Schlange «eintätowiert», eine Schlange, die allerdings keinesfalls bedrohlich aussah: «Siehst du, ich bin giftig. Ich darf dich nicht mehr beißen.» Seine schmerzhaften und sexuell überformten Annäherungsversuche hatten ein Ende.

Auch an dieser Situation lassen sich Aspekte herausarbeiten, die für sexualerzieherische Vorgehensweisen verallgemeinerbar sind:

■ Zwar höre ich zunehmend von Heranwachsenden, die keinen

Respekt vor der physischen Unversehrtheit ihrer Eltern, Lehrerinnen und Erzieherinnen haben. Und auch umgekehrt gilt: Manche Erwachsene nutzen schamlos ihre Vertrauensposition aus, um Kinder körperlich und sexuell zu missbrauchen. Davon handelt diese Geschichte jedoch nicht, vielmehr von der Vielfalt, den Unvorhersehbarkeiten in Erwachsenen-Kind-Beziehungen.

Stefanie hat zu Recht auf ihrer körperlichen Integrität beharrt, sie hat – wenn auch mit Verzögerung – darauf bestanden, dass Grenzen eingehalten werden müssen, um sich gegenseitig zu respektieren. Doch bei allem Verständnis für kindliches Verhalten ist es unabdingbar, Kindern dann Grenzen zu setzen, wenn sie die körperliche Unversehrtheit der Erziehenden verletzen. Sobald Worte nicht ausreichen, um Grenzen zu ziehen, ist es wichtig, zu handeln.

- Das Handeln der Erzieherin stellte sich für Marc äußerst paradox dar. Diese Reaktion hatte er nicht erwartet. Die Erzieherin hat ihm durch eine konkrete und für ihn nachvollziehbare Aktion gezeigt: «Ich fühle mich durch dich verletzt und angegriffen.» Marc konnte ihren pädagogischen Eingriff deshalb annehmen, weil die emotionale Beziehung zwischen ihm und Stefanie stabil war: Er mochte Stefanie, sie konnte Marc annehmen. Es ging der Erzieherin nicht darum, Marc bloßzustellen, sondern ihn vielmehr *ein einziges Mal* eine für ihn unangenehme Erfahrung spüren zu lassen. Kinder lernen aus Erfahrung – nicht aus Worten.
- Kindliche Entwicklung vollzieht sich in Beziehungen. Für die Ausbildung einer eigenen Identität sind Orientierung und Halt wichtig. Doch kindliche Entwicklung spielt sich auch im Inneren des Heranwachsenden ab. Diese innere Wirklichkeit eines Kindes spiegelt sich in Mythen, in Phantasien, in Symbolen und Geschichten. Marcs Handeln verdeutlicht dies auf eine ebenso reale wie magische Weise. Zweifelsohne sind ihm die Gründe, das «Warum» seines Verhaltens, seiner Störungen, seiner Machtkämpfe nicht bewusst. Er sieht nur das Ergebnis, den unbe-

streitbaren «Erfolg», den er mit seinen Taten hat. Deshalb *kann* er auch nicht darüber reden, deshalb war es konsequent, dass Stefanie gehandelt und nicht weiter geredet hat. Marc wiederum hat für sich eine Lösung gefunden – eine gleichsam magisch-wundersame. Indem er sich in eine Schlange verwandelt, schützt er sich und Stefanie: Einerseits dient das Symbol als Schutz davor, nicht weiter zu «beißen» – «Ich bin giftig. Ich höre jetzt auf!» –, andererseits dient die Schlange dem Selbstschutz – «Wenn du mich küsst, vergifte ich dich!»

Hier zeigt sich die Bedeutung, die Kinder Monstern, gefährlichen Tieren oder Gespenstern zuweisen, sehr konkret: Die Symbole ängstigen, aber sie dienen zugleich als Bewältigung von Angst. Giftschlangen sind gefährlich. Man hat Angst vor ihnen. Deshalb ist Distanz ratsam. Ist man bzw. spielt man jedoch selbst eine Giftschlange, dann ist man stark, kann sich selber schützen und behaupten. Solche Symbole mahnen an die Einhaltung von Regeln, sie erinnern daran, vereinbarte Rituale einzuhalten.

Die Situation verdeutlicht auf eine konkrete Weise ein lösungsorientiertes Vorgehen bei Störungen. Es wird nicht nach Ursachen gesucht – «Warum handelt Marc so?» –, vielmehr danach, wie das störende Verhalten auf eine für alle Beteiligten akzeptable und nachvollziehbare Weise zu verändern ist. Störungen werden dann nicht als Niederlagen empfunden, wenn den Beteiligten Wege aufgezeigt werden, mit Konflikten und Machtkämpfen konstruktiv umzugehen.

Stefanies und Marcs Geschichten verdeutlichen einen Aspekt, der in der Sexualerziehung – aber nicht allein dort – häufig ausgeblendet bleibt: Kinder entwickeln eigene magische Konfliktlösungen, weisen ihnen eine wichtige Bedeutung zu. Magie und Symbole – wie in diesem Fall die Schlange oder auch Jan-Peters Phantasie von der Funktion des Erdbeerkondoms – dienen der Bearbeitung innerer Wirklichkeiten. Magie und Symbole sind – wie das Spiel – Instrumente zur Bewältigung von inneren Konflikten: Sie drücken Ängste und Unsicherheiten in symbolischer Weise aus. An Symbolen kann sich das Kind abarbeiten, es kann seine Ängste darin binden. Es ist seinen Ängsten und Unsicherheiten nicht mehr völlig ausgeliefert.

Angela, fünfeinhalb Jahre, kommt zu ihrem Vater, Moritz Schäfer, morgens ins Bett. Er liegt schon wach, entspannt sich ein wenig. Angela kuschelt sich zu ihm, umschnurrt ihn wie eine Katze, streicht ihm durchs Haar.

«Lass uns spielen, Papa», schlägt Angela mit einem Mal vor.

«Nicht jetzt!»

«Doch», insistiert Angela. Moritz Schäfer lässt sich breitschlagen: «Dann hol was zum Spielen. Du darfst es dir aussuchen.»

«Nein! Hier spielen!»

Moritz Schäfer schaut seine Tochter irritiert an: «Was meinst du?»

Sie fasst seine Hand an: «Wie du das mit Mama machst!» Angela klingt fordernd.

«Was mach ich mit Mama?», fragt er schnell, etwas hektisch.

«Ihr liegt da, unter der Decke, und dann hast du da die Hand.» Angela zieht sie gegen seinen Widerstand zu sich heran und legt seine Hand auf ihren Bauch, presst sie dort fest, «du hast die Hand auf Mama, auf dem Bauch, und dann hat sie die Augen zu.» Angela schließt die Augen: «Und dann sagt sie zu dir: Moritz, spiel mit mir . . . , spiel mit mir . . . , du mit deinen Zauberhänden. Und so geht das.»

Angela macht ihre Mutter nach. Moritz Schäfer fühlt sich unwohl, aberwitzige Gedanken schießen durch seinen Kopf, als Angela ihn in die Wirklichkeit zurückholt: «Papa! Zauber auch mit mir! Bitte, bitte!» Dem Vater bleibt die Spucke weg, er droht die Fassung zu verlieren: «Angela, sag mal, spinnst du völlig? Hast du schlecht geträumt oder was?»

Sie, ganz selbstbewusst, die Unsicherheit ihres Vaters ignorierend: «Neulich, da kamt ihr spät nach Hause. Und du warst an meinem Bett und hast mir einen Kuss gegeben. Mami hat mich nur kurz gestreichelt. Aber ich hab noch gar nicht geschlafen. Und sie hat zu dir gesagt: ‹Moritz, komm!› Und dann ist Mama einfach weggegangen. Sie hat mir keinen Kuss gegeben. Ich bin aufgestanden, ich wollt ein Küsschen von Mama. Und dann bin ich ins Schlafzimmer gekommen. Und da war niemand, ich dachte schon, ihr seid wieder weggegangen. Aber ihr wart im Wohnzimmer. Mama lag im Sessel und du davor», sie stockt, «du hast mit deinen Händen gezaubert. Ich konnte das nicht sehen. Aber Mama hat's immer wieder gesagt.»

Moritz Schäfer hat die Situation klar vor Augen. «Das war toll neulich», erzählt er mir auf einem Elternseminar, «wir haben nichts mehr gehört und gesehen. Ist doch in Ordnung, oder?» Ich nicke.

Aber Angela ließ nicht locker: «Papa, was ist? Zauberst du?»

«Ich musste was machen», so Moritz Schäfer später im Gespräch. «Sie hatte wohl nicht alles mitbekommen. Und ich wollte das mit dem Zaubern auch nicht kaputtmachen. Da hatte ich einen Einfall.»

«Hol die Zaubermännchen aus deinem Zimmer! Und dann machen wir Bauchtheater.»

«Au ja!» Angela springt auf, holt ihre Zauberpuppen, mit denen ihr Vater abends vor dem Zubettgehen manchmal allerlei Tricks vorführt. Angela kommt wieder, hat schnell noch einen Bikini angezogen. Sie legt sich zum Vater, streichelt über ihren Bauchnabel: «Mein Bauchtheater ...» Und bevor er antworten kann, fährt sie fort: «... ist geöffnet.»

«Ob Miracoli», so nannte Angela ihre Zauberpuppe, «den Bauchnabel wegzaubern kann?»

«Wir versuchen's.» Beide hatten schon eine Zeit lang auf dem Bauch ihre Zaubertricks vorgeführt, als Eva Schäfer das Zimmer betritt – angezogen von dem Gekicher: «Was ist denn hier los?»

«Wir zaubern, so wie Papa mit dir zaubert!»

Eva Schäfer schaut erschrocken. Berichte über Missbrauch von Kindern schießen spontan in ihren Kopf, ihr wird ganz heiß. Moritz Schäfer ahnt das, schüttelt lächelnd den Kopf: «Nicht wie mit Mama, wie mit dir, Angela!»

Angela sieht ihren Vater an: «Meinetwegen!»

Eva Schäfer wirkt noch immer einigermaßen irritiert.

Fragen der Kinder zur Sexualität fordern Eltern, manchmal überfordern sie sie auch – vor allem, wenn man meint, auf jede Frage eine Antwort wissen zu müssen. Fragen der Kinder bringen Überraschungen mit sich – manchmal auch Unsicherheit und Hilflosigkeit. Das ist normal. Kinder haben den Anspruch auf einen Menschen – nicht auf einen pädagogischen Roboter, der ständig weiß, wie «man» erzieht. Dann sind Lösungen möglich, die den verschiedenen Alltagssituationen und -fragen Rechnung tragen – mal realistisch-moralisch, mal magisch-spielerisch, mal intuitiv aus dem Bauch heraus.

3. Erziehung zur Sauberkeit

Florian ist sieben Jahre, ein kecker Junge, aufgeschlossen, vielseitig interessiert, etwas zierlich im Körperbau, nässt hin und wieder ein – in der Nacht. Florian ist organisch gesund, über sein Einnässen unglücklich, wechselt, wenn ihm das passiert ist, selbständig die Hose und das Bettzeug. Seine Eltern probieren verschiedene Reaktionen aus. Mal ignorieren sie sein Einnässen, mal reden sie mit ihm. Wenn sie fragen, ob er etwas Besonderes erlebe, wenn seine Hose nass ist, antwortet er nur: «Wenn ich das mache, dann träume ich, ich bin Kapitän auf einem Schiff. Ich komme in einen Sturm. Da sind dann ganz hohe Wellen. Dann werde ich nass und friere, und dann habe ich eine nasse Hose.»

«Wenn du das träumst», lautet der etwas hilflose Rat der Eltern, «wenn du das träumst, dann wach bitte auf!»

Nun bekam Florian Angst einzuschlafen. Schlafstörungen stellten sich ein: «Ich will nicht träumen, davor habe ich Angst, denn wenn ich träum, mach ich meine Hose nass.» Die Eltern baten mich, mit Florian, den ich aus dem Hort kannte, zu sprechen. Während einer Mittagspause ziehe ich mich mit ihm zurück. Er sitzt entspannt in einen dicken Sessel gekauert. Florian erzählt mir seinen Traum ausführlich und beschreibt mir genau, wie das Schiff aussieht. Es ist ein großer Öltanker. Er erzählt mir vom Kapitän – ein zupackend quirliger, hilfsbereiter, sehr jugendlicher Mann, der seinen Matrosen ständig unter die Arme greift, dabei wenig an sich, nur an die anderen denkt.

Bei seiner Schilderung nicke ich, stelle – da ich lange Zeit selber auf Schiffen gefahren bin – fachmännische Fragen, sodass Florian erstaunt ist: «Kennst du das?»

«Kenn ich, Florian. Ich kenne viele Kapitäne. Einer hieß Kapitän Floh. Floh, weil er immer wie ein Floh umhersprang. Dieser Floh war Kapitän auf einem großen Tanker. Und Floh hatte die Aufgabe, gutes Trinkwasser von Hamburg nach Afrika zu bringen.»

Florian hört gespannt zu: «Weil die sonst verdursten, nicht?» Ich nicke.

«Floh hat den Auftrag, keinen Tropfen Wasser zu verlieren. Jeder Tropfen Wasser hilft den Menschen. Das hat Flohs Chef, der Reedereibesitzer Fester, ihm eingebläut. ‹Keinen Tropfen verlieren, Floh›, hat Fester ihm eindringlich aufgetragen. ‹Aye, aye, Fester! Keinen Tropfen verlieren!›, wiederholt Floh.»

Florian hört gebannt zu, seine Beine auf den Sessel gezogen und aneinander gepresst.

«Als das Schiff in die Nordsee kam, zog sich Floh ganz warm an ...»

«Ist ja klar», meint Florian, «weil's doch kalt wird.»

«Das Schiff fährt über die Nordsee, durch den Ärmelkanal. Über Funk erfährt Floh von einem schweren Sturm in der Biskaya. Und tatsächlich kommt er in einen schweren Sturm. Wellen, so hoch wie Hochhäuser und Kirchtürme bauen sich auf. Der Tanker fängt an zu stampfen und zu schlingern. Die Situation wird gefährlich, weil sich das Wasser im Bauch des Schiffes in Bewegung setzt. Das Wasser drückt und drückt, drückt in den Ventilen, um herauszuplatzen. Riesige Wellen schlagen auf das Schiff ein. Floh springt auf der Kommandobrücke aufgeregt hin und her. Er alarmiert die Matrosen, die auch nicht mehr schlafen können. ‹Zu den Ventilen!›, schreit Floh. ‹Zu den Ventilen!› Und noch lauter, mit seiner Stimme den Orkan übertönend: ‹Dreht sie fest! Dreht sie fest!› Mit erschöpfter Stimme fügt Floh hinzu: ‹Haltet die Ventile dicht!› Angeseilt, mit Schwimmwesten versorgt, schleppen sich die Matrosen zu den Ventilen und überprüfen jedes einzelne. Am Hauptventil machen sich drei Matrosen mit aller Kraft zu schaffen, drehen fester und fester zu. Und Floh dreht auf der Kommandobrücke in Gedanken mit: ‹Fester! Fester!›, brüllt er aus Leibeskräften. Er denkt an seinen Chef und schreit sich die Seele aus dem Leib: ‹Fester, Jungs, fester! Noch fester!›»

Als ich das erzähle, hält Florian Lippen und Schenkel zusammengepresst. «Die schaffen das!», sagt er keuchend. «Die schaffen das, ich weiß das, die schaffen das!»

«Das Schiff stampft und schlingert. So einen Sturm, solche Wellen hat Floh noch nie erlebt. Er beobachtet die Ventile. Er weiß, die Ventile halten. Die halten! Da ist er sich sicher. Floh ruft über das Funktelefon seinen Chef an: ‹Fester, ich hab's geschafft. Fester, ich hab keinen Tropfen verloren.› Irgendwann kommt das Schiff, kommt Floh mit seinem Tanker in ruhige Gewässer, die Sonne wird wärmer. Floh zieht nach Tagen seine dicke Kleidung aus und dünne Sommersachen an. Er fährt mit seinem Schiff in den afrikanischen Hafen. Die Menschen jubeln über Floh, der jeden Tropfen nach Afrika gebracht hat.»

«Das war spannend!» In den nächsten Tagen will Florian die Geschichte immer und immer wieder hören. Ich erzähle sie ihm. Er geht wie beim ersten Mal begeistert mit. Auch beim wiederholten Erzählen verliert sich für ihn nichts von der Faszination.

Dann sehe ich Florian einige Zeit nicht. Mittags zieht er sich, so berichten seine Erzieher, mit den Worten «Jetzt träum ich von Floh» zurück. Und auch abends lassen die Einschlafstörungen nach: «Ich träum von Floh», verkündet er seinen Eltern.

«Von Floh?», fragen sie.

«Ja, von Floh», erwidert er ruhig.

Monate später bin ich wieder in dem Hort und treffe Florian und seine Mutter. Sie kommen auf mich zu. Was das mit dieser Geschichte auf sich habe, will sie wissen. Florian habe seit der Geschichte nicht mehr eingenässt.

«Wie hast du das geschafft, Florian?»

«Ich hab von Floh geträumt, vom Tanker. Aber in meinem Traum waren die Matrosen immer seekrank. Die haben gekotzt. Und da bin ich an die Ventile gegangen und hab sie zugedreht. ‹Fester›, hab ich gerufen, ‹fester ... noch fester ... ganz fest.›» Er lächelt: «Einmal hatte ich meinen Teddy wohl beim Träumen in der Hand. Da hab ich ihm den Hals abgedreht, weil ich dachte, das sei ein Ventil.»

Florian hatte sich in seinem Kapitänstraum der Angst gestellt. Er war selbst der Lösung sehr nahe, die durch die Geschichte vom Kapitän Floh auf den Begriff gebracht wurde. Letztlich war es seine Geschichte, seine Lösung, die er im Traum zu Ende gebracht hat, ein traumhaftes Happy End. Die Geschichte hat Prinzipien der magischen Entwicklungsphase ernst genommen. Das Kind ist Schöpfer, verwandelt Dinge mit seiner Energie.

Doch nicht immer lässt sich das Einnässen wegzaubern, dazu sind die Ursachen und Hintergründe zu unterschiedlich. «Einnässen» ist eben nicht gleich «Einnässen», obgleich das immer wieder vorschnell formuliert wird:

- Da gibt es zunächst das isolierte Einnässen – tagsüber, in der Nacht oder auch während des Mittagsschlafs und während der Nachtruhe. Im Alter von vier Jahren nässen – dem Kinderarzt Alexander von Gontard zufolge – etwa 20 bis 25 Prozent aller Kinder ein. Isoliertes Einnässen ist keine Störung, sie ist Bestandteil eines Reifungsprozesses in Richtung auf Sauberkeit, ein Prozess, der von Kind zu Kind verschieden beginnt und nicht geradlinig, geschweige denn kontinuierlich verläuft. Ein Kind, das tagsüber während des Spiels und im Eifer des Gefechts einnässt, die Toilette vergisst, ist kein einnässendes Kind. Denn Reifungsprozesse verlaufen unterschiedlich schnell – und sind durch äußerliche Faktoren nur begrenzt beeinflussbar. Geschwindigkeit und Ablauf des Sauberkeitstrainings scheinen weitgehend biologisch bestimmt zu sein. Viele Untersuchungen zeigen, dass ein frühes Sauberkeitstraining keine vorzeitige Trockenheit mit sich bringt. Dies gilt gleichermaßen für die Kontrolle des Stuhlgangs.

- Vom isolierten Einnässen ist das primäre und das sekundäre Einnässen zu unterscheiden. Vom primären Einnässen spricht man, wenn das Kind noch nie trocken gewesen ist, vom sekundären, wenn das Kind nach einer Phase der Trockenheit wieder anfängt, einzunässen.

- Das Bettnässen als Störung liegt vor, wenn das Kind nach Erreichen des fünften Lebensjahres wiederholt und unwillkürlich nachts einnässt und medizinische Ursachen ausgeschlossen sind. Dabei gilt die Häufigkeit als wichtiges Kriterium: zweimal pro Monat, wenn das Kind unter sieben Jahre alt ist, einmal pro Monat, wenn das Kind älter als sieben Jahre ist. Das Einnässen muss sich dabei über mindestens drei Monate erstrecken, darf nicht absichtlich erfolgen. Bis zum fünften Lebensjahr ist das Einnässen somit Teil eines normalen Reifungsprozesses.

Damit Kinder bereit sind, die Toilette aufzusuchen und die Blase zu entleeren, bedarf es komplexer physischer und psychischer Abläufe.

In der Blase sammelt sich Urin, der Druck steigt. Das Kind kann ihn bewusst wahrnehmen. Dies vollzieht sich zwischen dem ersten und zweiten Lebensjahr. Das Kind vermag den Harndrang durchaus zu artikulieren: «Mama, Pipi!» Zwischen dem zweiten und vierten Lebensjahr erreicht das Kind eine bewusste Kontrolle:

Es kann die Entleerung hinauszögern – oder bewusst in Gang setzen: «Mama, Pipi gemacht!»

Spürt das Kind den Harndrang, eben das Signal, dass die Blase voll ist, muss es die Toilette aufsuchen und bis dahin die Schließmuskulatur geschlossen halten. Aber das ist leichter gesagt als getan: Das Kind nimmt im Alltag viele Reize wahr. Und es muss aus der Vielzahl der aufgenommenen Reize das Signal «Die Blase ist voll» herausfiltern. Ist ein Kind ins Spiel vertieft, kann es das Signal «überhören» oder verdrängen, weil andere Signale bedeutsamer oder interessanter sind.

Auf der Toilette muss es sich schließlich entkleiden, den Blasenschließmuskel öffnen und wieder schließen. Dann gilt es, sich anzukleiden und die Hände zu säubern. Und nicht vergessen darf man, dass manche Toiletten im Kindergarten oder in der Schule alles andere als einladend sind, dort sein «Geschäft» zu machen. Manches Kind hält lieber den Harn – seltener den Kot – zurück, doch manchmal läuft eben alles über.

Es ist in den letzten Jahren üblich geworden, das Einnässen auf psychische Faktoren zurückzuführen, zum Beispiel als Zeichen für übergroßen Druck in der Erziehung («Das Kind weint nach unten!») oder als Folge einer verfrühten Sauberkeitserziehung zu betrachten.

Zweifellos sind Niere und Blase äußerst sensible Organe. «Das geht einem an die Nieren», sagt der Volksmund und drückt damit aus, dass sich Unstimmigkeiten in der Nah- und Umwelt des Kindes sehr wohl psychosomatisch niederschlagen können.

Gleichwohl ist es fahrlässig, beim Einnässen – egal ob isoliert, primär oder sekundär – sofort psychische Faktoren heranzuziehen. Zuerst ist eine organologische Abklärung unabdingbar, bevor man sich psychischen Komponenten zuwendet.

So ist das Zusammenspiel von Blasenfüllung und fehlender Erweckbarkeit eine der häufigsten Ursachen für das nächtliche isolierte Einnässen. Wird die Blase tagsüber gefüllt, spürt das Kind den steigenden Druck und macht sich auf den Weg zur Toilette.

Diesen Druck fühlen manche Kinder nachts nicht und schlafen durch. Nochmals: Die Funktion der Blase ist dann nicht gestört. Es ist ein Wasserlassen – um es salopp zu formulieren – zur falschen Zeit und am falschen Ort. Kinder mit isoliertem nächtlichem Einnässen produzieren im Vergleich zu nicht einnässenden Kindern erheblich mehr Urin, der sich dann im Bett entleert. Erhöhte Urinproduktion und tiefer Schlaf verstärken sich in ungünstiger Weise.

Das isolierte nächtliche Einnässen kann als eine Reifungsverzögerung bezeichnet werden. Doch auch diese Kinder lernen in der Regel bis zum siebten Lebensjahr, das Signal «die Blase ist voll» wahrzunehmen, aufzustehen und die Toilette aufzusuchen.

Ganz offensichtlich spielen bei den isoliert einnässenden Kindern Erbfaktoren eine nicht unerhebliche Rolle, obgleich die Gene für das Bettnässen noch nicht gefunden sind. Aber verschiedene Untersuchungen haben herausgefunden, dass mehr als 50 Prozent aller einnässenden Kinder Verwandte haben, die in ihrer Kindheit ebenfalls längere Zeit eingenässt haben und eine Reifungsverzögerung aufwiesen.

Patrick, sechs Jahre, war trocken und nässt seit einigen Monaten wieder ein. Er hat einen jüngeren Bruder, Manuel, drei Jahre, der sehr krank war und starker elterlicher Zuwendung bedurfte. Patrick war, wie die Eltern erzählten, die ganze Zeit sehr «vernünftig», ein pflegeleichtes Kind. «Wir haben uns schon immer gedacht, wie der das nur macht. Doch nun nässt er verstärkt ein, tagsüber, aber auch in der Nacht.»

Johanna, fünf Jahre, ist vor einem Jahr aus der Stadt auf das Dorf umgezogen. Sie musste ihre Freundinnen zurücklassen, besucht nun einen anderen Kindergarten, der ihr fremd vorkommt. Ein halbes Jahr nach dem Ortswechsel fing sie wieder mit dem Einnässen an, spielte und sprach wie eine kleines, unselbständiges Kind, das nach Geborgenheit suchte.

Ähnlich erging es Michaela, sechs Jahre. Auch für sie war das

Thema «Sauberkeit» abgehakt, bis ihre Schwester Janina fünfzehn Monate alt wurde. Michaela nässte wieder ein, wollte die Windeln haben.

Vom sekundären Einnässen spricht man, wenn das Kind länger als sechs Monate trocken war. Die Auslöser für den Rückfall, für Verhaltensregressionen können vielfältig sein: angefangen von der Geburt eines Geschwisterkindes über einen Umzug, den Schulstart bis hin zum Tod eines Familienmitgliedes oder der Trennung der Eltern.

Der Arzt Alexander von Gontard weist darauf hin, dass diese äußeren Anlässe nicht die Ursachen, vielmehr nur die Auslöser darstellen. Denn auch beim sekundären Einnässen spielen Erbfaktoren eine gewichtige Rolle. Die betroffenen Kinder neigen dazu, bei psychischen Belastungen mit Wiedereinnässen zu reagieren.

Beim sekundären Einnässen sind therapeutische Eingriffe unumgänglich, die sich mit der auslösenden Situation beschäftigen:

- Patricks Eltern wurde in der Beratung ein Ritual vorgeschlagen, das nur ihm und den Eltern gehörte: Sie sollten mit ihm kuscheln, während sie eine Geschichte vorlasen; ein Ritual, das ihm zeigte, wie sehr die Eltern sich seiner annahmen und dass sie ihn – bei aller Sorge um das jüngere Geschwisterkind – nicht vergaßen.

- Johanna hatte von den Kindern im alten Kindergarten keinen Abschied nehmen können, weil der Umzug ganz plötzlich kam. Und so war sie – im wahrsten Sinne des Wortes – im neuen Kindergarten nicht angekommen. Sie «fremdelte» und fand keinen Kontakt. Als man Johanna rückwirkend ein Ritual anbot, in dem sie sich von ihrer gewohnten Umgebung verabschieden konnte, vermochte sie es, ihre neue Umgebung anzunehmen.

- Und auch Michaela erhielt ein eigenes Ritual. Wurde sie bisher gemeinsam von der Mutter und ihrer Schwester Janina abgeholt, wenn der Kindergarten beendet war, so holte die Mutter Michaela nun jeden zweiten Tag alleine ab. Und dies genoss sie, hatte sie doch jetzt das Gefühl, ihrer Mutter allein zu gehören.

In allen drei Fällen hörte das Einnässen – je nach Temperament und psychischer Verfassung des Kindes – auf: Bei Johanna brauchte es sechs Wochen, bei Patrick zwei und bei Michaela acht Wochen, bis sie das Gefühl hatten, dass ihnen die eingeführten Rituale Verlässlichkeit boten.

Vom primären Einnässen ist dann die Rede, wenn das Kind noch nie über einen längeren Zeitraum (von mindestens sechs Monaten) trocken gewesen ist. Die Ursachen hierfür sind vielfältig:

- Zum einen gibt es die Drangstörung. Die Kinder verspüren einen plötzlichen Harndrang, müssen die Toilette aufsuchen oder halten den Urin zurück. Diese Kinder nässen häufiger nachmittags ein, wenn sie müde werden oder sich weniger konzentrieren.

- Dann gibt es die Aufschubstörung. Die Kinder gehen extrem selten auf die Toilette, halten den Urin zurück oder schieben den Gang auf die Toilette ziemlich lange hinaus. Es fällt auf, dass sich diese Aufschübe auch in anderen Verhaltensbereichen des Kindes zeigen – sie trödeln, verweigern sich, provozieren ihre Eltern. Häufige Streitereien sind deshalb die Folge.

- Eine dritte Form des primären Einnässens stellt die Koordinationsstörung dar. Hier handelt es sich um eine Fehlabstimmung des Blasenhohl- und des Blasenschließmuskels. Das Kind presst zu Beginn des Wasserlassens, und dann erfolgt eine ununterbrochener Harnfluss, weil die beiden Muskeln gegenseitig angespannt sind.

Während bei der Koordinationsstörung eine ärztliche Konsultation unabdingbar ist, erzielt man bei der Drangstörung durch bestimmte Trainingsprogramme (Wahrnehmung des Drangs und sofortiges Aufsuchen der Toilette) viel versprechende Erfolge. Aber die Programme müssen mit einem Arzt oder Psychologen abgesprochen sein.

Die Aufschubstörung erfordert dagegen eine kinder- und familienpsychologische Beratung.

Die Niere und die Blase sprechen, teilen uns etwas mit. Dabei sind Störungen von Reifungsverzögerungen zu unterscheiden. Für Eltern gilt: Ohne organische Ursachen stellt Einnässen keine Krankheit dar. Es ist eine Verzögerung in der Reifung des Kindes, die mit genetischen Faktoren zu tun hat. Wenn man in einem solchen Fall das Einnässen zum Problem macht, konstruiert man ein Problem. Dann geben die Eltern den Druck, der auf ihnen lastet, an das Kind weiter – und aus dem primären Symptom – eben dem isolierten Einnässen – ergeben sich sekundäre Symptome: Das Kind spürt den Druck, fühlt die Enttäuschung und Verunsicherung der Eltern. Bitte denken Sie daran: Es geht beim Einnässen nicht um die Niere, die Blase, die Schließmuskeln – es geht um das ganze Kind. Und das heißt: nicht sofort psychologisieren oder medikamentieren. Vorrangig ist eine ärztliche Untersuchung, die die organischen Ursachen genauer benennt – oder eben ausschließt.

Die zweieinhalbjährige Nina sitzt auf dem «Thron», soll ihr Häufchen machen. Die Eltern umkreisen den Topf und ihre Tochter erwartungsvoll wie ein Fuchs den Hühnerstall, feuern Nina an, ihr «Geschäft» zu machen.

Der Vater hockt sich neben die Tochter, drückt heftig, bekommt einen hochroten Kopf, spielt Nina die Prozedur des Loslassens vor. Doch Nina thront stoisch, wundert sich über die aufgeregten Eltern, die um ihren Plastikthron hüpfen, als kämen gleich geballte Goldkugeln aus ihrem Hintern. Vater und Mutter ermuntern, ermutigen, überreden – Nina lässt sich erweichen, lässt endlich los, und im Töpfchen erscheint ihre erste Schöpfung.

Die Eltern brechen in Jubel aus – wie bei einer Opernpremiere, einer Theateraufführung –, loben die Hauptdarstellerin, beglückwünschen sie, die ungläubig lacht und die ganze Aufregung nicht versteht. Sie fragt sich: Für dieses Häufchen im Topf so viel Anerkennung? Und dieser kleine Haufen, ein Juwel – er riecht nicht, stinkt nicht, jedenfalls lassen sich die Eltern nichts anmerken – wird in den höchsten Tönen gelobt. Bei so viel Anerkennung mag es dann nicht weiter verwunderlich sein, wenn das, was im Töpfchen liegt und dampft, von Kindern, wenn man sie unbeaufsichtigt lässt, als Rohmaterial für kreative Eigenleistungen benutzt wird: Sie matschen, sie stecken Finger hinein, sie riechen daran, schmieren es als Verzierung auf Tapete und Teppich, versiegeln Fußböden.

Doch bevor die meisten Kinder ihre Schöpfungen begrifflich verarbeiten können, geschieht Unvorstellbares: Was eben noch Anlass für elterliche Euphorie war, wird nun wenig spektakulär in das große weiße Toilettenbecken geschüttet und per Knopfdruck und mit lautem Getöse hinuntergespült. Und das Kind steht davor und wundert sich, wie mit seiner wunderbaren Schöpfung umgegangen wird. Welch ein Frust für das Kind! Doch diesen lernt der Heranwachsende im Laufe der Entwicklung auszuhalten, und noch mehr: Man kann Bedürfnisse aufschieben, muss nicht jedem Trieb, jeder Lust sofort nachgeben, man kann die Verwirklichung von Wünschen anders ausleben als im Wühlen in der eigenen Schöpfung. Man kann Sand mit Wasser mischen und in der Matsche spielen. Selbstbestimmte Schöpfung und das Zerstören, Aufbauen und Vernichten sind Grundrhythmen im Kinderspiel, die sich ständig wiederholen: Das Kind häuft Sandburgen auf und zertrampelt sie, es konstruiert Türme und bringt sie zum Einsturz. Das Kind lernt so die verschiedenen Anteile der eigenen Persönlichkeit kennen.

Auf einen wichtigen der eben genannten Aspekte will ich näher eingehen: Manchmal empfinden jüngere Kinder das Verschwinden ihres Darminhalts bei der Betätigung der Wasserspülung als einen Schock. Sie entwickeln Ängste davor, auf die «große Toilette» zu gehen, fürchten sich, sich darauf zu setzen, weil sie glauben, wie ihre Schöpfung in das dunkle Loch mit dem rauschend-gurgelnden Wasser hinabgezogen zu werden.

Auch die Ermutigung, das Lob, das Kinder erfahren, wenn sie

sich aufs Töpfchen setzen und ihre «kleinen» und «großen» Geschäfte erledigen, sind mit zwiespältigen Gefühlen verbunden. Zweifelsfrei ist es eine Genugtuung, die Muskeln zu beherrschen, es den Eltern recht machen zu können. Es ist für Kinder faszinierend, mit den Schließmuskeln zu spielen, die Vorgänge zu verkürzen oder zu verlängern – oder mit anderen Kindern in einen Wettstreit darüber zu treten, wer am weitesten pinkeln kann.

Schließlich entsteht ein Machtgefühl, das nicht zu unterschätzen ist. Das Kind kann sich elterliche Bestätigung abholen, wenn es sich zum richtigen und erwünschten Zeitpunkt auf das Töpfchen setzt und alles erledigt. Doch es kann seine Eltern zugleich zur Verzweiflung treiben, wenn dies alles zur Unzeit passiert.

Da stehen die Eltern festlich angezogen, um endlich wieder eine Theaterpremiere zu besuchen. Das Kind sitzt auf dem Töpfchen und sitzt und sitzt und sitzt ... und nichts passiert. Alles Betteln und Flehen hilft nichts. Es kommt nichts, der Schließmuskel bleibt zu. Die Tresortür öffnet sich nicht. Das herbeigesehnte Geschäft kommt nicht zustande. Oder das Kind – obwohl es zuvor wochenlang mit Regelmäßigkeit selbstbewusst das Töpfchen aufgesucht hat – nässt und kotet just zu jener Stunde ein, steht breitbeinig, mit voller Hose vor Vater und Mutter, die sich in Abendkleid und Smoking längst woanders sehen. Dann erfährt das Kind: Was zum richtigen Zeitpunkt ins Töpfchen gelassen nicht riecht, stinkt nun zum Himmel.

Das Kind wird sich in einer solchen Situation seiner Macht bewusst: Auch wenn sein Körper – verglichen mit dem des Erwachsenen – noch klein und schmächtig ist, kann es doch Macht ausüben und seinen Willen durchsetzen. Aber gleichzeitig spürt das Kind die Abhängigkeit von den Eltern, erlebt ihre Erziehungs- und Wortgewalt, empfindet sich als Gulliver im Land der Riesen. Elterliche Größe, die sonst Schutz und Geborgenheit für Kinder bedeutet, wandelt sich schnell in eine Vernichtungsangst, der sich Kinder ausgeliefert sehen.

Nina lässt ihren Stuhl los, sie kotet eben nicht ein. Gleichwohl übt sie Macht aus.

Von Einkoten spricht man, wenn Kinder zwischen dem vierten und sechzehnten Lebensjahr regelmäßig Kot in ihre Unterwäsche oder in ihr Bett ausscheiden. Dies sind etwa drei Prozent aller fünfjährigen und zwei Prozent aller sieben- bis achtjährigen Kinder. Dabei koten Jungen etwa drei- bis viermal häufiger als Mädchen ein.

Man kann drei Arten des Einkotens unterscheiden:

- Das Kind hat die Ausscheidung unter Kontrolle. Es hinterlässt seinen Kot aber an unpassenden Orten.
- Das Kind kann seine Stuhlausscheidung nicht beherrschen.
- Das Kind hält seinen Stuhl zurück. Es kommt zu einer Erweiterung des Mastdarms, einer Verhärtung des Stuhls und anschließender Verstopfung. Der Darm ist blockiert, der Stuhl verflüssigt sich und rinnt in die Unterhose oder das Bett.

Das Einnässen kommt wesentlich häufiger vor als das Einkoten. Im Unterschied zum Einnässen findet das Einkoten vor allem tagsüber und an nicht dafür vorgesehenen Stellen statt. Und es gibt noch einen weiteren gewichtigen Unterschied zum Einnässen. Seelische Faktoren, psychische Belastungen spielen beim Einkoten tagsüber eine nicht unerhebliche Rolle. Zwar kann das Einkoten als Folge von Verstopfung auch körperliche Ursachen haben (zum Beispiel Magen-Darm-Krankheiten, schmerzhafter Stuhlgang), häufiger hat jedoch die personale Umgebung einen nicht unerheblichen Einfluss.

Mirco, fünfeinhalb Jahre, war schon sauber. Aber seit einiger Zeit macht er seine Häufchen überall im Kindergarten hin – meistens setzt er seine «Duftmarken» ins Freigelände. Mirco lebt in einer bedrängenden Lebenssituation. Diese verhindert Festigkeit und Halt: Sein Vater ist in den letzten fünfzehn Monaten mehrmals ein-

und ausgezogen. Das Kind bekommt die Konflikte zwischen den Eltern hautnah mit und wird von Vater und Mutter als Koalitionspartner «missbraucht».

Tim, acht Jahre, geht seit einiger Zeit nicht mehr aufs Schulklo, sondern macht sein «großes» Geschäft zunächst in die Büsche, sodass es keiner merkt. Einige Wochen später kotet er mehrere Tage hintereinander in die Schulflure – in den ersten Tagen so, dass es unbeachtet bleibt. Schließlich erwischt man ihn, als er in der «großen» Pause sein «großes» Geschäft in die Turnhalle macht. Unumwunden gibt er zu, auch für die anderen «Häufchen» verantwortlich zu sein. Tim hat zu Hause eine überfürsorgliche Mutter und einen machtorientierten, autokratischen Vater. Die Eltern sind sich in der Erziehung völlig uneinig. Tim ist hin und her gerissen zwischen dem inkonsequenten Erziehungsstil der Mutter und dem harten, unnachgiebigen Stil des Vaters. Der Sohn fühlt sich hilflos und setzt ein Zeichen, von dem er hofft, dass es unübersehbar ist. Seine Situation «stinkt» zum Himmel.

Psychische Auslöser für sekundäres Einkoten können neben körperlichen Ursachen folgende Faktoren sein:

■ Kinder spüren Partnerschaftskonflikte, eine unklare Lebenssituation, die ihnen keinen Halt gibt. In dieser Lage fühlen sie sich hilflos und rufen durch das Einkoten um Hilfe. «Ich scheiß so lange», hat einmal der neunjährige Ralf in der Beratung gesagt, «bis meine Eltern sagen, was los ist.» Ralfs Eltern beabsichtigten, sich zu trennen, trauten sich allerdings nicht, ihrem Sohn die Wahrheit zu sagen.

■ Ein uneiniger Erziehungsstil kann für Kinder unerträglich sein. An diesen Kindern wird von beiden Seiten gezerrt. So geraten sie in unerträgliche Loyalitätskonflikte und drücken dies im Stuhlgang aus. Auch hier stellt das Einkoten einen Hilferuf dar.

■ Manche Kinder rächen sich mit dem Einkoten dafür, dass die Eltern mit dem Sauberkeitstraining zu früh und zu unsensibel beginnen. Kinder werden für Misserfolge sanktioniert und treten dann in einen Widerstand.

Das Einkoten bedarf auf alle Fälle einer therapeutischen und/oder physiologischen Begleitung:

- Bei Verstopfung ist eine ballaststoffreiche Ernährung ebenso angesagt wie ein geregelter Tagesablauf, um den Gang zur Toilette zur Gewohnheit werden zu lassen. Säfte und Trockenobst können zur Aufweichung und Weichhaltung des Stuhls eingesetzt werden.
- Liegen die Ursachen in einem belastenden Umfeld, sind Erziehungsberatung und Familientherapie unerlässlich. Der Hilferuf, den die Kinder durch das Einkoten setzen, muss ernst genommen werden. Wird er überhört, können andere zerstörerische Verhaltensweisen (zum Beispiel Lügen, Stehlen, Vandalismus, Zündeln) die Folge sein.

Eine bewusste Kontrolle über die Blase und den Darm bedeutet für das Kind einen wichtigen Entwicklungsschritt. Es hat gelernt, seinen Körper zu beherrschen, mit seinem Körper umzugehen. Es wird unabhängig von Erwachsenen. Überfordern Eltern das Kind in dieser Reifungsetappe, kann sich das Einnässen und Einkoten zu einem Machtkampf ausweiten, den meist das Kind gewinnt.

Die Sauberkeitsentwicklung vollzieht sich in Stufen: Sie beginnt mit der Darmkontrolle, dann folgt Blasenkontrolle nachts und schließlich die Blasenkontrolle tagsüber. Diese Entwicklung basiert auf einem Reifungsprozess, der höchst individuell ist und der sich durch frühzeitiges, intensives Training kaum beeinflussen lässt.

4. Die sprachliche Entwicklung

Bereits vom zweiten Schwangerschaftsmonat an nimmt das ungeborene Kind Geräusche aus der Umwelt wahr, zum Beispiel den Herzschlag der Mutter. Und es betätigt Muskeln im Mund, die später zur Erzeugung von Lauten notwendig sein werden, indem es Fruchtwasser trinkt. Das Kind kommt mit einem Schreireflex zur Welt, der ihm Nähe und Nahrung bietet, mit dem es Hunger und Langeweile ausdrücken kann. Für das Bilden von Lauten sind viele Voraussetzungen nötig: die Beteiligung von Kiefer, Zunge, Gaumen, Lippen, die Atmung, die Kontrolle der Laute über das Gehör. Beim Sprechenlernen sind viele Sinne beteiligt.

In der ersten Lallphase brabbelt das Kind undifferenzierte Laute. Es bekommt Rückmeldungen. Und so entsteht Kommunikation. Aus dem Brabbeln werden in der zweiten Lallphase – zwischen dem sechsten und achten Monat – allmählich Lautgebilde, die anfangen, der Muttersprache zu ähneln.

Die Artikulation schreitet dabei über die Vokale (a, e, i, o, u), die Verschlusslaute (b, p, d, t), über Nasale (m, n), schwierige Reibelaute (w, f) bis zu Zischlauten (s, sch) voran. Verbindungen von Vokalen mit Konsonanten erlernen Kinder zunächst am b (Ball), p (Papa), d (da) oder t.

Das erste Wort kommt dem jungen Kind zwischen dem zehnten und zwölften Lebensmonat über die Lippen. Es setzt sich aus Lauten zusammen, die leicht zu bilden und voller Kontraste sind: Mama, Papa, Oma, Opa. Bald folgen Einwortsätze, die aus der Sicht des Kindes vielerlei Bedeutung haben können.

Ein Satz wie «Opa», «Wauwau» oder «Nane» (für Banane) kann heißen: «Da ist Opa!» (ein Wauwau, die Banane). «Wo ist Opa?» (ein Wauwau, die Banane) kann bedeuten: «Ich will auf Opas Schoß», «Opa raucht eine Zigarre», «Ich will den Hund streicheln» oder «Ich habe Hunger» (die Banane essen). Kinder sprechen in dieser Phase nach. Und es hört sich nicht nur witzig an, wenn Kinder Erwachsene imitieren, es fördert vor allem den Spracherwerb.

Etwa ein halbes Jahr nach dem ersten Wort entstehen die Zweiwortsätze. Dabei haben Formulierungen wie «Opa haben!», «Wauwau machen!» oder «Banane haben!» eine ähnliche Bedeutungsvielfalt wie die Einwortsätze. Deren tieferen Sinn erfahren Erwachsene erst durch den situativen Kontext, in dem sie gesprochen werden – durch genaues Beobachten des Kindes oder ein aktives Zuhören; eine Haltung, die versucht, sich auf das Kind einzulassen, dessen Sichtweise einzunehmen und es dadurch verstehen zu lernen.

Während sich der Wortschatz bis zum zweiten Lebensjahr allmählich und in einem sehr individuellen Tempo herausbildet, entwickelt er sich danach sehr rasch. Ab dem dritten Lebensjahr erfinden Kinder nicht selten eine ganz eigene Sprache, besetzen Gegenstände mit selbst geprägten Begriffen.

Die Grammatik (Konjugation, Deklination und Satzbildung) bildet sich vom 18. Lebensmonat an aus. Die Satzstellung entspricht etwa vom dritten Jahr an der Norm.

Sprache funktioniert nur auf der Grundlage sensomotorischer Integration. Das heißt, das Begreifen erfolgt zunächst über das Greifen, der abstrakte Begriff entsteht über das unmittelbar anschauliche Tun.

Aber beim Begreifen spielen noch viele weitere Faktoren eine Rolle. Denn neben dem Greifen, der so genannten taktil-kinästhetischen Wahrnehmung, spielen das Sehen, der Geruch und der Geschmack eine gleichberechtigte Rolle. Das Kind verknüpft beim Sprechenlernen verschiedene Sinneseindrücke.

Ein Beispiel: Apfel und Orange sind auf der taktil-begrifflichen Ebene rund, mit glatter Haut versehen, aus ihnen kann man Saft pressen, der einen spezifischen Geschmack hat. Apfel oder Orange sehen aber unterschiedlich aus, haben differierende Formen und Farben. Während der Apfel meist einen Stängel hat, fehlt dieser bei der Orange. Und: Beißt man in den Apfel, macht das ein bestimmtes Geräusch, bei der ungeschälten Orange ist das gar nicht möglich.

Das Sprachverständnis baut sich am Ende des ersten Lebensjahres zugleich situativ auf. Das Kind erkennt Situationen differenzierter und entwickelt daraus ein Sprachverständnis. Hinzu kommen Melodie und Rhythmus. Sind Mutter und Vater im Raum und die Mutter fragt lächelnd-freundlich, den Mann anblickend:

«Wo ist Papa?», reagiert das Kind mit einem Erkennungsreflex: Es lächelt zurück, hebt seine Hand und zeigt auf den Vater.

Bei der bisherigen Darstellung müssen Sie Folgendes berücksichtigen: Die Altersangaben können nur ungefähr sein, dazu stellt sich der Spracherwerb zu unterschiedlich dar. Jedes Kind entwickelt sein ganz eigenes Tempo, wobei die Unterschiede erheblich sein können. Eltern sollten sich deshalb davor hüten, Kinder ständig miteinander zu vergleichen. Dies kann nicht nur zu Fehleinschätzungen führen, es setzt Kinder und Eltern unter Druck. Eltern geben diesen häufig an das Kind weiter: «Sprich ordentlich!», «Rede nicht so schnell!», «Ich versteh dich nicht!» Kinder ziehen sich dann manchmal aus der Sprache und der Kommunikation zurück, verkrampfen und verweigern sich.

Sprache und Sprechenlernen setzen das Zusammenspiel verschiedener Sinneseindrücke voraus. Mit Sprachstörungen gehen deshalb nicht selten Störungen in anderen Sinnestätigkeiten einher.

Das Sprechenlernen und der gekonnte Umgang mit der Sprache sind hochkomplexe Prozesse, die schnell gestört und verzögert werden können. Dies besonders durch einen vorschnellen und unsensiblen Eingriff, wenn Eltern zu viel und zu früh erwarten und nicht das Entwicklungstempo ihres Kindes berücksichtigen. Die folgenden Hinweise auf Sprachstörungen und Sprachentwicklungsstörungen wollen deshalb nicht mehr als Indizien sein:

■ Wenn das Kind etwa ein halbes Jahr alt ist und dann aufhört zu plappern, sollte dies Anlass sein, das Hörvermögen des Kindes genauer zu untersuchen.

■ Versteht ein Kind zwischen dem zehnten und achtzehnten Monat keine Aufforderung, wiederholt es ständig dieselben Silben, so sollten Eltern hellhörig werden. Ähnliches gilt, wenn das Kind in dieser Zeit weniger als zehn Worte spricht, die Sinn machen.

■ Ist zwischen dem zweiten und dritten Lebensjahr die Laut- und Satzbildung gestört, gibt das Kind nur unverständliche Laute von sich, oder ist es nicht in der Lage, Mehrwortsätze zu formulieren, dann sind das Alarmzeichen. Dies erst recht, wenn sich Störungen bzw. Verzögerungen bis in das vierte Lebensjahr hinziehen, geht man doch zu diesem Zeitpunkt von einer flüssigen Sprachbeherrschung aus.

■ Es ist wichtig, zwischen einer Sprachentwicklungsverzögerung – zum Beispiel einer sprachlichen Regression – und einer Störung zu unterscheiden.

Vier Störungen lassen sich unterscheiden:
■ Ein fehlendes Sprachverständnis. Das Kind kann zum Beispiel die Bedeutung von Wörtern und Sätzen nicht verstehen, kann sie allenfalls aus der Situation heraus erschließen.
■ Eine mangelhafte Artikulation, zum Beispiel Lispeln, Stammeln, fehlende oder falsch gebildete Laute.
■ Ein eingeschränkter Wortschatz.
■ Ein fehlerhafter Gebrauch der Grammatik. Das Kind lässt Wörter und Satzteile aus, hat Probleme in der Deklination, der Konjugation oder bei der Pluralbildung.

Treten in allen vier Bereichen Defizite auf, spricht man von einer Störung in der Sprachentwicklung, die eine umfassende und gründliche Untersuchung erfordert. Dabei ist eine ganzheitliche Sichtweise des Kindes vonnöten, die auch seine emotionale, soziale, kognitive und motorische Entwicklung einschließt. Nur so lässt sich eine Therapie entwickeln, die auf das Kind eingeht und es begleitet.

Eine Entwicklungsverzögerung liegt vor, wenn nur einzelne Bereiche (Probleme in der Artikulation, in der Grammatik oder im Wortschatz) betroffen sind.

Darüber hinaus entstehen zwischen dem dritten und fünften Lebensjahr entwicklungsbedingte Unflüssigkeiten. Hierunter fällt das «Entwicklungsstottern», das man bei manchen Kindern um das vierte Lebensjahr herum feststellt und das sich in der Wiederholung von Wörtern, Lautmalereien und -dehnungen sowie Sprechpausen zeigt.

Überblickt man nun die Sprechstörungen bei Kindern, so schälen sich vier Rahmenbedingungen heraus:

- Erstens gibt es die organischen Ursachen – bedingt durch neurologische Störungen (zum Beispiel hervorgerufen bei der Geburt oder durch Krankheit), Fehlbildungen von Sprechwerkzeugen oder Hörstörungen (zum Beispiel Schwerhörigkeit).
- Es gibt darüber hinaus eine vererbte Disposition für Sprechschwächen.
- Sprachstörungen können durchaus auch psychisch bedingt sein. Druck, der auf dem Kind lastet, zeigt seine Spuren in der Sprache ebenso wie ein inkonsequenter Erziehungsstil oder Lebenskrisen, die Eltern wie Kinder durchstehen. In der Sprache der Kinder spiegelt sich mithin deren Alltagssituation: Durch das Sprachverhalten und -verständnis drücken sie gleichermaßen Wohlbefinden wie Unbehagen aus.
- Schließlich sind es soziokulturelle Faktoren, die die Sprache der Kinder prägen – wenn es zum Beispiel in einer Familie zu wenige Sprechangebote gibt oder es an Situationen mangelt, in denen man sich mitteilen kann, zueinander in Beziehung tritt, vielleicht gar der Fernseher und der Computer die Kommunikation bestimmen. Aber auch das Gegenteil kann Kinder zu einem problematischen Sprechverhalten bringen: Kinder, die permanent unter einer elterlichen «Wortschwalldusche» stehen, fühlen sich sprachlich unter Druck gesetzt und verstummen nicht selten.

Eine Sprachentwicklungsstörung muss zunächst von einer Sprachentwicklungsverzögerung abgegrenzt werden. Und schließlich muss man untersuchen, ob die Sprachstörung isoliert auftritt, weil sie vielleicht genetisch oder familiär bedingt ist. Aber sie kann auch Ausdruck einer ganz allgemeinen Entwicklungskrise, also psychisch oder soziokulturell bedingt sein.

Dies ist nur durch eine umfassende Diagnostik zu erkennen. Oberflächliche Beschwichtigungen («Das wird schon wieder!») ersetzen eine professionelle Beratung ebenso wenig, wie eine dramatisierende Panikmache angemessen wäre.

Zur Diagnose von Sprachstörungen gibt es zahlreiche Testverfahren: angefangen von einer Untersuchung der Hör- und Sprechorgane, einer Hörprüfung, einer Prüfung der zentralen Hörverarbeitung über die Prüfung des Sehvermögens, der Gedächtnisleistung bis hin zu weiteren neurologischen Untersuchungen.

Sollte eine fachärztliche oder psychologische Untersuchung eine Störung oder Verzögerung feststellen, gibt es eine Vielzahl professioneller Hilfen, um das Kind zu begleiten: von sprachfördernden Maßnahmen in einem normalen Kindergarten, einer gezielten logopädischen Behandlung über einen Sprachheilkindergarten bis zu einer entsprechenden Schule.

Ist die Störung oder Verzögerung Ausdruck einer allgemeinen Krise, müssen umfassende therapeutische wie erziehungsberatende Maßnahmen die Behandlung begleiten. In solchen Fällen greift ein nur auf die Sprache verengter Blick zu kurz. Da sich Beziehungsstörungen nicht selten in der Sprache abbilden, sind Eltern unbedingt in Therapie und Beratung einzubinden, sonst besteht die Gefahr, dass die Eltern die Erziehungsverantwortung an andere abgeben. Erziehung hat mit Beziehung zu tun. Wenn Eltern sich aus der Erziehung heraushalten oder zurückziehen, fühlen sich Kinder ohne Beziehung, Halt und Orientierung. Ähnliches gilt, wenn Kinder sich von ihren Eltern nicht so angenommen fühlen, wie sie sind, wenn sie wegen einer sprachlichen Verzögerung oder Störung herabgewürdigt oder verspottet werden.

Eltern können Sprachbehandlung und den therapeutischen Prozess positiv unterstützen und begleiten, indem sie einige Grundsätze beachten:

■ Jedes Kind entwickelt beim Sprechenlernen und Sprachverständnis sein eigenes Tempo. Deshalb sind ständige Vergleiche wie «Du bist schon fünf, deine Schwester ist erst drei und redet viel mehr!» unangebracht. Sie erhöhen den Druck auf das Kind und erzeugen Versagensgefühle bei den Eltern: «Warum habe ich nur solch ein Kind?» «Was habe ich falsch gemacht?»

■ Haben Kinder Probleme mit der Sprache und dem Sprechen, gilt es vor allem, in Ruhe zuzuhören, das Kind durch Mimik und Gestik anzunehmen, es zum Beispiel anzulächeln und ihm zuzunicken. Man sollte jene Satzteile und Worte wiederholen, die man verstanden hat: «Aha! Du meinst den Apfel!» Oder man kann das Verstandene in eine Frage kleiden: «Was meinst du mit dem Apfel?» Kinder können dann eine Antwort formulieren.

■ Machen Kinder auf der Ebene des Wortschatzes, der Grammatik oder der Artikulation Fehler, ist es wichtiger, die richtigen Elemente zu verstärken, als die falschen Bestandteile zu korrigieren. Wenn das Kind beispielsweise auf viele Autos hinweist: «Da viele Autos!», kann die Bestätigung des Erwachsenen lauten: «Ja, da sind viele Autos. Und dahinten stehen auch noch Lastwagen!» Oder wenn das Kind sagt: «Jan hat mich geschlagt», kann man korrigierend erwidern: «Jan hat dich geschlagen? Wie ist denn das passiert?» Wertungen wie «Siehst du, jetzt kannst du das doch!» sind genauso zu vermeiden wie übertriebenes Lob, wenn sprachentwicklungsgestörte Kinder etwas richtig formulieren oder die Grammatik korrekt gebrauchen.

■ Eltern sollten nicht ständig Nachsprechübungen inszenieren, vor allem dann nicht, wenn Verwandte anwesend sind («Sag doch mal Opa!», «Aber das kannst du doch schöner/richtiger sagen!»). Kinder fühlen sich dann vorgeführt und reagieren aggressiv oder mit Verweigerung.

■ Eltern sind sprachliche Vorbilder. Je mehr sie sprachliche Angebote schaffen, je mehr sie sich darum bemühen, Situationen sprachlich zu beschreiben, umso mehr erfahren die Kinder die Bedeutung und den Wert von Sprache. Die Wortwahl, der Satzbau, die Länge des Satzes müssen dem sprachlichen wie intellektuellen Entwicklungsstand des Kindes angemessen sein.

Diese allgemeinen Überlegungen sollen nun konkretisiert werden.

Als Alexander auf die Welt kam, machte er sich mit einem Schrei bemerkbar – wie alle anderen Kinder auch. Wenn er Hunger hatte oder es ihm langweilig war, meldete er sich lautstark. Alexander brabbelte und plapperte, erzeugte Geräusche, wendete seinen Kopf zur Mutter, wenn er deren Stimme vernahm.

Als Alexander etwa ein halbes Jahr alt war, wurden seine Lautäußerungen deutlich weniger, er verstummte fast. Er wiederholte, als er seinen ersten Geburtstag feierte, fast immer dieselben Silben und verstand kaum noch eine Aufforderung. Als andere Kinder ihre ersten Worte formulierten, kamen von Alexander nur wenige unverständliche Laute. Aber die Eltern machten sich keine Gedanken, hatten doch Alexanders Vater und Großvater auch erst spät sprechen gelernt. «Und aus beiden ist doch schließlich auch etwas geworden», lautete das vorläufige Urteil der Familie, als es darum ging, Alexander einem Ohrenarzt vorzustellen.

Mit zweieinhalb Jahren konnte Alexander nur wenige Worte deutlich sprechen: «Ja!», «Nein!», «Papa!», «Mama!» Die Mutter fungierte bei vielen Wörtern, die Alexander für andere unverständlich sprach, als Dolmetscherin. Dennoch war Alexander nicht isoliert, er hatte viele Freunde, und er fand schnell Anschluss. Denn er machte sich durch Mimik und Gestik verständlich.

Vorsichtige Nachfragen beim Kinderarzt, der schon Alexanders Vater ins Leben begleitet hatte, beantwortete dieser beschwichtigend: «Das kommt noch!», oder: «Jungen entwickeln sich viel später!» Die Eltern gaben sich zufrieden, bis mit dem Eintritt Alexanders in den Kindergarten «das große Erwachen kam». Dort fielen einer erfahrenen Erzieherin seine Entwicklungsverzögerungen in der Sprache sowie seine Probleme in der Fein- und Grobmotorik auf. Da Alexander grundsätzlich sehr laut sprach, sich leicht von Geräuschen ablenken ließ, vermutete die Erzieherin zudem eine Hörstörung.

«Das war ein Schlag», so die Mutter im Nachhinein. «Aber es war auch eine Erleichterung. Endlich wusste man, da war wahrscheinlich etwas!» Und der Vater ergänzt: «Alexander erschien uns in einem anderen Licht. Er konnte nicht, obgleich er sich bemühte!» Die Familie suchte eine pädagogische Frühförderstelle auf, die sich auf Sprach- und Hörstörungen spezialisiert hatte. Schon bei der ersten Untersuchung wurden sprach- und feinmotorische Störungen festgestellt. Ein Ohrenarzt überprüfte anschließend das Hörvermögen und diagnostizierte eine leichte Schwerhörigkeit. Zu diesem Zeitpunkt war Alexander vier Jahre alt.

Nach der Diagnose wurde ein Therapieplan erstellt. Man achtete darauf, dass Alexanders Tages- und Wochenablauf nicht komplett von therapeutischen Maßnahmen dominiert wurde. Er besuchte einmal wöchentlich sowohl eine ergo- als auch eine sprachtherapeutische Behandlung, während mit den Eltern parallel Beratungsgespräche geführt wurden. Ziel war es, den Druck von Alexander zu nehmen – und den Eltern das «schlechte Gewissen, so lange nichts für den Sohn getan zu haben».

Alexander ging weiter in seinen Kindergarten, obgleich die Eltern kurzfristig einen Wechsel in einen Sprachheilkindergarten erwogen hatten. Doch dazu hätten sie Alexander in einen anderen Ort bringen müssen. Sie befürchteten einen Abbruch sozialer Kontakte. Zudem wurden Alexanders Erzieherinnen in die sprachtherapeutischen Maßnahmen einbezogen.

Schon nach kurzer Zeit stellten sich sicht- und hörbare Erfolge ein, die sich positiv auf Alexanders Selbstbild, aber auch auf die elterliche Einschätzung ihres Sohnes auswirkten – auch wenn hin und wieder Selbstvorwürfe hochkamen: «Warum haben wir das nicht eher gemacht?»

Mittlerweile ist Alexander acht Jahre alt. Die ergo- und sprachtherapeutischen Maßnahmen sind längst abgeschlossen. Seine Artikulation, der Gebrauch der Grammatik und sein Wortschatz sind alters- und entwicklungsangemessen. «Ein wenig mundfaul ist er zwar immer noch», erzählt die Mutter, «aber so ist Alexander nun mal.»

Die sprachliche Entwicklung stellt zwar einen kontinuierlich verlaufenden Prozess dar, aber dieser kann jederzeit durch Störungen gebremst werden, zum Stillstand kommen und sogar von Rückschritten geprägt sein. Psychische Faktoren spielen beim Sprechen und beim Erlernen von Sprache eine nicht zu unterschätzende Rolle. Oder anders ausgedrückt: Da Sprache in Beziehungen gelernt und erworben wird, spiegeln sich in sprachlichen Störungen oder Entwicklungsverzögerungen nicht selten Brüche und Spannungen in den Erziehungsbeziehungen zwischen Eltern und Kindern wider.

Johannes, viereinhalb Jahre, war ein für sein Alter intellektuell, emotional, motorisch wie sprachlich weit entwickeltes Kind, ein «Sonnenschein», wie die Eltern und Erzieherinnen sagten. Von einem Tag auf den anderen verfiel Johannes in eine bei ihm nicht gewohnte Weinerlichkeit, die sich zunächst im Verkriechen in die Kuschelecke, in häufigem Weinen, leisem, undeutlichem Sprechen und dann in der Verwendung einer Babysprache ausdrückte. Aus seinen komplexen Sätzen wurden Zweiwortsätze, die häufig nur situativ zu entschlüsseln waren. Wenn man ihn am Frühstückstisch fragte, ob er Brötchen haben wolle, antwortete er: «Auch haben!», oder er zeigte auf die Milch und meinte zaghaft: «Johannes, Milch trinken!» Die Katze der Familie namens «Erika» nannte er nun «Mieziklein» oder «Kaka». Auf die Frage der Eltern, ob er denn nicht anders reden könne, meinte er: «Kann nicht anders!»

Die Eltern hielten Johannes' Sprachverhalten zunächst für eine Macke, aber als diese wochenlang anhielt, riss der «Geduldsfaden», wie der Vater formulierte. Sie wiesen ihren Sohn ständig auf den korrekten Sprachgebrauch hin, zwangen ihn, Sätze richtig nachzusprechen. Oder wenn er am Tisch auf die Pommes frites deutete und «Pommes!» sagte, stellten sie sich taub. «Du musst schon sagen, was du möchtest! Sonst wissen wir nicht, was du haben willst!» Aber das verstärkte nur Johannes' Sprachverhalten, er ließ sich nicht hinreißen, ganze Sätze zu formulieren. Im Gegenteil: Er fing wieder an zu nuckeln und verlangte nach Windeln.

Die Eltern schwankten zwischen besorgtem Mitleid und wüten-
den Ausbrüchen. Johannes' Vater meinte: «Es schien fast, als wollte er gar nicht anders reden. Der wollte uns auf die Palme bringen!»

Schließlich verweigerte Johannes den Kindergartenbesuch: «Ti
tind blöt!», «Der Tintertaten ist doof!», «Immer timpfen und schlagen ti!», «Tofe Tinder!» – Da entschlossen sich die Eltern zu einer
Beratung.

Sprachliche Regressionen, der Rückfall in frühkindliche Formen der Artikulation und des Gebrauchs der Grammatik gehören
zur Sprachentwicklung. Sie sind Versuche der Kinder, auf sich aufmerksam zu machen. Meist gehen solche Regressionen mit anderen Rückschritten einher. Plötzlich verlangt das Kind wieder den
Schnuller oder krabbelt nachts ins elterliche Bett.

Sprachliche Regressionserscheinungen sind häufig Ausdruck
von Lebenskrisen oder zu hohem Erwartungsdruck. Oder sie gehen mit Umbrüchen und Übergängen in Lebensverläufen einher.

Einige typische Situationen, in denen sich sprachliche Rückschritte zeigen können:

- In der Folge von schweren Krankheiten oder nach Unfällen
  können Kinder in eine Babysprache zurückfallen. Ähnliches ist
  zu beobachten, wenn ein Familienmitglied erkrankt oder stirbt.
  Mittels sprachlicher Rückschritte scheint das Kind darauf hinweisen zu wollen, dass es einfühlsam umsorgt werden muss.

- Die Kinder werden überbehütet, sprachlich klein gehalten: Das
  fängt bei einer ununterbrochenen Verwendung des Kosena-
  mens, wie Bennilein oder Schatzi, an. Es geht weiter über ver-
  niedlichende Wörter, wie Wauwau für Hund, Miau für Katze.
  Und es endet in einem kindertümelnden Singsang. Die Kinder
  zeigen auch im übrigen Verhalten Regressionen. Im Familiensystem werden sie klein gehalten, damit man sich um sie kümmern muss. Oder sie verhindern damit, dass die Eltern noch andere Rollen (die als Mann und Frau) leben können. Mutter und
  Vater gehen komplett in der Elternrolle auf, lassen dem Kind

keine Chance zur Autonomie und Selbständigkeit. Jede Revolte des Kindes wird im Keim erstickt oder ist von elterlichem Liebesentzug bedroht.

- Manche Kinder wenden vor Abschluss des Kindergartens bzw. beim Übergang zur Grundschule eine Babysprache an. Dies gilt insbesondere für Jungen und Mädchen, die intellektuell und kognitiv sehr weit entwickelt sind und gefühlsmäßig reif. Sprachliche Rückschritte stellen hier eine Notbremse dar, mit der das Kind sich vor möglichen Überforderungen (zum Beispiel der Schule, wo der «Ernst des Lebens» beginnt) schützt. So als wolle es darstellen, dass hinter dem so vernünftig scheinenden Kind noch ein gefühlsmäßig bedürftiges verborgen ist, das man mit Zuwendung nähren muss.

- Wenn ein Geschwisterkind geboren wird, fallen ältere Kinder häufig in eine Babysprache zurück, stellen sich insgesamt als unbeholfener «großer Säugling» dar, der besondere Zuwendung und Beziehung braucht. Dahinter steckt vor allem Eifersucht. Das ältere Kind beobachtet, wie der Säugling durch Lallen und Plappern Aufmerksamkeit und Zuwendung erfährt. Also verwendet es ähnliche Mittel, um seine Zuwendung von den Eltern zu bekommen.

Von sprachlichen Regressionen sind «harmonische Entwicklungsverzögerungen» zu unterscheiden, wie sie bei Frühgeborenen oder auch bei Kindern in der Folge von schweren Krankheiten zu beobachten sind. Dann können nicht allein Sprachverständnis, Wortschatz, Grammatik und Artikulation betroffen sein. Verzögerungen sind bei diesen Kindern auch in der Fein- und Grobmotorik sowie im emotionalen und sozialen Handeln festzustellen.

Zurück zu Johannes. Das Erstgespräch erbrachte, dass Johannes in seine Babysprache verfiel, als sein jüngerer Bruder Maximilian etwa acht Monate alt war. Durch sein fröhlich-unbeschwertes Wesen lief Maximilian Johannes den Rang ab. Eltern wie Großeltern freuten sich über Max' erste Sprechversuche, während der kluge

Johannes hintanstand. «Aber», so die Mutter, «Johannes bekommt doch auch viel Aufmerksamkeit. Wir schätzen seine Sprache, loben ihn deshalb ständig! Daran kann es nun wirklich nicht liegen. Und wir behandeln ihn als Ältesten, zeigen, wie klasse wir ihn finden!» – «Aber das reicht Johannes nicht», wandte die Beraterin ein. «Er möchte auch mal wieder der kleine Johannes sein, einer, mit dem man kuscheln und schmusen kann.» Die Eltern bestätigten, dass Johannes in letzter Zeit ganz anlehnungsbedürftig geworden sei: «So kannten wir ihn gar nicht. Der wollte sich sogar füttern lassen, aber das haben wir nicht zugelassen und die Sache mit den Windeln schon gar nicht!»

Ob Johannes einen Kosenamen habe, will die Beraterin wissen. «Nun nicht mehr», erwidert die Mutter spontan. «Aber bis Max auf die Welt kam, haben wir ihn unseren kleinen Jojo genannt.» Die Eltern beginnen im Laufe der Beratung zu verstehen, dass die sprachliche Regression als verdeckte Eifersucht zu deuten ist. «Aber warum erst jetzt?», will der Vater wissen. «Weil Max für Johannes erst jetzt zu einer Bedrohung wird und ihm den Platz streitig macht.»

Gemeinsam erarbeiteten Eltern und Beraterin eine Strategie. In der Familie sollte es ab sofort für Johannes Kuschelrituale geben – abwechselnd mit dem Vater und der Mutter. Das konnten sanfte Massagen und Berührungen, auch eine vorgelesene Geschichte sein, der Johannes auf dem Schoß von Vater oder Mutter lauschte. Die Eltern sollten das die «Jojo-Zeit» nennen, und das bedeutete auch, dass Max in dieser Zeit außen vor zu bleiben hatte. Verlangte Johannes nach der Windel, sollte man ihm diese geben. Und zweimal in der Woche konnte er sich aussuchen, wann er von Vater oder Mutter gefüttert werden wollte.

Die Eltern sprachen ihr Vorgehen mit Johannes ab. Das Ergebnis nach einigen Wochen: Johannes' Weinerlichkeit hörte ebenso auf wie die Verwendung der Babysprache und das Verlangen nach einer Windel. Er bestand darauf, nun wieder allein zu essen. «Ich bin doch groß», war seine Erklärung. Allerdings verlangte er nach wie vor seine «Jojo-Zeit». Anfangs jeden Tag fünf bis zehn Minuten, später jeden zweiten oder dritten Tag.

Johannes ist mittlerweile acht Jahre alt, seine Babysprache hat er längst überwunden, aber einmal in der Woche wünscht er sich seine «Jojo-Zeit».

Patrick, knapp fünf Jahre, fing an zu stottern. Ganz allmählich, sodass die Eltern sich zunächst keine Sorgen machten. Aber nach einer Weile tat sich Patrick immer schwerer mit dem Sprechen. Er wiederholte ganze Satzteile, zum Beispiel «Ich hab dann ... ich hab dann ... ich hab dann die Tasche genommen!» und Wörter: «Ich, ich, ich hab das nicht ...» Auch dehnte er immer wieder Laute ganz lang: «Aaals, iiich, dddas ...» Da suchten die Eltern einen Facharzt auf.

Bei Patrick liegt eine «entwicklungsbedingte Sprechunflüssigkeit» bzw. ein «Entwicklungsstottern» – so Annerose Keilmann – vor. Man unterscheidet es vom so genannten echten Stottern. Das entwicklungsbedingte Stottern taucht zwischen dem dritten und fünften Lebensjahr auf und kann bis zu einem Dreivierteljahr andauern. Das Kind wird reifer, nimmt viel und aufmerksam wahr, will mehr ausdrücken, als es vermag, und beginnt sich zu verhaspeln und zu stottern.

Zum Entwicklungsstottern gehören die Wiederholung von Satzteilen und Wörtern, das Langziehen von Anfangslauten. Oder das Kind bricht im Satz unvermittelt ab und startet dann erneut.

Sollte das Entwicklungsstottern länger andauern, kann eine fachärztliche Untersuchung ein beginnendes echtes Stottern feststellen.

Beim «echten Stottern» hat das Kind Angst vor dem Sprechen. Es kommt auf Dauer zu einer sprachlichen Vermeidungshaltung. Anspannungen sind am ganzen Körper sichtbar: Es bebt, die Lippen zittern und zucken. Ein Blickkontakt zum Zuhörer wird nicht hergestellt. Beim chronischen Stottern hat das Kind zudem ein

Bewusstsein davon, dass eine Störung vorliegt. Die Wiederholungen von Silben und Lauten wiederholen sich, dabei kommt es in der Wiederholung zu einer Erhöhung des Sprechtempos. Die Dehnung von Lauten dauert länger als eine Minute. Bleibt das Kind an einem Laut hängen, kann es nicht oder nur mit großer Kraftanstrengung weitersprechen.

Die Ursachen für das Stottern sind nur unzureichend erforscht. Vererbbare Anlagen spielen aber eine ebenso große Rolle wie psychische Rahmenbedingungen. Wie für viele Sprechentwicklungsverzögerungen und -störungen gilt auch für das Stottern: Es ist kein Zeichen von mangelnder Intelligenz!

Eltern müssen wissen: Die Kinder können ihr Stottern willentlich nicht beeinflussen. Deshalb sollten die Erwachsenen Formulierungen wie «Sprich langsamer!» oder «Gib dir Mühe!» vermeiden, sie verstärken nur die Hilflosigkeit des Kindes und erhöhen seine Aufregung.

Eltern können beim Sprechen des Kindes Folgendes tun:

- Fördern und verstärken Sie «stotterfreie» Situationen.
- Schaffen Sie Sprechsituationen, um Freude an der Sprache zu fördern.
- Achten Sie mehr auf die Inhalte der Botschaft als auf die Form.
- Halten Sie unbedingt den Blickkontakt zum stotternden Kind.
- Und schließlich: Nehmen Sie das Kind so an, wie es ist.

5. Ängste entwickeln sich

«Ich verstehe das nicht», erzählt eine Mutter auf einem Seminar, «meine beiden Kinder sind völlig unterschiedlich: Die jüngere Tochter, die Bettina, die ist sechs, geht auf alles zu, ist ausgeglichen, wird mit schwierigen Situationen lässig fertig. Die ältere, sie heißt Dorothea, ist acht, die ist schüchtern, scheu, schreckhaft. Und jetzt vergleicht sich die Ältere ständig mit der Jüngeren, zieht sich immer mehr zurück und verkrampft noch mehr!»

Viele Eltern beobachten: Kinder gehen ganz verschieden mit angstbesetzten Situationen um, entwickeln differierende Strategien, um ihre Ängste zu verarbeiten. Zweifelsohne sind Ängstlichkeit, Schreckhaftigkeit auch anlagebedingt. Sie sind vom Temperament und von der Konstitution des Kindes abhängig. Schon bei Säuglingen kann man beobachten, wie sie unterschiedlich auf Situationen reagieren: Die einen liegen ausgeglichen da, lassen sich schnell beruhigen und trösten, schlafen lange und ausgiebig, lächeln, wirken geradezu gelassen. Andere scheinen schon früh zögerlich, scheu, sind leicht erregbar, reagieren erschreckt auf jedes Geräusch, jede Veränderung der Situation bringt sie durcheinander.

Wenn man von anlage- und temperamentsbedingten Faktoren bei der Ausbildung von Kinderängsten spricht, darf nicht übersehen werden: Umwelteinflüsse prägen die Persönlichkeit des Kindes schon im pränatalen Zustand. Der Alkohol-, Tabletten- und Zigarettenmissbrauch der schwangeren Mutter hat ebenso gravierende Einflüsse auf die Konstitution des Kindes wie das Verhalten der Mutter während der Schwangerschaft. So zeigt eine Untersuchung: Frauen, die während der Schwangerschaft zu Hektik und Nervosität neigten, brachten Kinder zur Welt, die unausgeglichen-nervös reagierten, während sich umgekehrt mütterliche Gelassenheit und Ausgeglichenheit während der Schwangerschaft auf das Kind positiv auswirkten.

Aber genetische Bedingungen und Temperamente müssen kein lebenslanges Schicksal sein. Auch ein scheues, unsicheres Kind kann Selbstbewusstsein und Urvertrauen aufbauen, anpackend seine Lebenslauf gestalten. Umgekehrt kann aus einem ausgeglichenen, stabilen Kind ein sozial unsicheres, still-passives Kind werden. Das elterliche Wissen um die genetische Disposition, um das Temperament kann insbesondere jenen Kindern helfen, die launenhaft sind, zu mehr Schreckhaftigkeit, Ängstlichkeit und

Schüchternheit neigen, die langsamer auftauen als die Springins-felde, welche schnell im Mittelpunkt des Geschehens stehen. Die zögerlich-unausgeglichenen Kinder haben es dann schwerer, wenn man sie ständig Vergleichen unterwirft. Dies tun sie schon selbst häufig genug – mit für sie manchmal deprimierenden Resultaten.

Sie erfahren, was sie alles nicht können, bekommen ein negatives Selbstbild und ziehen sich zurück. Es entsteht ein Teufelskreis, der diese Kinder nicht aufbaut, sich vielmehr als negativ erfüllende Prophezeiung wiederholt. Und dann reagieren Eltern (und pädagogisch Handelnde) ungeduldig: Da bietet man den Kindern ein optimales Umfeld, das emotionale Klima in der Familie stimmt, man bemüht sich um das Kind – und trotzdem reagiert es in solchen Situationen schüchtern und scheu, wirkt es zögerlich, hat es Launen, zeigt unregelmäßige Rhythmen beim Essen und beim Schlafen. Oder die Eltern haben ein Kind, das jede Nacht aufwacht, nicht richtig durchschläft – und alles, was in den Ratgebern zum Ein- und Durchschlafen steht, funktioniert nicht, obwohl es beim Geschwisterkind oder bei Kindern anderer Eltern so reibungslos klappt.

Frust kommt hoch, Ärger macht sich breit, Versagensgefühle entstehen. Man fühlt sich geplagt, ungerecht vom Schicksal behandelt («Warum ausgerechnet ich?»), und dann kommen – ohne dass man es vielleicht will – doch vergleichende Maßstäbe: «Warum kann mein Kind das nicht?», «Versuch's doch wenigstens mal!», «Jetzt bist du schon so lange im Kindergarten und kannst es immer noch nicht!», «Das ist doch ganz einfach, probier's doch! Du musst dich nur trauen!»

Ich hatte es gesagt: Anlagebedingte Dispositionen und Temperamente sind kein Schicksal. Ein Kind kann damit leben, sich akzeptieren lernen. Dazu braucht es Zeit, Eigen-Zeit. Und hierbei ist entscheidend, wie die Umwelt auf das kindliche Temperament reagiert. Haben Kinder das Gefühl, dass sie in ihrer Eigenart akzeptiert werden, bauen auch Kinder mit schwierigen Temperamenten Selbstbewusstsein und Urvertrauen auf. Obwohl es aus Elternsicht natürlich passender und einfach angenehmer wäre, wenn das Kind einmal durchschliefe, kann man es in seinen unregelmäßigen Schlafrhythmen annehmen lernen. Und wenn sich Kinder darin bestätigt sehen, dass sie in fremden Situationen langsam auftauen dürfen, dann kann man in ihrer Zögerlichkeit auch eine produktive Langsamkeit entdecken. Diese Kinder ziehen sich zurück, wenn man sie vergleicht und drängelt, sie bewegen sich mit dem ihnen eigenen Tempo vorwärts – wenn man sie lässt.

Schwierigkeiten und Probleme entstehen dann, wenn Eltern die temperamentsbedingte Launenhaftigkeit, Schüchternheit, Unausgeglichenheit, Unregelmäßigkeit bei alltäglichen Abläufen mit temperamentsbedingter Offenheit, Gelassenheit, Anpassungsfähigkeit und Zugänglichkeit vergleichen. Dann stellt sich schnell der Verdacht ein, diese Kinder wollten nicht, sie pflegten ihre «Unarten» oder «Untugenden» mit Absicht. Nein: Diese Kinder können nicht. Sie handeln nicht mit böser Absicht, um ihre Eltern zu ärgern, sie vorzuführen. Sie können wirklich nicht.

Die Einsicht in anlagebedingtes Verhalten kann Eltern dazu bringen, sich intensiver und vorbehaltloser auf die Seite ihrer Kinder zu stellen, ihnen Begleitung und Unterstützung zu geben, anstatt – manchmal unbewusst – gegen sie zu arbeiten.

Kinderängste können auf vielfältige Weise entstehen. Der dänische Philosoph Kierkegaard formulierte, Angst sei nur vor dem Hintergrund von Freiheit möglich. Die Freiheit, sich zu entfalten, Neues anzupacken, etwas zu wagen, hinaus in die Welt zu gehen, ist mit Angst verbunden – eine Angst, die herausfordert und schöpferisch, konstruktiv und kreativ macht. Sich selbst bestimmten Aufgaben stellen ist mit Spannung und Stress verknüpft, weil man scheitern kann, zugleich können so aber starke Gefühle von Selbstbewusstsein und Autonomie entstehen.

Menschen, die nicht hinausgehen, um sich der Freiheit und der Angst zu stellen, werden nicht selbständig, entwickeln kein Selbstwertgefühl, betrügen sich selber. Wer sich nicht selbstbestimmt dem Neuen stellt, weil er vor seiner Angst flieht, entwickelt eine Angst vor der Angst. Für diese Menschen ist Angst keine produktive Kraft, sie hemmt, macht sie krank.

Wenn Kinder das Krabbeln und Gehen lernen, lösen sie sich aus vertrauten Zusammenhängen. Das Kind stößt an räumliche Grenzen, an denen es rüttelt, die es überschreiten möchte – denn jenseits der Grenzen tun sich Freiheiten und Freiräume auf, die es erobern möchte. Für Kinder sind diese fremden Räume mit Lust und Angst verbunden, mit Lust auf Neues und Angst davor, sich in der Freiheit zu verlieren, keine Orientierung zu finden.

Das Kind entwickelt sich in den ersten Lebensjahren rasant. Mit jedem Entwicklungsschritt wird die Tür zum Leben weiter geöffnet – und dies fordert das Kind gefühlsmäßig heraus. Aber es lässt sich fordern, weil es ahnt: Nur wenn ich aus der Tür gehe, mich den Gefühlen stelle, finde ich Zutrauen zu mir, erfahre ich mich in meinen Fähigkeiten.

In den ersten fünf Lebensjahren durchlebt ein Kind die fünf entwicklungsbedingten Angstformen, die es ein Leben lang begleiten. Da ist zunächst einmal die ursprünglichste Form von Angst, die Körperkontakt-Verlustangst. In der nächsten Entwicklungsphase entsteht das so genannte «Fremdeln» oder die Achtmonatsangst. Mit dem Krabbeln und dem Gehenlernen geht die Trennungsangst einher, die sich zwischen dem zwölften und achtzehnten Lebensmonat ausbildet, ihren Höhepunkt zwischen dem zweiten und dritten Lebensjahr hat. Um das dritte Lebensjahr kommt es zur Ausbildung der Vernichtungsangst, der sich zwischen dem vierten und fünften Lebensjahr die Todesangst hinzugesellt.

Bedenken Sie: Überwundene Ängste können wieder auftreten. Die Geburt eines Geschwisterchens kann Trennungsängste genauso wieder beleben wie der Wohnortwechsel oder die Scheidung der Eltern. Direkt oder indirekt erlebte Katastrophen rufen Vernichtungsängste, die man schon überwunden glaubte, erneut wach.

Hier zeigt sich, wie unsinnig und verheerend es ist, Kinder angstfrei erziehen zu wollen. Wichtiger ist es, sie zur Verarbeitung von Ängsten zu ermutigen, ihnen dabei Halt und Sicherheit zu geben. Eltern können dabei auf jene Strategien, Symbole und magischen Bilder zurückgreifen, die die Kinder selbst entwickelt haben. Wer Kinder von entwicklungsbedingten Ängsten fern hält, erzieht sie zu einer Angst vor der Angst, macht sie hilflos, abhängig von sich, macht sie schutzlos gegenüber möglichen Angstattacken.

Die entwicklungsbedingten Ängste verschwinden oder werden zumindest schwächer; aber dies ist für Eltern, deren Kinder es gerade mit Ängsten zu tun haben, nur ein schwacher Trost. Denn manchmal dauert es lange, bis Kinder Ängste bewältigt, eigene Problemlösungen entwickelt haben. Die hängen entscheidend von der gefühlsmäßigen und geistigen Reifung des Kindes ab. Und diese stellt sich niemals als eine stete Vorwärtsbewegung dar, sie ist vielmehr erheblichen Schwankungen unterworfen, von Vorwärts- und Rückschritten, von Stillstand und Umwegen gekennzeichnet.

Generell kann man festhalten: Ängste vor plötzlichen Geräuschen und Bewegungen nehmen bis zum sechsten Lebensjahr ebenso zu wie die Angst davor, Körperkontakt und Halt zu verlieren. Während das Durchschlafen und die damit verbundenen Trennungsängste sich im Lauf der ersten Lebensjahre meist abbauen, nehmen Ängste beim Einschlafen und Träumen eher noch zu.

Mit der Geburt, mit der Durchtrennung der Nabelschnur, löst sich das Kind von der Mutter, aber es ist weiter von ihr abhängig. Ihre Fürsorge und ihr Dasein garantieren dem Kind das körperliche und seelische Überleben. In den ersten Wochen, das heißt im nachembryonalen Zustand, schläft das Kind viel, wird gestillt, bekommt Nahrung, erhält Wärme, Geborgenheit, es spürt beim Stillen und Getragenwerden den mütterlichen Herzrhythmus. In diesem Zustand totaler Bedürfnisbefriedigung, der vielleicht eine Art

Schlaraffenland bedeutet, in dem Milch, das Gefühl des Aufgehobenseins und Einsseins mit der Mutter unendlich vorhanden sind, gewinnt das Kind Vertrauen zu sich und zur Mutter. In diesem Schlaraffenland entstehen die Voraussetzungen für ein sich entwickelndes Urvertrauen und die gefühlsmäßig feste und sichere Basis des Kindes.

Der Säugling ist in den ersten Lebensmonaten ebenso anhänglich wie abhängig. Beides sind Bedingungen, um zu überleben. An Stimme und Geruch erkennt das Baby die Mutter, gleichwohl ist es zunächst noch unkritisch anderen Personen gegenüber. Die Fähigkeit, zwischen festen und weniger festen Bezugspersonen zu unterscheiden, entwickelt das Kind etwa vom sechsten Lebensmonat an. Erlebt das Kind jeden Tag andere Gesichter, erhalten sie keine konkrete Bedeutung. Das Kind lernt dann nicht, zwischen vertrauten und unvertrauten Personen zu differenzieren, es erscheint vertrauensselig, geht distanzlos auf andere zu. Ein solches Verhalten kann ein Zeichen für eine brüchige Bindung sein.

Der Säugling lässt sich berühren und gern im Arm halten. Körperkontakt herzustellen ist ein ursprüngliches Bedürfnis und dürfte bei der Mutter eine angeborene Disposition darstellen: Sie umschließt ihr Kind, gibt ihm mit den Händen Halt, lässt zu, dass das Kind sich fest an ihren Körper schmiegt. Das Kind empfindet Wärme und Nähe, es riecht sie. Das Kontaktbedürfnis ist in den ersten Lebenswochen und -monaten ausgesprochen groß. Wenn der Säugling hungrig ist, sich unwohl fühlt, müde ist, sich erschrocken hat oder den Körperkontakt verliert, dann reagiert er. Auf gefühlsmäßiges und materielles Unbehagen folgen Schreien, Weinen oder Klagen, auf die plötzliche Trennung folgt ein Greif- und Klammerreflex.

Geht der Körperkontakt verloren, fühlt sich ein Säugling unbehaglich, es bauen sich existenzielle Ängste auf. Das Schreien, Brüllen und der Greifreflex des Babys sind ein Kampf ums Überleben, ein Kampf, der von den Bezugspersonen, insbesondere der Mutter, unterstützt werden muss. In späteren Lebensabschnitten kann das Kind selbständig Ängste bewältigen, doch in dieser Phase ist es bedingungslos auf Eltern angewiesen. Diese können den Säugling unterstützen

■ durch den Körperkontakt und
■ durch Zuwendung, Trost und sofortige Bedürfnisbefriedigung.

Der Körperkontakt ist für Kleinkinder (aber nicht für sie allein), wie der Schweizer Ethnologe Franz Renggli schreibt, das «universelle Beruhigungsmittel». Einem Kind, das Angst hat, körperliche Nähe zu geben, ist das genaue Gegenteil von dem, was gegenwärtig leider in Familien häufig passiert. Kinder werden nur zu oft mit ihren Ängsten nicht angenommen, sondern damit allein gelassen: «Du brauchst doch keine Angst zu haben!»

Auch Kinder, die sich sicher fühlen, sind in ihrem Leben nicht frei von Krisen. Auch sie durchleben Phasen der Unsicherheit, der Trauer, des Verlassenseins. Aber diese Kinder erwerben schon früh eine konstruktive Problemlösungskapazität. Sie haben das Grundvertrauen, schwierige Lebenssituationen anpacken und lösen zu können. Sichere Bindung erwächst aus einer qualitativ festen und verlässlichen Erziehungsbeziehung, ist keineswegs das Resultat einer bloß quantitativ-materiellen elterlichen Bemühung. Der schreiende Säugling braucht nicht sofort die Nuckelflasche oder den Schnuller, wichtiger ist die beruhigende Stimme, das In-den-Arm-genommen-Werden. Das zwölfmonatige Kind, das müde ist und quengelt, braucht keinen Lutscher, sondern den beruhigenden Körperkontakt. Das dreijährige Kind, das durch Störungen Aufmerksamkeit provoziert, braucht kein neues Spielzeug, sondern elterliche Nähe. Körperkontakt und damit Bindung sind wichtiger als bloß materielle Zuwendung und Unterstützung.

Im zweiten, dritten Lebensmonat macht das Kind eine wichtige Erfahrung. Es ist nicht eins mit der Mutter: die symbiotische Einheit ist zerstört, die Nabelschnur endgültig zerschnitten. Aber die körperliche, emotionale, seelische, soziale und nährende Abhängigkeit von der Mutter bleibt darüber hinaus bestehen. Das

Kind weint, schreit, brüllt, um Körperkontakt zu bekommen und Versorgung sicherzustellen. Das Kind will Zuwendung und Tröstung, die durch das Auf-den-Arm-Nehmen, durch Kuscheln oder beruhigendes Sprechen gegeben werden können. Langsame Schaukelbewegungen gehören ebenso dazu wie leichte Massagen, liebevolles Streicheln oder Stillen, Nahrunggeben, wenn das Kind hungrig ist.

Für die Ausbildung des Urvertrauens, einer sicheren Bindung, ist es in der frühesten Kindheit wichtig, dass kindliche Bedürfnisse konsequent, verlässlich und vor allem spontan befriedigt werden. Manche Eltern gehen in dieser Entwicklungsphase nicht sofort zum Kind, wenn es weint, weil sie meinen, sie würden ihr Kind sonst verwöhnen, sich von ihm und umgekehrt es von ihnen abhängig machen. Diese Überlegungen können sich auf die Gefühlsentwicklung des Kindes nachteilig auswirken.

Das Kind nicht im Hier und Jetzt anzunehmen heißt, einen sechsmonatigen Säugling unter der Perspektive eines vielleicht Sechsjährigen zu sehen. Diese Sichtweise wird aber dem Säugling nicht gerecht, sie kann zu fatalen Fehleinschätzungen führen. Denn erst zwischen dem zweiten und dritten Lebensjahr erwirbt das Kind die Fähigkeit, Bedürfnisse aufzuschieben, Frustrationen auszuhalten oder Gefühle der Unlust umzulenken.

Davor verfügt es nicht über solche Fähigkeiten. Säuglinge, Babys, ganz junge Kinder sind noch nicht in der Lage zu warten. Das ist kein böser Wille – sie wollen vielleicht, aber sie *können* es nicht. Diese Einsicht vermag Eltern zu einem verständnisvolleren Umgang mit jüngeren Kindern zu bringen. Sie haben es nicht mit bösartigen Tyrannen zu tun, vielmehr mit Kindern, die sich Kompetenz erst durch Versuch und Irrtum, durch ständige Erfahrung und Ausprobieren erwerben müssen.

So konnten die englischen Forscher Bell und Ainsworth zeigen, dass Babys, die nicht spontan, sondern erst verzögert bei Weinen und emotionalen Ausbrüchen elterlichen Trost und Zuspruch fanden, am Ende des ersten Lebensjahres wesentlich häufiger weinten als jene Kinder, denen sofort Kontakt zuteil wurde. Ganz offensichtlich hat das zögerliche Elternverhalten Unsicherheit und ein Gefühl fehlender Verlässlichkeit bei den Kindern aufgebaut, sodass die Kinder ihre Eltern durch Weinerlichkeit an sich zu binden versuchten.

Die Grundsteine für Urvertrauen, Selbstbewusstsein, Selbstwertgefühl und Neugierverhalten werden demnach früh gelegt. Dabei kommt der Mutter eine herausragende Bedeutung zu. Ihre Rolle kann von anderen festen Bezugspersonen übernommen werden, die den Kindern allerdings vertraut sein und Sicherheit bieten müssen. Eine sichere Bindung an die Mutter (oder an andere Personen) gibt dem Kind ein verlässliches Fundament, auf dem Erkundungsverhalten, soziale Fähigkeiten und eine konstruktive Angstbewältigung gründen.

Frederik, anderthalb, «ließ sich früher gerne herumreichen. Er war ein richtiger Sonnyboy, krabbelte drauflos, fühlte sich in jeder Situation sofort zu Hause». Seit ein paar Monaten ist Frederik anders. Auf unbekanntem Terrain sucht er Kontakt zur Mutter oder zum Vater, bleibt zögerlich stehen; es scheint, als vergewissere er sich, ob ihm auch nichts passieren würde. Bei der Kontaktaufnahme zu anderen Menschen ist er wählerisch. Frederik hat eine ganz eigene Methode, Kontakt aufzunehmen. Die Mutter schildert eine durchaus typische Situation.

Neulich sei sie mit ihrem Sohn beim Arzt gewesen. Das Wartezimmer war voller unbekannter Menschen. Alle schauten Frederik an – ein süßer Fratz mit dunklem Wuschelkopf und großen braunen Knopfaugen. Frederik ergriff fest die Hand der Mutter, klammerte sich an sie, sein Blick war leer, sodass er niemanden ansehen musste. Er setzte sich neben seine Mutter auf einen Stuhl, verharrte ungewohnt still. «Wenn's doch häufiger so wäre!», dachte sie. Frederik achtete genau darauf, mit der neben ihm sitzenden Person in keinen Kontakt zu kommen. Als die Frau einmal ihre

Hand ausstreckte, zuckte er sofort zurück, warf ihr einen giftigen Blick zu. Dann schaute Frederik sich um, entdeckte in der Ecke des Wartezimmers Spielzeug. Er zeigte darauf, sagte aber kein Wort. «Geh hin!», sagte die Mutter. «Du weißt doch, dort kannst du spielen!» Frederik schüttelte kräftig den Kopf, dann stand er auf, zog und zerrte an seiner Mutter. Doch die blieb sitzen.

«Geh alleine! Das kannst du doch!» Wieder und wieder schüttelte er sein Haupt, sagte aber nichts. Dann begleitete sie ihn. Frederik ging mit der Mutter in die Spielecke, nahm sich zwei Klötze und wollte zu ihren Plätzen zurück. Das wiederholte sich einige Male, bis er alleine in die Ecke stapfte, sich hinsetzte, spielte. Ein älterer Mann, der neben der Spielecke saß, blickte Frederik freundlich lächelnd an. Doch der Junge schaute weg. Als der Mann dann in Frederiks Richtung greift, rückt dieser ein paar Zentimeter weiter weg, sein Spielzeug noch fester umklammernd.

«Na, Frederik, gib dem Mann doch auch etwas ab!» Wieder ein vehementes Kopfschütteln. Dann schaut er den ihm unbekannten Mann skeptisch an, taxiert ihn. Dieser lächelt. Sein Lächeln wird vorsichtig erwidert. Frederik lässt nun die Bauklötze fallen, es hat den Anschein, als werfe er sie in Richtung des Mannes. Vorsichtig tastend und krabbelnd holt er sich die Steine zurück. Der Mann wirkt wie ein freundlicher Beobachter, macht keine Anstalten, auf Frederik zuzugehen. Stattdessen lächelt er dem Jungen freundlich zu. Immer näher wirft Frederik die Steine in Richtung des Mannes – bis er ganz nah dran ist. Frederik schaut zu ihm empor – reicht ihm vorsichtig einen Stein, dann noch einen, dann noch einen. Frederik holt sich Nachschub, gibt dem Mann Klötzchen um Klötzchen, lacht vor Vergnügen.

«Du störst den Mann», greift die Mutter ein. Frederik sieht ihn an.

«Nein! Nein! Der stört nicht», antwortet der Mann. Schnell holt Frederik weitere Steine, um sein Spiel noch unendlich oft zu wiederholen.

Kinder entwickeln vom sechsten Lebensmonat an, manchmal früher, manchmal später, die Fähigkeit, zwischen vertrauten und nicht vertrauten Personen zu unterscheiden. Diese Fähigkeit der Differenzierung ist ein wichtiger Reifeschritt, unter anderem ausgelöst durch eine Verfeinerung der Sinneswahrnehmung. Und das Kind erwirbt allmählich ein Bewusstsein für gewohnte Umgebungen. Es lächelt nicht mehr jeden an, lässt sich nicht mehr von jedem anfassen – es lernt zu unterscheiden: Vertraute Menschen, die das Kind täglich oder regelmäßig erlebt, geben Halt, Orientierung und Verlässlichkeit. Diesen Personen vertraut es bedingungslos, weil sie Schutz geben, das gefühlsmäßige Überleben garantieren.

David lernt gerade laufen. Noch steht er wackelig da, braucht hin und wieder elterliche Stütze. Aber zunehmend hält er das Gleichgewicht. Dann tastet er sich vorwärts, den nächsten Stuhl, Tisch oder den Schrank als Stütze im Visier, um Halt zu finden. Aber allmählich kann er allein gehen, zunächst noch die Arme wie Greifinstrumente zu beiden Seiten ausgefahren, um Balance zu finden oder Halt zu bekommen. Ein paar Wochen später nimmt er dann seine Wolldecke auf seine Erkundungszüge mit, eine riesige Wolldecke, auf der die Mutter sonst liegt, eine Wolldecke, die ihn fast umzureißen droht.

Daniela, fast zwei Jahre, geht schon weiter fort. Sie verlässt bei ihren Gehversuchen die Mutter, macht ein paar Schritte, dreht sich um, lächelt den Vater an, steckt ihren Daumen in den Mund, nuckelt. Sie kommt schnellen Schrittes zurück, lässt sich zwischen die Beine des Vaters fallen, kreischt vor Vergnügen. Dann macht sie sich wieder auf den Weg, der Daumen verschwindet im Mundwinkel, und sie saust um den Tisch herum, um gleich darauf um die Ecke zu blinzeln, sich vergewissernd, dass der Vater noch an seinem Platz steht. Dann flitzt sie zu ihm, so schnell die Füße tragen. Sie schaut ihn stolz an – als wolle sie sagen: «Schau her! Was ich alles kann!» Dann gehen ihre Spaziergänge von vorne los – so lange, bis sie erschöpft in die Arme des Vaters fällt. Doch nach einer Ruhepause hat sie neue Energien gesammelt, um das Wohnzimmer weiter zu erkunden.

Mareike, dreieinhalb Jahre, geht die ersten Tage in den Kindergarten. Sie wird von der Mutter gebracht. Mareike hält sich mit der einen Hand an ihrer Mutter fest, in der anderen Hand hat sie ihr Kuscheltier Bärchen. Bärchen begleitet sie überall hin, seit Mareike gehen kann. Als sie ihn einmal verloren hatte, gab es lautes Wehklagen. Die Mutter musste zwei Tage suchen, Himmel und Hölle in Bewegung setzen, um Bärchen zu finden. Mareike hatte ihn in der U-Bahn liegen gelassen. Es gab eine schlaflose Nacht – nicht nur für Mareike. Sie fragte ununterbrochen nach ihrem treuen Gefährten. Nun steht sie im Kindergarten, Bärchen in der einen Hand, den Daumen im Mund. Die Erzieherin steht hinter ihr, die eine Hand auf Mareikes Schulter gelehnt. Mareike schaut traurig drein, als die Mutter gehen will. Sie kniet sich vor ihre Tochter: «Nicht traurig sein! Du musst nicht traurig sein!» Mareike stapft mit dem Fuß auf: «Ich will aber traurig sein!»

Jannik kommt bald in die Schule. Im Kindergarten ist er ein Rabauke, für jeden Spaß und Unsinn zu haben. Jannik kommt morgens alleine und selbstbewusst in den Kindergarten, geht mittags zielstrebig nach Hause. Er kennt einige Freunde, die mit ihm in die Schule gehen. Einige Wochen, bevor die Schule anfängt, beginnt er wieder zu nuckeln, ist besonders anschmiegsam, will im elterlichen Bett schlafen, hat Bauchschmerzen, nässt zweimal ein, fragt ständig nach der Schule, und ob denn der Papa ihn morgens auch hinbringt. Und die Mutter hört, wie er seinem Hasen Felix kurz vor dem Einschlafen von seinen Sorgen erzählt.

Alle diese Situationen haben mit Trennung zu tun. Trennung heißt hier, sich auf den Weg machen, Eigenes beginnen, in unbekannte Gegenden aufbrechen. Trennung und Abschiednehmen vollziehen sich zwischen den Polen Verlassen und Verlässlichkeit. Je mehr Ur- und Selbstvertrauen Kinder haben, je stärker ihr Leben und ihre Entwicklung durch Verlässlichkeit geprägt sind, umso selbstsicherer ziehen sie in die Welt hinaus, verlassen bekannte Orte. Der Säugling krabbelt aus dem Bett und erobert das Zimmer, das kleine Kind läuft und erobert das Haus, das ältere Kind rennt in den Garten, dann in die Umgebung der elterlichen Wohnung. Bald sind die Grenzen des Ortes und der Region erreicht.

Trennung, Abschiednehmen ist ein Prozess, der Kinder bis zum Auszug aus dem Elternhaus begleitet. Immer wieder gilt es, sich veränderten Herausforderungen zu stellen – der Ablösung aus der symbiotischen Einheit mit der Mutter, dann dem Besuch des Kindergartens, später dem Eintritt in die Schule, dem Schulwechsel und schließlich der Berufsausbildung. Von Veränderungen in Freundschaften, einem Ortswechsel oder Krankenhausaufenthalt ganz zu schweigen.

Trennung und Abschied sind Garanten für ein eigenes Leben, sie stehen für Veränderung und Neuerung. Ohne Trennung und Abschied ist eine Individuation, ein selbstbestimmtes, eigenes Leben, sind Autonomie und Eigenständigkeit, sind Ich-Identität und Zu-sich-selber-Finden nicht möglich.

Die Märchenhelden und Märchenheldinnen leben den Kindern diese Trennung vor: Sie ziehen aus, sie machen Erfahrungen, sie geraten in große Gefahren, bestehen diese und kommen geläutert und gestärkt zurück. Doch ist Individuation ein lebenslanger Prozess – und auch Erwachsensein ist kein fertig abgeschlossener Zustand. Er-Wachsen werden hat mit Wachsen, mit Veränderung zu tun – dies gelingt jedoch nur dann, wenn Abschied und Ankommen, Abgrenzen und Wiederannäherung Lebensprinzipien darstellen. Aber Eigenständigkeit und Autonomie gibt es nicht zum Nulltarif, sie sind nicht ohne Schmerz und Tränen möglich, sind vielmehr mit Ängsten und Unsicherheiten verbunden.

Und Trennungsängste begleiten Kinder in ihrer Entwicklung. In ihrer frühesten, ursprünglichen Form tauchen sie zwischen dem zwölften und achtzehnten Lebensmonat auf. Sie geben Hinweise auf einen Reifeschritt des Kindes. Das Kind beginnt zu krabbeln, es löst sich erstmals augenscheinlich aus vertrauten Bezugsfeldern. Später beginnt es zu laufen, wegzulaufen, sich bewusst zu lösen.

Das zunächst vorsichtige, dann bewusst eigenständige Stehen, schließlich das unabhängige Gehen bedeuten die endgültige körperliche Trennung von der Mutter. Und dann durchtrennt das Kind zusätzlich die psychische Nabelschnur. Die ersten selbständigen Schritte stellen deshalb auch – im übertragenen Sinn – Schritte dar, mit denen das Kind seine Individuation inszeniert.

Aber diese Eigenständigkeit ist noch brüchig, von gefühlsmäßigen Rückschritten und Rückschlägen bedroht. Selbstvertrauen kann schnell umschlagen in Minderwertigkeit, in «Ich-kann-es-nicht». Je mehr Vertrauen dem Kind geschenkt wird, umso mehr Selbstvertrauen hat es, umso selbstsicherer wird es. Bald braucht es nicht mehr die körperliche Anwesenheit der Mutter – ihr Pullover, ein Gegenstand tun es auch –, um ihr inneres Bild beim Kind vor Augen treten zu lassen. Oder es sind überdimensionierte Kuscheltiere, die dem Kind die Übergänge von der Abhängigkeit in selbst bestimmte Schritte erleichtern. Manchmal gibt es Phasen, in denen Trennungsängste überwunden scheinen, dann tauchen sie mit unverminderter Heftigkeit wieder auf.

Das gilt insbesondere für Übergangsphasen, die es im Leben und Alltag eines Kindes mehrfach gibt. Zwischen dem dritten und sechsten Lebensjahr ist es der Besuch des Kindergartens, an dem sich Trennungsängste festmachen. Später ist es der sich abzeichnende Schulbesuch, der für Kinder mit Abschied vom Vertrauten und einem unsicheren Neubeginn verbunden ist. Auch zwischen dem sechsten und elften Lebensjahr gilt es, Trennungsängste zu bewältigen. Kinder werden reifer, sie erleben die vielfältigen Gefahren- und Krisensituationen des Alltags bewusster. Sie haben Verlassensängste, machen sich Gedanken darüber, ob sie ihre Eltern verlieren, sorgen sich, ob sich ihre Eltern wohl einmal trennen könnten. Sie empfinden hin und wieder Wut und Hass auf die eigenen Eltern, haben Trennungsphantasien, die gleichzeitig von

Gewissensängsten überlagert sind, ob die Eltern nicht traurig sind, wenn die Kinder nicht mehr im Hause wohnen. Gerade in der Vorpubertät reizen Heranwachsende ihre Eltern bis aufs Blut. Am Abend brauchen sie viele Streicheleinheiten, da sie sich tagsüber durch ihre Trennungswünsche und -phantasien gefühlsmäßig überfordert haben. Gefühle von unendlicher Verlassenheit gewinnen dann die Oberhand, die nur durch vertraute Nähe und Geborgenheit auszuhalten und zu kompensieren sind.

Reifung und Entwicklung zu einer eigenständigen, selbstbewussten Person ist mit Ängsten verbunden. Deshalb gilt: Trennungsängste sind nicht von Kindern fern zu halten, mit Trennungsängsten ist nicht zu spaßen, gar zu drohen. Vielmehr gilt es, Kindern Strategien vorzuleben, wie sie ihre Ängste auf eine konstruktive Weise beherrschen können. Und Kinder können gekonnt und konstruktiv mit Trennungsängsten umgehen:

- Sie können Unsicherheiten dann konstruktiv verarbeiten, wenn man ihnen das Gefühl des Angenommenseins vermittelt. Die Trennungsphase und die damit verbundene Bewältigung müssen ihnen überschaubar erscheinen. Je diffuser sich die Phasen darstellen, je emotional leerer sie die Trennung erleben, umso gravierender sind die Folgen.

- Kinder können Trennungen aushalten und mit ihnen produktiv umgehen, wenn sie die Erfahrung gemacht haben, dass solche Trennungen zwar schmerzhaft sind, dass man sie aber überstehen und gestärkt aus diesem Prozess herauskommen kann. Je mehr man Kindern Trennung und Abschied vorenthält oder solche Erlebnisse überdramatisiert, umso mehr fühlen sie sich überfahren und ausgeliefert, umso weniger können sie Selbstheilungskräfte entwickeln. Ohnmacht und Hilflosigkeit sind nicht selten die Folge.

Trennungen, sogar lang anhaltende, sind manchmal unumgänglich und müssen, auch wenn sie eine gefühlsmäßige Belastung darstellen, keine seelische Beeinträchtigung für den Heranwachsenden mit sich bringen. Zweifelsohne zieht ein auch nur vorübergehender Verlust der Bezugsperson, die fehlende Zuwendung der Mutter psychischen Stress nach sich. Aber Kinder können Trennungen – zum Beispiel arbeits-, urlaubs- oder krankheitsbedingte – bewältigen, wenn

- sie dem Kind überschaubar erscheinen,
- es um die Zuverlässigkeit anderer fester Bezugspersonen weiß,
- diese Personen dem Kind vorher bekannt sind,
- die Gefühle, die mit Trennung einhergehen, durch Rituale des Abgebens und des Wieder-Abholens eine für das Kind überschaubare Struktur erhalten.

Den entscheidenden Faktor stellt aber das gefühlsmäßig stabile Fundament des Heranwachsenden dar. Selbständige, selbstbewusste, sicher gebundene Kinder gehen mit Trennungen gekonnter und mit den damit verbundenen Ängsten offensiver um: Sie sprechen über ihre Unsicherheiten, überlegen, wer ihnen Verlässlichkeit geben kann.

Andere Kinder erzwingen Nähe, erpressen ihre Eltern mit Quengeln, trotziger Weinerlichkeit und tränennasser Traurigkeit. Oder sie fallen in längst überwundene Verhaltensweisen (zum Beispiel Einnässen, Stottern, «ich will gewickelt werden») zurück, reagieren psychosomatisch. Wieder andere verwickeln ihre Mütter und Väter in Machtkämpfe, provozieren darüber Aufmerksamkeit und erhalten Nähe.

Solche Machtkämpfe sind für Eltern schwierig und nur dann zu beenden, wenn sie deren Ursache erkennen. Und vor allem: Den Kindern, die Bindung mittels Machtkämpfen erzwingen, fallen ständig andere Unarten ein, um ihre Eltern an sich zu ketten. Konsequentes Verhalten der Eltern wird mit dem Hinweis des Kindes wie «Du hast mich wohl nicht mehr lieb!», «Dann mag ich dich nicht mehr!» oder «Nie hast du Zeit für mich!» unterlaufen. Kinder lassen sich vor allem nicht auf ein Nachher vertrösten, sie wollen eine sofortige Befriedigung ihres Bindungsbedürfnisses, sie feilschen um jede Minute von Nähe und Zuwendung.

Unsicher gebundene Kinder fühlen sich nicht an-, schon gar nicht als Persönlichkeit ernst genommen. Nur wer sich geborgen fühlt, ist bereit für Neues. Nur wer sich ernst genommen weiß, handelt selbständig, nur wer respektiert wird, respektiert andere, nur wer als eigene Persönlichkeit geachtet wird, achtet andere in ihrer Autonomie. Wenn sich Mütter und Väter über ihre Kinder definieren, die Kinder Mittel zum Zweck sozialer Reputation sind, dann darf es nicht verwundern, wenn Kinder diesen Eltern keine eigene Zeit zubilligen, wenn sie sie für übertriebene Bindung und Nähe benutzen.

Erziehung zur Selbständigkeit auf der Grundlage eines sicheren, verlässlichen Fundaments kann selbstsichere Kinder hervorbringen, die produktiv und offensiv mit Trennungsängsten umgehen. Diese Kinder vertrauen darauf: Meine Mutter, mein Vater kommen zurück, sie sind nur vorübergehend abwesend, weil sie das Recht auf eine eigene Zeit haben.

Gleichwohl protestieren auch diese Kinder, sind traurig, zeigen Gefühle. Aber sie versuchen sich durch Nuckeln, über den Kontakt zu ihrem Kuscheltier, über ein inneres Mutter- und Vaterbild, das an die Eltern erinnert, ein Symbol, das Vorstellungen von Nähe und Geborgenheit wachhält, selbständig zu beruhigen. Dieser Prozess vollzieht sich allmählich und widerspruchsvoll, Rückschritte und -schläge müssen einkalkuliert werden.

Zwischen dem zweiten und dritten Lebensjahr entwickeln Kinder Gefühle von Macht, Stärke und Überlegenheit. Im Trotzalter zwingen sie Eltern durch ihr häufiges «Nein!» und «Ich will nicht!» ihren Willen auf, provozieren Väter und Mütter durch ihre demonstrative Eigenständigkeit und bringen sie nicht selten an den Rand von Ohnmacht und Hilflosigkeit. Es kommt zu Machtkämpfen, in die Kinder ihre Eltern ständig neu hineinzuziehen versuchen.

Neben dem Willen zur Autonomie, zum «Ich kann das alleine!» entwickelt das Kind zugleich körperbezogene Gefühle von Macht. Die Füße tragen das Kind auf eigene Wege, die es schnell und langsam, laufend und schlendernd zu bewältigen lernt. Manchmal bewegt es sich nicht, bleibt stehen. Es schaut, blickt zurück und nach vorn. Zur gleichen Zeit lernt ein Kind, seinen Körper und seine Feinmotorik zu gebrauchen. Es kann vorsichtig Blumen pflücken und heftig herausreißen, es kann ein anderes Kind streicheln, um es im nächsten Moment unangemessen zu schlagen, es kann Türme aus Bauklötzen bauen, um das Bauwerk kurz darauf mit einer Handbewegung zum Einsturz zu bringen. Es kann einen Hund liebevoll füttern, um ihn plötzlich einem brutalen Erziehungsritual zu unterwerfen.

Das Gefühl von Macht und Größe stellt sich für das Kind als höchst widersprüchliche Grunderfahrung dar:

- Es erfährt die «positiven» und «negativen» Seiten der Macht, ihre konstruktiven wie ihre destruktiven Aspekte. Es kann aufbauen und zerstören, ehrlich sein und lügen, Zuwendung geben und Liebe entziehen, kooperativ und verweigernd sein. In seiner frühen Entwicklung reklamiert das Kind nur die «guten» Anteile für sich, die «bösen» bindet es an andere, an reale oder fremde irreale Wesen.

- Auch mit elterlicher Macht verbindet das Kind widersprüchliche Erfahrungen. Eltern oder andere enge Bezugspersonen können ihre Macht einsetzen, um Schutz und Geborgenheit zu vermitteln, Urvertrauen zu geben. Sie können ihre Macht jedoch zugleich dazu benutzen, um bei Kindern das Gefühl der Ohnmacht und Abhängigkeit zu hinterlassen, um Anpassung zu erzwingen.

- Und hinzu kommt ein dritter Gesichtspunkt: Viele Eltern erleben ihre Kinder im Trotzalter und in den folgenden Phasen als – so formuliert es eine Mutter – «gespalten». Tagsüber leben

Kinder in Spiel und Phantasie ihre anarchisch-zerstörerischen Anteile aus, überschreiten permanent Grenzen, fordern ihre Eltern im Übermaß heraus, sodass man «sie auf den Mond schießen kann». «Dieser Irrwisch aber», so ein Vater, «hat, wenn er erst im Bett liegt, nichts mehr mit dem Teufel vom Tag gemein.»

Abends und nachts verlässt manche Kinder offensichtlich der Mut. In dem Maße, wie sie tagsüber kleine Monster sind, die im Spiel und in ihren Ritualen Angst und Schrecken verbreiten und verarbeiten, in dem Maße haben sie nachts Angst vor den nun irrealen Monstern, die sie selbst tagsüber darstellen. Nachts sind alle Geister grau und unberechenbar. Sie sind schnell, flatterig, diffus, unfassbar, sie dringen in Körper ein, verletzen diese; sie lösen durch Berührung und Umarmung Ekel aus, sie machen Kindern Angst, verschlungen zu werden, Angst davor, in riesigen Schlünden zu verschwinden.

Kindliche Vernichtungsängste binden sich an Urelemente: Gewitter, Blitz, Donner, Feuer oder Wasser, an irreale Wesen, Monster, Geister, Vampire, Hexen, wilde Tiere, die auf roten Listen stehen oder längst ausgestorben sind, oder an Phantasiefiguren, die sich Kinder ausdenken, in denen die Medien aber häufig Spuren hinterlassen haben – seien es nun Räuber, Einbrecher, Mörder, Wildwesthelden oder dergleichen mehr. Zwei gegenläufige Aspekte zeichnen diese Symbole aus:

- Einerseits faszinieren sie, ziehen Kinder an. Kinder inszenieren die Kraft von Feuer und Wasser im Spiel. Manche Kinder sehen mit großen Augen, geborgen im Arm ihrer Eltern, den Blitzen zu, hören den Donner und machen ihn mit lauten Geräuschen nach. Kinder verkleiden sich als Cowboys und Wildwesthelden, als Superman und kleiner Vampir, um stark zu erscheinen.
- Andererseits erschrecken Urelemente und irreale Wesen die Kinder. Zwar glauben sie an die Kraft der eigenen Magie und Phantasie, um diese Urelemente zu beherrschen; aber es bleibt ein letzter Rest an Unsicherheit, dass dieses Potenzial nicht aus-

reicht, dass die Wesen doch zu mächtig sein könnten. Dann erweist sich die nächtliche Flucht ins elterliche Bett als einzige Überlebensalternative.

Die Entdeckung des eigenen Körpers hat für die Kinder zur Folge, dass sie sensibler für physische Gefahren werden, die ihnen drohen. Zwar ahnen sie ihre Stärke – aber das reicht manchmal nicht, um sich vor den übernatürlich-phantastischen Geschöpfen, die das Kind verletzen, in es eindringen, die es zerstören und verletzen wollen, wirklich sicher zu sein. Diese Geschöpfe sind eine Herausforderung für die Eigenständigkeit und für die körperliche Unversehrtheit.

Wie brüchig und zerbrechlich sich das nur unzureichend ausgebildete Körperbewusstsein beim Kind darstellt, wie ausgeliefert und hilflos sich Kinder in dieser Entwicklungsphase fühlen, zeigen ihre panischen Reaktionen auf kleinste Verletzungen. Ein minimaler Riss in der Hand kann heftige Gefühlswallungen auslösen, und wenn dann noch Blut sichtbar wird, entsteht beim Kind schnell die Phantasie, der Körper zerfalle in Einzelteile. Rationale Erklärungen helfen kaum – Trost, Annahme, in den Schmerz hineingehen («Das tut weh!»), ein Zauberpflaster, Pusten wirken hingegen Wunder. Denn wenn die Phantasie das Schreckensbild vom zerfallenden und zerfließenden Körper entstehen lässt, dann hat sie auch heilende, zusammenfügende Kräfte.

Krankheiten, schon kleinste körperliche Eingriffe können in dieser Zeit für Kinder subjektiv sehr bedrohlich sein. Schmerzen werden mit absoluter Vernichtung, ja manchmal sogar mit Tod und Todesphantasie verbunden. Der Gang zum Zahnarzt, zu einer ärztlichen Untersuchung, gar ins Krankenhaus stellt sich für alle Beteiligten als eine Herausforderung der besonderen Art dar. Elterliche Zuwendung und Nähe, die behutsam erklärende Art des Arztes können Kinderängste nicht immer besiegen. Heftige Reaktionen von Kindern im Wartezimmer lassen bei Eltern Gefühle der Hilflosigkeit, der Ohnmacht und des Versagens entstehen.

Patentlösungen, um Ängste in dieser Situation produktiv zu bewältigen, gibt es letztlich nicht. Zwar mag es hilfreich sein, wenn dem Kind die Behandlung vorher erklärt wird, man dem Kind Abläufe begreiflich macht. Aber eine Erklärung muss behutsam erfolgen, sollte auf naturalistische Überzeichnungen verzichten. Man sollte nur so viel sagen, wie das Kind wissen will, es keinesfalls mit zu vielen Informationen bedrängen, und vor allem sollten sich Eltern der anschaulichen Bildersprache bedienen, die Kinder selbst verwenden. Aber jedes Vorbereitungsgespräch ist einzigartig und individuell auf die Persönlichkeit des Kindes abzustimmen. Was bei einem Kind passend war, kann sich schon beim Geschwisterkind als kontraproduktiv erweisen. Gespräche mit anderen betroffenen Eltern sind nützlich, aber deren Tipps sind nicht ohne weiteres auf die eigene Situation zu übertragen.

Genauso wichtig wie eine Einstimmung auf die Behandlung oder die Operation ist die Nachbereitung. Kinder suchen in dieser Phase vor allem die nächtliche Nähe der Eltern, die ihnen eine Zeit lang zu gewähren ist. Nur durch Geborgenheit sind Gefühle von hilflosem Ausgesetztsein, die es beim Arzt oder im Krankenhaus durchlebt hat, einigermaßen aufzuheben. Dabei brauchen Kinder Eigen-Zeit. Je jünger sie sind, umso längere Zeit brauchen sie, um sich auf gewohnte Rituale und Regeln wieder neu einzulassen, ihre Verlässlichkeit schätzen zu lernen.

Auch im Spiel bereiten Kinder problematische Erfahrungen nach, bringen ihre Ängste auf den Begriff. Spiele, in denen krankheitsbedingte Vernichtungsängste im Mittelpunkt stehen, zeichnen sich durch starre Rituale und festgelegte Regeln aus, die darauf hinweisen, wie tief gehend die Vernichtungsängste für das Kind waren. Im Spiel drückt es diese verunsichernden Erfahrungen aus. Aber das Kind verarbeitet nicht nur, im Spiel wird es vielmehr aktiv, befreit sich aus der Hilflosigkeit. Es versetzt sich in eine Rolle, die es ihm zumindest spielerisch-phantastisch ermöglicht, diffuse Lebenssituationen mutig und anpackend zu beherrschen.

Je jünger die Kinder sind, umso heftiger empfinden sie Vernichtungsängste, weil ihre Identität nur unzureichend entwickelt ist, sie sich ihrer selbst noch nicht sicher sind. Solche Ängste begleiten Kinder vom zweiten Lebensjahr an, und sie suchen intensiv nach Wegen, ihnen ein Gesicht zu geben, um sie dem diffusen Licht der Nacht zu entreißen, das die Bedrohlichkeit der Figuren und ihre Unheimlichkeit nur steigert. Spiel und Phantasiefiguren sind legitime und wichtige Begleiter des Kindes auf diesem Weg. Allerdings greift eine ganze Konsumindustrie mit ihren Action-Figuren diese Faszination auf und überformt sie kommerziell. Die Medien stellen den Kindern gewalttätige, manchmal Gewalt verherrlichende Heldinnen und Helden zur Verfügung. Dennoch gibt es die selbstbestimmten Ansätze von Kindern, sich mit manchmal brutalen und grausamen Phantasien gegen ihre Vernichtungsängste zu behaupten.

Anstatt dem Kind solche Figuren oder Spiele auszureden und mit Verboten oder Sanktionen zu drohen, sollten Erwachsene nach der Bedeutung dieser Figuren fragen: «Warum hat mein Kind Interesse daran?» Diese Frage dient dazu, eigene Reflexionen anzustoßen, das Kind genauer zu beobachten, Figur oder Spiel vor dem Hintergrund kindlicher Entwicklung und Reifung zu interpretieren. Zu überprüfen ist auch, ob durch die Spiele und den Umgang mit Phantasiefiguren Ängste verarbeitet *oder* verstärkt werden.

Ein vorschneller Eingriff in die Aktivitäten des Kindes ist ebenso wenig ratsam wie eine pädagogische Überformung: «Kannst du nicht mit was Schönerem spielen?!» Solchen Hinweis verstehen Kinder schnell als Maßregelung; sie befürchten Liebesentzug, nur weil sie mit «bösen» Dingen spielen.

Doch sollte die elterliche Frage nicht lauten: «Warum spielst du mit den Monstern?» Denn was kann ein Kind schon darauf antworten – vielleicht «Darum!» oder «Weil's Spaß macht!» oder «Weil ich meine Vernichtungsängste habe und diese verarbeite!» Kindern sind die Motive ihrer Spielinhalte nur wenig bewusst. Sie handeln und spüren, dass ihnen die gruseligen Spiele und vorgestellten wie realen Phantasiefiguren gut tun, weil sie den bedrohlichen Vernichtungsängsten ein Gesicht geben und damit ihrer Bannung dienen.

Benjamin, vier Jahre, kommt nur ungern in den Kindergarten. Er wirkt unsicher, hat kein Selbstvertrauen. Benjamin erzählt seinen Eltern und Erzieherinnen, er fürchte sich vor Dinosauriern. Die gebe es nicht, erklären ihm vor allem die Eltern. Doch Benjamin beharrt darauf: «Ich hab doch welche im Kindergarten und auch bei uns gesehen!»

Man belächelt seine Phantasie. Er fühlt sich nicht ernst genommen, weil er Angst hat, dass die Dinos ihn doch eines Tages fressen werden.

«Du spinnst!», schimpft sein Vater, und die Mutter versucht es pädagogisch-verständnisvoll: «Wenn du nicht in den Kindergarten willst, sag es, dazu brauchst du keine Ausrede!»

Benjamin fängt an zu weinen: «Ihr glaubt mir nicht! Aber ich hab sie doch gesehen!»

«Komm mal her», beschwichtigt die Mutter. «Komm mal her.» Sie zieht Benjamin an sich. «Benjamin, die Dinos sind schon lange tot. Die gibt es überhaupt nicht mehr!»

Benjamin schüttelt den Kopf: «Aber ich hab doch welche gesehen», beharrt er eindringlich, «im Kindergarten und auch bei uns im Garten.»

«Bei uns?», fragt die Mutter überrascht. Er nickt. «Zeig sie mir!»

Beide gehen in den Garten. Benjamin sucht nach Abdrücken im Rasen und in den Blumenbeeten. Er findet welche. Es sind Abdrücke, die von Igeln und Kaninchen stammen – oder von was für Tieren auch immer. Die Mutter weiß es jedenfalls nicht so genau. Für Benjamin sind es jedoch Dinosaurier-Spuren.

Ich lerne Benjamin bei einem Familienseminar kennen, er erzählt mir viele Einzelheiten über Dinos: «Die meisten sind gut. Aber», so fügt er leise hinzu, «es gibt auch ein paar böse, die fressen sogar Menschen!»

Seine Augen sind weit geöffnet, so als sähe er sie vor sich. «Lass uns die bösen malen», schlage ich vor. «Ich hab so einen noch nie gesehen!»

Benjamin ist begeistert. Er holt Papier, Buntstifte, malt schwungvoll einen riesigen massigen Körper mit vielen Dornen und Pranken und einem kleinen, verschmitzt-lächelnden Gesicht mit großen Kulleraugen.

«Ist das der Dino, vor dem es dich gruselt?», frage ich.

«Vor dem nicht», antwortet er und sieht mich an, «vor dem nicht. Aber vor dem anderen!»

«Und wie sieht der aus?»

«Weiß ich nicht!» Er blickt zu mir: «Soll ich den auch malen?»

Ich nicke ihm zu. Er macht drei oder vier Anläufe. Er hat den Körper schon entworfen, nicht unähnlich dem des guten Dinosauriers, aber als Benjamin ans Gesicht geht, meint er: «Ich krieg das nicht hin. Der schaut so gruselig. Ich krieg das nicht hin!» Er nimmt das Papier, zerknüllt es und wirft es schwungvoll in den Papierkorb.

«Der schaut so grimmig, so gruselig. Ganz grimmig!», meint Benjamin mit fester Stimme, ganz ernst. «Und der frisst wirklich Menschen! Wirklich!»

«Lass uns den Dino mal basteln, den du gemalt hast und den du magst», schlage ich vor.

«Den guten hier, den meinst du?», fragt Benjamin, auf seine Zeichnung deutend.

Er geht mit Feuereifer und viel Engagement an die Sache. Ich bin sein Handlanger, reiche ihm die Materialien, darf hin und wieder etwas festhalten oder drücken. Er besteht darauf, alles allein zu machen.

«Er ist schon eigensinnig», meint die hinzukommende Mutter.

Benjamin schüttelt vehement den Kopf: «Ich muss das alleine machen. Ihr wisst ja gar nicht genau, wie der aussieht. Ihr habt den ja noch nie gesehen!» Während er bastelt, erzählt er von den Dinos, von ihrer Größe, ihrer Kraft, und dass manche eben gefährlich seien.

«Aber meiner, weißt du, meiner frisst keine Menschen. Der ist nur mächtig. Und der vertreibt den bösen. Dann kommt der böse nicht mehr zu mir!»

«Und wie heißt dein Dino?»

«Dino, der Gute.» Benjamin klingt sehr selbstbewusst.

Von diesem Tag an begleitet Dino Benjamin überallhin – egal, wo der Junge auftaucht. Der niedlich lächelnde Dino aus Pappe, Stoff und Papier, ebenso zerbrechlich wie mächtig, liegt in Benjamins Fingern. Sie bilden eine Einheit, und fast sieht es so aus, nein, es ist so: Während Benjamin mit dem Dino in der Hand Halt findet, beschützt der Dino den Jungen, macht ihn unverwundbar.

Ich hatte Benjamin, als er seinen Dino fertig gebastelt hatte, gesagt: «Mit dem Dino in der Hand geht Benjamin durchs ganze Land.» Diesen Zauberspruch wiederholte er ein paar Mal. Benjamin nimmt seinen Dino auch mit in den Kindergarten. Er sitzt an seinem Platz. Die anderen Kinder bewundern die Figur. Nur Ann-Katrin meint, sie brauche so eine Figur nicht, sie habe eine niedliche Kuschelpuppe, die sie immer dabeihabe.

Es genügt, wenn Benjamin seinen Dino an seinem Platz weiß. Nur wenn er in den Kindergarten geht, um nach Dinospuren zu suchen, dann nimmt er ihn mit. Benjamin geht gerne allein in den Kindergarten – und dies, obwohl einige Erwachsene mit Kopfschütteln reagieren, wenn sie ihn mit einem Dino in der Hand durch die Straßen gehen sehen. Seine Erzieherin, seine Eltern lassen ihn, weil sie merken, wie er zunehmend selbstsicher und eigenständig wird. Wenn die Bösen kommen, da ist sich Benjamin sicher, dann hilft sein Dino. Und eines Novembertages geht Benjamin in der Abenddämmerung in den häuslichen Garten, den Dino an sich gedrückt – wohl neue Spuren suchend. Nach einer Viertelstunde kommt er zurück.

«Wo warst du?», fragt die Mutter, als ihr vor Kälte zitternder Benjamin vor ihr steht.

«Vorne im Garten!», antwortet er. Und mehr zu sich gewendet, fügt er hinzu: «Die kommen nicht mehr!» Und dann ganz bestimmt: «Nie mehr!»

«Wer kommt nicht mehr?»

«Na, die bösen Saurier! Die erschrecken mich nicht mehr!»

«Wieso?»

«Wegen Dino. Die haben Angst vor dem!»

Zwar schaut Benjamin noch weiter nach den Spuren im Garten und ist sich nicht ganz sicher, ob die bösen Monster wirklich wegbleiben werden. Doch eines ist für ihn klar: Er hat einen Weg gefunden, seine Ungeheuer zu zähmen.

Benjamins Entwicklung macht gleichermaßen Aspekte seiner Vernichtungsängste wie ihrer Verarbeitung deutlich:

- Seine Dinosaurier – bei anderen Kindern sind es vielleicht Monster, Geister, Tiger, Löwen, Kobolde, Hexen, Räuber oder Einbrecher – stehen für seine Angst. Er sieht ihre Spuren, denen er sich vorsichtig annähert. Mit der Zeichnung gibt er seiner Angst ein Gesicht, in seiner Bastelarbeit eine Gestalt. Durch Veranschaulichung können Kinder diffus erscheinende Phänomene besser verarbeiten.

- Die Dinosaurier haben für Benjamin doppelte Bedeutung: Einerseits verkörpern sie Größe und Macht, die vernichtend sein können, andererseits bieten sie Schutz und Geborgenheit. Wie bedrohlich der «böse» Dino ist, zeigt sich in Benjamins Verhalten: Er kann dem Blick des vernichtenden Dinos nicht standhalten und vermag ihm noch kein Gesicht zu geben. Benjamin zerknüllt die Zeichnung.

- Benjamin entscheidet sich für den niedlichen, den «guten» Dino, der behütet und vor realen und eingebildeten Gefahren beschützt. Sein Dino gibt ihm die Kontrolle über Gefahren, oder besser: gibt ihm die Illusion, unsichere Situationen bestehen zu können. Und diese Illusion, noch unterstützt durch den Zauberspruch, macht ihn so sicher, dass er sich eines Tages im Dunkeln einer gefährlich-beunruhigenden Situation stellt. Er hat den «bösen» Dino besiegt.

Ein paar Monate später. Eines Tages setzt sich Benjamin wieder hin, bastelt aus Pappe Zacken, die er an seinem Pullover und den Ärmeln befestigt. Mit lautem Geheul springt er seine Erzieherin im Kindergarten an: «Ich bin jetzt der böse Dino.» Die Erzieherin lässt sich auf das Kämpfchen ein, denn ihr ist schon aufgefallen, dass Benjamin in der letzten Zeit mehr aus sich herausging, Grenzen überschritt, nicht mehr der schüchtern-zurückhaltende Junge war. Er spielte gerne Räuber und Gendarm, wollte dabei fast nur der Räuber sein.

Benjamin erklärt ihr die Regeln des Dino-Spiels: «Du bist der gute Dino. Du musst mich jagen. Und dann kämpfen wir. Erst gewinne ich, dann du!» Zweimal am Tag wollte er das Spiel – über Wochen, bis es eines Tages beendet war. Benjamin wollte nicht mehr. Sein Interesse an den Dinos ließ nach.

Benjamin hatte nicht nur seine Vernichtungsangst besiegt, sein Spiel mit dem Dino zeigt einen weiteren Reifeschritt an. Nun konnte er dem «bösen» Dino ins Gesicht sehen. Anders formuliert: Benjamin konnte sich zunächst nur mit dem «guten» identifizieren, weil er sich als «gut» sah; seine «bösen», also die wilden, bissigen und zerstörerischen Anteile legte er in den «bösen» Dino hinein. Indem er diesen durch ein spielerisches Ritual besiegte, die stärkenden Kräfte von Spiel und Ritual praktisch erfuhr, konnte er sich auf die eigenen unbeherrschten, impulsiven und wilden Anteile einlassen, sie in einem ritualisierten Spiel umbiegen und zähmen.

So geht es generell beim Umgang mit der Vernichtungsangst nicht allein um das Bannen von Dämonen, es geht darum, die «bösen» Anteile in sich zu erkennen, sie zuzulassen und zu zivilisieren.

Diese Ängste fordern Heranwachsende in einer Mischung aus Faszination und Schrecken heraus. Sie suchen zwar den Schutz ihrer Eltern, um sich den Ängsten zu stellen, sie brauchen Gewissheit und Verlässlichkeit, um den Monstern und wilden Tieren ein

Gesicht zu geben. Aber viele Eltern missverstehen die Suche ihrer Kinder nach Schutz und entwickeln Bewältigungsstrategien, die wenig passend und dem Kind angemessen sind:

- Manche Eltern gehen mit den Kindern in einen rationalen Diskurs, versuchen sie zu überzeugen, dass es die Phantasiegeschöpfe nicht gibt. Sie lassen dabei kindliche Sichtweisen völlig außer Acht.
- Andere Eltern überbewerten und -dramatisieren die Schreckenserlebnisse ihrer Kinder. Sie wollen die Ängste für die Kinder lösen, entwickeln Ideen, machen ununterbrochen Vorschläge, auf die Heranwachsende nicht selten mit Unverständnis und nachhaltigem Widerstand reagieren.

Vernichtungsängste sind entwicklungsbedingt. Sie fallen in die magische Entwicklungsphase des Kindes, auf die ich später noch eingehen werde. In dieser Phase schafft sich das Kind Figuren und Phantasiegefährten, die auch bedrohliche Seiten haben. Wenn Kinder Schöpfer sind, können sie die «selbst gemachten» Geschöpfe, die Figuren und wilden Gefährten zum Verschwinden bringen. Genauer: Man kann das kindliche Phantasiepotenzial nutzen.

Als Tobias sitzen konnte, verbrachte er viel Zeit auf seiner Krabbeldecke in der Küche und betrachtete Dinge. Er nahm sie in die Hand und schaute sie gedankenversunken von allen Seiten an. Und genauso ging er auch auf neue Menschen und Situationen zu. Kam jemand zu Besuch, versteckte er sich hinter seiner Mutter, nahm erst mal überhaupt keinen Kontakt auf. Als er dann laufen konnte, rannte er immer zuerst in sein Zimmer, wenn es an der Haustür klingelte.

An den Kindergarten gewöhnte er sich nur mühsam. Er konnte die Unruhe, den Lärm und die ständig wechselnden Spielsituationen nur schwer ertragen. Es gelang ihm nicht, Kontakte zu anderen aufzunehmen, gar eine Freundschaft aufzubauen. Sein Widerstand gegen den Kindergarten wuchs nach diesen Erfahrungen. Er brüllte und schrie jeden Tag. Die Erzieherinnen rieten, ihn einen Tag in der Woche zu Hause zu lassen. Aber das genügte Tobias nicht. Sein Körper rebellierte. Er wurde krank, sodass ein Kindergartenbesuch über zwei Monate nicht möglich war.

«Er wollte nicht nur nicht in den Kindergarten, er lehnte auch jede weitere Aktivität am Nachmittag ab. Er wollte nirgendwo hingehen, und es sollte niemand kommen. Am liebsten wäre er nur immer mit mir allein gewesen. Wobei ich mich nicht mit ihm zu beschäftigen brauchte», erinnert sich die Mutter. «Ich habe ihn gelassen», erzählt sie weiter. «Irgendwie hatte ich das Gefühl, er brauchte einfach mehr Zeit als die anderen Kinder.» Nur hin und wieder sprach sie ihn auf den Kindergarten an, wo ein Platz nach Rücksprache mit den Erzieherinnen freigehalten wurde. Aber Tobias lehnte vehement ab.

Etwa fünf Monate später fragte ihn die Mutter eines Morgens, ob er denn nicht wieder in den Kindergarten gehen wolle – und sie erwartete wie immer eine ablehnende Antwort. Doch es kam ein selbstbewusstes: «Ja! Ich möchte hin!» Tobias war zu diesem Zeitpunkt knapp fünf Jahre alt.

Die Erzieherinnen wussten um seine Schüchternheit. Sie ließen ihm viel Zeit, sich erneut an die Gruppe zu gewöhnen. Sie zwangen ihn nicht, irgendein Spiel mitzumachen. Tobias beschäftigte sich nach einiger Zeit gerne mit anderen Kindern. Manchmal zog er sich unvermittelt aus den Spielen zurück und setzte sich irgendwo in eine Ecke. Meist um ein Buch zu betrachten, aber vor allem, um allein zu sein.

Es dauerte noch ein weiteres halbes Jahr, bis Tobias «richtig gern» in den Kindergarten ging. Und noch einmal einige Monate, bis er Freunde fand. Und auf einmal war er eines der beliebtesten Kinder in der Gruppe.

Mittlerweile ist Tobias zu einem rotzfrechen, selbstbewussten, fröhlichen Sechsjährigen geworden. Bei neuen Situationen ist er immer noch nicht der Erste, der darauf zurennt, aber er lehnt sie auch nicht mehr grundsätzlich ab.

Schüchtern-vorsichtige Kinder fühlen sich nicht selten in ihrem Temperament verkannt und deshalb unter Druck gesetzt. Und umgekehrt: Eltern wie pädagogisches Personal beobachten das «stille» Leiden dieser Kinder, versuchen zu helfen und übersehen dabei oft, wie diese sich dann immer weiter in ihr Schneckenhaus zurückziehen.

Begründet werden pädagogische Eingriffe mit Blick auf die Zukunft des unsicher wirkenden Kindes: Man versuche eben, das Selbstwertgefühl zu stärken und zu stabilisieren, um dem Kind das spätere Leben zu erleichtern. Man nimmt also das gegenwärtige Verhalten zum Maßstab und verlängert es einfach in die Zukunft. Aber Schüchternheit ist keine lebenslange Last, sie ist veränderbar. Deshalb sind Prognosen für das spätere Leben unzulässig. Im Gegenteil: Manch schüchternes Kind fühlt sein Temperament als Herausforderung, um den Alltag zu meistern. Und unsicher-gehemmte Kinder könnten mit ihren Eigenheiten besser leben, sich in neuen Situationen souveräner zurechtfinden, auf unbekannte Menschen selbstbewusster zugehen, wenn die Umwelt mehr über die neurologischen und sozialen Hintergründe von Schüchternheit wüsste.

Manche Kinder reagieren physiologisch übersensibel, das heißt, sie fühlen sich in lauter Umgebung unwohl, gehen zu fremden Personen, und seien diese ihnen noch so wohlgesinnt, auf Abstand. Nähe bedeutet für solche Kinder Spannung und Stress. Auch wenn es kein «Schüchternheitsgen» gibt, so können schüchterne Verhaltensmuster sehr wohl Veranlagungen darstellen. Dem amerikanischen Psychotherapeuten Bernardo Carducci zufolge entsteht «gedankliche Schüchternheit ebenso wie Schüchternheit als Etikett für den ganzen Menschen im Großhirn». Studien konnten zeigen, dass bei gehemmt und unsicher wirkenden Kindern die rechte – für Gefühle zuständige – Gehirnhälfte stärker aktiviert ist als die linke. Damit ist zugleich klar, dass Argumente wie «Stell dich mal nicht so an, du bist doch schon groß!», «Die tun dir doch nichts, die wollen doch nur dein Bestes!» untaugliche Mittel sind, um Kindern Schüchternheit abzugewöhnen.

Neben neurologischen Faktoren spielen Umwelteinflüsse bei der Ausbildung von Schüchternheit eine zentrale Rolle. So belegen Forschungen, dass hochsensible Kinder, die bei Neuem generell auf Distanz gehen, ihre Hemmungen oft durch das elterliche Vorbildverhalten erlernt haben. Und zugleich fällt auf, dass schüchterne Eltern ihren Kindern die eigene Schüchternheit «austreiben» wollen. Sie übersehen dabei: Kinder lernen nur an vorgelebten Modellen – nicht aus verbalen Ratschlägen, und seien diese noch so gut gemeint. Die schon erwähnte Untersuchung hebt weiter hervor: Kinder, die neugierig-forsch agieren, Unbekanntes als Herausforderung begreifen, haben das Verhalten beim Beobachten von Menschen erlernt, die sich gerne mit unbekannten Situationen und Personen konfrontieren.

Wie bei Tobias lassen sich auch bei anderen schüchternen, gehemmt-unsicheren Kindern bestimmte Verhaltensweisen feststellen. Diese ziehen sich meist bis zur Pubertät hin:

- Sie haben Probleme mit lauten Geräuschen und unstrukturierten Situationen. Darauf reagieren sie angespannt und gestresst und ziehen sich zurück, weil sie spüren, dass sie der Situation nicht gewachsen sind.
- Sie haben Anpassungsschwierigkeiten in neuer Umgebung und brauchen eine lange Aufwärmphase, um sich zurechtzufinden. Meist reagieren sie mit Zurückhaltung bis hin zum kompletten Rückzug.
- Generell macht ihnen alles Neue Probleme. Sie brauchen den Halt durch vertraute Personen und den gewohnten Tagesablauf. Sind sie von fremden Menschen umgeben oder finden keine Alltagsrituale statt, neigen sie zur Abkapselung oder zu zerstörerischem Verhalten.

- Sie haben Probleme, Anschluss zu finden, Freundschaften zu schließen. Sie nehmen nur zögerlich Kontakt auf, stehen vielmehr am Rande und schauen zu, obwohl sie manchmal nur zu gern mitmachen würden.
- Manche Kinder drücken ihre Unsicherheit in störend-schmerzhaften Aktionen bei der Kontaktaufnahme (zum Beispiel Kneifen, Schubsen, Beißen, Schreien) oder in destruktiven Aktivitäten (wie Zerstören von Spielzeug und Eingriffe in Spielabläufe) aus.
- Einige machen vor allem jene Dinge gern allein, die ihnen vertraut sind. Und sie sind sich selbst genug, sie fühlen sich wohl – vor allem wenn sie (in gehöriger Distanz) einen vertrauten Rahmen und verlässliche Bezugspersonen um sich wissen.

Wie ein Kind seine Schüchternheit begreift – ob als Chance für einen eigenständigen Lebensstil oder als Verdammung zum Mauerblümchendasein –, hängt letztlich von der elterlichen Unterstützung ab, die es erfährt. Manche Erwachsene wollen alle Probleme für ihre Kinder lösen, machen sie dadurch unselbständig und erreichen das Gegenteil dessen, was sie eigentlich wollen. Die Kinder wecken durch ihr Tun Mitleid, indem sie sich als hilflose, beschützenswerte und verlassene Wesen inszenieren, in Eltern, Erzieherinnen und Lehrern einen Helfer-Reflex wachrufen. Doch diese Kinder benötigen andere Hilfe:
- Gehemmt-schüchterne Kinder brauchen Zeit, um sich auf neue Situationen und Menschen vorzubereiten. Sie benötigen eine längere Aufwärm- und Übergangsphase.
- Unterstützung darf nicht zu früh, schon gar nicht bevormundend einsetzen. Der Erwachsene muss genau beobachten und den richtigen Zeitpunkt abpassen. Das Kind zu begleiten meint hier, sich seinem Tempo anzupassen.
- Manche Kinder ziehen sich aus sozialen Kontakten zurück. Sie fühlen sich dabei weder unwohl noch isoliert. Wieder andere, die gerne Kontakt aufnehmen wollen, brauchen Hilfe da-

bei, eine Hilfe freilich, die sie nicht als Druck empfinden dürfen.

- Die Eltern sollten sich fragen: Habe ich selbst Probleme mit eigener Schüchternheit, die ich womöglich am und über das Kind zu bearbeiten versuche? Solch eine quasi «therapeutische» Haltung bevormundet, bemitleidet und entmündigt das Kind.

Eltern sollten bedenken: Reagiert ein Kind eher schüchtern, dann muss das kein Schicksal für das spätere Leben sein. Prägungen sind durch Lernen in sozialen Kontexten veränderbar. Für das pädagogische Handeln heißt das: diese Kinder so anzunehmen, wie sie sind. Dann lernen sie Distanziertheit als eine nützliche Haltung akzeptieren, um mit Menschen und Situationen umzugehen.

«Irgendetwas ist mit Kevin, habe ich mir gedacht», erzählt mir Annegret Classens, eine Erzieherin. «Der war den ersten Tag im Kindergarten, saß schon bei mir auf dem Schoß, küsste mich, fummelte an mir rum. Und als er mittags ging, sagte er mir, er würde mich lieben. Ich sei die beste Frau auf der ganzen Welt.» Nun hatte Kevin nicht allein diese Erzieherin umgarnt, zu anderen hatte er auch schon ähnlichen Kontakt aufgenommen. Zwei Kolleginnen von Annegret Classens fanden Kevin «richtig süß. Einen Tag da und schon aufgetaut. Der hatte überhaupt keine Berührungsängste.»

Doch allmählich wurde es dem Kindergartenteam unheimlich: Kevin kämpfte sich morgens mit seinen Liebkosungen von Schoß zu Schoß. «Ich darf's ja nicht sagen, aber er brummte wie eine Schmeißfliege von Misthaufen zu Misthaufen. Den wurde man nicht mehr los. Wenn er das Team durchhatte, dann kamen die Mütter und Väter dran, die gerade den Kindergarten besuchten. Die kriegten alle einen Kuss. Die wussten gar nicht, woran sie waren und wie ihnen geschah», so die Erzieherin.

Vertrauensseligkeit – wie bei Kevin – ist häufig ein Hinweis auf fehlendes Urvertrauen. Kevin praktizierte Distanzlosigkeit, das heißt ein Gemenge aus unkritischer, meist kurzzeitiger oberflächlicher Bindung. Dahinter stecken nicht Eigenständigkeit oder gar Selbstbewusstsein, sondern unbefriedigte Geborgenheitsbedürfnisse. Das Kind ist sich seiner Bindung zu Personen nicht sicher: Es hat die Befürchtung, dass es verlassen wird. So erzwingt es durch ständige Provokationen Aufmerksamkeit.

Kevin hat eine abenteuerliche Biographie hinter sich. Er wohnt seit einem halben Jahr bei der Großmutter, die ihn aus einem Heim geholt hat. Kevins Mutter war Prostituierte, verschwand mit einem Zuhälter in die USA, ohne sich von Kevin zu verabschieden. Kevin kam kurz nach der Geburt zu Pflegeeltern, die ihn aber, als er kränkelte und sie Näheres über seinen Lebenslauf erfuhren, wieder abgaben. Auch eine andere Pflegefamilie nahm ihn nicht auf Dauer zu sich, da er häufig einkotete. Dem Jungen fehlte eine verlässliche emotionale Basis. Er konnte in der wichtigen Phase des ersten Lebensjahres keine stabilen gefühlsmäßigen Beziehungen aufbauen. Er lernte nicht, zwischen vertraut-bekannten und unvertraut-unbekannten Menschen zu unterscheiden, weil seine Bezugspersonen permanent wechselten.

Aber auch wenn ein Kind nicht so dramatischen biographischen Geschehnissen unterworfen ist, kann sich Distanzlosigkeit entwickeln. So können zum Beispiel längere Krankenhausaufenthalte als Säugling oder Kleinkind ein solches Verhalten zur Folge haben.

Für diese Kinder sind alle Menschen gleich fern bzw. gleich nah. Da Kinder ohne Bindung nicht leben können, vielmehr emotional verwahrlosen würden, gehen sie ohne Distanz auf jeden Erwachsenen und jedes Kind zu. Sie werfen sich den Mitmenschen – im wahrsten Sinne des Wortes – an den Hals, kriechen auf ihre Schöße, klammern sich an jeden Rock- und Hosenzipfel, den sie fassen können. Und werden sie von einer Person abgewiesen, nehmen sie sich die nächste als Klammerobjekt.

Diesen Kindern fehlt es meist an Selbstwertgefühl. Sie verfügen zudem über kein körperliches oder sexuelles Selbstbewusstsein, sind also aufgrund ihrer Anlehnungs- und Sicherheitsbedürfnisse in erheblichem Maße missbrauchgefährdet.

Gemeinsam mit den Großeltern und dem Kindergartenteam wurde eine Strategie für Kevin entwickelt: Er sollte Nähe und Distanz erfahren, Bindung und Bezug erleben, Respekt und Achtung vor sich und anderen begreifen. Zwei Erzieherinnen kümmerten sich intensiv um Kevin, bauten eine verlässliche Beziehung auf, die auch Zumutungen aushalten sollte. Denn die Beziehungsarbeit mit distanzlosen Kindern ist ohne Schmerzen, Trauer, Tränen und Stress nicht möglich. Kinder holen nach, was sie bisher noch nicht erlebt haben. Die wichtigste Voraussetzung war, dass Kevin nicht als bemitleidenswertes Kind betrachtet wurde, das schon viel erlebt hatte, sondern als ein Kind, das über Distanzlosigkeit für sich gesorgt hatte. Kevin kämpfte – wenn auch mit problematischen, ihn selbst auf Dauer beschädigenden Mitteln – um sein emotionales Überleben.

Kevin erlebte an jedem Vormittag feste Rituale – mehr als die anderen Kinder. Diese Rituale waren an Zeiten (zum Beispiel Ankommen, Weggehen, vor dem Frühstück etc.), an Räume (Kuschelecke, Essecke, Freigelände) und an Personen gebunden. In den Zeiten dazwischen kümmerten sich die Erzieherinnen nicht um Kevin. Er konnte dann alleine spielen und tun, was er wollte, wobei man ihm, wenn er ziellos umherrannte, räumliche Grenzen setzte. Nahm er Kontakt zu anderen Kindern auf, wurde er angehalten zu fragen: «Darf ich mit dir spielen?» oder: «Ich möchte mit dir toben!» Man legte großen Wert auf Konsequenz, weil nur Eindeutigkeit und Klarheit Kevin helfen konnten. Gleichzeitig unternahm man mit ihm viele körperbetonte Spiele, um sein Körperbewusstsein auszubilden.

Die Anfangsphase erwies sich als äußerst schwierig. Kevin setzte die Erzieherinnen, aber auch die anderen Kinder permanent unter Druck. Tageweise kam er gar nicht in den Kindergarten. Die

Erzieherinnen blieben – obgleich es ihnen schwer fiel – bei ihrer Vorgehensweise.

Gemeinsam mit den Großeltern wurde eine vergleichbare Strategie für zu Hause entwickelt, die von einer Beratungsstelle regelmäßig unterstützt wurde.

Mittlerweile ist Kevin sieben Jahre alt. Zwar fällt er hin und wieder in sein «altes Verhalten» zurück, doch erlebt er in der Zwischenzeit ebenso positive, bedingungslose Nähe wie schützende Distanz. Kevin entwickelt eigene Rituale, besucht Judo-Kurse, um sein Körperbewusstsein weiter auszubilden, er tritt anderen nicht mehr ungefragt zu nahe, respektiert ihre körperliche Unversehrtheit. Wenn andere ihn ungefragt über den Kopf streichen, dann sagt er ganz selbstbewusst: «Hast du mich gefragt, ob du das darfst?»

6. Trotz, Wut und Zorn

«Meine Freundin», so berichtet Maria Wilhelm, «hat mich immer vor dem Trotzalter der Kinder gewarnt. Aber unser Philip, bei dem konnte ich mir das nicht vorstellen. Tja», sie wird nachdenklich, «und mit einem Male, so um seinen zweiten Geburtstag herum, da ging es los. Dieses ‹Nein! Will nicht!›, diese Bockigkeit in den hellsten und schrillsten Tönen. Das war überhaupt nicht mehr dieser liebe, nette Philip!»

«Arne lebt sein Trotzalter gerade voll aus. Der ist knapp drei», erklärt Walter Nussbauer. «Wenn dem etwas nicht gelingt, dann geht das Geschrei los. Da fliegt etwas in die Ecke, oder er schmeißt sich auf den Boden. Er lässt sich überhaupt nicht beruhigen. Du kommst gar nicht mehr an ihn ran!»

«Ich konnte Magdalena bis zum zweiten Geburtstag gut waschen. Sie ließ sich sogar die Haare waschen. Alles bestens», berichtet Nora Schröder, «aber nun sträubt sie sich. Alles ist nicht richtig. Man kann es ihr überhaupt nicht mehr recht machen. Und wehe», sie atmet tief aus, «ich greife mal in ihr Spiel ein, dann ist es endgültig aus ...»

«Das Wegfahren mit dem Auto, eine Qual», stöhnt Herbert Carlsen, «ehe ich Carolin festgeschnallt habe im Auto, ist der Vormittag fast schon gelaufen. Sie sträubt sich, sie tobt, sie tritt um sich, ihre Stimme überschlägt sich.»

Antonia Müller schüttelt den Kopf, als sie das hört. «Beim Paul ist das völlig anders. Der macht dann ein undurchdringliches, abweisendes Gesicht. An den kommt man nicht heran. Es ist, als ob man gegen eine Wand redet. Der verzieht keine Miene. Und manchmal lässt er sich wie ein Stein fallen, bleibt liegen, macht sich extra schwer. Aufheben oder Forttragen ist fast nicht möglich.» Sie sieht mich an: «Ich bin dann völlig hilflos. Und Paul auch!»

«Was soll man da auch machen?», fragt Sonja Albers in die Runde der Eltern. «Die einen sagen, dem gehört etwas hinten vor, andere sagen, ignorier das Ganze, bleib ruhig.» Sie lacht grimmig. «Aber das musst du erst mal schaffen, wenn du im Supermarkt bist und alle dich anstarren. Und dir mit ihren Blicken die Schuld geben.» Sie schüttelt ihren Kopf: «Also ich weiß nicht!»

Wer kennt sie nicht, diese dramatischen Auftritte, die die Kinder zwischen zwei und fünf für ihre Eltern parat haben! Auftritte, denen man hilf- und ratlos gegenübersteht, weil man nicht weiß, wie man sich verhalten soll. Besänftigt man das Kind, steigert man nur sein Kreischen, Brüllen, Außersichsein; geht man vorsichtig auf das Kind zu, um es zu beruhigen, schlägt und tritt es um sich, läuft weg oder versteckt sich gar. Aber es gibt auch die andere Seite des Trotzes: den stillen Widerstand, den stummen Protest.

Um es vorweg zu sagen: Der Trotz, die Trotzphase, die um den achtzehnten Lebensmonat beginnt und sich bis in das fünfte Lebensjahr hinziehen kann, ist ein ausgesprochen wichtiger Lebensabschnitt. Das Kind löst sich aus dem Baby- und Kleinkindalter und wird sich seiner Kompetenzen und damit seiner Selbständigkeit bewusst.

Eltern wollen selbständige, eigenständige Kinder, sie wollen keine bedingungslosen «Ja»-Sager, keine angepassten grauen Mäuse.

Persönlichkeiten zu akzeptieren meint auch, die andere Seite dieser Kinder anzunehmen: die vehemente Abgrenzung, die Durchsetzung des eigenen Willens, die fehlende Frustrationstoleranz und die noch nicht ausgebildete Fähigkeit, psychische Spannungen über längere Zeiträume auszuhalten.

Die Trotzphase, die für die emotionale Entwicklung des Kindes ausgesprochen wichtig ist und die sich von Kind zu Kind sehr unterschiedlich darstellt, ist mithin eine bedeutsame Phase auf dem Weg zum selbstbewussten Kind. Und dieser Weg ist kein gradliniger – Umwege und Sackgassen werden beschritten: Der Weg ist das Ziel. Es ist ein Weg voll von Enttäuschung, dem ständigen Gefühl des Noch-nicht-Könnens, ein Weg, auf dem einem jeden Tag andere Hürden begegnen, neue Herausforderungen zu bewältigen sind.

Zwar spürt das Kind, dass es schon viel kann – und dennoch ist es überfordert, fühlt es den Widerstreit zwischen dem Können und dem Noch-nicht-Können. Das löst Spannungen aus, die ein Kind kaum aushält, die es herausbrüllt, hinausschreit. Das Kind wütet, verliert den Kontakt zur Umwelt, ist nicht mehr bei sich, um sich dann mit einem Male zu beruhigen, so als wäre nichts, aber auch gar nichts geschehen.

Und viele Eltern stehen nun vor einem Rätsel: eben noch ein «Monster», das man auf den Mond schießen möchte, und jetzt dieses ruhig-freundliche Wesen, das keiner Fliege etwas zuleide tun kann, das kuschelt, das zärtlich ist.

Zwei Seelen wohnen in der Brust des Kindes, wenn es die Trotzphase durchläuft: das Kind, das weg vom Erreichten möchte, hinaus in die Welt, das Bindungen kappt, sie zerreißt – und dann jenes Kind, das den Bezug braucht, das Sicherheit und Geborgenheit will, um Eroberer und Erforscher seiner Welt zu sein.

Man kann vier Merkmale des Trotzes identifizieren:

- Das Kind fühlt subjektiv eine Handlung gegen sich gerichtet: Es muss das Spiel unterbrechen, es sieht einen Gegenstand und bekommt ihn nicht. Das Kind reagiert frustriert. Es kann aber auch sein, dass das Kind etwas will, ihm jedoch die Fähigkeiten fehlen, seinen Plan umzusetzen: Es will die Gabel beim Essen benutzen, aber die Speise fällt immer wieder herunter; es will einen Turm aus Bauklötzen errichten, aber dieser fällt ständig zusammen ...
- Dann macht sich die Enttäuschung lautstark und handfest bemerkbar. Die Gefühle brechen aus dem Kind hervor. Es kann nicht mehr an sich halten.
- Das Kind gerät in einen emotionalen Teufelskreis. Es verliert den Kontakt zur Mitwelt, hört und sieht nichts mehr, ist unansprechbar, steht neben sich und ist komplett aus der Spur.
- Der Trotz beabsichtigt nichts, stellt keinen Machtkampf dar und ist deshalb nicht gegen irgendjemanden gerichtet. Den Trotz darf man nicht persönlich nehmen, schon gar nicht bestrafen. Trotz hat nichts mit Ungehorsam, mit Widerspenstigkeit, mit Starrsinn, gar Rücksichtslosigkeit oder Maßlosigkeit zu tun.

Das Trotzalter beginnt – wie gesagt – um den achtzehnten Lebensmonat, klingt in der Regel zwischen dem dritten und vierten Lebensjahr ab, kann sich aber bis zum fünften Lebensjahr hinziehen. Trotzanfälle sind auch noch zwischen dem sechsten und neunten Lebensjahr zu beobachten. Die Qualität der Anfälle verändert sich im Laufe der Entwicklung; und dies zeigt, dass der Trotz Ausdruck eines emotionalen Reifungsprozesses ist.

Am Anfang des Trotzalters, also um das zweite Lebensjahr, entstehen die Anfälle mehr, wenn das Kind sich in seinen Vorhaben gestört sieht, wenn seine Bewegungsfreiheit eingeschränkt wird. Müdigkeit kann den Trotz noch schneller auslösen oder den Anfall intensiver werden lassen. Fünf bis sieben Anfälle pro Tag sind in dieser Zeit keine Seltenheit. Um den dritten Geburtstag herum nimmt die Anzahl der Anfälle manchmal ab, aber die Qualität, die Schwere der Trotzanfälle nimmt zu. Die Anlässe können in dieser Zeit vielfältiger Natur sein.

Das Kind *will* «alleine», aber es «*kann* noch nicht alleine». Es ist von seinen Fähigkeiten überzeugt, aber noch gelingen ihm die Dinge nicht so, dass sich ein sichtbares Ergebnis zeigt. Ein Satz wie «Soll ich dir helfen?» kann das Kind dann zum Explodieren bringen.

Oder das Kind ist in ein Spiel vertieft. Die Eltern kommen und unterbrechen dieses mit dem Satz: «Komm, Schatz. Wir wollen jetzt los!» Eine gefühlsmäßige Explosion kann die Folge sein.

Oder das Kind war bisher an Rituale gewöhnt, die nun aufgrund äußerer Umstände verändert werden müssen (zum Beispiel ein Besuch steht an, der Urlaub beginnt). Es reagiert auf die Veränderungen der Gewohnheit mit Enttäuschung, die sich in Frust, Wut und Zorn äußert.

Es kann auch sein, dass das Kind sich in seiner Neugierde, seinem Forschungsdrang durch ständiges elterliches «Nein!» eingeengt und von ihnen nicht ernst genommen fühlt. Dann revoltiert es gegen die Zwänge, setzt sich zur Wehr, und da es sich sprachlich nicht behaupten kann, verfällt es in ungestaltete, ungestüme Trotzanfälle.

Die Bedeutung und die Dynamik kindlicher Trotzanfälle lassen sich nur vor dem Hintergrund jener Entwicklungsschritte verstehen, die das Kind zwischen dem zweiten und fünften Lebensjahr durchläuft. Es entwickelt körperliche Fertigkeiten: Es will sich selber ankleiden, es will selber essen, es will generell alles selber machen. Und es will alles zu Ende bringen: deshalb protestiert das Kind, wenn es in seinen Aktivitäten unterbrochen, wenn ihm geholfen wird.

Zugleich ist das Kind stolz auf seine gewonnene Bewegungsfreiheit. Auf alles dagegen, was diese einschränkt – und sei das noch so notwendig, wie das Anschnallen im Auto –, wird emotional heftig reagiert.

Zwischen dem zweiten und fünften Lebensjahr kommt vieles in Bewegung: Es gilt Abschied zu nehmen vom Kleinkind und sich neuen Aufgaben zuzuwenden. Der Aktionsradius nimmt zu. Veränderte Horizonte, neue Möglichkeiten eröffnen sich. Die damit verbundenen Freiheiten fordern zwar heraus, aber sie machen zugleich Angst, verbreiten Unsicherheit.

Deshalb legen Kinder in diesem Alter so viel Wert auf Rituale, manchen Eltern erscheinen sie fast wie Ordnungsfanatiker: Alles muss seinen gewohnten Gang gehen, jede Störung empfindet das Kind als Angriff auf sich und seine Bedürfnisse – die Kuscheltiere müssen am Kopfkissen in der immer gleichen Position sitzen, das Gutenachtritual in der immer gleichen Abfolge stattfinden, die Geschichte im immer gleichen Tempo und Stimmklang vorgelesen werden, das An- und Auskleiden in immer gleichen Abläufen, das Baden in immer gleichen Schritten geschehen ...

Kommt es zu Abweichungen, dann lässt ein Protest, dann lässt Auflehnung, dann lassen Trotzanfälle nicht lange auf sich warten.

Trotz ist Ausdruck einer Spannung, die aus Entwicklungsschüben resultiert: Das Kind lernt «ich» zu sagen, ist stolz auf seine Kompetenzen – und dennoch muss es Grenzen einhalten, Regeln befolgen, muss es anerkennen, dass es manches eben noch nicht kann oder darf. Nun lebt nicht jedes Kind innere Spannungszustände über Trotz aus: Manche lutschen am Daumen, holen sich das Kuscheltier, um mit ihm die Sorgen zu besprechen, rennen herum, lenken sich durch Schaukelbewegungen ab.

Der Trotzanfall ist ein vorübergehendes Ereignis, das Trotzalter nichts Dauerhaftes – obgleich es den Eltern, die ein Kind durch diese Phase begleiten, wie eine Ewigkeit vorkommen mag. Der Trotzanfall ist – wie es der Entwicklungspsychologe Wolfgang Metzger schon vor vielen Jahren ausgedrückt hat – «ein reinigendes Gewitter, auf das wieder Sonnenschein folgt».

Um Kinder in dieser Phase zu begleiten, sollten Eltern bedenken:

- Trotz gilt nicht dem Vater oder der Mutter. Trotz ist nicht Ausdruck einer Beziehungsstörung, er gilt vielmehr der «Störung», die sich an einer Sache, einem Ablauf entzündet. Kinder fühlen sich in ihren Regeln, ihrer Ordnung, in ihren Vorstellungen durch Erwachsene behindert.
- Mit dem Trotz will das Kind dem Erwachsenen nicht seinen Willen aufzwingen. Es missachtet ihn nicht als Autorität, lehnt ihn nicht generell ab. Deshalb ist der Trotz von Aufsässigkeit, Nicht-folgen-Wollen und Ungehorsam strikt zu unterscheiden.
- Im Trotzalter ist das Kind ausgesprochen liebebedürftig, will Geborgenheit – und das besonders in der Nacht. So wirken Kinder im Trotzalter häufig zwiegespalten: Tagsüber sind sie wie kleine Ungetüme, die von einem Anfall in den nächsten fallen, nachts kommen sie ins elterliche Bett gekrabbelt und können nicht genug Nähe bekommen – um sich am Morgen wieder in kleine Rabauken zu verwandeln.

Dem Trotzanfall begegnet man demnach nicht mit Erziehungstechniken, dazu stellt er sich zu unterschiedlich dar. Zudem ist jedes Kind anders. Bitte beachten Sie folgende Grundregeln:

- Trotzanfälle sind nicht zu bestrafen. Schläge, Züchtigungen sind grundsätzlich tabu. Sie verschärfen nur das Problem.
- Trotzanfälle kann man kaum unterbrechen. Wenn es geht, sollte man beim Kind bleiben, ihm Halt geben und durch die Anwesenheit zeigen, dass es sich angenommen fühlen kann. Wer es schafft, sollte zur Tagesordnung übergehen, an seiner gewohnten Tätigkeit festhalten.
- Manchmal hilft die Auszeit. Man schickt das Kind in sein Zimmer, damit es dort seine Wut ausdrücken kann, und wenn es geht, sollte man sagen: «Wenn du dich beruhigt hast, kannst du wiederkommen!» Sollte das Kind den Raum nicht verlassen,

weil es unansprechbar ist, kann man selber in ein anderes Zimmer gehen. Das ist dann besonders sinnvoll, wenn man durch den Trotz des Kindes selber aufgeladen wird und vor Wut fast platzt.

- Man sollte sich überlegen, wann und wie es zu Trotzanfällen kommt. Reagiert das Kind heftig, weil es aus einer Tätigkeit herausgerissen wird, dann ist es sinnvoll, dem Kind vorher anzukündigen, wann man beabsichtigt, mit dem Kind loszugehen oder -zufahren. Dem Kind wird dadurch Gelegenheit gegeben, seine Tätigkeit abzuschließen. Und wenn das Kind seine ersten Versuche mit dem Löffel macht, um die Suppe eigenhändig zum Mund zu führen, ist es wichtig, dem Kind nicht sofort zu helfen, es vielmehr seine Erfahrungen machen zu lassen. Das Kind lernt aus Misserfolgen und ist dann eher bereit, sich helfen zu lassen.

- Manchmal helfen Freunde und Bekannte. Manchmal haben Überraschung und Humor ihren Platz.

Carmen Walter kam in die Beratung. «Mein Sohn, der vierjährige Reiner, der macht mich fertig», erklärt sie mir. «Im Supermarkt, da schmeißt er sich hin, wenn es nicht nach seiner Nase geht. Ich kann da machen, was ich will! Nichts!» Dann sieht sie mich an: «Gibt es da nicht einen Tipp?»

Ich lache.

«Aber nun kommen Sie mir nicht damit, dass ich mich zu ihm schmeiße, wie Sie das in Ihrem Buch geschrieben haben.»

«Ich habe einen anderen Tipp. Den habe ich neulich einer Mutter gegeben.»

«Hat der geholfen?», will sie wissen.

«Ich glaube schon. Sie hat bei mir angerufen und sich bedankt!»

«Und wie geht der?»

«Das nächste Mal, wenn sich Ihr Sohn auf den Boden schmeißt, dann schauen Sie sich die Erwachsenen an, die herumstehen. Man findet fast immer eine Person, die besonders klug und intelligent guckt, so als wolle sie sagen: ‹Das ist ja unmöglich. Da muss man doch was tun!›»

«Ja, so eine Frau sehe ich oft im Supermarkt. Die schüttelt immer den Kopf über meine Hilflosigkeit!», sagt sie spontan.

«Und auf diese Dame gehen Sie zu, wenn Reiner am Boden liegt, und sagen ihr: ‹Sie sehen so klug aus! Helfen Sie mir!›»

«Nein, das kann ich nicht. Was denken wohl die anderen über mich?», ruft die Mutter spontan aus.

«Was meinen Sie, was die anderen jetzt schon über Sie denken!», lache ich sie an.

«Da haben Sie auch wieder Recht!»

Es vergehen einige Wochen. Dann ruft sie mich an: «Herr Rogge, ich habe es vorgestern gemacht. Reiner lag wieder am Boden, und natürlich war diese pädagogische Hexe wieder da. Da habe ich zu mir gesagt, ‹Cornelia, jetzt musst du es machen.› Dann bin ich auf sie zu und hab gesagt: ‹Sie sehen so klug aus, helfen Sie mir!›»

«Und, was ist passiert?»

Sie lacht am Telefon: «Reiner ist aufgesprungen und hat gesagt: ‹Die kann dir auch nicht helfen!› Dann hat er mich bei der Hand genommen, sie ganz fest gedrückt, so als wollte er sagen: ‹Das war toll von dir!›»

«Aber warum passieren die Trotzanfälle häufig, wenn Besuch da ist? Oder wenn man im Supermarkt ist? Oder im Restaurant?», sind immer wieder gestellte Fragen.

Aus meinen Beobachtungen kann man das nicht verallgemeinern. Die meisten Trotzanfälle passieren nach wie vor in der gewohnten Umgebung – eben zu Hause, nur hängen ein kindlicher Trotzanfall und die erlebte Hilflosigkeit im Supermarkt oder im Restaurant den Eltern länger nach. Hier sind Trotzsituationen intensiver, erhalten sie eine besondere Qualität.

Ein Grund dafür mag sein: Zu Hause, in der Wohnung, der vertrauten Umgebung reagieren Eltern klarer, verlässlicher. In der fremden Umgebung achtet man besonders darauf, dass man alles richtig macht, orientiert sich an dem, was andere wohl denken oder sagen. Das eigene Kind gerät aus dem Blickfeld, die anderen werden bedeutsam. Und das Kind empfindet Unsicherheit: «Warum reagiert Mama oder Papa hier so und zu Hause anders?» Diese Unsicherheit hält ein Kind nur schwer aus, deshalb handelt es anders.

Denken Sie daran: Kinder brauchen in der Trotzphase gewohnte Rituale. Dazu gehört auch, wie mit Störungen umgegangen wird. Nur so können Kinder sich auf die Eltern einlassen. Unklare Botschaften verträgt das Kind nicht. Es will wissen, woran es ist.

Doris Rohde kommt mit ihren beiden Kindern zum Einkaufen in den Supermarkt. Benjamin, vier Jahre, und Michael, sechs Jahre, verwandeln sich, so die Mutter, auf dem Parkplatz «in richtige kleine Ungeheuer. Zu Hause sind sie die normalsten Kinder, aber wenn andere da sind ...», sie schüttelt den Kopf, «ist es, als ob sie Zuschauer bräuchten.» Zwar fährt sie mit der Hoffnung in den Supermarkt: «Heute passiert nichts» – doch vergeblich. Die Ängste der Mutter vor dem Chaos, das ihre Kinder anrichten, erfüllten sich jedes Mal, also auch heute.

Kaum ist Benjamin aus dem Auto gestiegen, rennt er zum Einkaufswagen, will ihn der Mutter bringen. Michael läuft hinterher, entreißt ihm den Wagen. Geschrei, Gerangel – die Mutter geht dazwischen, nimmt sich Benjamin, setzt ihn – ruck, zuck – in den Wagen; packt Michael an der Hand, zieht ihn, eher heftig als sanft, hinter sich her. Der tritt um sich, zerrt, schreit lauthals: «Lass mich endlich los!»

Benjamin will mittlerweile aus dem Wagen klettern, die Mutter drückt ihn kräftig zurück: «Du tust mir weh. Aua! Aua!» Er weint, nein: er brüllt so laut, als ob man ihn umbringen wolle. Allmählich werden andere Menschen auf den Machtkampf aufmerksam. Vergnügt: «Spannender als Fernsehen», neugierig: «Wie das wohl weitergeht?», kopfschüttelnd: «Völlig überfordert», erleichtert: «Gut, dass ich keine kleinen Kinder mehr habe», besserwisserisch-intolerant: «Links und rechts was an die Backen, dann sind sie still» – so lauten die höchst unterschiedlichen Reaktionen.

Die Mutter spürt die Blicke, ihr wird heiß, die Gedanken sind nicht mehr klar, sie fühlt Hektik und Ratlosigkeit in sich aufsteigen.

«Und je mehr ich an die anderen Leute dachte, umso mehr verlor ich die Kinder aus dem Blick», deutet sie später zutreffend die Situation.

Benjamin setzt in der Zwischenzeit auf die schon oft mit Erfolg praktizierte Wasserkraft-Methode – also Tränen in den Augen – und erhält mit weinerlich-trotziger Stimme seine Aufmerksamkeit: «Ich will raus.» Er nervt mit schrillen Quengeltönen so lange, bis die Mutter ihn aus dem Wagen heraushebt: «Aber nicht herumtoben! Hörst du!» Benjamin hört natürlich nicht, denn kaum steht er mit beiden Beinen auf dem Boden, reißt er sich los, verschwindet hinter einem Regal. Michael hinterher.

«Ihr könnt mir helfen. Holt da hinten eure Salzstangen.» Frau Rohde erklärt: «Damit hatte ich gute Erfahrungen gemacht. Wenn ich sie ablenkte, waren sie ruhiger, und ich konnte meine Sachen wenigstens einigermaßen erledigen.» Frau Rohde packt schnell ein paar Lebensmittel ein, weil sie mit «beiden Ohren immer bei den Kindern» ist.

Doch braucht sie dieses Mal nicht beide Ohren: «Ein Schwerhöriger hätte auch ohne Hörgerät meine beiden Kinder noch gehört.» Riesiges Geschrei ertönt jenseits der Regale. Benjamin und Michael streiten sich um Tüten, zanken darüber, wer welche und wie viele zu nehmen habe. Sie zerren, sie stoßen, sie schubsen sich, sie rangeln – bis Benjamin rücklings in einen hohen Stapel mit Chips, Salzstangen und anderem Knabbergebäck fällt. Ein Chaos, ein Auflauf, Tüten über Tüten fallen auf Benjamin, viele liegen über ihm, er erschrickt und schreit.

Die Mutter reißt ihn hoch. Wutentbrannt und außer sich, versetzt sie Michael ein paar heftige Klapse auf den Po.

«Na endlich», hört sie eine Frau neben sich sagen.

«Unmöglich, man schlägt keine Kinder», entrüstet sich eine andere. Nun weint auch Michael – aus Wut, aus Enttäuschung, aus Schmerz. Benjamin befreit sich aus seiner misslichen Lage, rappelt sich hoch, läuft auf seinen Bruder zu, tritt ihm voll gegen das Schienbein – und lächelt.

«Bist du denn verrückt geworden?», faucht die Mutter Benjamin an, reißt ihn herum, hält ihn mit beiden Händen offensichtlich schmerzhaft am Handgelenk fest.

«Aua! Aua! Mama, du tust mir weh.» Benjamin zappelt, wütet, doch vergeblich. Der Griff der Mutter bleibt fest, verursacht wohl auch Schmerz – bis eine Doris Rohde unbekannte Frau sich in den Weg stellt und gereizt meint: «Nun seien Sie nicht zu grob!»

«Der hätte ich bald eine gescheuert! Noch ein Wort, und die wäre tot gewesen», erinnert sich Doris Rohde im Nachhinein. Benjamin reißt sich los, geht zwei Schritte zur fremden Frau, baut sich vor ihr auf und streckt ihr die Zunge heraus. Konsterniert, kopfschüttelnd dreht diese ab.

«Benjamin», ruft die Mutter mit einer Mischung aus Entsetzen und Überraschung. «Das macht man nicht!»

«Dabei», so die Mutter nachdenklich, «hat er genau das gemacht, was ich mich nicht traute.»

«Tja, irgendwie sind wir raus aus dem Supermarkt. Ich war schweißgebadet, spürte beim Verlassen der Halle Tausende Blicke, mitleidig, ärgerlich, wütend ...» Benjamin und Michael halfen beim Schieben des Wagens und lächelten sich dabei verschmitzt an.

«Und im Auto waren sie die nettesten Kinder der Welt, *meine* Kinder.» Ihre Augen richten sich nach oben, so als suchten sie dort ihre beiden blonden verlorenen Engel.

Eine Situation, wie sie viele Eltern erleben – und für sie sind das unendlich erscheinende Augenblicke voller Stress, an deren Ende Gefühle absoluter Hilflosigkeit stehen.

«Es ist», so die Mutter, «als ob sie wirklich Zuschauer bräuchten!» Kinder testen Grenzen durch Versuch und Irrtum aus – insbesondere in Situationen, wo ihnen verlässliche Regeln, klare Grenzen fehlen oder in denen Erwachsene unklar oder unsicher handeln, weniger ihrer Intuition, ihrem Gespür vertrauen, als ihr Erziehungshandeln danach richten, was Umherstehende erwarten.

Kinder haben ein sehr feines Gespür für diese Unsicherheit. Sie fühlen: «Mama oder Papa würden anders handeln, wenn ich mit ihnen allein wäre. Sie nehmen mich nicht ernst – nicht ich bin wichtig, sondern die anderen.» Und da Kinder diesem Gefühl in der Regel keinen sprachlichen Ausdruck verleihen können, verletzen und überschreiten sie so lange Grenzen, bis ihnen Aufmerksamkeit gewiss ist.

Michael und Benjamin hielten sich im Haus an Regeln, sie waren Absprachen und Rituale gewohnt. Auch Doris Rohde verhielt sich in vertrauter Umgebung konsequent.

«Mama ist beim Einkaufen ganz komisch», erzählt Michael einmal und bringt damit die Verhaltensunsicherheit seiner Mutter auf den Punkt.

«Ich will es allen zeigen», entfährt es ihr spontan, als ich die Frage stelle: «Wollen Sie anerkannt sein?»

«Ich will es besonders gut machen!» Und sie fährt fort: «Wissen Sie, ich war zehn Jahre als Erzieherin hier im Kindergarten tätig, habe viele Gespräche mit Eltern über Erziehung geführt und so.» Sie atmet tief aus.

«Tja und nun will ich's eben allen zeigen, ich kann's nicht nur theoretisch. Ich kann's auch praktisch. Und zu Hause klappt es ja auch, aber wenn Leute da sind, vor allem welche, die ich kenne, dann ...»

In dieser Äußerung kommt eine weitere Variante des Perfektionismus durch, die die Erziehungsbeziehung zwischen Eltern und Kindern mehr als kompliziert gestaltet: Der Versuch, von allen nicht nur anerkannt, sondern geradezu geliebt zu werden, führt zu der fixen Idee, dass es keinen geben darf, der einen ablehnt, der negativ über einen redet. Der eigene Blick konzentriert sich nicht auf Stärken, auf Menschen, die einen mögen – alles fokussiert sich auf jene, die man auch noch von sich und seinen Kompetenzen überzeugen muss.

Die Folge: Man stuft sich herab, verleugnet eigene Bedürfnisse und macht sich in seinem erzieherischen Handeln von anderen abhängig. Man wird fremdgesteuert – dieses Gefühl hat Michael für die Supermarktsituation so ausgedrückt: «Mama ist so komisch.» Und an einer anderen Stelle sagt er: «Die sieht mich gar nicht. Die hört nicht zu.» Doris Rohde handelt nicht so, wie sie möchte, sondern so, wie sie meint, dass es andere von ihr erwarten. Dabei macht sie sich gefühlsmäßig von der Zuwendung fremder Menschen abhängig. Sie setzt und formuliert nicht mehr jene Grenzen, die sie selbst als bedeutsam erachtet. Sie handelt unsicher, weil sie – indem sie auf eigene Bedürfnisse verzichtet – sich von anderen (vermuteten) Meinungen abhängig macht.

«Was ist das Schlimmste, was Sie sich in einer solchen Situation ausmalen könnten?», frage ich.

«Dass alle schlecht über mich reden!»

«Alle? Der ganze Ort?»

Sie grinst: «Na, schon viele!»

«Gibt's noch schlimmere Bilder?», frage ich.

Sie denkt nach, ihre Augen wandern hin und her, dann lacht sie: «Manchmal denk ich mir, die warten im Supermarkt schon auf mich, wie ich dienstags und freitags mit den Kindern komme. Ja, die kaufen nur noch ein, weil ich komme. Ich bin besser als diese komischen Sendungen im Fernsehen, wo nur noch geschrien wird. Wenn ich mir das vorstelle», sie hält die Hände vors Gesicht, «die kommen nur wegen meiner Action. Stellen Sie sich das einmal vor.»

Ich verstärke das Bild: «Tausende von Menschen stehen auf dem Parkplatz vom Supermarkt, in der Stadt hängen Plakate: Am Freitag versucht Frau Rohde ihre Kinder zu erziehen. Eintritt kostenlos. Chaos garantiert. Frau Rohde referiert im Anschluss über Theorie und Praxis in der Kindererziehung.»

Sie hat die Hände noch vor dem Gesicht. «Wahnsinn!», murmelt sie. «Einfach Wahnsinn!» Sie ist still, wirkt nachdenklich.

«Können Sie sich das vorstellen?»

«Was? Ich soll das machen?!»

«Nein! *Vorstellen!* Plakate aufstellen! Alles in Gedanken! Sich vorstellen, wie die Leute Sie auf dem Parkplatz empfangen!»

Sie ist still, sagt nichts mehr, ihr Blick geht nach innen, sie schmunzelt: «Ich stell schon Plakate auf den Straßen zum Supermarkt auf!»

Zwei Wochen später, Fortsetzung des Familienseminars. Sie berichtet: «Ich hatte die ganze Straße zum Supermarkt mit den Plakaten voll gestellt. Auf dem Weg dorthin habe ich sie richtig gesehen. Heiß und kalt war mir. Michael und Benjamin waren anders als sonst. Ich glaub, die haben die Plakate auch gesehen. Und je näher ich dem Supermarkt kam, desto aufgeregter wurde ich. Und dann bin ich auf den Parkplatz gefahren, Tausende Menschen waren da. So richtige Geier. Und ich hab alle gegrüßt. Habe ganz generös mit den Händen gewinkt. Also, ich muss wohl auch wirklich mit dem Kopf genickt haben, weil Michael meinte: ‹Mama, wen grüßt du denn? Ich seh da keinen.› Da hab ich laut losgelacht. Und der Kleine hat auch gelacht.»

«Und?»

«Ich bin ganz selbstbewusst ausgestiegen, Benjamin trug den Korb, Michael holte den Wagen. Es war ein Friede, die waren ganz anders als sonst!» Frau Rohde ging in den Supermarkt. «Ich glaube, einige waren enttäuscht, weil's keine Krise gab.» Sie lächelt: «Als wir dann bei den Salzstangen vorbeikamen, streckte Benjamin plötzlich die Zunge raus: ‹Weißt du noch, Mama, neulich!› Michael sagte beim Hinausgehen: ‹Du bist heute so anders, Mama. Du hast richtig gelacht, sonst drehst du immer gleich durch.» Doris Rohde grient.

«Irgendwie musste ich das nun ganz zu Ende bringen», sagt sie. «Ich hab mir dann auf dem Parkplatz nochmals die Leute vorgestellt, ins Publikum gewinkt. Und das war so automatisch, ich hab wirklich gewinkt. Und die Kinder haben auch gewinkt. Und wissen Sie, es gibt ja keine Zufälle. Just in dem Moment, wo wir alle drei gewinkt haben, kommt diese blöde besserwisserische Kuh von neulich auf den Parkplatz gefahren. Mein Gott, hab ich gedacht, was die jetzt wohl denkt?» Sie stockt kurz, findet dann selbst ihre Antwort: «Die denkt wohl, ich bin völlig abgedreht. Bin ich ja auch!»

Die Abhängigkeit von anderen blockiert das Handeln. Subjektive Bewertungen, wie zum Beispiel: «Wenn alle meinen Fehler sehen, dann ist das schlimm». Solche Einschätzungen führen zu Selbstvorwürfen, zu einer Sicht der Realität, die mehr mit eigenen Ängsten und Unsicherheiten zu tun hat als mit der die Person umgebenden Wirklichkeit.

Benjamin und Michael haben ihre Mutter nun als authentisch und klar erlebt. Doris Rohde hat ihre schlimmsten Phantasien durchgespielt und dabei festgestellt: Das Leben geht weiter.

Die Schlüssel zu Lösungen hat nur sie in der Hand. Gibt sie diese aus der Hand, verliert sie ihre Handlungskompetenzen, macht sich abhängig von anderen, lässt ihre Kinder, die auf sie angewiesen sind, im wahrsten Sinne des Wortes allein.

7. Die moralische und soziale Entwicklung

«Es ist manchmal so schwer», stöhnt Irina Bauer, Mutter der sechzehn Monate alten Paula, «ihrem Tun Einhalt zu gebieten. Ich sehe, sie macht gefährliche Sachen. Dann muss ich doch einschreiten. Aber dann will ich ihr ja auch vieles gestatten, ihren Freiheitsdrang nicht unterbinden.»

«Mein Jan», erzählt seine Mutter, Raffaela Claudius, «der ist jetzt achtzehn Monate. Und wenn er nicht bekommt, was er haben will, oder wenn andere Kinder ihn ärgern, dann beißt er. Ich bin da völlig hilflos. Was soll ich bloß machen? Zwar hat neulich ein Kind zurückgebissen, aber das hindert ihn nicht daran, weiterzumachen. Und als ich ihm neulich sagte, er wolle doch auch nicht, dass er gebissen wird, da hat er nur komisch gegrinst und hat versucht, mich zu beißen.» Sie schüttelt hilflos ihren Kopf.

Sein Boris sei mit seinen zweieinhalb Jahren schon ein richtiger Techniker, berichtet Volker Hubertus. «Der nimmt alles auseinander und kriegt das natürlich nicht mehr zusammen. Was der in die Hände kriegt, das ist sofort in alle Einzelteile zerlegt. Was gibt's denn da für Konsequenzen? Mir fallen absolut keine ein.»

«Bianca ist jetzt fünf, und die, ich mag es kaum sagen, die klaut, die lügt, dass sich die Balken biegen.» Maike Fischers Stimme klingt unsicher: «Ich weiß mir da nicht zu helfen. Die streitet alles ab, obgleich alles klar auf der Hand liegt.» Sie zieht ihren Kopf ein: «Das geht ja wirklich früh los! Wie wird das erst, wenn die in die Pubertät kommt. Da muss ich ja wohl auf einiges gefasst sein!» Sie schaut mich mit besorgtem Gesichtsausdruck an.

Kinder machen – zwischen dem Säuglingsalter und dem Schulbeginn – in moralisch-sozialer Hinsicht enorme Entwicklungsschübe durch, die viel von ihnen, aber auch manches den Eltern abverlangen.

Von Kindern im ersten Lebensjahr kann man kaum bewusstes soziales Verhalten, schon gar nicht Mitgefühl mit anderen erwarten. Die Säuglinge sind auf sich bezogen und auf sich fixiert – und das ist gut so.

Sozialität muss in dieser Zeit von den Erwachsenen, also von Vater und Mutter sowie anderen Bezugspersonen vorgelebt werden. Wenn das Kind geachtet und respektiert wird, wenn Eltern sensibel auf die Bedürfnisse des Kindes reagieren, wenn sie dem Kind

Bindung geben, ihm das Gefühl vermitteln, dass es so angenommen wird, wie es ist, wird ein solides soziales Fundament gelegt. Und wenn Kinder ausreichend Körperkontakt und Sensibilität erfahren und spüren, dann sind erste wichtige Basisschritte in Richtung auf eine moralisch-soziale Entwicklung des Kindes gemacht.

Untersuchungen zeigen, dass fehlender Halt, fehlende Geborgenheit, dass unsensibles erzieherisches Handeln beim Kind das Gefühl hervorrufen, abgelehnt, nicht gemocht zu werden. Damit können (müssen jedoch nicht!) die Grundlagen für dissoziales Verhalten in der späteren Biographie gelegt werden.

Ist durch die personale Nähe im ersten Lebensjahr Selbstwertgefühl und Selbstvertrauen aufgebaut, folgen bald die ersten Schritte in die Unabhängigkeit.

Mit dem Laufenlernen bildet sich ein Forscherdrang aus. Das Kind ist an vielem interessiert, es will hinter die Kulissen blicken, die Welt begreifen. Damit sind zweifellos auch Gefahren verbunden. Schränkt man das Kind jedoch generell ein, greift man nachhaltig in seine Entwicklung ein, fordert Widerstand und Blockaden geradezu heraus.

Gleichwohl muss man sich seiner Erziehungsverantwortung bewusst sein. Schrankenloses Gewährenlassen kann deshalb nicht die Alternative sein. Konsequenzen stehen häufig nicht zur Verfügung, weil Kinder in diesem Alter nur begrenzt aus natürlichen Folgen lernen *können* – nicht weil sie unwillig sind. Sie können es noch nicht, weil sich logisches Denken erst später herausbildet.

Trotzdem bleiben genügend Alternativen, um Kleinkindern ein gefahrloses Erkennen der Umwelt zu ermöglichen und ihnen Mitsprache bei Entscheidungen zu geben.

Paul, neunzehn Monate, räumt die Schubladen aus; Antje, fünfzehn Monate, das Bücherregal; Peter, zwei Jahre, wollte zum wiederholten Male seine kleinen Finger in die Steckdose manövrieren. Die Eltern der Kinder sind ständig auf dem Sprung, ein «Nein!», ein «Lass das!» auf den Lippen. Sie versuchen, ihren Kindern zu erklären, warum sie dies und das nicht tun sollen. Und die Kleinen schauen die Eltern mit offenen Augen an, aber ändern tut sich natürlich nichts. Zu spannend sind die geschlossenen Schubladen, die purzelnden Bücher, die geheimnisvollen Löcher in der Dose.

Mit einem wie auch immer formulierten «Nein!» unterbindet man kindliche Neugierde kaum, stachelt sie eher an. Sinnvoller ist es, die Schublade für ein paar Monate leer zu räumen oder zu verschließen, die Bücher ein paar Regalbretter höher zu stapeln, unerreichbar für die Handgriffe der Kinder, die Steckdose durch einen Verschluss zu sichern. Das hört sich sehr pragmatisch an, ist vielleicht pädagogisch nicht besonders wertvoll, bringt aber befriedigendere Ergebnisse als das ständige «Nein!», das den Kindern irgendwann zu den Ohren herauskommt und sie vater- und muttertaub macht.

Wenn sich Kinder ihrer Kompetenzen bewusst sind, ihre Unabhängigkeit von Vater und Mutter gespürt haben, wollen sie mitbestimmen, die Früchte der Freiheit auskosten. Und in manchem Konflikt, der sich an einer Sache entzündet, steht nicht die Sache selbst im Mittelpunkt. Es geht den Kindern nicht so sehr um das Zähneputzen, das Haarewaschen, das Zubettgehen. Sie wollen vielmehr den Zeitpunkt bestimmen, zumindest ein Wörtchen mitreden, das Gefühl vermittelt bekommen, von den Erwachsenen ernst genommen zu werden. Übersieht man das, entsteht schnell ein Machtkampf, den die Eltern verlieren, der sie schließlich hilflos werden lässt.

«Wenn du dir die Zähne nicht putzt, gibt's keine Süßigkeiten mehr», droht die Mutter ihrem dreijährigen Vincenz. «Ich mag sowieso keine Bonbons mehr», erwidert der Sohn – und putzt sich natürlich nicht die Zähne, lässt vielmehr eine ratlose, schulterzuckende Mutter zurück.

Kinder zwischen eineinhalb und drei Jahren können noch nicht «Nein!» sagen, wenn ihnen etwas in die Quere kommt – ihnen fällt es schwer, sprachlich Grenzen zu setzen. Dies vollziehen sie vielmehr handgreiflich mit nicht immer sozial verträglichen Mitteln: die einen schubsen, die anderen spucken, die dritten kratzen, die vierten schlagen, und schließlich gibt es Kinder, die beißen. Solch Verhaltensweisen hören meist in dem Moment auf, in dem das Kind sich sprachlich verständlich machen kann, es sich seiner verbalen Fähigkeiten bewusst ist.

«Aber wie soll ich mich denn verhalten, wenn mein Kind ein anderes schlägt, um etwas zu bekommen?», will eine Mutter wissen. Man kann mit dem Kind in einer ruhigen Phase danach darüber reden, wie es an das Spielzeug kommt, ohne zu schlagen: «Vielleicht fragst du das andere Kind?» Sätze wie: «Du willst doch auch nicht, dass dir wehgetan wird?» sind wenig hilfreich. Nicht zu empfehlen sind elterliche Aufforderungen zur Selbstjustiz, wie: «Wehr dich!» oder: «Hau zurück!»

Konstruktiv ist es, mit dem Kind darüber zu reden, wie es sich behaupten kann, wenn ein anderes Kind körperliche Gewalt anwendet, um sein Ziel zu erreichen. Sätze wie «Nein!», «Hör auf!» oder: «Ich möchte das nicht!» oder: «Ich will das nicht!» können einem Kind mehr helfen als Formulierungen, die abstrakt und nicht nachvollziehbar daherkommen.

Ähnliches gilt für den Umgang mit dem «Beißen». Beißen erfolgt meist aus einem Reflex heraus, ist also im Kleinkindalter nicht rational gesteuert. Statt einem Kind ständig vorzuhalten, es dürfe nicht beißen, ist es kreativer, ihm ein Beißtuch, einen Beißknochen aus Plastik oder einen anderen Gegenstand zu geben, in den es, wenn es wütend ist, hineinbeißen kann. Da das Beißen – wie gesagt – einem Reflex unterliegt, wird das Kind Aufforderungen wie: «Du darfst nicht beißen!» oder: «Du sollst doch nicht beißen!» kaum befolgen. Pragmatisch ist ein Satz wie: «Wenn du wütend bist, dann beiße in dein Tuch!» Damit fühlt sich das Kind in seinen aggressiven Persönlichkeitsanteilen angenommen, zugleich wird die Attacke so umgelenkt, dass sie anderen Kindern nicht schadet.

Und dem Kleinkind wird ein Modell vorgelebt: Du darfst deine Aggressionen haben! Ich akzeptiere dich damit! Du kannst sie ausleben, aber in Regeln gebunden und so, dass sie keinem schaden und wehtun!

Zwischen dem dritten und fünften Lebensjahr, jenem Zeitraum, in dem die Trotzanfälle allmählich weniger werden, kann man die Anfänge einer moralischen Entwicklung beim Kind feststellen.

Während die zweijährigen Kinder alles haben wollen – koste es, was es wolle –, haben die Drei- bis Vierjährigen schon eine andere Einstellung. Diese Altersstufe ist von einem spezifischen Egozentrismus geprägt – nach dem Motto: «Ich will es haben! Bekomme ich das nicht, dann ist das unfair und gemein!»

Drei- bis Vierjährige entwickeln eine ganz eigentümliche Auffassung von Fairness. Sie wollen haben, wonach ihnen der Sinn steht. Und enthält man ihnen das vor, so ist das aus ihrer Sicht unfair! Aus dieser Auffassung leitet sich auch ihr Umgang mit dem Stehlen und dem Lügen ab. Sie haben in diesem Alter einen eigenartigen Umgang mit dem Eigentumsbegriff, den der amerikanische Erziehungsberater Thomas Lickona so auf den Begriff gebracht hat: «Was deins ist, ist auch meins!»

Deshalb ist der Begriff des Stehlens, des «Klauens» in dieser Zeit wenig passend. Dinge, Gegenstände an sich zu nehmen, auch wenn sie einem nicht gehören, ist durchaus normal. Kinder in dieser Altersstufe zu begleiten, heißt, die genommenen Gegenstände zurückzubringen, dafür zu sorgen, dass das Unrecht rückgängig gemacht wird.

Darüber hinaus kann man Fünf- bis Sechsjährige sehr wohl mit einer höheren moralischen Stufe konfrontieren: «Ich denke, du möchtest auch nicht, dass man dir etwas wegnimmt!» Bedenken Sie allerdings: Auch wenn Sie Ihrem Kind das sagen, das Kind Ihnen zuhört, bedeutet es noch lange nicht, dass das Kind am nächsten Tag danach handelt!

Und was ich für das Stehlen angemerkt habe, gilt gleichermaßen für das Lügen. Auch das Lügen ist Teil der moralischen Entwicklung und zugleich Ausdruck der magisch-phantastischen Phase, in der Lügengeschichten eine nicht zu unterschätzende Rolle spielen. Zum Lügen zählt gleichermaßen das Angeben, das Über-die-Stränge-Schlagen. Natürlich sind Kinder darüber hinaus gewitzt genug, zweckdienlich zu lügen, das Beste für sich aus einer Sache herauszuholen.

«Aber was soll ich denn machen, wenn mein Sohn, der Julian, mich ständig anlügt?», will eine Mutter wissen. «Der macht das doch ganz offensichtlich. Ich glaube, der hält mich für blöde, dass ich das nicht merke.»

Julians Mutter kann ihren fünfeinhalbjährigen Sohn in dieser Situation begleiten und herausfordern. Begleiten meint, seine Lügen als Ausdruck einer Entwicklungsphase zu interpretieren, zu erkennen, dass er noch nicht erfassen kann, warum Lügen falsch sind. Dazu ist er moralisch noch nicht in der Lage.

Gleichwohl darf Verständnis nicht mit Akzeptanz verwechselt werden. Dies würde Julian nur dazu bringen, weiterzumachen. Und er würde auf dieser (un-)moralischen Stufe verharren, erfahren, dass man ganz offensichtlich lügen darf.

Deshalb ist es wichtig, Julian herauszufordern, ihn mit einer anderen, einer höheren moralischen Entwicklungsstufe zu konfrontieren. Strafen bringen nichts, führen nur zu einem Machtkampf. Auch Sätze wie «Ich würde dir so gern vertrauen, aber du enttäuschst mich immer wieder!» setzen Julian nur unter Druck, verändern jedoch nichts an seinem Verhalten. Vielleicht hört er mit dem Lügen der Mutter zuliebe auf, möglicherweise beendet er das Lügen, weil sie ihm eine Strafe angedroht hat («Wenn ich dir nicht vertrauen kann, dann darfst du nicht mehr zu Freunden!»). Das pädagogische Bestreben muss es jedoch sein, dass Julian sich aus eigenen Stücken verändert, freiwillig mit dem Lügen aufhört.

Julian bindet seiner Mutter wieder einmal einen Bären auf, indem er ihr erklärt, warum er erneut zu spät nach Hause gekommen ist: Von einer stehen gebliebenen Uhr im Hause seines Freundes ist die Rede, einem Unfall, den er gesehen hat, und einer Frau, der er helfen musste, die Tasche in die Wohnung zu tragen.

Da sich diese Geschichten in den letzten Tagen und Wochen häuften, glaubte sie Julian schließlich nicht mehr. Anfangs ließ sie sich auf Diskussionen mit ihrem Sohn ein, versuchte, ihm zu beweisen, dass er lügt, die Unwahrheit sagt. Doch diese Diskussionen erwiesen sich als fruchtlos und endeten in gegenseitigen Beschimpfungen.

«Julian», erklärt sie ihm, nachdem sie ihm wieder einmal in Ruhe zugehört hatte, «Julian, du erzählst mir Geschichten, die ich dir nicht mehr glaube!»

«Stimmen aber doch!», antwortet er trotzig. «Ich lüg dich doch nicht an!»

«Julian, ich glaub dir nicht!»

«Warum?»

«Julian, die Geschichten glaube ich dir einfach nicht!»

«Du hast mich eben nicht mehr lieb!», verändert er seine Strategie.

Sie lächelt: «Julian, ich hab dich lieb. Aber die Geschichten nehme ich dir nicht mehr ab!» Sie macht eine Pause: «Überleg einmal, wenn dein bester Freund das mit dir macht. Du willst doch auch nicht, dass er dich belügt!»

«Ich lüg aber nicht!», ruft er.

«Du kennst meine Meinung, Julian!» Mit diesen Worten steht sie auf, lässt einen nachdenklichen Julian zurück. Julians Verhalten ändert sich zwar nicht sofort, aber seine Lügengeschichten werden allmählich weniger.

Julians Mutter hat entwicklungs- und altersangemessen reagiert. Dieser Dialog wäre zwei Jahre zuvor nicht möglich gewesen, denn ein dreijähriger Julian hätte sich noch nicht in andere hineinversetzen können. Dies können Fünf- bis Sechsjährige zwar auch noch nicht ohne weiteres, aber sie können die Perspektive anderer nachvollziehen, sie berücksichtigen, obgleich sie das natürlich nicht sofort in alltägliches Handeln umsetzen.

Moralische Vorstellungen, moralisches Empfinden entwickeln Kinder vom vierten, fünften Lebensjahr an, indem vor allem die Eltern dieses vorleben, den Kindern ein positives Modell zeigen, an dem sie sich orientieren, an dem sie sich auch reiben können. Eltern stellen in dieser Zeit unbedingte Autoritäten dar.

Ihr Vorbildverhalten ist prägend. Für Eltern heißt dies: Es ist ausgesprochen wichtig, Kinder zu freundlichem, zu sozialem Verhalten zu ermutigen, dies zu unterstützen.

Dies gilt gleichermaßen für die Erziehung zur Höflichkeit. So wichtig es ist, Kinder zur Achtung und zum Respekt vor anderen, zu Mitgefühl und Dankbarkeit zu erziehen, so wenig darf diese Erziehung einer Dressur gleichkommen. Sie muss vielmehr gewährleisten, dass Kinder sich auch dann entschuldigen oder «Danke» sagen, wenn die elterlichen Autoritäten nicht persönlich anwesend sind. Sie sollten dies aus eigenem Antrieb machen, nicht deshalb, weil sie Liebesentzug oder gar Strafmaßnahmen befürchten. Sich bedanken, sich entschuldigen kommt vom Herzen, meint Ehrlichkeit und Aufrichtigkeit. Und dabei sollte man bedenken: Kinder, gerade Kleinkinder sagen auf eine vielfältigere Weise «danke», als es Erwachsene vermögen.

Situation im Supermarkt: Die Großmutter schenkt ihrer Enkelin Patrizia eine Stoffpuppe. Patrizia, fünf Jahre, hatte zuvor versonnen vor dem Regal gestanden. Die Oma hatte eine Puppe genommen, sie ihrer Enkelin in die Hand gedrückt: «Da, Patrizia!»

Patrizia lächelt überrascht, führt die Puppe ins Gesicht, schmiegt sich an sie. Dann geht sie einen Schritt auf die Großmutter zu, legt ihre Wange auf den Arm der Oma, streichelt ihre Hände, umfasst sie mit viel zu kurzen Armen, strahlt die Großmutter an. «Sag danke», ermahnt die Mutter. Patrizia blickt konsterniert, als wolle sie sagen: «Ich hab doch gerade danke gesagt!»

«Sag danke», wiederholt die Mutter in barschem Ton. Patrizia schaut ungläubig. «Schau, sonst ist die Oma traurig», hakt die Mutter nach.

«Nun lass mal», beschwichtigt die Großmutter.

«Wenn du nicht danke sagst, dann nehme ich dir sofort die Puppe weg.» Patrizias Mutter wird heftiger.

«Ich hab doch danke gesagt», erwidert Patrizia vorsichtig.

«Hab nichts gehört! Jetzt lügst du auch noch!»

«Nun lass mal gut sein», versucht die Großmutter die Situation zu beruhigen.

«Los, gib die Puppe sofort her!», giftet die Mutter.

Sie greift nach der Puppe. Patrizia hält sie jedoch fest. Die Mutter zerrt, Patrizia lässt die Puppe mit einem Mal los. Darauf war die Mutter überhaupt nicht gefasst und fällt samt Puppe in ein Regal mit Süßigkeiten, die über sie purzeln. Patrizia flüchtet in den Arm der Oma. Die Mutter flucht und sieht ihre Tochter scharf an: «Du wirst schon noch sehen, was du davon hast!»

Wer Kinder zu Dankbarkeit und Sensibilität in den ersten Lebensjahren ermutigen will, tut gut daran, weniger auf die Kraft seiner Worte als auf die Überzeugungskraft seines Handelns zu vertrauen. Wenn Kinder bis zum Schulkindalter erfahren, wie die Eltern ihnen ein positives Modell vorleben, werden sie sich in aller Regel später daran orientieren.

KAPITEL DREI

Vom sechsten bis zum zwölften Lebensjahr – Das Schulkind

1. Beobachtungen

Jonas, sieben Jahre. Er wäre ein «Sonnyboy» gewesen – «bis vor einem halben Jahr», so erklären seine Eltern, Monika und Victor Schulz. Aber nun sei alles anders geworden. «Wir zählen nichts mehr, absolut nichts mehr», berichten sie kopfschüttelnd. «Kommt er doch neulich», der Vater ist immer noch außer sich, «und erklärt mir, er habe auch seine Rechte, nicht nur wir!» Und das habe er mit einer Überzeugung in der Stimme gesagt, «da bleibt einem die Spucke weg!»

Manchmal frage er sich – Victor Schulz sieht mich mit zusammengekniffenen Augen an –, woher er das habe. «Ich verstehe das nicht, dabei erziehen wir doch nicht anders als vorher!» Wie aus heiterem Himmel sei das gekommen, «einfach so. Mit einem Male hatten wir ein anderes Kind!»

Er macht eine kurze Pause: «Wie das wohl erst in der Pubertät wird?» Dabei rollt er seine Augen nach oben, zieht seine Stirn in Falten. Sie wolle sich das am liebsten nicht vorstellen, hakt Jonas' Mutter ein. «Dann nehmen die Diskussionen ja wohl nie ein Ende. Grauenhaft!» Sie sieht mich fragend an: «Schon jetzt diskutiert er wegen jeder Kleinigkeit, aber wirklich wegen jeder Sache wird gehandelt. Ich komme mir vor wie auf einem Basar!» Das sei manchmal nicht zum Aushalten. «Und ich merke, er macht einige Dinge nur, weil er sich überlegt, was bringt mir das. Und dann dieses Gemaule, andere dürften mehr, hätten es besser!»

Manchmal habe sie es wirklich satt, ständig zu diskutieren.

«Und wenn ich dann sage», Jonas' Mutter grinst etwas gequält, «natürlich in einem nicht ganz netten Ton, ich bin ja schon auf 180, das gebe ich zu», meint sie etwas entschuldigend, «wenn ich sage: Das wird jetzt so gemacht und nicht anders, erwidert er doch seelenruhig: ‹Du bist einfach nur gemein.› Oder ich hätte kein Verständnis. Wenn ich ruhig sage: Falls du dich bei Tisch weiter so benimmst, gehst du in dein Zimmer, um dort zu spinnen!, lautet seine süffisante Antwort: ‹Das ist pure Erpressung!› Oder er setzt einen drauf: ‹Du erziehst genau so, wie du es immer von Oma erzählt hast!› Da kann man doch ausrasten!»

Und noch etwas anderes mache ihr Sorgen, fährt sie fort. «Diese unsensible Art. Dabei konnte Jonas einmal so mitfühlend sein!» Aber nun sei «alles futsch, er kann die personifizierte Gemeinheit sein!».

«Wir beide», so nimmt Jonas' Vater nochmals den Faden auf, «haben uns bemüht, ihn zu Achtung und Respekt vor anderen zu erziehen. Wir wollten Mitmenschlichkeit.» Aber nichts davon sei momentan da. Jonas handle nach dem Motto: «Wie du mir, so ich dir! Ständig haben andere Schuld, zwingen ihn dazu, grob und fies zu sein!»

Damit ich jetzt kein «einseitiges Bild» von ihrem Sohn bekomme, greift die Mutter korrigierend ein: «Natürlich hat er auch seine soziale Seite, seine fürsorgliche, die nette. Man muss ihn aber ständig erinnern oder ihn ködern – wenn du dies oder das machst, bekommst du hinterher etwas Schönes!»

Marcel, sieben Jahre. Marcel geht erst seit Herbst in die Schule. «Zunächst war alles normal, er marschierte gerne dahin», erzählt seine Mutter. «Er tut es immer noch, aber seit kurzem beobachte ich doch ein Verhalten, das ich merkwürdig finde, das mir Sorgen macht.» Ihr Mann meine zwar, sie sehe Gespenster, mache aus einer Mücke einen Elefanten. «Aber ich glaube, mein Mann macht es sich zu einfach.» Marcel mache einen bedrückten Eindruck. «Ob das nun von der Schule kommt, von den Belastungen, den neuen Eindrücken, die da auf ihn einstürmen», sie wisse es nicht. Die Mutter wiegt ihren Kopf bedächtig hin und her. Und eigentlich glaube sie es nicht. «Wir machen keinen Druck, er geht auch ganz gerne in die Schule.» Marcels Mutter kneift die Augen zusammen. «Aber dann sitzt er da, grübelt, wirkt nachdenklich, starrt in die Luft. Er sitzt nur so da am Fenster, schaut einfach hinaus. Und neulich», fährt sie mit leiser Stimme fort, «fragt er, ob ich sterben könne – einfach so und aus heiterem Himmel. Und als ich ihn ablenken wollte, er solle sich da keine Gedanken machen», sei er ungehalten, richtig böse geworden. «Dann hab ich ‹ja› gesagt und versucht, ihn auf andere Gedanken zu bringen, aber er blieb einsilbig, war ganz in seiner Welt versunken.»

Sie mache sich wirklich Sorgen um ihren Sohn, um sein ernstes, düsteres Gesicht. «Ich hoffe, er ist nicht schwermütig, wie es mein Bruder früher war. Aber Marcel kann momentan kaum lachen.» Und hinzu käme noch etwas. «Es ist erst seit ein paar Wochen so», fährt sie mit kummervoller Miene fort. Sie könne keinen Schritt mehr alleine weggehen. «Wenn ich zum Yoga will, lässt er mich kaum fort, fragt, wann ich wieder da bin. Er macht ein todtrauriges Gesicht, wenn ich wirklich gehe. Und dann schleiche ich mit schlechtem Gewissen davon.» Sie holt tief Luft: «Neulich bin ich in unseren Keller gegangen, dort wohl etwas zu lange geblieben, und Marcel steht oben an der Treppe und fragt mit weinerlicher Stimme, wo ich denn so lange bleiben würde.»

Und die Gutenachtrituale seien neuerdings eine «fürchterliche Angelegenheit. Der lässt mich nicht gehen, hält mich fest. Und wenn ich dann gehe, aus seinem Zimmer, muss ich mich immer wieder umsehen.» Vor ein paar Tagen sei sie zu Tode erschrocken. «Als ich ihn fragte, warum er denn wolle, dass ich ihn ständig anschaue, sagte er: ‹Damit du dich an mich erinnerst, wenn ich morgen gestorben bin.›» Sie macht eine lange Pause: «Also ich mache mir wirklich Sorgen.»

Susanne, neun Jahre. «Wenn meine Susanne nicht erst etwas über neun Jahre wäre», so beginnt ihre Mutter das Gespräch, «würde ich meinen, die fängt an zu pubertieren. Aber spinnen tut sie auf jeden Fall! Die spinnt wirklich total, rastet komplett aus!» Susannes Mutter funkelt mich mit ihren Augen an. «Und ich bin die absolut Doofe. Ich krieg alles ab, aber wirklich alles.»

Dabei arbeite sie genauso wie ihr Mann, sei berufstätig. «Aber er wird umgarnt, Papi hier, Papi da. Sie nimmt ihn in den Arm, schaut mich abschätzig an, so als wolle sie ihm vermitteln, sieh dir mal diese blöde Alte da drüben an. Und mein Mann scheint's zu genießen, kommt sich als der pädagogische Superguru vor, der alles richtig macht.» Sie stampft mit den Füßen auf: «Ich könnte ausflippen!»

Aber wenn sie das mal tue, dann nehme Susanne sie ganz sanft in den Arm und säusele altklug: «Mama, du musst doch nicht gleich ausflippen, das ist nicht gut für dein Alter. Und so bin ich nun mal!» Also, da höre es doch wirklich auf, «diese Göre, von nichts 'ne Ahnung und dann noch 'ne große Klappe haben!» Susannes Mutter überlegt: «Aber das ist ja nur die eine Seite der Medaille: dieses Ruppige, dieses Stachelige, dieses Genörgele, ihr nichts recht machen können, dieses ständige Provozieren, um der Provokation willen. Sie ist in der letzten Zeit enorm gewachsen, vergleicht sich ständig in der Körpergröße mit mir. Und dann sieht sich mich an, abschätzig, so als wolle sie ausdrücken, bald hast du mir nichts mehr zu sagen. Oder wenn ich sie in den Arm nehmen will, meine kleine Suse, dann schubst sie mich weg: ‹Lass mich. Ich bin nicht mehr klein. Und gehören tu ich dir erst recht nicht. Ich bin ich!›»

Susannes Mutter atmet langsam aus. «Doch am gleichen Tag kommt sie auf meinen Schoß gekrochen, will gestreichelt werden, schnurrt wie ein Kätzchen, kriecht fast in mich hinein, kann nicht genug bekommen von Nähe und Wärme.» Nun schmunzelt sie: «Im nächsten Moment wieder kann sie genauso gut unvermittelt aufspringen und mir eine Szene machen, sodass man denkt, das ist nicht mehr meine Tochter!» Sie schaut mich fragend an: «Also wenn ich nicht wüsste, dass die Pubertät erst mit elf oder zwölf beginnt, ich würde sagen, ich habe ein kleines pubertierendes Monster bei mir wohnen, bei dem es manchmal nicht richtig tickt!» Sie atmet nochmals langsam aus: «Es dreht sich wirklich alles um Susanne. Und wenn's bei uns mal ruhig ist in der Wohnung, schläft sie, oder sie ist bei Freunden.»

Tim, zehn Jahre, Johanna, acht Jahre. «Die sind», erzählt Rolf Bastian, Vater von Tim und Johanna, «wie Katz und Maus. Die gehen unmöglich miteinander um, wollen nichts, aber auch gar nichts miteinander zu tun haben. Wie Feuer und Wasser, die passen nicht zusammen zurzeit.»

«Jede Situation, aber auch wirklich jede», greift Renate Bastian, die Mutter, in das Gespräch ein, «eskaliert in kürzester Zeit.» Die gemeinsamen Mahlzeiten seien ein Gräuel. «Tim ist richtig fies zu seiner Schwester, gemein. Und ständig seine frauenfeindlichen Sprüche. Er macht sich über Johanna lustig, nur weil sie bestimmte Dinge noch nicht kann.» Gut, er sei ein «Überflieger», erklärt der Vater, aber müsse er darum ständig über Johanna herziehen? «Sagt er doch gestern glatt, bei Johanna reiche die Hauptschule, die würde ja später sowieso heiraten und für den Mann das Essen kochen. Da hab ich einen Schreianfall bekommen», die Stimme der Mutter hat einen hellen Klang, «und ihn angebrüllt, er solle sofort die Klappe halten.» Sie stockt: «War nicht in Ordnung, weiß ich, aber alles muss ich mir doch nicht gefallen lassen!» Sie wirkt immer noch sauer: «Und wissen Sie, was er dann cool antwortet: ‹Warum müssen Frauen immer so hysterisch sein?› Stellen Sie sich das mal vor!»

«Du weißt doch gar nicht, was hysterisch ist», habe sie voller Wut zurückgeschrien. Sie schüttelt den Kopf: «Da antwortet der doch: ‹Ich brauch dich doch nur anzuschauen!›» Sie lächelt: «Na ja, jetzt kann ich wieder darüber lachen, aber in der konkreten Situation, da muss das einfach raus!»

Für ihn würden zurzeit nur die Jungen, seine Bande, zählen. Mit denen verbringe er viel Zeit. Und Ronny, «sein Oberspezi, sein bester Freund, von dem saugt er alles auf. Der ist ein wenig älter», erzählt die Mutter, «und sein absolutes Vorbild. Alles, was Ronny tut und macht, das ist gut. Ronny darf alles, Ronny hat alles.» Die Augen der Mutter blitzen: «Und neulich habe ich gesagt, dann zieh doch zu Ronny, verdammt nochmal!» Aber Tim habe nur vielsagend gelächelt. Sie grinst: «Irgendwie ist er ja auch ein Schlitzohr. Und Ronny ist auch eines. Aber bei Tim weiß man, woran man ist.»

«Gut, dass du das sagst», greift der Vater wieder ins Gespräch ein. «Johanna ist ja nun auch kein Engel. Und wenn die mit ihren beiden Freundinnen zusammen ist – das ist doch nicht nur Friede, Freude, Eierkuchen. Eine ist ständig beleidigt, heult, zieht sich zurück.» Natürlich gehe ihm die grobe, aggressive Art von Tim und Ronny schon «auf den Wecker», aber damit könne er besser umgehen als mit «diesen kleinen Nötigungen der Mädchen untereinander». Wie er das meine, will seine Frau wissen. «Jungen, die bilden eine Bande, Mädchen sind mehr eine Psychogruppe, wo der Zusammenhalt immer auf Kosten eines der Mädchen geht.» Sie runzelt die Stirn. «Gut», lenkt er ein, «das kann man nicht verallgemeinern. Aber auch du», er schaut seine Frau an, «kannst mit Tims Freunden besser umgehen als mit Johannas kleinen Zicken.» Er lacht sie an: «Dieser Ausdruck stammt von dir, Schatz!»

Tabea, neun Jahre. «Die raubt mir den letzten Nerv», erzählt Viktoria Beier, Tabeas Mutter. Alles drehe sich nur noch um die Schule. Dabei wolle sie die Schule gar nicht zum «ständigen Thema» machen, aber was bleibe ihr übrig? Sie schnauft: «Ich werde da auch von meinem Mann alleine gelassen. Der delegiert alles an mich, aber wenn es nicht so läuft, dann habe ich natürlich die Schuld. Das stinkt mir schon!»

Wenn sie Tabea bei den Hausaufgaben sehe, so die Mutter einigermaßen genervt, dann bekomme sie «die absolute Krise»! Sie setzt sich aufrecht hin, schüttelt vehement ihren Kopf: «Da hat sie vergessen, was sie aufhat. Sie sitzt am Schreibtisch, stiert vor sich hin, schaut aus dem Fenster, dann schreibt sie mal ein paar Zeilen oder ruft mich, ich solle ihr behilflich sein.» Sie lacht grimmig: «Aber nach zehn Minuten, ach was, nach fünf Minuten liegen wir uns komplett in den Haaren, schreien uns an!» Tabeas Mutter macht eine Pause: «Oder sie wird weinerlich, heult, keiner verstehe sie, alle seien gegen sie.» Sie denkt nach: «Und damit kann ich nun überhaupt nicht umgehen», das mache sie komplett hilflos. Sie blickt ernst drein: «Also das Thema Schule vergiftet alles. Und dabei hat sie so verständnisvolle Lehrerinnen.» Sie wisse da nicht mehr weiter, «aber», so fährt sie schulterzuckend fort, «ich kann doch auch nicht alles laufen lassen, oder?»

Mirco, zehn Jahre. «Der bringt uns auf die Palme», erklärt Daniel Huber, Mircos Vater, «meine Frau noch mehr als mich.» Sein ganzes Leben bestehe aus Fernsehen und Computern. Es sei kaum zu glauben: «Wenn wir da nicht einen Riegel vorschieben würden, der säße den ganzen Tag vor der Glotze oder am Computer.» Mirco könne überhaupt nicht genug davon bekommen, fährt die Mutter fort. «Vor zwei Jahren hat er einen eigenen Fernseher bekommen, den gebrauchten von seinem Opa. Den haben wir ihm jetzt seit ein paar Monaten weggenommen.» Sie zieht ratlos die Schultern hoch: «Aber geändert hat sich nichts wirklich. Der geht jetzt zu zwei Freunden, und da geht dann die Post ab.»

Mircos Vater wirkt nachdenklich: «Wenn die wenigstens mal mit Lernprogrammen etwas machen würden.» Er macht eine Pause, sucht nach Beispielen: «Oder Strategiespiele, wo sie logisches Denken üben könnten, meinetwegen auch erfahren, wie man Probleme anpackt und sie auf geschickte Weise löst …, aber nichts da!» Eine Spur von Entrüstung kommt auf: «Diese verdammten Ballerspiele, diese abscheulichen Schieß- und Kriegsspiele, dieses Mistzeug.» Er wirkt ratlos. «Da bemühst du dich um eine friedfertige

Erziehung, willst, dass er Achtung und Respekt vor anderen hat, und dann siehst du, welche Freude es ihm bereitet, andere im Spiel platt zu machen. Und wenn ich ihn darauf anspreche, kommt diese lässige Antwort, das sei doch nur ein cooles Spiel.»

Mircos Vater denkt nach. Gut, er sei ja früher als Jugendlicher auch kein Kind von Traurigkeit gewesen, «aber ob man die Straßenkämpfe von früher nun wirklich mit diesen hirnlosen Computerballereien vergleichen kann», er wisse es nicht. «Und verbieten kann man's ihm auch nicht. Dann geht er eben außer Haus und spielt den Mist dort. Und du hast nichts mehr unter Kontrolle.»

Juliane, sieben Jahre. Sie sei, so fängt Magdalena Schneider das Gespräch an, bei ihrer Tochter ziemlich hin und her gerissen. «Sie ist einerseits ziemlich verständnisvoll, es klingt schon sehr erwachsen, was sie sagt.» Juliane mache sich viele Gedanken, «über Gott und die Welt, über Himmel und Erde». Man könne sich mit ihr schon sehr vernünftig unterhalten, und manchmal müsse sie aufpassen, Juliane nicht zu überfordern. «Sie hat in der letzten Zeit einen richtigen Wachstumsschub gemacht, ist in die Höhe geschossen.» Und auch ihr Gesicht wirke nun gar nicht mehr kindlich, sie sehe schon sehr erwachsen aus.

Aber dann gebe es in anderen Momenten das «kleine Julchen, wie wir sie manchmal nennen, die noch immer an den Osterhasen und den Weihnachtsmann glaubt». Neulich allerdings wäre sie ins Wohnzimmer gekommen und habe gesagt: «Den Nikolaus, den gibt's gar nicht, das seid ihr.» Und als ich meinte, sie bräuchte dann ihren Schuh nicht mehr auf die Fensterbank zu stellen, reagierte sie entrüstet: «Aber es kann ja vielleicht doch sein, dass es ihn gibt. Und dann bekomme ich nichts.» Die Mutter schmunzelt: «Und sie hat ihren Stiefel ans Fenster gestellt, und als sie etwas darin gefunden hat, meinte sie lächelnd, der Nikolaus sei da gewesen und habe genau gewusst, welche Süßigkeiten sie möge.»

Sie fände es ja schön, fährt Julianes Mutter fort, dass sie ihre kindhaften Züge noch hat, ihre Phantasien, «obgleich mir das manchmal doch zu viel wird». Sie denkt nach, ihr Blick geht nach innen. Juliane habe zwei Kuschelpuppen, die eine liege rechts am Kopf, heiße Maxi, die andere links und habe den Name Anne. Sie lägen immer am gleichen Platz. «Und wenn ich nach dem Gutenachtkuss das Zimmer verlassen habe, fängt sie an, sich mit den Puppen zu unterhalten. Ich glaube, die wissen mehr über Juliane, ihre Sorgen, ihre Wünsche als ich. Und hin und wieder antworten die Puppen auch. Sie fragt sie etwas, und dann höre ich, wie sie in die Rolle von Maxi oder Anne schlüpft und antwortet.» Sie runzelt die Stirn. Es sei ihr hin und wieder unheimlich, wie ihre Tochter in diese Phantasiewelt einfach abtauche, dort lebe. Sie müsse wohl akzeptieren, sagt seufzend die Mutter, «dass sie in ihrem eigenen Reich lebt, mit dem ich nichts zu tun haben soll». Sie hebt die Schultern. «So ist es wohl!» Aber Gedanken mache sie sich trotzdem, «da ist sie auf der einen Seite groß und dann doch wieder klein. Irgendwie scheint es nicht zu passen. Für sie wohl, für mich aber auch nicht!»

2. Die Zwischenzeit

Sieht man sich einmal die populärwissenschaftliche Literatur zum Kindergartenalter oder auch zur Pubertät an und vergleicht sie mit den Veröffentlichungen oder Elternratgebern, die das sechste bis zwölfte Lebensjahr beleuchten, fällt sofort auf: Die Zeit zwischen Kindergarten und dem Eintritt in weiterführende Schulen kommt wenig vor. Die Phase des «Dazwischen» existiert in den Veröffentlichungen kaum. Damit fehlen Kenntnisse über die Entwicklung, die Jungen wie Mädchen in diesem Abschnitt durchlaufen.

Die «Zwischenzeit», die Sigmund Freud als «Latenzzeit» bezeichnete, wird als eine Zeit eingeschätzt, in der nicht allzu viel passiert, in der man sich auf die Stürme der Pubertät vorbereitet, für die Herausforderungen wappnet, denen man sich später zu stellen hat. Diese «Zwischenzeit» hat es allerdings in sich. Sie ist keine Ruhe vor dem Sturm, und sie stellt sich nicht so einheitlich dar, wie es der Begriff der «Latenzzeit» ausdrücken möchte. Man kann diese Zeit in drei Abschnitte einteilen:

Zwischen dem sechsten und siebten Lebensjahr sind die Eltern noch ausgesprochen wichtig, sie verkörpern Halt und Bindung, geben einen Rahmen. Das Kind will in die Welt hinausziehen – die Welt, symbolisiert durch die Schule und den «besten» Freund. Auch wenn sich manche nun als groß empfinden, bringt diese Größe nicht nur Stolz und Selbstbewusstsein mit sich. Der Auszug aus dem Kindergarten in die Welt der Schule ist mit Unsicherheit, mit Angst verbunden. War man zuletzt im Kindergarten der oder die «Große», fängt man nun wieder von vorne an, gilt es sich ein- und unterzuordnen. Wusste man, wie der Hase im Kindergarten läuft, wie man die Erzieherinnen zu umgarnen, zu umschmeicheln hatte oder austricksen konnte, so ist nun alles anders. Der Aufbruch in die Welt stellt sich nicht nur als Befreiung dar, er ist mit Verunsicherung und Furcht verbunden, und dabei helfen die beschwichtigenden Kommentare von Eltern, man wäre doch nun ein starker Junge oder ein großes Mädchen, kaum.

Da ist man vielmehr froh um die helfenden Hände, die sich einem entgegenstrecken. Hat man genügend Sicherheit gefunden, dann wenden sich die Kinder von den Eltern ab, sie begehren auf. Die Eltern bleiben wichtige Instanzen, denn ihre gelebten Normen und Werte sind Bezugspunkte, an denen sich Kinder orientieren, aber auch reiben. Die Kinder steuern nun vehement auf die Gruppe von Gleichaltrigen zu – die Jungen zu den Jungen, die Mädchen zu den Mädchen. Gemischtgeschlechtliche Freundschaften sind die Ausnahme, sind häufig Gegenstand von Spott und zweideutigen Witzen.

Die zweite Phase der «Zwischenzeit» ist keineswegs so ruhig, wie es sich die Eltern manchmal wünschen: Auf der einen Seite können Jungen wie Mädchen fundamentalistisch, übermoralisch sein – sie essen kein Fleisch, finden Eltern, die Alkohol trinken und Zigaretten rauchen, «völlig unmöglich». Aber dann überschreiten sie wie selbstverständlich Grenzen, tun Verbotenes, weil es Spaß macht, oder sind zu Grausamkeiten fähig. Sie quälen Tiere oder lassen Käfer im Wasser um ihr Überleben kämpfen.

Als ich neulich zwei Achtjährige, die einen Marienkäfer beobachteten, wie der sich in einer Pfütze abmühte, nicht abzusaufen, darauf ansprach, sie sollten ihn doch retten, meinte der eine Junge ganz kühl: «Der macht hier seinen Freischwimmerschein.» Ob ich denn das nicht sehen würde.

Der dritte Abschnitt beginnt mit dem zehnten Lebensjahr. Er stellt sich dar als Abgrenzung gegenüber den Kindern, den «Kleinen». Die Grundschulzeit hört auf, der Blick richtet sich nach vorn. Haupt- oder Realschule, das Gymnasium oder die Gesamtschule ist angesagt. Da will man mit den Sechs- oder Siebenjährigen, die von nichts, aber auch gar nichts eine Ahnung haben, kaum noch etwas zu tun haben.

Und die Kindergartenzeit liegt eine Ewigkeit zurück. Man erwartet Respekt von den Jüngeren, man will, dass sie aufblicken, dem «Alter» Respekt zollen.

Nicht selten tritt hier die Geschwisterrivalität nochmals verstärkt auf, erhält eine besondere Qualität. Die Älteren gehen mit ihren jüngeren Geschwistern geringschätzig um, behandeln sie von oben herab, lassen keinen Zweifel daran, wer das Sagen hat. Und wehe, die «Kleineren» begehren auf, lassen sich nicht mehr alles gefallen – dann können die «Größeren» ausgesprochen gemein sein.

In dieser dritten Phase wenden die Heranwachsenden – ich hatte es gesagt – den Blick nach vorn. Hier beginnt das körperliche Brodeln, das die Umgestaltung ankündigt, die man Pubertät nennt. Bei den Mädchen fängt diese Phase früher an als bei den Jungen, eine Zeit der Dynamik, des In-die-Welt-hinaus-Wollens. Das Gewohnte gilt nicht mehr, Offenheit ist angesagt. Man will die Verhältnisse zum Tanzen bringen, ihnen den Willen aufzwingen. Die Heranwachsenden fordern viel Freiheit, nehmen aber kaum

Verantwortung wahr. Mithilfe im Haushalt ist ein Übel, unter aller Würde. Alle anderen dürfen eh immer mehr, man fühlt sich eingeschränkt, nicht anerkannt, als kleines, unmündiges Kind behandelt. Und dabei ist man schließlich schon fast erwachsen.

Aber – und das ist nur ein scheinbarer Widerspruch – zugleich macht die Freiheit, nach der man verlangt, macht die Offenheit, die man will, eben auch Angst. Und so steckt in einem elfjährigen Kind, das körperlich groß ist und entsprechend respektiert werden will, zugleich ein «kleines», das viel emotionalen Zuspruch braucht, das manchmal – wenn auch unsichtbar – an die Hand genommen werden möchte, weil Freiheit und Offenheit eben nicht allein eine Herausforderung darstellen, sondern unsicher und zaghaft machen können.

Auch wenn Eigenständigkeit, wenn Abgrenzung zu den Eltern, wenn das Zusammensein mit den Gleichaltrigen angesagt ist, bleiben Vater und Mutter, bleibt die Welt der «Großen» wichtig, weil sie Verlässlichkeit darstellen. Nicht selten kann man in dieser Zeit eine Hinwendung zu älteren Menschen, zu den Großeltern zum Beispiel beobachten.

Und es wäre vorschnell, dies allein auf materielle Vorteile zu reduzieren, die Großeltern zweifellos haben. Natürlich verwöhnen sie ihre Enkel. Aber für die Zehn- oder Elfjährigen, die in die Welt hinausziehen, haben sie eine darüber hinausgehende Bedeutung. Die Distanz zu den Eltern, ihre Absetzung vom Thron kann durch den großelterlichen Zuspruch mehr als kompensiert werden. Oma und Opa, ältere Menschen haben Erfahrungsvorsprünge, die, werden sie nicht als pure Besserwisserei missverstanden, als Bezugspunkte genommen werden, an denen man sich in Zeiten des Übergangs orientieren kann. Großeltern, ja ältere Menschen insgesamt sind Wurzeln, die zeigen, woher die, die in die Welt hinausziehen wollen und müssen, gekommen sind. Und in den Gesprächen und Auseinandersetzungen mit den Großeltern können die Kinder überprüfen, welche Werte, Normen und Traditionen sie fortführen und leben möchten, was aufhebenswert ist, was in den Rucksack des Lebens zu packen ist – aber auch, was man getrost zurücklassen kann, weil es den Rucksack belasten und zu schwer machen würde.

So groß die Neun- bis Elfjährigen manchmal wirken mögen, so verletzlich, so verwundbar sind sie nicht selten, sie sind hin und her gerissen zwischen Wollen und Nicht-Wollen, zwischen Können und Nicht-Können, zwischen In-die-Welt-Hinausziehen und Beharren, zwischen Abgrenzung und Anlehnung. Deshalb brauchen Kinder in dieser Zeit einen verlässlichen Rahmen, der ihnen Gewissheit bietet, damit sie die Ungewissheiten, die die anstehenden Entwicklungsaufgaben mit sich bringen, anpacken können. Die Kinder verlangen geradezu nach klaren Regeln und überschaubaren Grenzen, weil sie sich sonst verirren würden.

Die drei genannten Entwicklungsphasen und die Altersangaben, die ich damit verbunden habe, sind nun freilich mit gebotener Vorsicht zu betrachten. Die Entwicklungsdynamik kann sich von Kind zu Kind höchst unterschiedlich und innerhalb eines Kindes nochmals verschieden darstellen. Nimmt man ein siebenjähriges Kind und vergleicht es mit einem anderen siebenjährigen Kind, so kann es sein, dass allerhöchstens das kalendarische Alter, das Geburtsjahr gleich ist. Da wirkt ein siebenjähriges Kind wie ein neunjähriges, ein anderes wie ein fünfjähriges. Oft hat man bei einem Kind den Eindruck, als stünde man einem Kindergartenkind gegenüber, bei einem anderen Kind meint man, mit einem «großen Kind» zu reden, das für vieles Verständnis hat, so abgewogen und differenziert kommen die Worte und Einsichten daher.

Lehrer und Lehrerinnen wissen ein Lied von der ungleichzeitigen Entwicklung zu singen, die es schwer macht, den Kindern mit ihren individuellen Entwicklungsstufen gerecht zu werden. Manche Kinder machen zu Beginn der Schulzeit körperlich und intellektuell ungeheure Fortschritte, man sieht sie geradezu wachsen, andere lassen sich Zeit. Dies ist ein Grund, warum viele feste Kindergartenfreundschaften zu Beginn der Schulzeit auseinander brechen. Das sich schnell entwickelnde Kind lässt das langsamer wachsende zurück, hält nach Freunden und Freundinnen Ausschau, die ihm mehr entsprechen, wo die Balance von Geben und Nehmen gewährleistet ist. Und nicht jedes Kind bricht sofort in die Welt auf, manche haben am Übergang vom Kindergarten in die Schule genug zu knabbern, um sich nicht in anderen Dingen zu verlieren.

Die interindividuellen Unterschiede, also die zwischen den Kindern, setzen sich in den intraindividuellen, den Differenzierungen innerhalb eines Kindes fort: Da schießt ein Mädchen mit neun Jahren in die Höhe, man sieht es buchstäblich wachsen, während es gefühlsmäßig wie ein sechsjähriges Kind wirkt, da redet ein achtjähriges Kind wie ein zehnjähriges, während es sich körperlich kaum von einem Kindergartenkind unterscheiden lässt; und da kommt ein neunjähriges Kind hochmoralisch daher, um sich am nächsten Tag wie ein trotziges vierjähriges uneinsichtig und egozentrisch aufzuführen. Diese Unterschiede lassen das erzieherische Handeln manchmal zu einem Drahtseilakt werden, will man das Kind altersangemessen erreichen.

Verallgemeinernd lassen sich für diese Zeit drei Entwicklungsthemen feststellen.

Zum einen geht es um die Abwendung von den Eltern. Man grenzt sich ab. Zugleich will man aber von den Eltern ernst genommen, in seinen Kompetenzen anerkannt sein. Man ist schließlich kein kleines Kind mehr, dem man mit Vorschriften, Vorhaltungen und Verboten kommen kann. Auch wenn die Eltern, die erwachsenen Bezugspersonen von ihren Kindern jetzt in Frage gestellt werden, wäre es falsch und kontraproduktiv, wenn man sich beleidigt aus den Beziehungen zurückzöge, gar meinte, die Kinder könnten den Alltag allein und ohne die Eltern managen. Den Maßlosigkeiten der Heranwachsenden ist mit Regeln und Grenzen zu begegnen – und nicht mit Laisser-faire. Und die gewonnenen Freiheiten können die Schulkinder nur genießen, wenn man ihnen bei der

Organisation und Planung des Alltags hin und wieder begleitend und unterstützend zur Seite steht. Je konkreter die Hinweise sind, je weniger sie als Besserwisserei daherkommen, umso größer ist die Chance, von den Heranwachsenden angenommen zu werden.

Das zweite Thema besteht darin, mit den Widersprüchlichkeiten dieser Phase fertig zu werden. Die Gefühle sind oft widerstreitend. Man ist hin und her gerissen: Da will man Eigenständigkeit, aber zugleich zu einer Gruppe Gleichaltriger gehören. Da relativiert man die Abhängigkeit von den Eltern und begibt sich nun in einen neuen Gruppenzwang. Da eröffnen sich weite Horizonte, indem man das Lesen lernt, sich dadurch die Sprache und das Denken weiter differenziert, und zugleich machen diese Horizonte auch Angst, weil sie diffus sind, keine klaren Perspektiven enthalten. Man reagiert übermoralisch, isst kein Fleisch, reagiert auf das Leben und Sterben und die Jagd nach den Walen hochemotional – und im gleichen Atemzug plündert man Vogelnester, quält lustvoll Käfer.

Man erkundet und probiert aus. Aber damit sind widersprüchliche Emotionen verbunden. Eltern wollen eigenständige, selbstbewusste Kinder – doch der Weg dahin ist eben auch mit Umwegen und Sackgassen verbunden. Grenzen werden überschritten, Fähigkeiten und Fertigkeiten überschätzt. Deshalb ist ein verlässlicher Rahmen notwendiger denn je. Wenn Heranwachsende diese Verlässlichkeit nicht spüren, dann fühlen sie sich verlassen, sind lähmende Angst oder zerstörerische Gewalt die Folge, um auf sich aufmerksam zu machen. Wie gesagt: Elterliche Begleitung kommt einem Balanceakt gleich – einerseits fordern die Kinder unbewachte, unbeschnittene Freiräume, andererseits aber einen Rahmen, der sich durch Klarheit, Rituale, Regeln und sich wiederholende Abläufe auszeichnet.

Das dritte Thema sind Gemeinschaftserfahrungen, Kontakte zu gleichaltrigen Freunden. Sie werden wichtig, um neue Wege zu gehen. Der Abwendung von den Eltern entspricht eine Hinwendung zu Freunden. Man schließt Freundschaften, baut ein Wir-Gefühl auf. Banden und Cliquen werden gebildet. Geheimnisse und

Heimlichkeiten stehen auf der Tagesordnung, die die Abgrenzung nach außen und ein Selbstverständnis nach innen symbolisieren. Zweifellos können Heimlichkeiten gefährliche Dimensionen annehmen, können sich Banden Außenseiter suchen, an denen sie Aggressionen abreagieren – gleichwohl stellt der Kontakt zu Gleichaltrigen, die Bildung einer freundschaftlichen Clique einen wichtigen sozialen Akt dar. Das Kind überwindet seinen Egozentrismus und wendet sich anderen zu.

«Welt, ich komme!» – dieser Satz enthält anschaulich die beschriebenen Entwicklungsthemen.

3. Entwicklungsaufgaben

In jeder Phase des Wachsens und Reifens müssen Kinder bestimmte Aufgaben – zum Beispiel körperliche, motorische, emotionale, soziale, moralische oder sprachliche – erfüllen, sie müssen sich Herausforderungen stellen, die mit der jeweiligen Etappe verbunden sind. Das gilt für das Kleinkindalter ebenso wie für das Alter des Kindergartens. Doch darüber habe ich schon berichtet. Und wie schon in den früheren Entwicklungsphasen nimmt sich jedes Kind seine eigene Entwicklungszeit, die erzieherisch – sei es im Sinne einer Beschleunigung oder auch Verlangsamung – kaum zu beeinflussen ist, will man nicht nachhaltig in die Persönlichkeit des Kindes eingreifen. Jedes Kind bringt sein eigenes Entwicklungstempo mit in die Welt. Und anstatt es durch pädagogische Maßnahmen zu manipulieren, wäre es für Erwachsene wichtiger, das Kind in seinem Rhythmus und Gang zu begleiten, damit es erfährt, dass es so angenommen ist, wie es ist.

Zwar kommen Sätze wie «Man muss jedes Kind individuell sehen» Eltern und professionellen Pädagogen leicht über die Lippen, doch manchmal fällt es schwer, diese Formulierung im konkreten Erziehungsalltag auszuhalten. Da werden Kinder miteinander verglichen, obgleich man sieht, wie sie zu Beginn der Grundschulzeit höchst unterschiedlich entwickelt sind oder gerade dabei sind, Entwicklungsschübe zu vollziehen. Springt man in die Mitte oder das Ende der Grundschulzeit, betrachtet man also die Neun- bis Elfjährigen, fällt ein weiterer gewichtiger Unterschied ins Auge: der zwischen Jungen und Mädchen. Letztere entwickeln sich nicht nur körperlich, sondern auch geistig und sprachlich früher und schneller als die Jungen, lassen sie hinter sich und rufen so Konflikte, Reibungen, Auseinandersetzungen zwischen den Geschlechtern; Minderwertigkeitsgefühle, Boshaftigkeiten, Verunsicherungen oder ängstliche Rückzüge seitens der Jungen hervor.

Vergleiche zwischen den Kindern in der Grundschulzeit verbieten sich mithin, weil man damit weder den Spätzündern noch den Frühstartern gerecht wird. Zu den (interindividuellen) Unterschieden kommen intraindividuelle Spannungen, die ein Kind in dieser Entwicklungsphase auszuhalten hat. Denn die verschiedenen Persönlichkeitsbereiche – also die körperlichen, emotionalen, sozialen, sprachlichen oder kognitiven – entwickeln sich nicht gleichzeitig. So kann ein neunjähriges Kind kognitiv und sprachlich weit vorangeschritten sein, während es körperlich eher «schmalbrüstig» daherkommt. Ein anderes Kind mag im Wachstum wie ein kleiner Riese wirken, während es sich moralisch ausgesprochen unreif, wie ein trotzig-aufsässiges Kleinkind gebärdet. So hat man es nicht selten mit zwei Kindern in einem Menschen zu tun: einem manchmal äußerlich großen und einem innerlich noch eher kleinen – oder auch umgekehrt. Dieses ungleichzeitige Neben- und Ineinander, dieses manchmal nicht zu entwirrende Knäuel aus Innen und Außen, diese intraindividuellen Unterschiede machen es Eltern nicht immer leicht, Kinder in dieser Phase verstehend zu begleiten.

Hinzu tritt ein weiterer Gesichtspunkt, der die Beobachtung von Schulkindern kompliziert. Entwicklung stellt sich nicht als eine stete Aufwärtsentwicklung dar, ein mal schnelleres, mal langsameres Fortschreiten des Kindes. Dies konnte schon beim Säugling und beim Kindergartenkind eindrucksvoll festgestellt werden. Im Schulkindalter bekommt dies eine spezifische Qualität. Entwicklung ist ein Gemenge aus Vorwärtsschritt, aus Stillstand und Regression, also einem Zurückgleiten auf eine vorherige Entwicklungsstufe. Nicht selten kommt es nach körperlichen Wachstumsschüben, nach intellektuellen oder moralischen Reifungsprozessen zu einem mal länger, mal kürzer andauernden Stillstand. Es passiert dann nicht viel. Eine Phase der Ruhe und Beruhigung tritt ein, bevor neue Entwicklungsstürme Unruhe, Reibung, ständiges Ausprobieren mit sich bringen. Oder aber das Kind geht von einem erreichten Entwicklungsstand nochmals zurück, denn manchmal scheint es fast, als habe es sich zu weit vorgewagt, sich selbst überfordert.

Regressionen im Schulkindalter haben auch ein ausgesprochen positives Moment. Das Kind sinkt zurück, versichert sich seiner vorherigen Stärken, sucht Sicherheit, um dann nochmals auszuziehen, den Aufstieg erneut zu wagen, sich den Herausforderungen, die Entwicklungen mit sich bringen, zu stellen. Das Kind deutet den Eltern – wenn auch unbewusst – durch sein regressives Verhalten an, dass es als Kind, nicht als kleiner Erwachsener angesprochen werden möchte, dass es, um den Auszug in andere Gefilde zu schaffen, nach wie vor Bindung und Geborgenheit braucht.

Diese einleitenden Gedanken gilt es zu berücksichtigen, wenn ich nun von den verschiedenen Entwicklungsaufgaben rede.

4. Die körperlich-sexuelle Entwicklung

Auch im Grundschulalter befindet sich der Körper des Kindes noch in einem Wandel – bei einem Kind langsamer, bei einem anderen schneller. Diese Veränderungen anzugehen, sich seiner körperlichen Fertigkeiten und Fähigkeiten bewusst zu werden, stellt eine vorrangige Entwicklungsaufgabe für jeden Heranwachsenden dar. Nun wird die körperliche Reifung natürlich nicht allein durch individuelle innere Prozesse geprägt, Erziehungs- und Umweltfaktoren, die Einflüsse von außen können ebenso förderlich wie hemmend sein, wenn sich die verschiedenen Sinne zwischen dem sechsten und elften Lebensjahr mehr und mehr differenzieren.

Das Kind gebraucht den Seh-, Hör-, Geruchs- und Geschmackssinn, ja alle anderen Sinne situationsangemessener als in früheren Lebensjahren. Es hat gelernt, die verschiedenen Sinne zu koordinieren, um Alltagsaufgaben zu erfüllen. Kinder, deren Sinneswahrnehmungen gestört sind, fallen im Grundschulalter mehr auf als in den Jahren davor. Sie bewegen sich unsicher, balancieren ungeschickt, fühlen sich in ihrem Körper augenscheinlich unwohl. Sie vermeiden körperliche Aktivitäten, bei denen sie fein- oder grobmotorische Kompetenzen gebrauchen müssen. Nicht selten kompensieren diese Kinder körperliche Defizite durch hochintellektuelle Leistungen oder kognitive Wissensbestände, was die Disbalance zwischen Außen und Innen, Körper und Geist nur noch verstärkt. Die Spannungszustände, die das Kind auszuhalten hat, werden intensiver.

Manche Kinder gleichen fein- und grobmotorische Unsicherheiten durch unsoziale Verhaltensweisen aus. Sie haben erfahren, wie man durch negative Handlungsmuster Aufmerksamkeit gewinnen kann. Kinder, die in ihrem Körper nicht zu Hause sind, entwickeln kein Selbstbewusstsein. Sie werden in der Gruppe schnell zu Außenseitern abgestempelt, stehen im Abseits, finden schwer Freunde, nehmen umständlich Kontakt zu Gleichaltrigen auf – und wenn, dann häufig durch negative Aktionen: sie schlagen, schubsen, knuffen, nehmen etwas weg. Oder aber sie bestechen, nötigen, setzen unter Druck. Wer kein Körperbewusstsein hat, der baut kein Selbstbewusstsein auf, weil er mit sich selbst nicht im Reinen ist.

Ein Kind kann seinen Körper freilich nur spüren, wenn dieser Körper in Bewegung ist. Bewegung – das meint Gehen, Laufen,

Hüpfen, Klettern, Kriechen, Krabbeln, Balancieren, Herumtoben und Herumtollen, mal schneller, mal langsamer. Nur in der äußeren Bewegung lernt ein Kind, seine Sinne angemessen zu gebrauchen. Und je mehr Sinne an einer Bewegung beteiligt, je mehr Sinne erforderlich sind, umso attraktiver und faszinierender wird die Tätigkeit für ein Kind. Es kann dann von dieser Tätigkeit nicht genug bekommen, will sich immer wieder und ständig aufs Neue erproben. Zieht man einmal den Umgang mit der Schaukel heran: Das Kind muss Platz nehmen, den Sitz spüren, sich festhalten. Grob- und feinmotorische Fertigkeiten sind notwendig. Das Kind lässt sich anschieben und muss – einmal in Aktion – seinen Körper so gebrauchen, dass die Schaukel der Bewegung des Körpers folgt. Nun ist der Gleichgewichtssinn gefordert. Das Kind spürt die Geschwindigkeit, die Höhe, Luft weht ins Gesicht, das Herz pocht bis zum Halse und dann, wenn sich die Schaukelbewegungen verlangsamen, will das Kind erneut in die Höhe katapultiert werden. Bewegung ist eine ganzheitliche Erfahrung, bietet «Flow»-Erlebnisse, wie sie der amerikanische Sozialpsychologe Czikcetcentmihaily beschrieben hat.

Lust an der Bewegung ist deshalb ein zentrales Merkmal in der Grundschulzeit. Das gilt für Mädchen wie für Jungen gleichermaßen. Sie wollen hinausgehen, um aus sich herauszugehen, ihre Kräfte ausprobieren, sich verausgaben, ihre körperlichen Grenzen ausloten. Spiele, die «Flow»-Erlebnisse herbeiführen, sind deshalb bei den Kindern äußerst beliebt. Es kommt nicht von ungefähr, dass Spiele im Freien höher eingeschätzt werden als jene, die man nur im innerhäuslichen Rahmen machen kann.

So leicht Erwachsenen der Satz über die Lippen kommt, wie wichtig doch die Bewegung, das Spiel oder die Nähe zur Natur für Kinder seien, so unverkennbar ist doch die Kehrseite, die in unserer Gesellschaft immer mehr sichtbar wird. Sinne und Sinnestätigkeiten der Kinder werden zunehmend beschnitten und domestiziert, die Motorik wird eingeengt, weil man Räume, in denen Kinder sich bewegen, kontrolliert oder pädagogisch stylt. So ist es kein

Wunder, wenn viele Kinder Probleme im Körpergefühl zeigen, weil sie in ihrer äußeren Bewegung eingeschränkt sind. Manche mögen in diesem Zusammenhang sofort an die Faszination der Medien denken, die körperliche Bewegung stilllegt, in ihnen den Sündenbock für die Bewegungsarmut der Kinder sehen. Zweifellos schränken Fernsehen und Computer unmittelbare Aktivitäten ein, doch ist es grob vereinfachend, wollte man alle Probleme auf das Dasein dieser Medien reduzieren.

Die Bewegungseinschränkungen der Kinder müssen vielmehr in grundsätzlicheren Zusammenhängen betrachtet werden. Dabei fällt als Erstes die Gestaltung der Nahwelt ins Auge, die spontanes Spiel der Kinder manchmal unmöglich werden lässt. Viel befahrene Straßen lassen kaum Raum für Spiel, will man sich keiner Gefahr aussetzen. Oder man muss sich zum Spiel verabreden, nicht selten mit dem Pkw dorthin gebracht werden.

Spiele der Kinder unterliegen eigenen Regeln und Ritualen, die nur sie verstehen und die Erwachsene häufig ausschließen. Dennoch sind Erwachsene nicht unwichtig. In erster Linie kommt ihnen die Aufgabe zu, einen zeitlichen und räumlichen Rahmen zur Verfügung zu stellen, der durch das kindliche Spiel ausgefüllt wird. Kinder lieben unbeobachtete Räume, die zudem Möglichkeiten der Veränderung zulassen. Und hier hapert es. Spielplätze sind in ihrer Ausrüstung vielfach genormt und lassen Eingriffe der Kinder nur begrenzt zu. Wenn die Kinder aktiv in die Umgebung eingreifen, wird dies häufig sofort als Sachbeschädigung oder Vandalismus gedeutet. Spielräume sind häufig so aufgebaut, dass Erwachsene alles im Blick haben, um jederzeit eingreifen zu können: Eine gesetzlich definierte Aufsichtspflicht wird höher eingeschätzt als die Spontanität der Heranwachsenden. Kinder fühlen sich beobachtet und kontrolliert. Vorschnelle elterliche Reglementierungen sind die Folge. Kinder können sich nicht ausprobieren, bis an ihre Grenzen gehen, weil zuvor ein elterlicher Eingriff erfolgt, der vor vermeintlichen Gefahren schützt.

Dies gilt nicht allein für Spielplätze. Der Bewegungsradius der

Schulkinder wird begrenzt – oder genauer: lässt konkret-anschauliche Erfahrungen immer weniger zu. Zum Beispiel stellt sich der Schulweg für viele Kinder längst nicht mehr als Weg dar, den sie gehen oder per Fahrrad zurücklegen. Kinder werden gefahren – und manchmal gewinne ich den Eindruck, bis in den Klassenraum hinein, damit dem Kind nichts, aber auch gar nichts zustößt.

Aber die Autofahrt in die Schule – ich meine hier nicht die notwendigen Schulbusse, weil die Kinder weit entfernt vom Schulort wohnen, ich meine die Autofahrten mit dem Zweitwagen – hinterlässt bei Kindern andere Spuren als der Fußweg oder die Fahrt mit dem Fahrrad.

Die Autofahrt verläuft in einem immer gleichen Tempo. Das Kind sitzt in einem klimatisierten Innenraum, Wettererfahrungen macht es nicht. Es hockt in Sitzen, ist angeschnallt. Der einzige Stress besteht vielleicht darin, dass ein Kind vor der Abfahrt bummelt, trödelt, die Zeit vergisst oder ein Elternteil drängelt, nun werde es aber langsam Zeit. Angekommen in der Schule, verlässt es den Fahrzeuginnenraum, geht, läuft oder springt in das Schulgebäude, um im Klassenraum wiederum zu sitzen, um kognitive Leistungen zu vollbringen. Kein Wunder, wenn manche Kinder nicht zuhören können: Sie wippen mit den Stühlen, springen auf, platzen mit Wortmeldungen dazwischen, tuscheln mit dem Nachbarn, sind einfach in Action. Die Aussicht auf die Unterrichtspause hilft ihnen kaum, zu groß ist das Bedürfnis nach körperlicher Betätigung ausgeprägt. Und dann ist das Verhalten im Flur des Schulgebäudes oder des Schulhofs durch die Hausordnung reglementiert. Alles, was Spaß macht, was die angestauten Emotionen herauslassen könnte, ist mehr oder minder untersagt, von Sanktionen bedroht.

Um nicht missverstanden zu werden: Regeln, wie man sich im Schulgebäude oder -hof zu verhalten hat, sind notwendig. Ein gedankenloses Gewährenlassen wirkt sich genauso kontraproduktiv auf das soziale Miteinander der Schülerinnen und Schüler aus wie ein überstarrer Regelkanon. Aber anstatt ständig über die bewegungsgestörten und verhaltensauffälligen Kinder herzuziehen, scheint es mir wichtiger, mit ihnen und zu ihnen zu reden, den Rahmenbedingungen für ihr Handeln auf die Spur zu kommen.

Es fällt nämlich auf, dass Kinder, die noch einen Schulweg vor sich haben – sei es zu Fuß oder per Rad –, sich körperlich anders benehmen. Wohlgemerkt: der Schulweg ist kein pädagogisches Allheilmittel, um Kinder in äußere Bewegung zu versetzen. Aber an seiner Veränderung oder Ersetzung durch die Schulfahrten lässt sich doch zeigen, wie es oft die kleinen qualitativen Veränderungen sind, die sich nachhaltig auf das Körpergefühl von Schulkindern auswirken. Der Fußweg in die Schule unterscheidet sich stark von der Fahrt per Auto: Man muss sich von zu Hause verabschieden, geht dann allein, trifft sich vielleicht mit Gleichaltrigen. Der Weg in die Schule stellt sich im Sommer anders dar als im Winter, im Frühjahr anders als im Herbst. Man ist den Jahreszeiten ausgeliefert, muss sich entsprechend der Außentemperatur kleiden: an den kalten Tagen wärmer als an den heißen, an den feuchten wettergeschützter als an den trockenen.

Der Weg *in* die Schule vollzieht sich meistens schneller als der Weg nach Hause. Man will noch andere Kinder treffen, mit ihnen reden, Geheimnisse austauschen, die Fernsehsendung vom Abend davor besprechen oder vielleicht Hausaufgaben abschreiben. Oder man geht dreimal links und zweimal rechts um einen Baum oder eine Plakatwand, weil solch ein Ritual Glück für die bevorstehende Klassenarbeit bringen soll. Mit dem Weg in die Schule heißt es, Abschied zu nehmen von zu Hause, von den Eltern, sich einzustimmen auf das Ankommen in der Schule, bei Gleichaltrigen.

Der Gang nach Hause gestaltet sich wieder anders. Nicht selten lässt man sich Zeit, redet mit einigen Freundinnen und Freunden, bespricht den Schulärger, verabredet sich für den Nachmittag oder den nächsten Tag, macht sich auf das Fernsehprogramm aufmerksam, tauscht Computerspiele, schimpft über die Lehrer oder die Eltern, kauft vom Taschengeld noch ein paar Süßigkeiten, die dann großzügig verteilt werden, geht vielleicht kleine Umwege, bevor man endlich – hungrig – das Zuhause erreicht.

Wege haben mit Bewegung zu tun. Wer Wege stilllegt, der legt die innere wie die äußere Bewegung still, der greift nachhaltig in die körperlich-motorische Entwicklung eines Kindes ein.

Im Rahmen eines Projekts «Gewaltprophylaxe» war ich an einer Grundschule tätig. Der Schulleiter hatte mich eingeladen, weil er mit Sorge beobachtete, wie seine Schülerinnen und Schüler in der Pause, wie er es ausdrückte, «regelmäßig ausflippen. Die laufen wahl- und ziellos herum, sind kaum zu bremsen.» «Gut», meinte er, «die brauchen das wohl. Ich akzeptiere das auch. Aber», er sieht mich fragend an, «warum rennen die eigentlich alles über den Haufen? Regeln einhalten, ein klein bisschen Ordnung wenigstens, nichts davon!» In den letzten Monaten, so fährt er kopfschüttelnd fort, habe es schon Verletzungen gegeben. «Dabei will ich nicht behaupten, dass sie das mit Absicht machen oder rücksichtslos sind.» Ihr Verhalten sei, so seine Überzeugung, Ausdruck purer Bewegungsfreude. Und die ließen sie «nun einmal in der Schule raus, weil es woanders wohl nicht geht».

Ob er eine Idee habe, warum die Schülerinnen und Schüler so heftig agieren würden, will ich wissen. Er zuckt ratlos mit den Schultern: Er habe die Ursachen zunächst in der Schule, beim Kollegium, bei sich gesucht. «Aber das kann es nicht sein», meinte er. «Wir achten schon darauf, dass Bewegung, dass Sport, dass Musik und Kunst nicht zu kurz kommen.» Also das könne es nicht sein, «das nicht! Man macht es sich zu einfach, die Schuld nur bei sich zu suchen!» Aber er habe eine Idee, fährt er dann fort. «Und wie sieht die aus?», will ich wissen. «Die Kinder sind doch von vorne bis hinten verplant. Natürlich nicht alle. Natürlich», er lächelt sarkastisch, «nur anspruchsvoll verplant: Ballett, Gymnastik, Leichtathletik, Judo!» Er sieht mich an: «Ich mache selber Judo! Tut mir gut!» Aber es sei doch ein Unterschied, ob man spontan rangele und raufe oder das in einer wöchentlichen Einheit von zwei Stunden unter Anleitung mache.» Er schüttelt den Kopf: «Und dann das morgendliche Fiasko vor der Schule, dieser Stau von Autos. Jeder bringt sein Kind bis direkt vor die Tür, damit es bloß nicht nass wird.» Seine Augen blitzen giftig: «Oder was weiß ich, wie die neunmalklugen Argumente der Eltern lauten!»

Als er den Eltern einmal den Vorschlag gemacht habe, den Parkplatz vor der Schule morgens für Autos zu sperren, nur noch für Fahrräder zu öffnen, da habe es heftige Proteste der Eltern gegeben.

Als er mit seiner Schilderung zu Ende war, machte ich den Vorschlag, einmal zu ermitteln, wie lange ein Schüler durchschnittlich braucht, um die Schule zu Fuß oder mit dem Fahrrad zu erreichen bzw. wie lange ein Auto benötigt, um das Kind «in die Schule zu kutschieren». Das Ergebnis der Befragung: der durchschnittliche Fußweg dauerte etwa 20 Minuten, mit dem Fahrrad waren es etwa zehn Minuten, um zur Schule zu kommen. Die Zeit für die Fahrt mit der «Benzinkutsche» nahm etwa fünf Minuten in Anspruch. Allein für die letzten 200 Meter benötigte man häufig mehr als drei Minuten, weil die Schule an einer Sackgasse lag und der Wendekreis morgens kurz vor acht chronisch verstopft war.

Als ich dies erfuhr, schlug ich dem Direktor vor, probeweise den Eltern vier Wochen lang zu untersagen, ihre Kinder mit dem Privat-Pkw in die Schule zu bringen, es sei denn, der Fußweg dauere länger als eine Stunde hin und eine Stunde zurück. Er lächelte mich an: «Grandiose Idee! Aber wenn ich das vorschlage, dann killen die mich!» Wenn er nur an die Sache mit dem Parkplatz denke.

«Gut», fuhr ich fort, «ich übernehme das.» Gesagt, getan. Ich hielt einen Vortrag vor den Eltern mit dem Titel «Über die Bedeutung der Bewegung für Kinder von Aristoteles bis heute». «Warum Aristoteles?», will der Schulleiter wissen. «Macht sich immer gut», antworte ich. «Erstens spricht das für die Belesenheit des Referenten, zweitens hat Aristoteles tatsächlich etwas dazu gesagt, und drittens holt solch ein Vortragsthema manche Eltern dort ab, wo sie sind!» Er bricht in schallendes Gelächter aus: «Abgemacht!»

Der Vortrag fand statt. Eine große Zuhörerschaft hatte sich eingefunden, die meine theoretischen und praktischen Ausführungen richtig und wichtig fand. Zustimmendes Kopfnicken, Zwischenbeifall zeigte das. In der anschließenden Pause diskutierte man lebhaft, Widerspruch regte sich kaum. Als die Eltern wieder zusammenkamen, eröffnete ich den zweiten Teil der Veranstaltung mit den Worten: «Ich fand Ihre Zustimmung toll, und damit es nicht nur bei der Theorie bleibt, schlage ich vor, dass am Montag kein Kind mehr mit dem Auto in die Schule gebracht wird, es sei denn, der Schulweg dauert länger als eine Stunde hin und eine Stunde zurück.»

Ich machte eine Pause. Es war mucksmäuschenstill im Saal, man hätte eine Stecknadel fallen hören. Ich wiederholte meinen Vorschlag lächelnd, aber im Stimmklang um eine Nuance schärfer, um Reaktionen zu provozieren. Und die kamen. Kaum hatte ich den Satz ein zweites Mal formuliert, brach ein Durcheinander los. So muss es in Pompeji gewesen sein, dachte ich mir, als der Vesuv ausbrach. Der Schulleiter, der neben mir stand, duckte sich unmerklich und flüsterte mir zu: «Ich hab's gesagt, die bringen uns um!»

So schlimm wurde es natürlich nicht, aber die Argumente, die gegen meinen Vorschlag geäußert wurden, entbehrten nicht einer gewissen Tragikomik. Man konnte den Eindruck gewinnen, als führten nur mehrspurige Schnellstraßen durch das Wohnquartier, sodass die Kinder durch rasende Autos gefährdet wären, als säßen alle Sittlichkeitsverbrecher Europas in den Büschen dieses Stadtteils und würden nur auf die Kinder warten.

«Haben Sie denn noch nie etwas von Entführungen gehört, von Terroranschlägen?», war noch eines der vernünftigeren Argumente. Und eine andere Mutter ereiferte sich: «Und überhaupt! Wo sind wir denn? Wenn man jetzt schon seine Kinder nicht mehr mit dem Auto in die Schule bringen kann! Das ist doch Diktatur!»

Irgendwann – auch auf Initiative des Elternbeirats, der Mitveranstalter war und in das Vorhaben eingeweiht – beruhigte sich die Atmosphäre allmählich. Es wurde ein Kompromiss gefunden: Das Projekt solle zwei Wochen dauern, die maximale Gehzeit eine halbe Stunde hin und eine halbe zurück betragen.

Das Ergebnis: Schon nach kurzer Zeit nahmen die bewegungsorientierten Aggressionen in der Pause erheblich ab. Natürlich gab es immer noch Kinder, die Regeln verletzten. Aber diese Grenzüberschreitungen hatten andere Ursachen. Insgesamt waren die Eltern erstaunt, wie leicht es den Kindern fiel, ihren Weg zu Fuß oder per Fahrrad zu machen, wie entspannt sich die Situation nach der Schule zu Hause darstellte: Sie kamen meist fröhlich an, hatten ihren Frust auf dem Fußweg gelassen. «Sie moserten nicht mehr herum, sie hatten sich richtig entladen.» Als die zwei Wochen herum waren, gab es eine Befragung unter Kindern. Sie plädierten dafür, das Projekt fortzusetzen.

Ich beobachte eine problematische Entwicklung: Wenn Kinder in die Grundschule kommen, werden Spiele und Sport, werden körperliche Aktivitäten von den Eltern schnell hintangestellt. Kognitives, intellektuelles Lernen dominiert in der Hierarchie. Eltern ist es wichtig, dass ein Kind Lesen, Schreiben und Rechnen lernt. Und so bilden sich schnell die wichtigen und die weniger wichtigen Schulfächer heraus: Deutsch und Mathematik stehen obenan, Musik, Sport und Kunst sind Fächer zweiter Wahl.

Da mögen Lehrer und Lehrerinnen noch so sehr auf eine ganzheitliche Förderung aus sein. Wenn die Kinder in der dritten und vierten Klasse mit einem Zeugnis nach Hause kommen, fällt der elterliche Blick zuerst auf die Noten der – aus väterlicher und mütterlicher Sicht – bedeutsameren Fächer. Und hat ein Kind in Deutsch oder Mathe eine Vier, in Kunst und Sport dagegen eine Eins, dann hat manch ein Neun- oder Zehnjähriger schon den Satz gehört: «Könnte es nicht mal umgekehrt sein?»

Hier ist ein Dilemma angedeutet, das mit der ersten Schulklasse beginnt: «Nun fängt der Ernst des Lebens an!» Diesen Satz haben Erwachsene schnell zur Hand. Bewegung und Spiel werden nicht selten zugunsten abstrakterer Lernvorgänge eingeschränkt.

Dabei stellt das sechste Lebensjahr – der Zeitpunkt der Einschulung – einen willkürlich gewählten Einschnitt dar. Angemessener wäre es, die Zeit zwischen dem fünften und achten Lebensjahr als einen allmählichen Übergang zu begreifen. Das Kind muss in diesen neuen Lebensabschnitt hineinwachsen. Und dazu braucht es Zeit. Ein sechsjähriges Kind, das in die Schule kommt und mit dem Unterricht beginnt, ist ja nicht automatisch hinausgewachsen über jene anschaulichen Lernvorgänge, die es im Kindergarten erfahren hat. Das spielerisch-konkrete Erkunden von Wirklichkeit, wonach das Begreifen über das Greifen, das Erfassen vom Fassen kommt, bleiben nach dem Schuleintritt so wichtig wie zuvor.

Das gilt gleichermaßen für die körperbezogenen Entwicklungsaufgaben. Nur ein Kind, das seinen Körper akzeptiert, kann sich auf abstrakte Lernvorgänge einlassen. Das Verstehen setze das Stehen voraus, so hat es Pestalozzi einmal formuliert. Nur ein Kind, das in der Welt steht, mit beiden Beinen auf der Erde verhaftet ist, das einen Standpunkt hat, kann dann abstrakte Standpunkte einnehmen.

Der Entwicklungspsychologe Jean Piaget hat den Übergang vom konkret-anschaulichen zum abstrakten Denken aufgrund seiner Beobachtungen auf den Zeitraum um das sechste Lebensjahr festgelegt. Piaget, dessen Untersuchungen nun schon mehr als ein halbes Jahrhundert zurückliegen, ist durch jüngere Untersuchungen bestätigt worden. Daran ändern die Erkenntnisse nichts, wonach das Weltwissen der Kinder um das sechste, siebte Lebensjahr komplexer und abstrakter wird. Denn um dieses Wissen zu verarbeiten, um es in vorhandene Wissensbestände zu integrieren, bedarf es konkreter Operationen, anschaulicher Tätigkeiten.

Etwas radikaler formuliert: Wenn die Lese- und Schreibleistungen in der Schule nicht stimmen und keine Lese-Rechtschreibschwäche (Legasthenie) vorliegt, dann ist es wenig sinnvoll, sein Augenmerk nur auf die Defizite des Kindes zu legen. Wer Kinder ständig darauf hinweist, was sie nicht können, den darf es nicht verwundern, wenn Kinder sich als Ansammlung von Unzulänglichkeiten empfinden. Nachhilfe in jenen Bereichen, in welchen sie Lücken aufweisen, mag zwar bis zu einem gewissen zeitlichen Aufwand notwendig und sinnvoll sein. Doch Nachhilfe verweist ein Kind darauf, was es eben nicht kann. Kinder brauchen jedoch Erfolgserlebnisse, das Gefühl, etwas zu können, etwas aus eigener Kraft zu leisten. Und hier gilt es anzusetzen.

Michael, acht Jahre, war der Übergang vom Kindergarten in die Grundschule mehr als schwer gefallen. Michael war noch «sehr verspielt», wie seine Erzieherin feststellte, wirkte «sehr verträumt», wie seine Eltern beobachteten. Seine größte Freude war, seinem Großvater, der einen kleinen Bauernhof gleich nebenan bewirtschaftete, zu helfen. Wind und Wetter konnten Michael nichts anhaben, Hitze und Kälte sowieso nicht. Und obgleich Michael von schwächlicher Natur war, konnte er zupacken, entwickelte er bei der körperlichen Arbeit «Riesenkräfte».

Nun besuchte er schon die zweite Klasse, aber seine Leistungen in Deutsch und Mathematik waren – um es mit den Worten der Eltern auszudrücken – «mehr als dürftig. Das Rechnen geht so einigermaßen, aber er schreibt unendlich langsam.» Die Mutter rollt mit den Augen: «Und dann sein Lesen. Das fällt ihm furchtbar schwer.» Jeden Tag übe sie mit ihm, aber sie würden sich dann schnell in die Wolle kriegen. «Er heult, ich schreie, er schmeißt das Buch in die Ecke, vergräbt sich in sein Kissen.» Dann ginge nichts mehr. Sie lässt ihre Hand waagerecht durch die Luft fahren: «Nichts! Absolut nichts!»

Die Hausaufgaben dauerten manchmal bis zu drei Stunden, so die Mutter. «Der hat gar nicht so viel auf. Das könnte man in einer Dreiviertelstunde schaffen.» Aber Michael brauche eine Ewigkeit, der komme zu nichts anderem mehr. Nicht mal die Aussicht, später noch hinauszugehen, um seinem Großvater auf dem Feld zu helfen, motiviere ihn, schneller zu machen. Er sitze da und sitze, kaue am Bleistift, starre in die Luft. «Und dann diese unendliche Leere in seinen Augen. Und dann kommen Sprüche von ihm, die mich beunruhigen.» Er sei sowieso der letzte Trottel, könne nichts, sei zu blöd. Wie sie ihm nur helfen könne, will sie in der Beratung wissen.

Ich schlage im Laufe des Gesprächs vor, die Hausaufgabenzeit anders einzuteilen. «Er macht zunächst jene Aufgaben aus der Schule, die ihm leicht von der Hand gehen. Dann geht er zum Großvater, hilft ihm. Später kann er sich wieder für eine kurze Zeit an die Hausaufgaben machen.» «Und wenn er nicht fertig wird?» «Dann informieren Sie die Lehrerin, damit sie nicht meint, Michaels unfertige Hausaufgaben seien auf Ihr Laisser-faire oder fehlende Aufsicht zurückzuführen.»

Michaels Lehrerin ist sehr kooperationsbereit. Sie macht mit ihm einen gesonderten Hausübungsplan, teilt die Aufgaben in jene ein, die er unbedingt machen soll, und jene, an die er nur heranzugehen braucht, wenn ihm noch Zeit zur Verfügung steht. Zudem hat sie eine ausgezeichnete Idee. Sie führt Expertengespräche in ihrer Klasse durch, in denen Kinder über ihre Hobbys berichten. Sie bittet Michael, über mehrere Wochen hinweg jeweils einmal von seiner Arbeit auf dem Bauernhof zu erzählen. Die Schulklasse besucht ihn sogar an einem Nachmittag, an dem er sein Können beweisen, ihnen seine körperlichen Fähigkeiten zeigen kann. Michaels Ansehen in der Klasse veränderte sich schlagartig. Die Klassengemeinschaft staunte über seine Kompetenzen.

Und als Michael hört, er brauche nicht mehr alle Hausaufgaben zu machen, sondern habe frei verfügbare Zeit am Nachmittag, reagiert er zunächst mit ungläubigem Staunen. Aber er lässt sich natürlich gern auf die Absprache ein.

Das Ergebnis ein halbes Jahr später: Die Hausaufgaben gehen ihm zunehmend leichter von der Hand. Er schafft manchmal nicht alles, aber er wirkt ausgeglichener und zufriedener. Dies wird nicht zuletzt daran sichtbar, wie er sich bewegt, wie er geht und steht. Sein Körper strahlt etwas aus. Über sein Körperbild macht sich gestiegenes Selbstbewusstsein bemerkbar. Michael ist zwar immer noch langsam, das Lesen macht ihm weiter Mühe. Doch die Arbeit auf dem Bauernhof schätzt er höher ein als Bücher oder auch das Fernsehen. Ihn scheint nichts mehr umzuwerfen, so sehr steht er mit beiden Beinen auf der Erde.

Julius, neun Jahre, Schüler der dritten Klasse, entwickelt seit einiger Zeit eine ausgesprochene Schulunlust. Nichts macht ihm mehr Spaß, was sich bald in den Schulnoten zeigt. Brachte er früher noch ausgezeichnete Noten mit nach Hause, so sind sie jetzt nur noch durchschnittlich, Tendenz weiter fallend. «Alles drehte sich mit einem Male nur noch um die Schule», erinnert sich die Mutter. «Ich habe mich mit ihm hingesetzt, wir haben gelernt, mein Mann hat das Gleiche gemacht.» Sie blickt hilflos drein: «Aber geholfen hat es nichts.» Sie macht einen traurigen Eindruck: «Die Situation eskalierte. Irgendwie waren wir in einem Teufelskreis. Als alles nichts mehr half, haben wir seinen Sport eingeschränkt. Kein Judo! Kein Schwimmen! Das traf ihn hart, denn er liebte seinen Sport.»

Judo und Schwimmen habe er wegen seiner grob- und feinmotorischen Probleme gebraucht, fährt die Mutter fort. «Die waren merklich besser geworden. Und nun verschlechtern sich auch diese zusätzlich zu seinen anderen Leistungen.» Was sie denn machen könnten, will die Mutter wissen.

Ich rate ihr dazu, den elterlichen Nachhilfeunterricht auf ein überschaubares zeitliches Maß zurückzufahren: «45 Minuten reichen!» Um stattdessen die Schwimm- und Judo-Zeit sofort wieder einzuführen, wenn nicht sogar auszubauen. Die Mutter reagiert auf den – aus ihrer Sicht – paradoxen Vorschlag mit Stirnrunzeln: «Aber die Lücken, die er jetzt hat, holt er doch niemals auf!»

Ich erkläre ihr, wie wichtig es für Julius ist, zunächst einmal die körperliche Balance wieder zu finden, um für neuen intellektuellen Stoff, für weitere Gedächtnisleistungen, für abstrakte Denkoperationen bereit zu sein. «Nur wenn die körperliche Balance stimmt, wird er wieder Spaß am Lernen finden.»

Die Eltern setzen – wenn auch zögerlich – um, was ich ihnen zu erläutern versuchte. Die Hausübungen wurden zeitlich begrenzt. Unterstützungsmaßnahmen gab man nur, wenn Julius dies wünschte. Dafür gab man den sportlichen Aktivitäten absolute Priorität. Julius konnte anfangs die Absicht seiner Eltern kaum glauben, ließ sich aber nur zu gern darauf ein.

Ein Ergebnis zeigt sich schon nach acht Wochen: Julius' Frust über die Schule verschwindet zunehmend. Er findet wieder Spaß am Lernen – ohne dass sich das allerdings in den Deutsch- und Mathematiknoten bemerkbar macht. «Das macht nichts», erklärt er sich und seinen Eltern, die es natürlich gerne gesehen hätten, «wenn es auch in den Noten wieder aufwärts gegangen wäre». So der Ausspruch des Vaters, der jedoch nach kurzer Pause hinzufügt: «Aber Hauptsache ist, dass es ihm gut geht.» Nach weiteren drei Monaten haben sich auch Julius' grob- und feinmotorische Probleme verbessert. Sein Körper kommt wieder in jene Balance, die schon vor dem Abbruch der sportlichen Tätigkeiten zu beobachten war.

Lange Zeit hatte sich Julius in die Schule geschleppt, so als laste viel auf seinen Schultern. Nun geht er wieder aufrecht, so als werfe ihn nichts so schnell um.

Wer Kinder durch die Grundschulzeit begleitet, tut gut daran, den körperlichen Veränderungen Aufmerksamkeit zu schenken und jenen Grundsatz zu beachten, wonach Intellekt und Wissen einen physischen Rahmen brauchen, um sich zu entfalten.

Selbstbewusstsein baut sich über Körperbewusstsein auf. Nur wenn Kinder sich in Balance fühlen, sind sie bereit, sich auf Neues einzulassen, sind sie in der Lage, kognitive Herausforderungen zu bewältigen.

Bisher habe ich eher allgemein von körperlichen Veränderungen gesprochen, nicht weiter zwischen Jungen und Mädchen unterschieden.

Bei ihnen gebe es jeden Tag Zoff, erklärt mir Babette Schön, Mutter des zehnjährigen Max und der knapp achtjährigen Magdalena. «Meine Tochter hat einen richtigen Wachstumsschub bekommen, sie hat den Max fast eingeholt. Und reden konnte sie schon immer gut. Sie spielt den Max glatt an die Wand. Nun bleibt ihm nur die körperliche Aggression; er macht frauenfeindliche Sprüche, beleidigt seine Schwester nach Strich und Faden.» Ganz schlimm sei es, wenn Max' Freunde da seien. Dann würden sie sich ständig gegen Magdalena solidarisieren. «Ganz fürchterlich ist das», meint sie und kneift dabei die Augen zusammen.

Ihre Tochter, die Ilona, sei elf, berichtet Sylvia Hausmann verunsichert. «Und die hat schon ihre Tage bekommen, mit elf, stellen Sie sich das mal vor, mit elf! Und auch die Brüste sind gewachsen, da ist alles schon dran. Jetzt schließt sie sich im Badezimmer ein. Keiner darf sie sehen. Und wehe, wir machen Bemerkungen über ihren Körper, dann ist die Hölle los. Dann faucht sie uns an, wir sollen gefälligst woanders hinschauen. Neulich war sie mit einem älteren Jungen auf ihrem Zimmer!» Sie sei völlig hin und her gerissen gewesen, habe ihren Mann angerufen, und der habe ins Telefon geschrien: «Schmeiß den raus!» «Typisch Mann! Aus der Ferne Sprüche klopfen!» Gut, sie habe mit feuchten, zittrigen Händen angeklopft. Die Tochter habe «Herein!» gesagt. «Und was sehe ich. Sie sitzt auf dem Sofa, er im Sessel. Sie hatte ihm etwas zu trinken angeboten, und beide unterhielten sich angeregt.» Sie habe irgendetwas Unverbindliches gemurmelt, sei dann gegangen. Später habe ihre Tochter lächelnd gesagt: «Mama, deine schmutzige Phantasie möchte ich nicht haben! Denkst du, ich penne gleich mit jedem, den ich in mein Zimmer lasse!»

Vor einigen Wochen habe sie bei ihrem Marius, elf Jahre, zwei Pornohefte gefunden, erzählt mir Sibylle Meyer. «Die lagen ganz offen herum. Und er wusste, dass ich an diesem Tag aufräumen werde.» Sie sei geschockt gewesen. «Diese ekligen Bilder. Diese Frauenverachtung!» Und als sie ihren Mann darauf angesprochen habe, habe der nur gemeint: «Bloß nichts dramatisieren. Das gibt sich schon. Der ist halt neugierig!» Sie habe dann nichts weiter unternommen. Aber ein paar Wochen später habe sie dann Präservative, einen Dildo und auch eine Pornokassette gefunden. «Nun reicht's», habe sie zu ihrem Mann gesagt, «jetzt rede ich mit ihm, wenn du zu feige bist!»

Am nächsten Tag sei sie zu ihm ins Zimmer, «ohne anzuklopfen. Und mich trifft der Schlag, sitzt er doch am Schreibtisch vor einem Pornoheft und befriedigt sich selber!» Sie habe die Tür zugeschlagen, aber «es gab ein Geschrei. Ich wurde beschimpft! Zu Recht! Aber mit den übelsten Verwünschungen. Ich war fix und fertig!» Am Abend sei man wieder aufeinander zugegangen, «aber Marius war bockig, hat seine Pornos verteidigt mit Sprüchen der fiesesten Art!».

Diese kurzen Ausschnitte aus Beratungsgesprächen lassen einige Gesichtspunkte der sexuellen Entwicklung deutlich werden, die mit den körperlichen Veränderungen im Grundschulalter einhergehen.

Die Mädchen wachsen in dieser Zeit schneller. Und was sich schon in der Zeit des Kindergartens abzeichnete, setzt sich nun fort. Mädchen sind eloquenter, können sich differenzierter ausdrücken und reden so manchen Jungen gegen die Wand, der sich nur noch mit Kraftausdrücken oder sexistischen Sprüchen zur Wehr setzen kann. Dies ist keine Entschuldigung, sondern will zunächst nur das Verhalten der Jungen erklären.

Ein nicht kleiner Teil der Mädchen kommt schon verhältnismäßig früh in die Pubertät. Sekundäre Geschlechtsmerkmale bilden sich aus, die Regel setzt ein. Die Mädchen schießen in die Höhe. Manch elfjähriges Mädchen kommt wie eine dreizehnjährige junge Frau daher, kleidet sich körperbetont, schminkt sich, genießt die Blicke, die es auf sich zieht, ist sich durchaus seiner körperlichen Wirkung bewusst. Viele Mädchen entwickeln romantische

Liebesvorstellungen – Sissy und «Gute Zeiten, schlechte Zeiten», Robbie Williams und Backstreet Boys lassen grüßen. Doch in dem erwachsen wirkenden Körper ist nicht selten eine Psyche, die noch klein und zerbrechlich wirkt. Daraus ergeben sich Spannungen, die sich in Zornes- und Wutausbrüchen, in Tränen und Verzweiflung, aber auch in wüsten Attacken entladen, deren Zielscheibe nicht selten die Mutter ist.

Diese wird herabgesetzt, fertig gemacht. Manche Mutter weiß in dieser Zeit nicht, wie sie es ihrer Tochter recht machen kann. Aber wie könnte sie das, weiß doch die Tochter selber nicht, was denn «richtig» oder «falsch» ist.

Jetzt kommt dem Vater, der männlichen Bezugsperson, eine wichtige Aufgabe zu. Wer sich in dieser Phase allerdings bedingungslos mit der Frau gegen die Tochter verbündet, erntet Sturm; wer andererseits mit der Tochter gegen die eigene Frau koaliert (nach dem Motto: «Schau her, welch guten Draht ich habe. Du musst etwas falsch machen!»), darf sich nicht wundern, wenn die Tochter die Eltern gegeneinander ausspielt. Wichtig ist, dass sich der Vater als Gesprächspartner, aber auch als Widerpart zur Verfügung stellt, der die Beziehung und, wo es notwendig ist, die Konfrontation sucht.

Bei allem Verständnis für die frühen pubertätsbedingten Ausfälle eines Mädchens gegenüber der Mutter darf man Verständnis nicht mit Akzeptanz verwechseln. Beleidigungen und Herabwürdigungen sind zurückzuweisen. Keine Tochter hat das Recht, eine Mutter – und sei es im Affekt – zu beleidigen. Aber auch hier kommt es darauf an, wie man reagiert. Wer während des Zornesausbruchs auf einer Entschuldigung beharrt, erreicht oft das Gegenteil.

Sie habe neulich darauf bestanden, dass sich ihre Tochter entschuldigt, «obgleich sie noch völlig außer sich war», erzählt eine Mutter. «Ihre Tochter habe nur ganz cool geantwortet: ‹Entschuldigung, blöde Kuh!›, und wir beide haben einen noch größeren Zoff als zuvor gehabt.»

Es empfiehlt sich, sprachliche Ausfälle zunächst zu ignorieren, sich und der Tochter eine Auszeit zu geben, um ihr später in ruhigem Ton zu sagen: «Es verletzt mich, wenn du das sagst. Ich möchte das nicht!» So bleibt man in Kontakt, baut eine Beziehung auf, die tragfähig für gegenseitige Zumutungen ist. Und man vermittelt der Tochter das Gefühl, dass sie angenommen ist, auch wenn sie Grenzen überschreitet.

Gerade beim Thema Sexualität sind feste Erziehungsbeziehungen unabdingbar, haben Vater und Mutter eine besondere Verantwortung. Nun haben vorpubertierende Töchter ein Recht darauf, selbst über ihren Körper zu bestimmen und zu verfügen, gleichwohl kann ein Gespräch zwischen Mutter und Tochter auf die Probleme hinweisen, die mit einem früh reif gewordenen Körper verbunden sind. Mütter können ihre Ängste und Sorgen artikulieren, damit Antworten der Töchter provozieren, aus denen ersichtlich wird, welche Gedanken sich die Tochter zu diesem Thema gemacht hat, über welche Strategien sie in Konfliktsituationen verfügt.

Ziel solcher Gespräche sollte es nicht sein, Angst vor der Sexualität aufzubauen. Es geht vielmehr darum, zu einem selbstbewussten Umgang mit Sexualität erziehen. Dies ist notwendiger denn je, sind doch zwei widersprüchliche Entwicklungen zu beobachten: Einerseits gibt es eine Tendenz, sehr bewusst mit dem Körper auch in sexueller Hinsicht umzugehen, andererseits muss man feststellen, dass zwei Drittel aller Mädchen den ersten Geschlechtsverkehr ungeschützt machen, und dies nicht, weil sie nichts über Verhütung wissen, sondern weil es zu ersten sexuellen Erfahrungen nicht selten völlig überraschend kommt. Zwischen dem theoretischen Wissen über Sexualität und dem Handlungswissen in einer konkreten Situation besteht mithin eine Kluft. Und auf diese Kluft sollte in einem Gespräch hingewiesen werden.

Bei Jungen entwickelt sich vom 8. Lebensjahr an eine sexuelle

Neugierde, die sich vor allem im Interesse an pornographischen Bildern und Heften äußert, aber auch in anzüglichen, zotigen Bemerkungen, in frauenfeindlichen Witzen. Sexualität wird ein Thema in gleichgeschlechtlichen Jungengruppen.

Hatte die Selbstbefriedigung im Kindergartenalter noch die Funktion einer Entspannungsübung, bekommt sie im Grundschulalter zunehmend sexuellen Charakter. Selbstbefriedigung hat eine luststeigernde Funktion. Der Junge ist stolz auf seinen erigierten Penis. Manche zeigen ihn ganz ungeniert. Und es kommt zu einem bewusst herbeigeführten Samenerguss.

Der Kontakt zu pornographischen Materialien lässt sich nicht unterbinden. Verbote schüren Heimlichkeiten, lassen keinen Einblick darin zu, wofür sich das Kind interessiert. Für die Eltern gilt es, Offenheit an den Tag zu legen. Doch bei allem Verständnis für die Entwicklungsphase der Jungen – man darf Verständnis nicht mit Akzeptanz verwechseln: Jungen müssen erfahren, was Eltern von diesen Materialien halten. Moralische – nicht: moralisierende – Bewertungen sind unabdingbar: «Ich mag diese Hefte, diese Bilder nicht. Sie reduzieren die Frau auf ein Sexualobjekt! Sie verachten die Frau als Persönlichkeit!»

Damit wird der Konsum dieser Materialien nicht verhindert. Man kann ihn kaum verbieten, will man den Jungen nicht einsperren. Aber die Eltern beziehen klare Positionen, an denen sich die Jungen orientieren und mit denen sie sich auseinander setzen können.

Die unterschiedliche körperliche Entwicklung von Mädchen und Jungen bringt eine Kluft zwischen den Geschlechtern, die vehemente Ablehnung des jeweils anderen Geschlechts mit sich. Dies gilt nicht nur für den Umgang zwischen Jungen und Mädchen in der Schule, es trifft gleichermaßen auf die Auseinandersetzung zwischen Bruder und Schwester zu. Geschwisterrivalitäten können in dieser Entwicklungsetappe nochmals eskalieren. Das jeweils älteste Kind – egal ob Junge oder Mädchen – geht mit dem jüngeren Geschwisterkind wenig liebevoll um, behandelt es von oben herab, lässt kein «gutes Haar» am «Kleineren», macht sich lustig, mokiert sich über Unzulänglichkeiten oder Schwächen. Die ältesten Kinder wollen gewürdigt werden. Und erhalten sie nicht den gebührenden Respekt, dann sind Kräche, Auseinandersetzungen und Tränen die Folge.

Die Ablehnung, ja die Herabsetzung des jeweils anderen Geschlechts ist Ausdruck einer spezifischen Entwicklungsdynamik. Jungen wie Mädchen arbeiten an ihrer Identität als Junge oder Mädchen. Die erste Phase, in der sich Geschlechtsidentität ausbildet, ist das Alter zwischen vier und fünf. Jungen und Mädchen separieren sich, wollen nichts miteinander zu tun haben. Mit den körperlichen Veränderungen, die sich – mal schneller, mal langsamer – zwischen dem 7. und 9. Lebensjahr zeigen, kommt es zu einem zweiten Abschnitt, in der sich eine spezifische Geschlechtsidentität ausbildet. Bevor Jungen die Mädchen und Mädchen die Jungen anerkennen können, zu akzeptieren bereit sind, dass auch Jungen weibliche Persönlichkeitsanteile und Mädchen Anteile von Jungen haben, grenzen sie sich vehement ab – und dies mit Mitteln, die manchmal unterhalb der Gürtellinie liegen.

Dieser Entwicklungsabschnitt ist für Jungen wie Mädchen gleichermaßen wichtig. «Aber wie», so lautet eine häufig gestellte Frage, «soll man sich denn verhalten, wenn der Junge frauenfeindliche Sprüche loslässt?» Tatsächlich lässt sich ein geschlechtsgebundenes Verhalten in der Herabsetzung des jeweils anderen Geschlechts beobachten. Die Jungen gehen wesentlich offener mit ihren Aggressionen um, Mädchen weitaus versteckter, nicht selten sogar hinterhältiger. Beobachtet man entsprechende Auseinandersetzungen als Mutter oder Vater, sind zwei Standpunkte unabdingbar:

■ Zunächst ist es wichtig, auf gegenseitigem Respekt zu bestehen, etwa so: «Ich mag nicht, wie du mit deiner jüngeren Schwester redest. Behandle andere so, wie du möchtest, dass sie dich behandeln!», oder: «Als du sechs Jahre warst, hast du Dinge auch noch nicht gewusst. Du solltest mit deinem jüngeren Bruder nachsichtiger sein!»

■ Sollte ein Junge sich als Macho aufspielen, und dies nicht nur gegenüber gleichaltrigen Mädchen, sondern auch gegenüber seiner Mutter, sind Gelassenheit und zugleich Klarheit vonnöten. Man sollte Achtung und Respekt einfordern.

Eine Mutter erzählte mir, ihr neunjähriger Sohn habe ihr neulich gesagt: «Hol mir den Saft!», als er schon am Tisch gesessen habe. Und auf ihre Frage nach dem «Warum?» lautete seine Antwort, dazu wären Mütter eben da. «Wozu sonst?», habe er mit überheblichem Augenaufschlag hinzugefügt.

«Ich war sprachlos!», meinte sie. «Natürlich habe ich nicht den Saft geholt. Ich hab's ignoriert!»

Unverschämte Grenzüberschreitungen darf man nicht überhören, weil damit zwischenmenschliche Beziehungen ausgetestet werden. Man kann gelassen antworten: «Du weißt, wo der Saft steht!» oder: «Ich hole ihn dir nicht!» Aber man kann, hat man die Sprache wiedergefunden, durchaus grundsätzlich werden: «Ich respektiere dich, und ich möchte, dass du mich respektierst! Solche Sätze wie der von vorhin verletzen mich!»

Mit der körperlich-sexuellen Wandlung steht eine andere Entwicklungsaufgabe ins Haus: die der Ausbildung differenzierter moralischer Kompetenzen, um zwischenmenschliche Beziehungen auf eine neue Basis zu stellen.

5. Die moralische Entwicklung

Thomas sei jetzt elf Jahre alt, erklärt mir seine Mutter. «Elf drei Viertel», verbessert ihr Sohn lächelnd, aber bestimmt. Schließlich sei er kein «kleines Kind» mehr. «Aber du behandelst mich immer noch von oben herab, so als sei ich zu blöd.»

Das stimme teilweise, gibt sie zu, blickt mich entschuldigend an: «Aber ich kann's nicht so richtig glauben, wie vernünftig er seit einem Jahr geworden ist. Davor war es schlimm, fürchterlich! Nur Kräche!»

«Ach komm», beschwichtigt Thomas, «wenn ich geschlafen habe, war ich ganz lieb.» Er grinst: «Hast du jedenfalls gesagt: ‹Wenn du schläfst, siehst du aus wie ein Engel.› Oder stimmt das nicht?»

Jetzt, sagt die Mutter, könne sie sich mit ihm wieder unterhalten, «ich und mein Mann natürlich auch». Der habe häufig die Nerven verloren, fährt sie fort. Thomas, ganz süffisant: «Ich wusste, wie ich den zum Kochen bringe!»

«Und wie?», will ich wissen.

«Ach, so ein paar dumme Sprüche», er macht ein pfeifendes Geräusch, «und schon ging er ab wie eine Rakete!»

«Und der dümmste Spruch?»

Er überlegt lange. Dann kommt die Antwort: «Wenn er ausflippte und ich ihm sagte, das sei nicht gut für seinen Blutdruck. Damit hat er nämlich Probleme!»

Der Thomas habe sie beide gefordert, «mehr als gefordert. Mit den beiden Großen, die sind nun fast erwachsen, da ging alles glatt, aber mit Thomas.» Sie rollt mit den Augen: «Der reinste Horror!»

Ich bitte darum, die letzten Jahre aus Thomas' Leben zu erzählen, wie sie ihn gesehen habe. Thomas möge ergänzen oder richtig stellen, wenn die Geschichten nicht stimmten. «Das mache ich, darauf können Sie sich verlassen! Lügen darf man nämlich nicht, sagen jedenfalls meine Eltern», antwortet er. Schalk blitzt aus den Augen.

Angefangen «mit dem Theater» hat es, als er so sechs war. Thomas sei ein richtiger Pyromane gewesen. «Feuer faszinierte ihn.» Als er «so sieben» war, «zu Sylvester», da habe er seinem Vater Raketen geklaut. Sie macht einen erschrockenen Gesichtsausdruck. «Und die hat er den ganzen Januar über abgefeuert. Draußen auf dem Feld. Eine ist allerdings in seinem Zimmer losgegangen. Und nur weil wir im Hause waren, konnten wir Schlimmeres verhüten.»

«War Pech», greift Thomas betont lässig ein, «nur weil Papa immer zweite Wahl kauft, nur deshalb sind die hochgegangen!»

«Thomas, bitte! Spiel hier nicht den coolen Kasper!»

«O.k.! O.k.!», beschwichtigt er. «War Scheiße, weiß ich!»

«Gut, das Zündeln hatte ein Ende. Dann die Klauerei. Ständig fehlte Geld aus meinem Portemonnaie. Er war's natürlich nicht.» Sie holt tief Luft. «Aber er klaute nicht nur bei uns. Auch bei Tante Anna, die hatte einen kleinen Kiosk. Der Jan redete mit ihr, lenkte sie ab, und Thomas nutzte die Gelegenheit.»

«Die hat uns nicht erwischt. War verdammt clever von uns.»

«Und wie haben Sie's herausbekommen?», frage ich die Mutter.

«Weil sie ständig mein Zimmer kontrolliert und dabei die Sachen gefunden hat», kommt Thomas ihr zuvor. «Und dann mussten wir die Sachen zurückbringen und uns entschuldigen.» Er zieht die Augenbrauen nach oben. «Peinlich! Einfach peinlich!»

Thomas grinst seine Mutter an: «Aber wir haben weitergemacht. Nur haben die's nicht gemerkt!»

«Wie?», die Mutter ist irritiert.

«Haste nicht gewusst, stimmt's!» Er, ganz stolz: «Wir haben das in einer kleinen Schatzkammer im Garten versteckt.» Er sieht mich an: «Das mit der Klauerei war blöd, würde ich heute sagen. Und ich wollt's früher auch nicht. Aber dann kribbelt das in den Fingern. Und wir haben's dann doch getan.» Er denkt nach: «Das war wie ein Sport.»

«Wissen Sie», fährt die Mutter fort, «das war ja nicht alles. Er machte Mist, aber wehe», sie erhebt ihre Stimme, «wehe, wenn wir mal einen Fehler machten, dann war er der Moralapostel in Person. Wenn mein Mann mal bei Gelb über die Ampel fuhr. Thomas kriegte sich nicht mehr ein, machte ihm Vorwürfe, hielt Vorträge darüber, was alles passieren könne, forderte drakonische Strafen für solche Übeltäter. Ich sage Ihnen: Der hat damals glatt gesponnen!»

Thomas schmunzelt still in sich hinein, als er das hört. Sie und ihr Mann seien häufig überfordert gewesen, «weil wir nie wussten, woran wir bei ihm waren, erzählt er jetzt Märchen oder stimmt das wirklich!» Sie seufzt. «Und dann dieses ständige Verhandeln mit ihm. Knallhart war er mit seinen Forderungen.» Freiwillig habe er nichts gemacht. In seinen Augen habe es ständig geblitzt: «Was bringt mir das, wenn ich den Tisch decke, was krieg ich dafür, wenn ich den Mülleimer wegtrage?» Und diese ständigen Kräche: «Die kamen aus dem Nichts. So ganz plötzlich. Diese Revolten, vor allem gegen seinen Vater, der verstand die Welt nicht mehr. Thomas hat ihn mehr als einmal vom Sockel geholt.»

So schlimm sei das nun wirklich nicht gewesen, greift Thomas ins Gespräch ein. Er hatte bis dahin entspannt zurückgelehnt zugehört. «Aber ihr seid doch manchmal mit mir wie mit einem Baby umgegangen. Ihr habt doch gar nicht gemerkt, dass ich gewachsen bin. Ich musste immer noch früh ins Bett, musste das Licht sofort ausmachen, durfte nicht mal einen spannenden Film im Fernsehen angucken. Und zu Freunden durfte ich auch nicht, die mussten mich besuchen.» Seine Stimme klingt vorwurfsvoll: «Nur wenn ich mit einer guten Note nach Hause gekommen bin, dann war alles klar.»

«Na ja, so schlimm kann's ja nicht gewesen sein», beschwichtigt nun die Mutter.

«Noch viel schlimmer!», bricht es aus Thomas heraus.

«Das hast du uns ja auch gezeigt.» Sie denkt nach: «Aber seit einiger Zeit läuft es prima mit Thomas.»

Was sie damit sagen wolle, hake ich nach.

«Ach, diese ständige Diskutiererei ist weg. Er ist Argumenten zugänglich, kann sich jetzt auch in andere hineinversetzen. Er ist für vieles aufgeschlossen.» Sie denkt nach: «Natürlich nicht ständig. Aber das geht ja wohl auch nicht.» Zuerst schaut sie Thomas an, dann mich: «Aber ob das so bleiben wird. Nun steht bald die Pubertät ins Haus. Und was da wohl noch passieren wird.» Sie zieht die Augenbrauen hoch: «Da hört man einiges von Freunden, die Kinder in diesem Alter haben!» Thomas schmunzelt: «Genieß die Zeit jetzt, Mama! Das ist die Ruhe vor dem Sturm!»

Als Svenjas Mutter von diesem Gespräch auf einem Elternseminar hört, erklärt sie mit verständnisvollem Blick, ihr sei es ähnlich ergangen. Svenja ist nun elf, und noch vor einem Jahr «habe ich mir gedacht: ‹Das kann nicht deine Tochter sein!› Ehrlich!» Sie sieht mich ernst an: «So ein Biest, ein wirkliches Biest!» Angefangen habe es, als sie so sieben war, Ende der ersten Grundschulklasse. Sie sei damals gewachsen und «damit fing's an!».

Sie blickt mich ernst an: «Aber wie! Das kann ich Ihnen sagen! Da war mit einem Male alles Nette aus ihr verschwunden. Sie war wie verwandelt. Ein richtiger kleiner Teufel steckte in ihr. Nichts konnte man ihr recht machen, absolut nichts!»

Ob sie mir einige Situationen schildern könne, frage ich.

«Einige?» Sie funkelt mich an. «Unendlich viele!»

Sie wirkt mit einem Mal nachdenklich: «Aber zwei, drei Sachen, die haben mich auf die Palme, aber auch zum Grübeln gebracht ... Sie besaß ein Meerschweinchen», schildert die Mutter. Das wurde umhegt, versorgt, als Svenja noch den Kindergarten besuchte. Wehe, das Tier war mal krank. «Dann litt sie mit. Und als mal ein kleiner Spatz aus dem Nest gefallen war und dann starb, hatten wir tagelang Totengedenktage. Sie war dann ein Häufchen Elend!»

Diese Sensibilität sei mit einem Male weg gewesen. Svenja konnte richtig brutal sein. Einmal habe sie Svenja überrascht, wie sie den Käfig mit dem Meerschweinchen auf die Terrasse gestellt habe: «Bei zehn Grad minus! Und die hat seelenruhig aus dem warmen Wohnzimmer zugeschaut, wie das Tier zittert und friert.» Und als sie ihre Tochter angeschrien habe: «Sag mal, spinnst du!», lautete ihr lapidarer Kommentar: «Das ist Survival-Training!» «Ich hätte ihr fast eine gescheuert», fährt die Mutter mit erregter Stimme fort.

«Und dann konnte sie zugleich völlig überzogen reagieren.» Die

Mutter überlegt: «So mit acht oder achteinhalb fiel ihr ein, kein Fleisch mehr zu essen. Vorher musste es zu jedem Essen irgendetwas Fleischiges geben. Nun war sie Vegetarierin, die uns als Tierquäler beschimpfte, nur weil wir mal Fleisch aßen. Das gab jedes Mal ein Riesengezeter am Tisch. Ständige Nörgeleien. Dieses übermoralische Gehabe!»

Svenjas Mutter lacht. Jetzt könne sie darüber schmunzeln. «Da gab's 'ne Situation, da bin ich total ausgeflippt. Und wenn mein Mann nicht dazwischengegangen wäre, ich weiß nicht, was passiert wäre.» Sie habe eine Suppe gekocht, natürlich mit «Hühnerfond, damit die nach was schmeckt. Das war Instantfond aus einer Tüte. Und Svenja findet die Tüte natürlich im Abfalleimer.» Sie sieht mich ratlos an: «Das hätten Sie erleben müssen. Holt die leere Tüte, hält sie mir vor's Gesicht: ‹Du willst mich umbringen, du blöde Kuh!› Wie ein Rumpelstilzchen ist sie durch die Küche gerannt. ‹Mörderin!›, hat sie geschrien, ‹wegen dir sterben Tiere.›» Jetzt schüttelt die Mutter den Kopf, setzt sich aufrecht hin, atmet tief aus: «Also ich kann Ihnen sagen ...»

«Und wie war das Ende?», bin ich neugierig.

«Ich hab sie rausgeschmissen. Und sie ist dann fluchend und heulend weggerannt. Ich wollte hinterher. Völlig hysterisch, wollte sie zur Rede stellen, aber mein Mann hat mich zurückgehalten, in den Arm genommen. Da habe ich nur noch geflennt: ‹Womit habe ich das verdient?›» Sie sieht durch mich hindurch, fixiert einen fernen Punkt: «Wenn man so mitten im Tunnel sitzt, sieht man eben kein Licht mehr!» Sie lächelt: «Klar, wenn ich gewusst hätte, die kriegt sich wieder ein, die wird wieder normal, hätte ich auch gelassener reagieren können. Aber man kann es eben nicht in der Situation.» Nun bekommt ihre Stimme einen weichen Klang: «Heute finde ich sie toll. Wir fetzen uns häufig.» Aber das habe jetzt eine andere Qualität. «Dieses sture Gezicke, diese Rechthaberei, dieses Bis-aufs-Blut-Reizen, das ist weg. Und wenn ich ihr früher sagte, was wohl andere denken würden, wenn sie sich so unmöglich benimmt, meinte sie nur: ‹Puh, ist mir doch egal!› Jetzt», so die Mutter, «ist ihr soziale Anerkennung schon wichtig. Und», so ergänzt sie schmunzelnd, «sie isst wieder Fleisch, Hühnerfleisch!»

Das Alter zwischen sechs und elf stellt sich in moralischer Hinsicht als eine ebenso bedeutsame wie dynamische Etappe dar. Es findet ein wichtiger Perspektivenwechsel statt. Im Kindergarten sind die Kinder auf Autoritäten fixiert: die Eltern, die Erzieherinnen und Erzieher, die Erwachsenen. Diese haben Rechte, weil sie größer, weil sie älter sind. Das Kindergartenkind nimmt die Perspektive der Autoritäten ein, tut, was diese sagen – wenn auch nicht unbedingt folgsam oder einsichtig. Die Kinder reiben sich, ordnen sich aber schließlich unter. Spüren sie freilich eine ungerechte Ausübung von Macht oder fühlen sie sich nicht ernst genommen, kommt es zu entnervenden Machtkämpfen.

Um das sechste Lebensjahr verändert sich allmählich der Blickwinkel der Kinder: Sie begehren gegenüber Autoritäten auf, kritisieren sie, überprüfen, ob Worte und Taten übereinstimmen. Widersprüche werden vehement, schneidend und unbarmherzig, ja manchmal in verletzender Deutlichkeit angemerkt und kritisiert.

Kinder wenden sich vom sechsten, siebten Lebensjahr an verstärkt Gleichaltrigen zu. Sie bauen Beziehungen zu Freunden auf, setzten sich mit ihnen auseinander. Nicht selten sind es die – aus elterlicher Sicht – «schlechten Freunde», die für das moralische Lernen wichtig werden. Das Kind beobachtet, wie weit man gehen, ob und wie man Grenzen überschreiten kann. Vielen Eltern sind solche Freunde nicht geheuer, sie versuchen, ihre Kinder von diesen Altersgenossen fern zu halten, vermuten sie doch einen schädlichen Einfluss.

Doch Kinder übernehmen nicht automatisch das Handeln ihrer gleichaltrigen Vorbilder. Kinder sind wesentlich kritischer, als Eltern meinen. Kinder wägen sorgfältig ab, ob sie die grenzüberschreitenden Aktionen ihrer Freunde in eigene Handlungsmuster übernehmen.

«Schlechte» Freunde sind deshalb so faszinierend, weil sie zeigen, was auch möglich ist. Natürlich probieren Kinder aus, was ihre Freunde so alles tun und nicht lassen. Zweifellos bringt der Kontakt zu Gleichaltrigen manch chaotische Dynamik in die Eltern-Kind-Beziehungen.

«Es ist nichts mehr so, wie es einmal war», erklärt mir ein Vater. «Da geht mein netter Sohn zu Freunden und kommt als Lausbub zurück!»

Tatsächlich finden die Kinder mit einer unnachahmlichen Treffsicherheit die Freunde, die gerade zu ihnen passen, die sie für ihre Entwicklung brauchen, um moralisch zu reifen. Wenn Kinder bisher ausgesprochen höflich waren, dann werden Freunde wichtig, die in jeder Situation die Fäkalsprache, Schweinewörter und Kraftausdrücke gebrauchen, die eben alles «Scheiße» finden, denen «Du blöde Kuh» leicht über die Lippen kommt. Und wenn Kinder in einer Familie groß werden, wo es sehr gesund zugeht, wo selbst das Essen zu einem pädagogischen Programm wird, Mutter und Vater die Dinkelbrötchen freudestrahlend aus jedem Einkaufsbeutel herausholen, dann werden Freunde bedeutsam, die die Milchschnitte als Inbegriff der Esskultur empfinden. Und so manches Kind tauscht sein Ökobrötchen heimlich gegen einen Marsriegel.

Die Zeit zwischen dem sechsten und elften Lebensjahr ist wichtig für die moralische Entwicklung. Hier bildet sich – allmählich, widersprüchlich und nicht unbedingt kontinuierlich – Moral aus: Das Kind denkt über Moral nach, wägt moralisch ab, beginnt sich moralisch zu verhalten, erwirbt Empathie, mithin die Fähigkeit, sich in andere hineinzuversetzen, anderen zu helfen, die Interessen von Mitmenschen zu achten, ein Gefühl von Schuld aufzubauen. Es verinnerlicht – langsam – soziale Normen, ist bemüht, mit gesellschaftlichen Werten übereinzustimmen, ohne angepasst daherzukommen.

Dies ist ein langwieriger Prozess, der sich vom Kindergartenalter bis in die Vorpubertät hineinzieht – gekennzeichnet von Widersprüchen und Brüchen, die Eltern Sorgenfalten auf die Stirn treiben, weil sie sich in ihrer Hilflosigkeit manchmal die Frage stellen: «Wo soll das nur enden?»

In der Grundschulzeit durchlaufen Kinder – Jungen wie Mädchen gleichermaßen – zwei Phasen moralischer Entwicklung, die aufeinander aufbauen. Wohlgemerkt und darauf hat der amerikanische Sozialpsychologe Thomas Lickona ausdrücklich hingewiesen: Man kann moralisch reifen und schleppt trotzdem weiter unreifere moralische Entwicklungsstufen mit sich herum. Anders ausgedrückt: In einem vorpubertierenden Kind sind zugleich moralische Anteile eines Kindergartenkindes enthalten, es kann sich trotzig und aufsässig wie ein fünfjähriges Kind gebärden.

Zunächst gibt es jene vormoralische Phase, die zwischen dem sechsten und siebten Lebensjahr beginnt und sich bis in das achte, neunte Lebensjahr hineinzieht. Diese Entwicklungsphase zeichnet sich durch einige typische Verhaltensweisen aus:

- Es beginnt ein Streben nach Unabhängigkeit, eine Abgrenzung von den Eltern. Das Kind nimmt sich als eigenständige Person wahr, das auf seine Rechte pocht. Bei Konsequenzen, die man bei Regelüberschreitungen ausspricht, reagiert es empfindlich und beleidigt: «Ihr erpresst mich!»
- Kinder sind in dieser Phase heftige Kritiker ihrer Eltern und Lehrer. Sie achten haarklein auf Fehler und halten diese den Eltern vor.
- Kinder sind in dieser Entwicklungsetappe sture Verhandlungspartner. Sie pochen auf Rechte, klagen sie ein und wollen sich nicht mehr kommandieren lassen. Die Beziehungen zwischen Eltern und Kindern haben in dieser Zeit eine quasi geschäftliche Grundlage – nach dem Motto: «Sie sind ja ganz nett, erlauben mir auch mal was. Deshalb bin ich hin und wieder auch nett zu ihnen und tue, was sie sagen.» Das «Eine-Hand-wäscht-die-andere»-Denken nervt viele Eltern, weil es dazu führt, jede Klei-

nigkeit ständig und wieder aufs Neue auszuhandeln. «Und was bekomme ich dafür?» Solch stereotype Frage lässt Erwachsene häufig zornig, ungehalten und ratlos werden. Mit pädagogischen Sachargumenten kommt man in dieser Zeit nur mühsam weiter, erst die Aussicht auf materielle Belohnungen lässt die sechs- bis achtjährigen Kinder einlenken.

- Kinder können in dieser Zeit gemein und grausam sein – nicht nur untereinander, auch gegen Tiere. Es ist eine Zeit häufiger Streitereien. Die Kinder beschimpfen sich wüst, überziehen sich mit Formulierungen, die weit unter der Gürtellinie liegen. Sie beurteilen sich gegenseitig unangemessen, verurteilen sich und zahlen, falls sie Unrecht erlitten haben, mit gleicher Münze zurück. Gefühle scheinen manchmal wie ausgeblendet, weggewischt. In dem Maße, wie der Zugang zu Emotionen, zu sozialen Verhaltensweisen versperrt ist, wächst der Vorrat an Gemeinheiten ins schier Unermessliche.

- Lügen und Klauen sind ebenfalls Teil dieser Entwicklungsphase. Sie sind bewusste Grenzüberschreitungen, um auszutesten, wie weit man gehen kann, nicht Ausdruck eines fehlenden Unrechtsbewusstseins. Allerdings ist es wichtig, diesen Regelverletzungen nicht mit einem verständnisvollen Laisser-faire zu begegnen, sondern auf sie aufmerksam zu machen, damit das Kind merkt, dass mit Lügen und Klauen zwischenmenschliche Beziehungen verletzt werden.

- Hinzu kommen die ständigen Vergleiche, die Eltern auf den Geist gehen – «Der hat mehr als ich!», «Die bekommt mehr als ich!», «Alle anderen dürfen, nur ich nicht!» Solche sich wiederholenden, mit großer Penetranz vorgetragenen Formulierungen lassen viele Eltern unter Druck geraten. Die Vergleiche sind nicht Zeichen dafür, dass andere Kinder mehr bekommen, sie sind vielmehr Hinweis darauf, genau wie andere Kinder behandelt werden zu wollen. In den Auseinandersetzungen mit jüngeren Geschwistern weist das ältere Kind durch die Vergleiche darauf hin, dass es herausgehoben behandelt werden will: «Ich

bin ich. Und ich hab mehr Rechte als mein jüngerer Bruder!»
oder: «Ich bin älter. Und deshalb darf ich mehr als meine jüngere Schwester!»

Kinder in ihrem Bestreben nach Unabhängigkeit zu begleiten,
setzt viel Verständnis voraus. Das fällt Eltern nicht immer leicht,
begegnen ihnen die Heranwachsenden zwischen dem siebten und
zehnten Lebensjahr doch allzu häufig uneinsichtig, schroff, von
einem eher ökonomischen Ansatz geprägt: «Wie du mir, so ich
dir!»

Die Lust am Streit, der Auseinandersetzung, die Bereitschaft,
alles und jedes auszuhandeln, können Kinder jedoch nur auf der
Grundlage einer Eltern-Kind-Beziehung ausleben, die Zumutungen und Belastungen jeder Art aushält. Das Verfolgen eines eigenen Standpunktes, der Kampf um den eigenen Vorteil weist darauf hin, dass das Kind ein neues, anderes Verständnis von Moral
anpeilt: fair zu sein, wenn man selber fair behandelt wird. Etwas
salopper formuliert: «Eine Hand wäscht die andere!» Eltern
kommt hier eine wichtige Aufgabe zu:

- Zuallererst müssen Sie sich ihrer Erziehungsverantwortung bewusst sein. Sie sind nicht Freund ihrer Kinder, sie sind Partner.
  Und dazu gehört es, sich der Tatsache bewusst zu sein, dass man
  sich nicht mit den Kindern auf den gleichen Rang stellen kann.
  Eltern sind Eltern, haben Lebenserfahrungen. Erfahrungsvorsprünge sind wichtig, weil sie dem Kind in Zeiten des Übergangs Halt und Orientierung versprechen. Erfahrungsvorsprünge werden für Kinder nur dann zu einem Problem, wenn
  Vater und Mutter sich als Besserwisser verstehen, wenn Erfahrungsvorsprünge dazu benutzt werden, Kinder zu bevormunden oder sie von Erfahrungen fern zu halten.

- So notwendig es ist, mit Kindern zu diskutieren, Absprachen
  auszuhandeln – Lösungsversuche haben dort ein Ende, wo die
  rechtliche Erziehungsverantwortung berührt ist. Da mag eine
  Elfjährige noch so gern bis zwölf Uhr nachts in die Disco gehen,

um sich zu vergnügen – wenn das Jugendschutzgesetz etwas anderes sagt, haben sich Eltern und Kinder diesem zu unterwerfen. Bei aller Freude der Kinder an Diskussionen, an Versuchen, Dinge für sich auszuhandeln, bei allem elterlichen Verständnis für ihre redegewandten Kinder darf nach einiger Zeit auch einmal der Satz von Vater oder Mutter fallen: «Nun hört mal zu. Jetzt mag ich mich nicht mehr auseinander setzen. Nehmt mal heute hin, was ich gesagt habe! Morgen diskutiere ich mit euch weiter!»

■ Kinder sind übermoralisch, sie haben bestimmte Konzepte von Regeln und Ritualen im Kopf. Nachgiebigkeit in dieser Zeit ist genauso fehl am Platze wie das Bestreben, sich in einen Machtkampf hineinziehen zu lassen – ganz nach dem Motto: «Mal sehen, wer hier Recht hat!» Regeln müssen abgesprochen, besser noch schriftlich als Vertrag fixiert werden. So fühlen Kinder sich ernst genommen, als Vertragspartner akzeptiert. Pflichten (zum Beispiel Mithilfe im Haushalt) gehören genauso dazu wie Rechte. Sollten Verträge nicht eingehalten werden, dann ist mit Kindern über Konsequenzen nachzudenken – dies selbst dann, wenn Kinder so etwas als Erpressungs- und Nötigungsversuch erleben oder für jede Regelverletzung eine Antwort oder Entschuldigung parat haben.

■ Kinder reagieren in dieser Zeit ausgesprochen aggressiv, wenn ihnen nicht der gehörige Respekt entgegengebracht wird. Sie fühlen sich dann, als ob man sie wie «kleine Kinder» behandelt. Respekt – und dies können Kinder sehr wohl erwarten – hat etwas mit Gegenseitigkeit zu tun: «Ich respektiere dich! Doch ich erwarte auch Respekt!» oder: «Ich achte dich! Du achtest mich!» oder: «Ich tue dir etwas Gutes! Du tust mir etwas Gutes!»

■ Kinder überschreiten in dieser Phase gerne Grenzen. Vor allem im Affekt, in Trotzanfällen, die für diese Phase nach wie vor typisch sind, formulieren sie nicht selten Sätze, gebrauchen sie Ausdrücke, die die Grenze des Erträglichen übersteigen. Bei allem Verständnis für verbale Entgleisungen, zu akzeptieren sind sie keineswegs. Deshalb kommt es in solchen Situationen nicht darauf an, darüber nachzudenken, *ob* reagiert wird, es ist vielmehr wichtig, *wie* man darauf eingeht. Anstatt es den Kindern mit gleicher Münze zurückzuzahlen («Wie du mir, so ich dir!»), gilt es, den Kindern die Gefühle mitzuteilen, die sie mit den Beschimpfungen auslösen, ohne dabei in quasi therapeutische Laberei abzugleiten. Weinerlich dahingehauchte Sätze wie «Das macht mich ganz traurig!», «Ich mache so viel und dann sagst du so etwas!» sind ebenso unpassend wie verbale Polterei oder ein ungestümes Wortgetöse. Eigene Gefühle mitzuteilen, heißt bei sich zu bleiben: «Die Beschimpfungen haben mich verletzt!» «Warum?» «Sie haben mich verletzt! Ich achte dich, und ich möchte, dass du mich achtest!»

Ein Kind kann sich die Freiheit nehmen, Grenzen zu überschreiten, weil es nur so erfährt, was richtig und was falsch ist. Aber es muss auch lernen, die Verantwortung für sein Tun zu übernehmen. Nur so wird es in der Lage sein, Normen und Werte aufzubauen und zu verinnerlichen. Anstatt sich mit dem Kind einen Machtkampf zu liefern, sich auf eine vormoralische Stufe zu stellen, ist es wichtig, das Kind mit einer moralisch reiferen Stufe zu konfrontieren, eine Stufe, die etwa in der Mitte der Grundschulzeit anfängt.

Das Kind gibt allmählich seine quasi geschäftsmäßigen Beziehungen zu den Eltern, aber auch zu den Gleichaltrigen auf («Wie sie mir, so ich ihnen!»). Es lernt, sich an anderen zu orientieren, sich in fremde Personen hineinzuversetzen: «Was denken andere wohl von mir, wenn ich das mache?» oder: «Andere erwarten jetzt von mir ein angemessenes Verhalten!» oder: «Anerkannt zu sein, bedeutet, auch an andere zu denken, ihre Gefühle zu respektieren!»

Diese reifere Stufe bildet sich ganz allmählich aus. Kindern ist mit einem Mal die soziale Anerkennung wichtig. Sie erwerben die Fähigkeit, die Perspektive anderer, ja einer ganzen Gruppe einzunehmen. Sie denken darüber nach, was ein Verhalten, eine Handlung bei anderen bewirkt. Manche Schroffheit, mancher Dogmatismus, manche Rechthaberei hört – vorübergehend – auf, um dann in der Vorpubertät nochmals voll durchzuschlagen und ausgelebt zu werden.

In der Mitte der Grundschulzeit erwacht das Gewissen. Dabei muss man allerdings berücksichtigen, dass moralisches Abwägen und Handeln nicht immer übereinstimmen müssen. Hinzu tritt ein weiterer Aspekt: Wenn Kinder moralisch reifer werden, differenzierter urteilen und bewerten können, meint dies nicht, dass damit die Stufe des Aufbegehrens, des ständigen Verhandelns und der Grausamkeiten überwunden ist. Obwohl Kinder wissen, dass man mit anderen so umgehen soll, wie man es selbst erwartet, agieren sie hin und wieder nach dem Grundsatz: «Behandle andere so, wie sie dich behandeln! Wenn sie gemein sind, sei auch gemein!» oder drastischer formuliert: «Schlage zurück, wenn sie dich schlagen!» Und auch das geschäftsmäßige Gebaren in den Eltern-Kind-Beziehungen wirkt fort.

Die Mischung aus moralisch unreifer und reifer Entwicklungsstufe kennzeichnet diese Phase zwischen dem neunten und dem zwölften Lebensjahr. Wenn das Kind aus der Schule kommt und frustriert ist, wenn das Kind sich zurückgewiesen fühlt, Niederlagen erlebt hat, dann fällt es in diesem Zeitraum schnell auf eine unreife Stufe zurück. Das Kind bockt, erweist sich als uneinsichtig, ist in seiner Urteilsfähigkeit blockiert.

In solchen Situationen kann das pädagogische Prinzip der Auszeit sehr produktiv und konstruktiv sein. Wenn man als Vater oder Mutter spürt, dass ein Kind Widerstände zeigt, weil es emotional down ist, man deshalb nicht an das Kind herankommt, hat ein Zweiphasenmodell mehr Erfolg:

- Man geht sich zunächst aus dem Weg (Phase 1), lässt dem Kind die Möglichkeit, negative Emotionen abzubauen, sich zu beruhigen. Das gilt gleichermaßen für die Eltern. Wenn man in Stresssituationen einen Konflikt lösen will, führt das häufig in eine Sackgasse, die von gegenseitigen Schuldvorwürfen gekennzeichnet ist. Am Ende stehen sprachliche Entgleisungen, beleidigtes Schweigen, Hilflosigkeit und nicht selten der Wunsch, sich für erlittene Niederlagen zu rächen.

- Wenn alle Beteiligten zu sich gekommen sind, dann kann man wieder aufeinander zugehen und das aufgetretene Problem, den Konflikt gemeinsam lösen (Phase 2). Kinder müssen dabei das Gefühl haben, von ihren Eltern als Gesprächspartner ernst genommen zu werden, sie müssen spüren, dass Vater und Mutter ihre Ideen und Konzepte bei der Lösung berücksichtigen. Wer einem elfjährigen Kind mit dem Satz kommt: «Wenn du das machst, dann wirst du etwas erleben», darf sich nicht wundern, wenn das Kind in einen Widerstand, in einen Machtkampf eintritt. Kinder wollen alters- und entwicklungsgemäß angesprochen werden, sich respektiert fühlen. Und man kann dabei sehr wohl an ihr moralisches Urteil appellieren. Drohgebärden, Besserwisserei und fehlender Respekt führen dagegen schnell zu Blockaden.

Der elfjährige Simon macht sich ständig über seinen fünfjährigen Bruder Andreas lustig, dem manches Missgeschick passiert, dem in der Diskussion manches Wort fehlt. Andreas weint dann, ist unglücklich, verzweifelt über die Gehässigkeiten seines älteren Bruders, den er doch so gern bewundern möchte. Wenn Simons Eltern Partei für Andreas ergreifen, beruhigt sich die Situation zwar kurzfristig, um sich danach – wenn die Eltern die Szene verlassen haben – erneut hochzuschaukeln. Simon empfindet den elterlichen Eingriff als herabsetzend, als gegen sich gerichtet. Und er rächt sich dafür, macht die Eltern rat- und hilflos.

Nach einem Beratungsgespräch verändern die Eltern ihre Strategie. Wenn sie brüderlichen Streit hören, trennen sie die beiden zunächst einmal und greifen nicht weiter mit Wortgetöse ein. Erst wenn Simon sich beruhigt hat, reden sie mit ihm unter vier Augen. Bei der Trennung achten sie darauf, keine Partei zu ergreifen. Vor allem reden sie mit Simon nicht von oben herab, würde er sich damit vor seinem Bruder bloßgestellt fühlen. Sind sie mit Simon allein, dann sprechen sie sehr ruhig mit ihm: «Simon, erinnere dich mal daran, als du so alt warst wie Andreas. Da hast du auch so geredet, und wir haben keine Witze über dich gemacht!» oder: «Natürlich hört sich das blöd an, was Andreas manchmal sagt. Aber wenn er die Buchstaben verdreht, dann mach dich nicht lustig. Er kann es noch nicht anders! Für ihn ist es richtig, wie er es ausdrückt!» oder: «Andreas kann das noch nicht. Du konntest das auch nicht, als du sechs Jahre warst. Ich habe dir dann geholfen. Und anstatt sich über ihn zu erheben, könntest du ihm vielleicht helfen, weil du sein größerer Bruder bist!»

Man durfte natürlich nicht erwarten, dass sich Simons Verhalten schlagartig ändert. Aber in der Folgezeit konnte man beobachten, dass er zunehmend mehr Rücksicht auf seinen Bruder nahm, ihm mit mehr Respekt begegnete, weil Simon sich von seinen Eltern als der «Ältere» angesprochen und ernst genommen fühlte.

Eine andere Situation: Patrick, zehn Jahre, hatte seinen Eltern versprochen, den Fernsehapparat auszuschalten, wenn die Fußballübertragung vorbei war. Und Patrick hatte hoch und heilig gesagt: «Ich mach das. Ihr könnt euch auf mich verlassen!» Die Eltern befanden sich außer Haus, nahmen eine Einladung wahr. Als sie gegen Mitternacht in das Wohnzimmer kamen, saß Patrick vor dem Gerät und schaute sich einen «Gruselkrimi», so die Eltern, an. Patricks Vater geriet außer sich: «Du siehst vier Wochen nicht fern! Schluss! Aus! Vorbei! Keine Diskussion!» Die Mutter ignorierte den Ausbruch ihres Mannes, schickte Patrick mit ruhigen Worten in sein Zimmer. «So ein Blödsinn», kritisierte sie ihren Mann, als Patrick außer Hörweite war. «Wer soll denn das kontrollieren, was du gerade gesagt hast?» Sie warf ihm giftige Blicke zu: «Doch ich! Du bist ja nicht da!» Und dann fügte sie mit fester Stimme hinzu: «Das nimmst du morgen zurück!»

Die Eltern sagten ihrem Sohn noch «Gute Nacht!», ein Ritual, das Patrick in einer Mischung aus Distanz («Lasst mich!») und

Nähe («Nächstes Mal mach ich den Fernseher aus!») über sich ergehen ließ.

Der nächste Tag: Patricks Vater nahm seine Androhung zurück: «Patrick, ich war außer mir! Da hab ich Blödsinn gesagt! Aber ich war sauer, weil du unser Vertrauen missbraucht hast!» Dann sieht er seinen Sohn ganz ernst an: «Morgen Abend sind wir nicht zu Hause. Ich gehe davon aus, dass du spätestens um neun Uhr den Fernseher ausmachst. Kann ich mich darauf verlassen?» Patrick nickt. «Versprochen! Ehrenwort!» Als die Eltern am anderen Abend nach Hause kamen, fanden sie einen Zettel vor: «Fernseher um acht Uhr ausgemacht! Scheißsendung! Gute Nacht!»

An diesen beiden Situationen lassen sich die Phasen von Konfliktgesprächen aufzeigen, die man mit älteren Grundschulkindern führen kann. Gespräche, die ihnen zeigen, dass man sie ernst nimmt:

- Die Lage bzw. der Sachverhalt wird geklärt. Dazu zählt der Verzicht auf Vorwürfe, dazu gehört eine genaue Beschreibung. Eine Einigung kann nicht gegen das Kind erfolgen, vielmehr sollte man das Kind um Mithilfe bei der Lösung bitten. Häufig gelingt dann eine Absprache. Dem Kind muss freilich klar sein, dass die Eltern an der eingeschlagenen Linie festhalten.

- Kommt man erneut zusammen, dann ist die elterliche Position mit Klarheit zu wiederholen. Dabei sollten Sie sich nicht auf Provokationen einlassen, auf Nachfragen nur kurz eingehen. Notfalls hilft eine kurze Auszeit – mit der Auflage, dass alle Beteiligten sich um eine Lösung bemühen.

- Halten sich Kinder nicht an gemeinsame Absprachen, sollten Konsequenzen erfolgen, die allen Beteiligten vorher klar sein müssen. Bedenken Sie: Konsequenzen sind einzuhalten! Inkonsequenz bedeutet aus der Sicht der Heranwachsenden, sich auf Eltern nicht verlassen zu können.

- Bei Konfliktlösungen kann man auch von Kindern lernen! Deren Kompetenzen sind ernst zu nehmen. Tun Sie ihre Ideen, ihr Handeln nicht vorschnell als minderwertig oder zweitrangig ab.

Sarah Bertram hatte Stress mit ihrem zwölfjährigen Lars. Das Thema waren die Hausaufgaben, die jedes Mittagessen zur Hölle machten.

«Ich frage ganz friedlich nach der Schule, den Hausaufgaben. Dann geht das Theater schon los. Er mault über das Essen, provoziert, wo er nur kann. Es ist, ehrlich gesagt, zum Kotzen.» Lars bestätigt dies: ‹Ich komme nach Hause. Und schon die erste Frage: ‹Was habt ihr auf?› Und wenn ich dann was antworte, stellt sie schon fest: ‹Na, nicht so viel. Dann kannst du ja gleich nach dem Mittagessen die Aufgaben machen.› Und wenn ich dann dieses freundliche Gesicht von meiner Mutter sehe. Aber es ist ja nicht freundlich. Wenn ich nicht mache, was sie will, jault sie rum oder ist beleidigt!»

Ich unterhalte mich allein mit Lars.

«Was, glaubst du, wäre anders», frage ich, «wenn du nach Hause kommst und es ist ein Wunder geschehen. Deine Mutter ist verzaubert. Woran würdest du das merken?»

«Daran, dass sie freundlich lächelt, mich in den Arm nimmt und von sich erzählt», meint Lars.

«Und woran würde deine Mutter bemerken, dass sich bei dir etwas verändert hat?», will ich wissen.

«Ich lass mich in den Arm nehmen und meckere nicht über das Essen!»

Als ich der Mutter diese Wunderfrage stelle, die auf den Therapeuten Steve de Shazer zurückgeht, meint sie: «Lars brüllt nicht: ‹Mistessen!› oder so etwas, wenn er die Haustür öffnet, oder: ‹Hier riecht es wieder so ekelig!›»

«Und woran bemerkt er die Veränderung?» Sie überlegt. Dann: «Ich frage nicht sofort nach der Schule!»

Ich vereinbare mit beiden, am nächsten Tag so zu tun, als sei ein Wundertag. Als Lars nach der Schule die Haustür öffnet, findet er die Mutter nicht, die ansonsten im Flur steht und wartet, um Fragen loszuwerden. Sie sitzt im Wohnzimmer, liest, blickt von der Zeitung auf und sagt: «Na, schön, dass du da bist!»

Lars sagt: «Scheiß-Hausaufgaben! Was gibt's zu essen?»
«Spaghetti!»
«Deshalb riecht es so gut!»

6. Aggression und Ängste

Was ich schon bei der moralisch-sozialen Entwicklung angemerkt
habe, gilt auch hier: Obgleich Kinder ihre Gefühle bewusster
wahrnehmen, sind sie ihren Emotionen nicht selten ausgeliefert.
Gleichwohl existieren nicht viele Untersuchungen über die Bedeutung von Angst und Aggressionen im Grundschulalter. Dabei
bringt die Umstellung von einer egozentrischen Auffassung von
Welt hin zu einer objektiveren Anschauung von Wirklichkeit nicht
nur bedeutsame Veränderungen für das Kind mit sich, der Übergang von einer magisch-phantastischen, prälogischen zu einer
objektiv-realistischen Betrachtung der Realität hat zugleich auch
gefühlsmäßige Herausforderungen, Verunsicherungen und Stim-
mungsschwankungen zur Folge.

Empfand das Kind den Tod im vierten oder fünften Lebensjahr
noch nicht als endgültig, sondern als einen umkehrbaren Zustand,
als einen Schlaf, aus dem man erwacht, so wird er vom siebten
oder achten Lebensjahr an als Schlusspunkt, Abschied, als Ende
von allem, als unumstößlich gedeutet.

Die Selbstbetroffenheit in diesem Entwicklungsabschnitt
nimmt zu. Kinder beziehen alles auf sich und ihre Nahwelt. Das
Nachdenken über Tod und Geburt, über «Wohin gehe ich?» und
«Woher komme ich?», über den Lebenssinn fängt allmählich an.
Viele Kinder nimmt das emotional mit, lässt sie in sich gekehrt,
melancholisch werden.

Wieder andere Kinder gehen – im wahrsten Sinne des Wortes –
aus sich heraus, leben ihre Gefühle, ihre Wut, ihren Zorn, ihren un-
bändigen Bewegungsdrang aus. Dem Kindergartenalter entron-

nen, fühlen sie sich stark genug, es mit der ganzen Welt aufzunehmen.

Grenzen sind nicht dazu da, dass man sie respektiert, Grenzen bestehen, um an ihnen zu rütteln, sie in Frage zu stellen, zu überwinden. Kinder wissen in diesem Alter mehr denn je: Hinter einer verordneten Grenze ist nicht das Nichts, jenseits der Grenze befindet sich das Land der verbotenen Früchte, von denen es sich lohnt zu naschen.

Aber Grenzen zeigen auch an, was ein Kind schon kann – und das Land jenseits davon, was es noch nicht kann, aber einst können möchte.

Hinter Grenzverletzungen und Regelüberschreitungen stecken immer auch konstruktive Momente, die aber nicht sofort sichtbar werden. Die Fanfare des Aufbruchs wird häufig überhört. Das Kind will weg vom Erreichten, sucht sich neue, unbekannte Horizonte. Dazu muss es sich aus vertrauten Zusammenhängen lösen, sich aus den Armen der Eltern befreien. Und je mehr diese (fest)halten, nicht loslassen (können), umso größerer Kraftanstrengung bedarf es. Das Kind wendet nicht vermutete Energien auf, es erscheint aus elterlicher Sicht brutal, zerstörerisch, aggressiv, undankbar.

Aber wie schon in den Etappen zuvor gibt es keine Entwicklung ohne Aggressionen. Wer Aggressionen generell stilllegt, legt die Entwicklung des Kindes still. Aggression – aus dem Lateinischen: ag-gredi, das meint: etwas Neues beginnen, auf jemanden zugehen. Und Aggressionen sind beim Übergang vom Kindergarten in die Schule mehr als notwendig. Die Eltern wünschen sich autonome, selbsttätige und selbstbewusste Kinder, die sich der Aufgabe des Übergangs stellen. Aber es gibt keine Entwicklung, ohne dass sie eine Kehrseite hat. Kinder bleiben nicht zwei Meter vor einer Grenze stehen und rufen: «Oh, eine Grenze!» Sie besetzen die Grenze, rütteln an ihr, gehen ins Land jenseits der Markierungen. Wenn Kinder neue Wirklichkeiten entdecken, dann schießen sie über das Ziel hinaus. Wenn sie sich unbekannte Räume erobern, hat das meist zur Folge, dass sie mit der gewonnenen Freiheit noch nichts anzufangen wissen.

Kinder in diesem Alter zu begleiten bedeutet aber auch, ihnen dabei zu helfen, dass sie allmählich lernen, ihre Aggressionen zu zivilisieren und zu kultivieren. Dies ist das Gegenteil von zwei vorherrschenden pädagogischen Handlungsmustern im Umgang mit kindlichen Aggressionen. Das eine versucht, Kindern Aggressionen jedweder Art auszutreiben, verurteilt alle aggressiven Aktivitäten, propagiert eine aufgesetzt daherkommende Friedenserziehung, die Grundschulkinder nicht selten komplett überfordert. Das andere Handlungsmuster unterstützt Kinder darin, Aggressionen um jeden Preis auszuleben. Aber wer das ohne Regeln und Rituale tut, fördert Chaos und Anarchie.

Mehr denn je kommt es darauf an, den Kindern einen Unterschied von konstruktiven und zerstörerischen Aggressionen lebens- und alltagspraktisch zu vermitteln, konstruktive Aggressionen – in Form von Sport, körperlicher Bewegung, von Kunst, Musik, aber auch einem stillen Zu-sich-Kommen zu fördern, zerstörerische dagegen durch Rituale zu bannen, um so destruktive Energien zu neutralisieren.

Tabuisierung ist dabei keine Lösung. Wer das Thema «Aggression» im pädagogischen Prozess ausblendet, der lässt Kinder allein. Wer nicht auch ihre aggressiven Persönlichkeitsanteile ernst und annimmt, trägt mit dazu bei, dass Kinder sich nicht bewusst werden, zu welchen Handlungen sie fähig sein können. Immer haben dann andere die Schuld, sind es die anderen gewesen, die angefangen haben. Nur die anderen sind böse! Wer auf dieser moralischen Stufe verharrt, der schlägt zurück, wenn er geschlagen wird. Aufgabe von Erziehung muss es vielmehr sein, mit dem Zurückschlagen aufzuhören, weil ansonsten die zerstörerischen Beziehungsmuster niemals aufhören. Solche Überlegung überfordert freilich ein vierjähriges Kind, aber einem Zehnjährigen kann gezeigt werden, dass solche Lebenshaltung möglich ist. Doch dazu muss sich das Kind seiner zerstörerischen Kräfte bewusst sein, dazu muss es sicher sein, dass es sich auch in seinen «bösen» Anteilen angenommen fühlt. Dies gelingt nicht in der Theorie, dies erfahren Kinder nur in alltagspraktischen Bezügen.

Eine Szene in einer Kindertagesstätte. Pit, Erik, Jannis und Lukas, alle etwas mehr als sechs Jahre, spielen «Wild-West»: Zwei sind Cowboys, die «Bösen»; zwei geben die Sheriffs ab, sie stellen die «Guten» dar. Häufig wechseln sie ihre Rollen. Alle haben Gewehre bzw. Pistolen in der Hand, die sie sich aus Zweigen gebastelt haben. Sie jagen sich, rennen hintereinander her, stören dabei aber keineswegs andere Kinder, die keine Lust auf ihr Spiel haben. Als Monika, die Erzieherin, das Spiel der Jungen sieht, holt sie sie zu sich, die schnaufend, nach Luft japsend vor ihr stehen. Sie schaut sie streng an: «Wir wollen doch hier nicht schießen. Das wisst ihr!»

Pit: «Wir schießen doch nicht richtig. Wir spielen nur!»

«So etwas spielt man nicht», erwidert Monika unerbittlich.

«Warum nicht?», will Jannis wissen.

«Weil überall auf der Welt wirklich geschossen wird und Kinder wie ihr dabei sterben», beharrt Monika.

«Aber Pit und Jannis und Lukas sterben doch nicht. Die fallen hin und stehen wieder auf!» Erik lässt sich einfach nicht überzeugen.

Monika schüttelt unnachgiebig ihre blonde Mähne: «Wenn ich das noch einmal sehe, dann geht ihr rein. Dann spielt ihr hier draußen nicht mehr. Wir haben so viel schönes Spielzeug, und ihr macht dummes Zeug. Ich verstehe euch nicht!»

Die vier rennen mit ihren Stockpistolen und -gewehren fort. Als sie aus Monikas Blickfeld sind, tuscheln sie miteinander. Sie sprechen sich ganz offensichtlich ab, nur noch leise zu schießen, sodass Monika nichts hören kann. Aber schon nach kurzer Zeit haben sie ihr Vorhaben im Eifer des Gefechts vergessen. «Bum!», «Halt oder ich schieße!», «Getroffen!» – solche markigen Ausrufe hallen über das Freigelände des Hortes. Als Monika dies wahrnimmt, rennt sie wutentbrannt zu den vier Jungen: «Her mit den Waffen! Sofort! Und ab nach drinnen! Erst die Hausaufgaben, und dann könnt ihr meinetwegen noch spielen!» Alle vier lassen sich widerspruchslos entwaffnen. Sie gehen in den Gruppenraum, setzen sich an den Tisch, holen ihre Hefte heraus.

«So, und nachher noch die Schreibübungen. Ihr habt mir vorhin versprochen, die noch zu machen!», erinnert Monika die Kinder. Sie lässt sie allein, und sie fangen ohne zu murren und bereitwillig an, Monikas Auftrag auszuführen. Nach einigen Minuten nimmt Erik seinen Stift, hält ihn auf Pit gerichtet: «Bum!», und dann lauter «Bum! Bum! Bum!», schallt es zurück, und in kürzester Zeit ist eine lautstarke Schießerei mit Bleistiften und Kugelschreibern im Gange.

Als Monika fuchsteufelswild in den Raum stürzt, stocken die Kinder, beugen sich über die Hefte, um mit den Übungen fortzufahren.

«Waffen her!», ruft Monika laut aus.

«Monika, das sind keine Waffen, das sind Bleistifte!», entgegnet Jannis mit entwaffnendem Lächeln.

«Spinn jetzt nicht rum!»

Monika ist hochgradig erregt: «Los, die Waffen her!»

«Monika, wenn du die Stifte nimmst, können wir die Hausaufgaben nicht machen. Was willst du nun?»

Sie stampft mit dem Fuß auf, und mit den Worten «Das hat noch ein Nachspiel!» verlässt sie den Raum. Die Jungen stehen auf, klatschen sich mit den Händen ab, lachen. Dann setzten sie sich und gehen ernsthaft an ihre Aufgaben.

Verbote sind Ausdruck von Hilflosigkeit. Hinter der Faszination, die Gewaltsymbole – vor allem auf Jungen – ausüben, steckt der Wunsch nach Loslösung und Abgrenzung. In der Erziehung kann es nicht um die Verdrängung aggressiver Kräfte gehen, sondern darum, sie zu kontrollieren. Tabuisierung schafft Aggressionen ebenso wenig aus der Welt wie eine pädagogische Aggression, die zu Friedfertigkeit zwingen will.

Natürlich darf man Aggressionen nicht dem Selbstlauf überlassen, sondern muss sie durch Regeln zivilisieren, damit sie keine menschenverachtenden Dimensionen annehmen können.

Wer seine – noch so gut gemeinten – Ziele, so der Psychoanalytiker Wolfgang Schmidbauer, allerdings über die des Kindes stellt, bringt diesem bei, dass Hierarchie und Macht eingesetzt werden dürfen, um seine Ziele durchzudrücken. Sinn des Lebens ist dann nicht das Ausleben von inneren Gefühlen und Wünschen, die der kindlichen Entwicklung entsprechen, sondern – so nochmals Schmidbauer – «dieses Innere zu unterdrücken und die Erwartung auf äußere Anerkennung an seine Stelle zu setzen».

Doch viele Kinder wehren sich dagegen. Sie treten in einen Machtkampf ein, an dessen Ende Rache und Vergeltungswünsche gegenüber den Erwachsenen stehen.

Kinder werden immer brutaler, gewalttätiger, unsensibler – so lautet der Tenor vieler Schlagzeilen. Da ist von sinkenden Hemmschwellen, von einer steigenden Bereitschaft zu Gewalt, von Randale als «letztem Kick» die Rede. Nun gilt es sehr wohl, offenkundiger Gewalt zu begegnen, menschenverachtende Zerstörung einzudämmen. Ignorieren oder folgenloses Laisser-faire führen nicht weiter, werden von Kindern als Aufforderung missverstanden, weiterzumachen. So notwendig es mithin ist, der zerstörerischen Aggression Einhalt zu gebieten, so wichtig ist es zugleich, der «stillen» Seite der Aggression mehr Aufmerksamkeit zu schenken, weil man sie allzu leicht übersieht.

Ein Kind kann sich ohne Halt, ohne Bindung nicht entwickeln. Es braucht Zuwendung, Orientierung, Annahme. Bekommen Kinder diese nicht, dann versuchen sie, diese Aufmerksamkeit zu erzwingen. Es ist wichtig, nicht nur jene Kinder zu beachten, die durch lärmendes Getöse auf sich hinweisen, sondern auch ein Gespür für jene zu entwickeln, die ungewöhnliche Wege einschlagen, um ins Rampenlicht zu geraten. Die einen benehmen sich «tollpatschig», andere brüten Krankheiten aus, für die keine objektiven medizinischen Gründe zu finden sind.

Jessica, neun Jahre, hat schon viele kleine Operationen hinter sich. Für ihr Alter wirkt sie sehr zerbrechlich. Ihr Körper ist schmal, ihre Augen flackern unsicher, wenn man mit ihr spricht. Es scheint, als fühle sich Jessica am wohlsten, wenn man sie allein lässt. Sie kann sich hervorragend ausdrücken, ist hellwach, durchschaut selbst komplexe Situationen blitzschnell. Es ist, als habe sie viele Antennen, mit denen sie die Reize ihrer Umwelt aufnimmt. Die erste Operation hatte sie mit fünf Jahren. Ihr wurden nach ständigen Mittelohrentzündungen neue Paukenröhrchen eingesetzt. Die Operation wiederholte man noch zweimal. Als die Ohren «endlich», so die Mutter, «frei waren, begann das Theater mit der Nase. Auch die war ständig voll Rotz. Sie röchelte, konnte schlecht atmen, schnarchte nachts laut. Aber wir brauchten wenigstens nicht operieren zu lassen. Mit sieben kamen die Mandeln raus, die ständig entzündet waren.» Sie blickt mich unsicher an: «Aber nun ist sie alle naselang krank, mal hat sie Schnupfen, dann Fieber. Wenn irgendetwas bevorsteht, dann ist mit Jessica etwas. Darauf kann man sich wirklich verlassen!»

Jessica ist auf Veranlassung eines Arztes in die Beratung gekommen, weil er sich um ihre Anfälligkeit sorgte. Bei dem Gespräch stellte sich bald heraus, dass Jessica unter den hohen Erwartungen ihrer Eltern litt. Sie hatte noch zwei Brüder, die «nur» die Realschule besuchten – sehr zur Enttäuschung von Mutter wie Vater, die sich «einfach mehr erwartet hatten».

«Aber Jessica, die muss es jetzt schaffen. Die hat's doch vom Kopf her drauf», wie der Vater meint, «die kann es doch, wenn sie nur nicht immer krank wäre. Nun versäumt sie so viel. Und wir müssen das zu Hause nachholen. Natürlich hat sie dann kaum noch Freizeit. Aber was soll man anderes machen?»

Jessica wurde vor den Klassenarbeiten regelmäßig krank, eben genau dann, wenn die von den Eltern formulierten Anforderungen besonders groß waren. Es schien fast, als versagte Jessicas Körper seine Dienste, als rebellierte er gegen den ständigen Druck, der auf ihm lastete. Als verordnete er sich durch die Operationen und Krankheiten eine Ruhepause.

Für ein Kind wie Jessica ist es besonders wichtig, den elterlichen Erwartungsdruck zu mildern und durch eine dem Alter und dem Entwicklungsstand angemessene Zielperspektive zu ersetzen. Es geht darum, Jessica im Hier und Jetzt anzunehmen, sie nicht mehr durch eine Zukunftsbrille («Du musst das Gymnasium schaffen!») zu sehen.

Selbstbewusstsein drückt sich im Schulalter – ich hatte darauf hingewiesen – durch ein Körperbewusstsein aus. Nur wenn ein Körper gesund ist, wenn man auf ihn achtet und ihn pflegt, kann sich eine seelische und emotionale Entwicklung vollziehen.

Stimmt die Balance von innen und außen, von Psyche und Physis nicht, können sich Krisen in Form von Krankheiten zeigen. Jessicas Geschichte beweist das: Hohe Erwartungen lasteten auf ihr, sie wurde nur einseitig gefordert und damit überfordert. Ihr Körper revoltierte. Man erkannte diese Zeichen nicht und kurierte an den Symptomen, ohne den Ursachen nachzugehen. Nachdem Jessica körperbetonte sportliche Aktivitäten aufnahm, stellte sich eine Balance ein. Parallel zu einem steigenden Selbstbewusstsein bildete sich auch ein positives Körperbewusstsein aus.

«Ich beobachte», so erklärt mir Sonja Schneider, Grundschullehrerin, «eine wirklich wachsende Brutalität. Kinder, insbesondere Jungen, haben vor nichts mehr Respekt. Die hauen einfach drauflos. Das macht mir Angst, wenn ich so etwas sehe.»

Ihm ergehe es ähnlich, fährt Thomas Müller, Trainer in einem Fußballverein, fort, «wie die sich im Spiel beharken, auf die Knochen des Gegners gehen». Das sei manchmal kein Kampf mehr, das grenze an Vernichtung. «Und wie die Zehnjährigen schon den

Schiedsrichter angreifen, das hat's bei uns nicht gegeben. Wir waren wirklich keine Chorknaben, aber vor dem Schiedsrichter, da haben wir gekuscht.» Klar wäre auch Angst dabei gewesen, aber eben auch eine gehörige Portion Respekt, die Regeln einzuhalten. «Wo kommen wir denn sonst hin?» Er schüttelt seinen Kopf und gibt sich selber die Antwort: «In die menschliche Barbarei!»

«Da haben Sie mir das Stichwort gegeben», greift Ronald Mattusek in das Gespräch ein. «Ich beobachte im Schulalltag eine richtige Verrohung der Sitten. Die gibt es, da führt kein Weg dran vorbei. Natürlich gab's bei uns auch mal was auf die Nase. Zweimal war mein Nasenbein gebrochen, aber das passierte im Eifer des Geschehens. Der das gemacht hat, hat sich sofort entschuldigt. Dem tat das wirklich Leid!» Sorgenfalten treten auf die Stirn: «Heute schlagen sie blind auf einen, der am Boden liegt. Wenn ich neulich nicht eingeschritten wäre, ich weiß nicht, wie das geendet hätte. Da kauerte einer auf dem Schulhof, hatte ganz offensichtlich keine Kraft mehr, war fertig, und zwei Burschen schlagen und treten weiter auf ihn ein. Unmöglich! Einfach unfassbar!»

Sind die Kinder heute tatsächlich brutaler, wollen sie jemandem bewusster Schaden zufügen? Solche Fragestellungen gehen am Kern der Sache vorbei. Es wäre besser, sich mit den Gründen zu beschäftigen, die es Kindern so schwer machen, Regeln beim Umgang mit Aggressionen zu akzeptieren.

Hier soll kein Idyll konstruiert werden nach dem Motto: «Es war früher alles besser!» Doch unbestritten ist: Die festgelegten Regeln und Rituale gaben den Auseinandersetzungen Halt. Man verletzte sich nicht vorsätzlich, man trat und schlug auf einen wehrlos am Boden Liegenden nicht ein. Es ist also häufig nicht so sehr Ausdruck des «bösen» Willens als vielmehr eine Frage der Kompetenz, wie man seinen Körper angemessen gebraucht.

Wenn Kinder sich in ihren Aggressionen verlieren, Regeln nicht mehr einhalten, so hat das auch damit zu tun, dass sie solche Regeln überhaupt nicht kennen gelernt haben. Und dies berührt die

Frage, wie man mit Aggressionen im pädagogischen Handeln umgeht. Man bewertet Aggressionen generell negativ und verdrängt sie komplett aus dem Alltag. Dadurch entwickeln die Kinder kein Gefühl für Aggressionen. In der Erziehung muss es aber darum gehen, die brutale, Gewalt verherrlichende Seite der Aggression beherrschen zu lernen. Es geht um eine Kultivierung von Aggression.

Hierfür ist die Einübung von allgemein verbindlichen Ritualen und Regeln notwendig. Lebt man diese den Kindern nicht vor, haben sie keine Möglichkeit, sie als nachvollziehbares und praktizierbares Modell zu verinnerlichen. Wer Heranwachsende mit ihren aggressiven Persönlichkeitsanteilen allein lässt, liefert sie einer chaotischen, den anderen Menschen in seiner Würde nicht achtenden Aggression aus. Dieses Ausgeliefertsein endet – wie in vielen zerstörerischen Handlungen von Heranwachsenden gegenwärtig sichtbar – in einem blindwütigen Ausleben von Aggressionen, das von Inhumanität geprägt ist.

Aggressionsrituale sind wichtig, zum Beispiel in Form von Rangel- und Kampfzeiten, «Kissen- bzw. Polsterschlachten». Kinder müssen ausgiebig toben, ihre Körperkräfte erproben. Nur in wenigen Familien wird das praktiziert, obwohl Kinder diese Form des Körpererlebnisses lieben. Insbesondere Mütter lehnen entsprechende Aktivitäten mit dem Argument ab, ihre Kinder würden dadurch «erst recht aggressiv» bzw. dazu angeleitet, im späteren Leben unsozial und destruktiv zu handeln. Dieses Missverständnis beruht auf einer einseitigen Sicht von Aggression: Sie ist im ursprünglichen Sinn des Wortes eine Kraft, stellt eine Energie dar, die durch Verleugnung und Verdrängung nicht aus der Entwicklung, dem Leben und dem Alltag von Kindern auszugrenzen ist. Je mehr man zur Angst vor Aggression erzieht oder Aggression mit Verbot und Ausgrenzung belegt, desto weniger beherrschen Kinder ihre eigenen aggressiven Energien.

Gefordert ist deshalb eine Aggressionserziehung, die nicht gleichgültig gewähren lässt, sondern die Respekt und Achtung vor der körperlichen Unversehrtheit anderer Menschen beinhaltet. Das lässt sich lebenszeitlich schon früh einüben.

Aggressionserziehung bedeutet, nach altersgerechten Lösungen von Konflikten zu suchen. Je jünger Kinder allerdings sind – etwa bis zum Beginn des Grundschulalters –, desto stärker werden Reibungen und Meinungsverschiedenheiten auch körperlich ausgetragen. Mit sprachlichen Argumenten sind Kinder in dieser Altersstufe noch überfordert. Dies bedeutet nicht, auf Normen und Werte einer höheren moralischen Stufe in der Erziehung zu verzichten. Ganz im Gegenteil: Kinder sind zu begleiten, wenn es um angemessene Konfliktlösungen geht – dies aber weniger mittels unendlich «guter» Worte als vielmehr durch das Handeln von Erwachsenen.

Viele Kinder verlernen jedoch, körperliche Handlungen in ihren positiven wie negativen Wirkungen einzuschätzen. Wenn Kinder nicht durch Tun erfahren, dass zum Beispiel Streicheln andere Empfindungsqualitäten nach sich zieht als kräftiges Zupacken, dann sind sie nicht in der Lage, Muskelkraft situationsangemessen zu gebrauchen: Sie *wollen* angemessenen körperlichen Kontakt aufnehmen, *können* aber nicht – so wird aus dem beabsichtigten zärtlichen Knuff ein schmerzhafter Schlag.

Solche Defizite sind zu beheben:

■ Durch die Einführung körperbetonter Rituale im Alltag, durch Spiele und Aktivitäten, die körperliche Empfindungen in den Mittelpunkt stellen. Kinder müssen sinnlich erfahren, wie Massagen mit unterschiedlichen Materialien sich anfühlen, wie sich Streicheln vom festen Griff unterscheidet. Hilfreich sind Toben und Rangeln, Spielen in Matsch und Wasser, spezifische Sinnesaktivitäten, die Gefühle stimulieren.

■ Durch die Einführung von Räumen und Zeiten, in denen Kinder körperliche Bedürfnisse ritualisiert ausleben dürfen.

In einer Grundschule waren die Pausenaktivitäten der sechs- bis elfjährigen Kinder durch zerstörerische Aggression gekennzeichnet. Verletzungen und Sachbeschädigungen waren regelmäßig die Folge. Selbst mit dem Einsatz von mehr Aufsichtspersonal konnte man auffällige Gewalttätigkeiten nicht stoppen. Als schließlich jegliches Toben und Herumlaufen durch eine Schulordnung untersagt wurde, verlagerten sich die destruktiven Aggressionen auf Sachen. Fensterscheiben gingen zu Bruch, Klassenräume wurden demoliert. Auf dem Schulweg lebten die Kinder ungehindert, ungestüm und chaotisch das aus, was man ihnen in der Schule verwehrte, und es kam zu allerlei üblen Vorfällen.

Die Schulleitung richtete im Rahmen eines Projekts eine «Raufzone» auf dem Schulhof ein. Die Reaktionen des Kollegiums wie der Eltern waren zunächst negativ: Man befürchtete eine weitere Eskalation der Gewalt, man kritisierte den Begriff «Raufzone» als Gewaltverherrlichung. Die Schülerinnen und Schüler fühlten sich dagegen angesprochen, als man sie um Mithilfe bei der Umsetzung der Idee bat. Man einigte sich mit allen Beteiligten zunächst für ein halbes Jahr darauf, auf dem Schulhof zwei abgegrenzte Räume, so genannte «Raufzonen», einzurichten. Hier durfte gerangelt, hier durfte gekämpft werden. Vorgesehen dafür waren die Rasenecken des Schulhofes, um die Verletzungsgefahr so gering wie möglich zu halten. Die Zonen waren durch Markierungen vom übrigen Gelände abgetrennt.

Mit der Einrichtung der «Raufzonen» wurden entsprechende Aktivitäten auf dem übrigen Schulgelände untersagt. In den «Raufzonen» galten feste Regeln: Es durfte kein Kind gezwungen werden, diesen Raum zu betreten. Die Teilnahme an den Rangeleien war freiwillig. Das Anfassen des Kopfes, Treten, Beißen, Spucken waren ebenso untersagt wie der Versuch, ein anderes Kind vorsätzlich zu schädigen. Zudem führte man ein «Codewort» ein. Auf Zuruf dieses Wortes durch die Aufsicht kamen alle Aktivitäten innerhalb der «Raufzone» zum Stillstand. Mit diesem Wort konnten alle Kinder, die mit der Rangelei aufhörten wollten, das Ende des Spiels signalisieren.

Über das «Codewort» war es möglich, den Kampfverlauf zu

steuern bzw. zu ritualisieren. Verloren Kinder die Kontrolle, weil sie im Eifer der Rangelei Regeln vergaßen, war es mit dem «Codewort» möglich, sie an die getroffenen Abmachungen zu erinnern. Nach anfänglichen Schwierigkeiten spielten sich die vereinbarten Regeln schnell ein.

Dies galt insbesondere für jene Kinder, die man als die größten Rabauken kannte. Sie tobten sich in der Pause aus, gingen völlig aus sich heraus. Die körperbetonten Aktivitäten hatten positive Auswirkungen auf das Unterrichtsgeschehen. Störungen, die sich aus angestauten körperlichen Spannungen ergaben, ließen erheblich nach. Der Wechsel aus intellektueller Anspannung während des Unterrichts und körperbetonter Entspannung in der Pause wirkte sich positiv auf das Lehrer-Schüler-Verhältnis aus. Die zerstörerischen Aggressionen minimierten sich.

«Raufzonen» sind gewiss kein Patentrezept. Doch sie sind ein Dietrich, um sich zerstörerischen Aggressionen nicht hilflos auszusetzen. Sie geben Handlungsfähigkeit zurück. Aggressionen fordern heraus – doch man sollte diese Herausforderung mit Phantasie und Kreativität annehmen.

Thomas ist nun bald sechseinhalb. Er ist ein introvertiertes, sehr zurückgenommenes Kind. «Der hat vor jedem Neuen richtige Angst», erzählt seine Mutter. Das sei schon so gewesen, als er in den Kindergarten kam. «Er war zögerlich, wollte häufig nicht hin. Aber als er sich dann an die Kinder, die Erzieherinnen, an die ganzen Situationen und Abläufe gewöhnt hatte, da lief es besser. Er marschierte voller Zutrauen dorthin. Und jetzt geht er in die Schule, nun fängt das ganze Theater wieder von vorne an.»

Und tatsächlich: Thomas wirkt zurückhaltend, spricht mit leiser Stimme, beteiligt sich nur zögerlich am Unterricht. Den Lehrerinnen begegnet er mit großer Distanz. Ja, manchmal wäre es ihm am liebsten, die Mutter säße den ganzen Vormittag vor dem Klassenraum. «Aber das kommt nicht in Frage», erklärt die Mutter bestimmt. Stattdessen nimmt sich Thomas sein Kuscheltier namens Carlo mit, hat es ganz unten in den Rucksack gestopft. Die Lehrerin beobachtet, wie er in den Pausen seinen Rucksack öffnet und hineinschaut, um sich zu vergewissern, dass Carlo «noch da ist, um ihn zu beschützen».

«Der reagiert wirklich empfindlich auf jede noch so kleine Veränderung», erläutert die Mutter. «Da haben wir neulich sein Bett umgestellt. Er konnte nicht einschlafen. Jetzt hat sein Trainer im Judo-Club gewechselt, und prompt will er da nicht mehr hin. Der neue ist ihm zu grob.» Aber das habe er über den «alten» auch mal gesagt.

Thomas' Vater kann mit dem zögerlichen Verhalten seines Sohnes überhaupt nicht umgehen. Der schüttelt nur den Kopf, wenn Thomas eine Sache wieder mal nicht anpackt, vor einer neuen Situation zurückschreckt.

Beobachtet man Thomas allerdings genauer, so macht er keinen unglücklichen Eindruck. Er mag es nur nicht, wenn man ihm zu nahe kommt, die körperliche oder räumliche Distanz nicht wahrt. Dann geht er noch weiter zurück. Und er benötigt Zeit, sich auf neue Personen einzulassen. Hat er sie aber einmal ins Herz geschlossen, dann fällt es ihm sehr schwer, sie wieder loszulassen.

Thomas hat sein eigenes Entwicklungstempo. Er geht langsam. Es scheint fast, als überlege er sich jeden Schritt. Er blickt voraus, denkt nach, was passieren, was alles auf ihn einstürzen kann. «Nun mach schon!» oder «Komm endlich!», Sätze, die er häufig von seinem Vater hört, bringen ihn schnell aus dem Rhythmus, lassen ihn Fehler machen und ungeschickt werden. Tempobeschleunigungen hasst er wie die Pest, weil er spürt, dass sie ihn aus der Balance werfen.

Magdalena, acht Jahre, bringt ihre Mutter komplett zur Verzweiflung. Seit einem halben Jahr, so erzählt sie in der Beratung, dürfe sie keinen Schritt mehr aus dem Hause machen, ohne dass ihre Tochter ein Theater inszeniert. «Die lässt mich einfach nicht gehen.» Sie atmet tief aus: «Das sind herzzerreißende Abschiede. Die tut so, als würde ich nicht wiederkommen. Ich muss eine Telefonnummer hinterlassen. Und wehe, ich bin nicht pünktlich zurück. Dann dreht sie komplett durch.»

Ob sich denn in den letzten Monaten etwas verändert habe, etwas Ungewöhnliches oder Einschneidendes passiert sei, will ich wissen. Sie denkt nach: «Da habe ich schon Gewissenserforschung betrieben.» Aber alles sei wie bisher. Magdalenas Mutter schüttelt vehement den Kopf: «Da gibt es nichts! Im Gegenteil, ich bleibe schon häufiger zu Hause, damit sie nicht so verzweifelt ist. Aber Magdalena klammert und klammert... Und da ist wohl kein Ende abzusehen.»

Neuerdings gehe sie schon nicht mehr allein in den Keller. «Ich muss an der Tür stehen bleiben und Wache schieben. Dann macht sie alles blitzschnell, als ob ein Einbrecher oder Mörder hinter ihr her wäre. Und neulich kam sie völlig schweißgebadet hoch und war erleichtert, als sie mich da stehen sah.» Die Mutter schaut nachdenklich auf: «Also ich weiß wirklich nicht, was sie hat. Ich mache mir da ehrlich Sorgen.»

Marion, siebeneinhalb Jahre, sitzt, so die Mutter, «nur noch depressiv herum. Sie schaut mit einer bitteren Miene in die Welt, lässt die Schultern nach vorne fallen. Ein Häufchen Elend.» Sie versuche, ihre Tochter aufzumuntern. Aber nichts helfe. Dann lache sie zwar etwas gequält, aber ein paar Augenblicke später habe sie schon wieder ihre traurigen Augen. Nichts könne man ihr recht machen. «Sie nörgelt, findet überall ein Haar in der Suppe. Fürchterlich, sage ich Ihnen. Dabei strahlte sie bis vor einem halben Jahr noch wie ein Sonnenschein, sah alles positiv. Aber nun», sie wiegt den Kopf hin und her, «ist sie die Pessimistin in Person. Ein halb volles Glas ist für sie halb leer. Sie saugt mit unnachahmlicher Treffsicherheit alle Katastrophenmeldungen auf, bezieht sie auf sich. Sie hat sich sogar eine Pressemappe angelegt über Unglücke, Flugzeugabstürze, das Ozonloch, ansteckende Krankheiten...

Eben alles, was so passiert!» Da sitze sie dann davor, ziehe sich alles genüsslich hinein. «Und wenn ich sie ablenken will, reagiert sie ungehalten: ‹Lass mich, wozu gehe ich noch in die Schule, wenn wir doch bald sterben!›»

Außerdem habe Marion panische Angst vor Krankheiten. Bei jedem harmlosen Schnupfen frage sie schon, ob man davon sterben könne. Und als sie neulich mal an hohem Fieber litt und vorher einen Bericht über Malaria gelesen, ja fast süchtig in sich aufgesogen hatte, glaubte sie, sie habe eine schlimme Krankheit. Nicht einmal der Arzt konnte sie wirklich überzeugen, so panisch habe sie gewirkt und reagiert. «Also», ihre Mutter sieht mich ebenso ernst wie ratlos an, «ich weiß wirklich nicht, was man da machen soll.»

Manuel, acht Jahre, lässt seine Mutter nicht mehr aus dem Kinderzimmer gehen, wenn das «Gutenachtritual» beendet ist. «Bleib noch», bettelt er mit weinerlicher Stimme. Er setzt sich im Bett auf, hält seine Mutter fest: «Bitte! Bleib noch!», wiederholt er mit tränenerstickter Stimme. «Ich möchte jetzt ins Wohnzimmer, lesen, Manuel. Das war abgesprochen», antwortet Manuels Mutter ruhig, aber bestimmt.

«Bleib hier. Ich möchte dich nochmal anfassen!»

«Manuel, was hast du? Ist irgendetwas mit dir?» Die Stimme der Mutter hat einen leicht irritierten Klang.

«Vielleicht sterbe ich heute Nacht», sagt Manuel mit leiser Stimme. «Bitte bleib!» Die Mutter lacht.

«Ach, Manuel, du stirbst noch nicht!»

«Das kannst du gar nicht wissen. Das geht ganz schnell!», meint er ganz standfest. Er überlegt kurz: «Oder du stirbst, und ich bin alleine!» Sie streichelt zärtlich sein Gesicht.

«Ach, Manuel, nun mach dir mal nicht solch trübsinnige Gedanken. Wenn du morgen aufwachst, leben wir beide und frühstücken zusammen!»

Sie erhebt sich, geht zur Tür.

«Mama!»

«Ja, was ist?»

«Schau mich an!»

Sie dreht sich um, lächelt.

«Vergisst du mich auch nicht, wenn ich tot bin?»

«Versprochen!», lacht sie ihn an. Dann geht sie weiter.

«Bitte, Mama, dreh dich nochmal schnell um!» Seine Stimme klingt flehend.

«So, Manuel, nun reicht es. Gute Nacht. Bis morgen!»

Viele Eltern sind überrascht, wenn zwischen dem sechsten und siebten Lebensjahr nochmals Ängste auftauchen, von denen Vater und Mutter meinten, ihre Kinder hätten sie längst überwunden oder könnten mit ihnen gut umgehen. Weit gefehlt: Ängste, die für die ersten fünf Lebensjahre so kennzeichnend waren, treten – nicht bei allen Kindern – wieder auf. Manche durchleben sie wesentlich intensiver. Das Moment der Selbstbetroffenheit steigt («Könnte mir das auch passieren?»). Kinder beziehen alles und jedes auf sich und ihre Lebenssituation und sind nicht immer in der Lage, zu abstrahieren. Sie lassen alles unmittelbar an sich herankommen, durchleben Situationen hautnah, ja durchleiden sie.

Ein wesentlicher Grund dafür liegt darin, dass sich die Auseinandersetzung mit der Wirklichkeit zwischen dem fünften und achten Lebensjahr entscheidend verändert. War das Denken im Kindergartenalter magisch-phantastisch, zeichnete es sich bis dahin durch prälogische und präkausale Strukturen aus, wird das Denken der Kinder nun abstrakter und klarer. Identifizierte sich das vierjährige Kind mit seinem Hamster total, meinte es sogar, mit ihm sprechen zu können, so weiß das Kind nun, dass es sich um ein Tier handelt, das zwar Fürsorge braucht, aber eben anders als ein Mensch reagiert. Hatte der Mörder, der Einbrecher, der Entführer für das fünfjährige Kind eher symbolischen Charakter, standen sie für Kräfte, die stärker waren als das Kind selber, konkretisierten sich in ihnen Vernichtungsängste, die man mit phantastischen Mitteln besiegen konnte, haben sie nun realen Charakter, werden die Kinder doch damit in den Gesprächen der Erwachsenen und den Berichten der Medien konfrontiert. Konnten die vierjährigen Kinder mit Bedrohungen wie Krieg oder ansteckenden Krankheiten noch nicht viel anfangen, riefen sie allenfalls ein diffuses, unbegriffenes Gefühl von Unsicherheit hervor, so bezieht ein siebenjähriges Kind solche Bedrohungen direkt auf sich: «Was ist, wenn der Krieg zu uns kommt?» oder: «Kann ich mich mit dieser Krankheit anstecken?»

Das macht den elterlichen Umgang mit diesen Ängsten nicht einfach: Beschwichtigungen helfen ebenso wenig wie Überdramatisieren oder gar überzogenes Mitleid. Vielmehr gilt es, die Hilfe zur Selbsthilfe zu aktivieren, gemeinsam mit Kindern nach (Aus-) Wegen zu suchen, wie sie mit den angstbesetzen Situationen oder den bedrohlichen Empfindungen besser umgehen lernen, mit welchen Mitteln sie es schaffen, sich aus beklemmenden Lebenssituationen zu befreien.

Es sind zunächst einmal Urängste, die in diesem Lebensabschnitt wieder aufleben können: Die Angst vor Feuer, Dunkelheit oder Gewitter ist damit ebenso gemeint wie die Angst vor Schmerz, Krankheit oder Tod. Manchmal genügen kleinere Anlässe, damit solche Ängste wieder ausgelöst werden. Wohlgemerkt: Urängste entstehen nicht in dieser Zeit, das Kind nimmt sie mit in diese Entwicklungsetappe hinein, und erhalten hier eine besondere Qualität. Soll heißen: Das Kind fühlt sich diesen Ängsten ausgeliefert, gerät darüber nicht selten in Panik.

Konnte das vierjährige Kind die Angst vor dem Gewitter auf dem Arm von Mutter oder Vater – wenn auch mit klopfendem Herzen und schweißnassen Händen – einigermaßen aushalten, so weiß das neunjährige Kind, dass der Blitz die Eltern erschlagen und töten kann. Das Kind durchdringt die Realität mehr und mehr – damit bildet sich zugleich Angst heraus, die mit der Vernunft allein nicht mehr im Zaum zu halten ist.

Drei weitere entwicklungsbedingte Ängste, die ich schon beim Kleinkind- und Kindergartenalter dargelegt habe, tauchen – mal intensiver, mal schwächer und von Kind zu Kind verschieden – um das achte Lebensjahr nochmals auf. Man spricht auch von der Acht-Jahres-Angst.

Das Kleinkind lernt um den achten Monat, vertraute von nicht vertrauten Personen zu unterscheiden. Es «fremdelt» bei Menschen, die es nicht kennt, zieht sich von ihnen zurück. Zwar «fremdeln» Kinder – je nach Temperament und Charakter – in allen Entwicklungsabschnitten und Lebensübergängen, aber um das achte Lebensjahr zeigt sich diese Verhaltensweise nochmals stark. Insbesondere introvertierte Kinder – egal ob Jungen oder Mädchen – zeigen sich bei Personen, die sie nicht kennen, in Situationen, die ihnen unbekannt sind, verunsichert. Sie gehen auf Distanz, warten ab, nehmen eine Beobachterposition ein.

Auch Trennungsängste treten um das achte Lebensjahr nochmals verstärkt in den Vordergrund. Das Kind klammert, will nicht verlassen werden. Es hält sich – eher an der Mutter, weniger am Vater – fest. Die Ängste können sich über den ganzen Tag verteilen, obwohl wenn sie abends gehäuft auftreten. Das Kind lässt die Bezugsperson – im wahrsten Sinne des Wortes – nicht los. Häufig treten diese Ängste nach körperlichen Wachstumsschüben auf und führen dann bei Eltern zu Irritationen.

«Da hat man ein großes Kind», erzählt mir eine Mutter, «und dann jammert es herum, ist weinerlich, klagt wie ein Baby. Man ist total hin und her gerissen.»

Wachstumsschübe, die sich in den Folgemonaten zeigen, gehen nicht selten mit emotionalen Regressionen, also dem Zurücksinken auf eine frühere Entwicklungsstufe, einher. Es ist, als wolle das Kind die Eltern warnen, es nicht zu überfordern, als weise es – unbewusst – darauf hin: «Bewertet mich nicht nach meiner Körpergröße, achtet darauf, wie klein ich im Inneren bin, und beschützt mich noch!»

Ich vergleiche das Klammern und Halten in dieser Zeit mit einer Gefühlstankstelle: Das Kind ist auf dem Weg in die Welt, es ist bereit, auszuziehen, und versichert sich elterlicher Nähe und Gewissheit. Es tankt auf, um die nächste Etappe – begleitet von guten Wünschen der Eltern («Ich vertraue dir! Du bist stark!») – zu wagen.

Trennungsängste sind mithin kein Hinweis auf eine brüchige Eltern-Kind-Beziehung, kein Zeichen für fehlendes Urvertrauen. Trennungsängste drücken vielmehr Trauer aus, das Gewohnte – das sind eben die Eltern – allmählich hinter sich zu lassen. Es ist also genau umgekehrt: Gerade weil das Kind Vertrauen hat, sich sicher ist, losgelassen zu werden, versichert es sich elterlicher Liebe und Geborgenheit.

Ist es für Vater und Mutter schon nicht leicht, ein klammerndes, haltendes Kind zu ertragen, so machen es jene Kinder den Eltern besonders schwer, die sich tagsüber als Rambos, Terminators und Gift spritzende Zicken gerieren, die die Eltern am liebsten sonst wohin schießen möchten, die jede Kleinigkeit heranziehen, um einen Machtkampf zu inszenieren, die aber – kaum wird es dunkel und das Zubettgehen steht an – zu kleinen Jämmerlingen werden, die sich an die Eltern schmiegen und von ihrer Nähe gar nicht genug bekommen können, die die Eltern abends am liebsten nicht aus dem Haus lassen oder die nicht einschlafen können, nur weil Vater oder Mutter vielleicht zu Freunden gegangen sind oder eine Veranstaltung besuchen.

«Aber wie soll ich mich denn richtig verhalten?», fragt die Mutter der siebenjährigen Isabella, die «jedes Mal Theater macht, wenn ich zum Yoga gehe?»

«Muss ich bleiben, weil sie sonst traurig ist? Kriegt sie gar einen Schaden, leidet unsere Beziehung?» will Patricias Mutter wissen.

Kinder brauchen in den Zeiten des Übergangs vom Kindergarten zum Schulkind, in den Phasen der Reifung Halt und Geborgenheit. Und Eltern tun gut daran, in dieser Phase die Bedürfnisse und Befindlichkeiten ihrer Kinder zum Ausgangspunkt ihrer Betrachtungen zu machen.

Der Abschied vom Kindergartenalter, die Hinwendung zur Schule, die Entwicklung zum «größeren» Kind machen eben auch traurig, können mit Tränen verbunden sein. Und die neu gewonnene Offenheit, die erlangte Freiheit spornen ja nicht nur an, lassen Lust auf Unbekanntes, Ungewohntes entstehen, genauso häufig sind damit Unsicherheit, Zögerlichkeit und Kleinmut verbunden. Hier hilft nur der Rückgriff auf das Bewährte, Bekannte, Gewohnte – die Eltern eben.

Drei Grundsätze gilt es in dieser Zeit der kindlichen Trennungsängste zu beherzigen:

- Die Kinder sind mit ihren Ängsten ernst zu nehmen. Weder das Kleinreden der Ängste noch eine gefühlsmäßig überzogene Reaktion, die sofort nach den Gründen für die Ängste sucht, ist angesagt. Kinder brauchen in dieser Situation mitfühlende, nicht mitleidende Eltern. Mitleid schwächt die Kinder nur noch mehr. Lassen Sie sich die Ängste beschreiben, fragen Sie nach und erkunden, wie das Kind seine Ängste verarbeiten kann. Schlägt man dem Kind andauernd von sich aus Lösungen vor, macht man es unselbständig.

- Bestehen Sie auf Ihren geplanten Vorhaben. Wenn Sie abends weggehen und eine dem Kind vertraute Person im Hause ist, kann man beruhigt gehen. Man kann gegebenenfalls eine Telefonnummer hinterlassen, unter der man erreichbar ist. Lässt man sich von Trennungsängsten unter Druck setzen, so macht man sich vom Kind abhängig. Meine Erfahrung: Die traurigen Augen der Kinder schauen schon nach kurzer Zeit wieder wesentlich fröhlicher. Und manches Kind, das die Mutter melancholisch und mit schlechtem Gewissen zurückgelassen hat, blickt nach der mütterlichen Rückkehr gelangweilt, als wolle es sagen: «Bist du jetzt schon wieder da?»

- Kinder brauchen, wenn vertraute Bezugspersonen vorübergehend abwesend sind, die Gewissheit, dass die Erwachsenen verlässlich zur vereinbarten Zeit zurückkommen. Unsicherheiten der Kinder können durch Rituale gemildert oder aufgefangen werden. Auch wenn der Abschiedsschmerz einem wehtut, darf man sich nicht davonschleichen, um den Kindern (oder sich) Tränen zu ersparen. Kinder fühlen sich dann nicht ernst genommen. Verabschieden Sie sich und kündigen Sie an, wann Sie zurückkommen. Seien Sie dabei ehrlich! Es ist besser, die Zeit großzügiger zu bemessen, als eine Rückkehr anzukündigen, von der man schon bei der Abfahrt weiß, man wird sie wohl nicht einhalten können. Sollten Sie sich trotzdem einmal verspäten, rufen Sie an, wann Sie kommen. Denken Sie daran: Schon eine Verspätung von ein paar Minuten kann die Trennungsängste ins Unermessliche steigern. Aus zwei Minuten können für Kinder dann Ewigkeiten werden. Das Kind wird Sie das nächste Mal noch schwerer ziehen lassen. Sollte das Kind schon schlafen, können Sie ihm versprechen, nochmals ins Zimmer zu schauen, ihm einen Kuss zu geben. Sie sollten dies auch machen, falls Sie spüren, dass das Kind fest schläft. Es fühlt Ihre Nähe! Aber denken Sie auch daran, Kinder kommen nach Ihrer Rückkehr nicht unbedingt freudestrahlend auf Sie zu. Manche beäugen Sie kritisch, warten ab, betrachten Sie von oben herab, manche mit trotzigem, manche mit beleidigtem Gesicht, manche mit vorwurfsvoller Miene, manche haben einen abschätzigen Ausdruck – als wollten sie sagen: «Nun musst du erst einmal wieder um meine Zuneigung kämpfen!»

Vernichtungsängste, mit denen Kinder zwischen dem zweiten und dritten Lebensjahr erstmals konfrontiert werden, tauchen zu Beginn des Schulalters nochmals auf. Es sind Mörder, Einbrecher oder Entführer, vor denen sich das Kind fürchtet. Aber auch vor Kriegen, Unglücken oder Katastrophen ängstigt sich das Kind. Zudem führen lebensbedrohliche Krankheiten oder Epidemien die Endlichkeit des Lebens immer aufs Neue vor Augen.

Die Kinder wollen in ihren Ängsten ernst genommen sein. Konnte der imaginäre Räuber oder das gefräßige Krokodil für ein vierjähriges Kind noch mit magischen Mitteln besänftigt werden, so stehen diese Techniken in diesem Lebensabschnitt nur begrenzt zur Verfügung. Die Kraft phantastischer Methoden, um Ängste zu bewältigen, nimmt ab – dazu sind die bedrohlichen Mächte zu realistisch, als dass sich Kinder auf die Möglichkeiten, die Zauberpillen und Geschichten bieten, wirklich einlassen würden. Gleichwohl lassen sich in dieser Phase noch Spuren des magisch-phantastischen Denkens finden. Und manche Kinder vertrauen der Zauberkraft entsprechender Symbole – sei es das Kuscheltier oder der Zauberspruch.

Es sind zwei entwicklungsbedingte Anlässe, die in dieser Zeit Vernichtungsängste hervorrufen. Das Kind wächst, wird körperlich größer. Zugleich ist es aber von «noch Größeren», eben den Erwachsenen umgeben, die Macht ausüben, denen man zu gehorchen hat. Das Kind ist ihnen ausgeliefert. Diese David-Goliath-Position verarbeiten Kinder, indem sie ihre Vernichtungsängste an imaginäre Wesen richten: an Monster, Hexen, Geister, Krokodile oder Einbrecher.

Kinder werden auch intellektuell reifer. Sie durchdringen ihre Wirklichkeit mit immer rationaleren Mitteln, sie reflektieren über sich, über andere, über Gott und die Welt. Ihr Denken wird komplexer. Sie erfahren ständig Neues und nehmen mehr auf – Informationen, die sie über allgegenwärtige Medien und Erwachsene erfahren. Sie müssen mit Nachrichten und Gesprächsinhalten umgehen, von denen sie häufig überfordert werden. Kinder beziehen alles auf sich, lassen vieles ganz nah an sich herankommen, setzen sich in Bezug zum Gesehenen und Gehörten: Da ist der Terroranschlag in New York, aber er kann eben auch bei mir passieren; da sind die kriegerischen Auseinandersetzungen in Afrika, aber was ist, wenn die zu uns kommen; da ist der Ausbruch einer Seuche irgendwo auf der Welt, aber man spürt die Symptome schon jetzt am eigenen Leib. Die Selbstbetroffenheit nimmt zu, man ist seinen Gefühlen ausgeliefert. Die Vernichtungsängste steigern sich ins Unermessliche, man gerät in einen Strudel, der einen weiter und weiter hinunterzieht – in ein schwarzes Loch.

Kinder brauchen nun Halt, Geborgenheit und Vertrauen in die eigenen Kräfte. Dabei benötigen sie ganz individuelle Begleitung: Was bei dem einem Kind hilft, kann bei einem anderen kontraproduktiv, also genau verkehrt sein. Zu verschieden ist der emotionale Entwicklungsstand der Kinder in diesem Zeitraum.

Patrick, acht Jahre, der körperlich zerbrechlich wirkt, besucht die zweite Klasse einer Grundschule. Er interessiert sich für seine Um- und Nahwelt, nimmt begierig alle Informationen auf: «Auch die», so sein Vater, «die nicht für ihn bestimmt sind.» Er beobachte da einen Widerspruch: «Auf der einen Seite blickt Patrick ziemlich durch. Auf der anderen Seite schläft er mit zwei Kuscheltieren, eines zur Linken, das andere zur Rechten. Der redet sogar mit denen!» Ob das wohl normal sei, frage der Vater sich ständig.

Als Patrick von einer Kindesentführung liest, weil dieses Thema die Medien seit Tagen intensiv beschäftigt, entspinnt sich ein Gespräch, das der Vater wiedergibt.

«Papa, kann mir das auch passieren?»

«Was?»

«Dass ich entführt werde!»

«Ich glaub nicht!», antwortet der Vater ganz bestimmt.

«Und warum nicht?», hakt Patrick nach.

«Weil ich nicht so viel Geld habe», sagt der Vater schmunzelnd.

Patrick denkt nach. «Aber das sieht man mir doch nicht an, dass du kein Geld hast!» Patricks Stimme klingt sehr ernst.

«Stimmt auch wieder!»

«Also kann man mich doch entführen, Papa!»

Der Vater nimmt seinen Sohn in den Arm: «Nun komm, das passiert dir schon nicht!»

Patrick bleibt hartnäckig: «Aber das haben die Eltern von dem anderen Jungen auch geglaubt. Und nun ist er weg!»

Er sieht seinen Vater an: «Würdest du Lösegeld für mich zahlen, Papa?»

Der Vater zieht seinen Sohn nahe zu sich heran: «Klar doch! Was denkst du denn!»

Patrick denkt angestrengt nach: «Aber dann hast du kein Geld mehr und dann wäre das Haus weg und das Auto und alles. Und Mama vielleicht auch.»

«Aber so weit kommt es doch gar nicht.» Er schiebt seinen Sohn weg: «So, nun fahren wir Fahrrad.»

Patrick steht auf, läuft aus dem Zimmer, kommt mit einer kleinen, durchsichtigen Miniplastiktüte zurück.

«Was hast du denn da?»

Patrick lacht: «Da ist Pfeffer drin!»

«Wie bitte?»

«Hab ich in meiner Hosentasche. Diese Tüte!»

Der Vater zuckt mit den Schultern: «Wieso in der Hosentasche?»

«Wenn da ein Entführer kommt, mich ins Auto ziehen will, puste ich ihm das in die Augen, dann brennt das, und er wird blind!» Patrick lacht: «Siehst du, deshalb brauchst du auch nicht zu zahlen, weil mich keiner entführt!»

Juliane, zehn Jahre, hat von einer Seuche gehört, einem Virus, gegen den es kein Gegenmittel gibt. Die Eltern hatten ihr erklärt, dass dieser Virus nicht nach Europa kommen könne.

«Aber es kann doch sein», beharrt Juliane. Das Gespräch über die Seuche und die Krankheit zogen sich über Wochen hin.

«Sie fing immer wieder davon an», so die Eltern. «Und dann hatte sie von irgendwelchen Symptomen gelesen, die den Ausbruch der Krankheit anzeigen sollten. Da war von Hautflecken die Rede, von irgendwelchen braunen Flecken auf der Haut.» Die Mutter rollt mit den Augen. «Die saß beim Essen und schaute nur noch auf die Hände und Finger. Fürchterlich! Ich hab die Krise gekriegt. ‹Jetzt reicht es, verdammt›, hab ich einmal geschrien. ‹Du willst wohl, dass ich sterbe›, hat daraufhin meine Tochter mit gequälter Stimme hervorgepresst. Da war ich völlig fertig.»

Eines Tages kam sie freudestrahlend zu uns an den Abend-
brottisch. «Was hast du?», fragt die Mutter.

«Ich krieg den Virus nicht», antwortet Juliane, um selbstbewusst
hinzuzufügen: «Und wenn ich ihn krieg oder ihr, habe ich 'ne
Adresse, wo's ein Gegenmittel gibt!»

«Und woher hast du die?»

«Aus dem Internet. Da habe ich jemanden gefunden, der das
herstellt. Und die Telefonnummer habe ich an die Pinnwand in der
Küche geheftet.»

Jakob, neun Jahre, hatte von dem Bürgerkrieg in Nordirland gehört, vom Kampf zwischen Protestanten und Katholiken.

«Kann das bei uns auch passieren?», fragt er den Vater.

«Nein!», antwortet dieser mit ruhiger Stimme. «Wir leben hier
friedlich miteinander.»

«Aber wenn es passiert!», bleibt Jakob am Ball.

«Was du auch immer alles wissen willst!», reagiert der Vater etwas ungeduldig. Jakob dreht das Gesicht seines Vaters zu sich:
«Papa, wenn das passiert, bist du dann bei mir?»

«Aber klar! Versprochen!», antwortet der Vater mit erleichtertem
Lachen. Jakob atmet tief aus: «Jetzt glaub ich auch nicht mehr, dass
das bei uns passieren kann.»

Drei Grundsätze sollten Eltern bedenken, wenn sie mit den Vernichtungsängsten ihrer Kinder konfrontiert werden:

- Nehmen Sie die Ängste ernst. Lassen Sie sich die Ängste beschreiben. Nicht selten verstecken sich dahinter Gefühle, die
  auf Angst vor Trennung und Verlassenwerden hindeuten.
- Kinder brauchen dann das Gefühl von Halt und Geborgenheit.
  Sie vergewissern sich, ob sie im Falle einer Krise, eines kriti-
  schen Ereignisses elterlichen Beistand haben. Das vermittelt ihnen ein Gefühl der Stärke, gibt ihnen Selbstvertrauen.

- Jedes Kind reagiert anders: Das eine vertraut auf magisch-phantastische Mittel. Das andere geht ganz pragmatisch-realistisch an eine Situation heran. Bestärken Sie Ihr Kind, dass es sich selbst helfen kann. Eltern bieten dabei einen Bezugsrahmen – nicht mehr und nicht weniger. Und je mehr sich Kinder auf diesen Rahmen verlassen können, umso mehr trauen sie sich zu.

Zeitgleich mit den Ängsten vor körperlicher Vernichtung und Zerstörung findet bei Kindern – um das achte Lebensjahr – eine intellektuelle Auseinandersetzung mit dem Tod statt, die eine andere Qualität hat als die Beschäftigung drei oder vier Jahr zuvor. War der Tod im Kindergartenalter für das Kind ein nur vorübergehender Zustand, so empfinden Heranwachsende den Tod nun als endgültigen Zustand.

«Kann ich sterben, Mama?», «Kannst du sterben, Papa?» – diese Fragen sind zunächst nicht Zeichen für Lebenskrisen, sie deuten vielmehr auf Reifeschritte hin. Das Kind beschäftigt sich mit der Zukunft, dem Sinn des Lebens. Und dabei kommen Überlegungen hoch, die sich mit dem Sterben, mit der Vergänglichkeit befassen. Auch in diesem Zusammenhang wollen die Kinder sich ernst und angenommen fühlen. Sie brauchen verlässliche Gesprächspartner, die nicht über die Sorgen der Kindern lächeln, die aber auch nicht nach dem Motto handeln: «Nun komm mal, mach dir andere Gedanken!»

Je aufgehobener sich das Kind fühlt, umso mehr traut es sich zu, auch schwierigste Themen anzusprechen und zu diskutieren.

7. Soziale Verunsicherungen

Ängste ergeben sich nun nicht allein aus dem gefühlsmäßigen und intellektuellen Entwicklungsprozess des Kindes. Sie bedeuten also keineswegs automatisch einen Reifeschritt. Nicht selten sind

Ängste auch das Resultat elterlicher Erziehungsbemühungen und von Erziehungsbeziehungen. Dabei ist es nicht immer ein das Kind ablehnender Erziehungsstil, der Ängste erzeugt, manchmal reicht dazu die mütter- oder väterliche «Ich-will-doch-nur-dein-Bestes»-Haltung aus, die kindliche Eigenständigkeit missachtet und dazu neigt, Heranwachsende fremdzubestimmen.

Da sich erziehungsbedingte Ängste häufig aus sozialen Beziehungen zwischen Eltern und Kindern, pädagogischem Personal und Heranwachsenden ergeben, werden sie auch als soziale Ängste bezeichnet. Der Psychologe Arnd Stein führt diese Ängste auf das – wie er es nennt – «Bankkonto der Erziehung» zurück, darauf, dass Kinder im Soll mehr Ablehnung und im Haben weniger Zuwendung spüren, dass sie mehr gegnerische Partei denn Partner sind.

Soziale Ängste können sich aber auch aus einem Rückzug von Erwachsenen aus den Erziehungsbeziehungen ergeben – ein Rückzug, der bei Kindern Gefühle des Alleinseins hinterlässt. Hier wird deutlich: Soziale Ängste entstehen in zusammengesetzten Situationen. Oder anders ausgedrückt: Soziale Ängste arbeiten – ob nun gezielt oder eher unterschwellig – mit Symbolen und Inhalten entwicklungsbedingter Ängste, überformen diese. Sie lassen ein für Kinder diffuses, deshalb kaum zu ertragendes Gefühlsgemenge zurück:

- Verlassensängste von Kindern, die alltäglich und aus ihrer Entwicklung heraus zu begreifen sind, eskalieren mit dem hingezischten Satz von Mutter oder Vater «Es ist zum Davonlaufen mit euch!» zu einer echten Bedrohung.
- Trennungsängste von Kindern können durch Formulierungen wie «Wenn du nicht brav bist, dann kommst du ins Kinderheim!» ebenso ins Unerträgliche gesteigert werden wie Gewissensängste durch Anmerkungen wie «Du machst mich noch krank!» oder «Du bringst mich noch ins Grab!»
- Die Urangst der Kinder vor lauten und plötzlichen Geräuschen kann durch ein unbeherrschtes An- oder Niederbrüllen eine den Heranwachsenden verunsichernde Dimension annehmen.

■ Die Suche der Kinder nach Halt und Orientierung wird in einem gefühlsleeren Familienklima vergeblich sein. Gefühle der Ablehnung, des Verlorenseins sind die Folgen.

Erziehungsbedingte Ängste sind häufig hausgemacht, und möglicherweise liegt hier ein Schlüssel dafür, dass so selten und eher angespannt über kindliche Ängste gesprochen wird, dass Ängste generell als problematisch und bedrohlich erscheinen, nur selten mitsamt ihren lebenserhaltenden und lustvollen Aspekten wahrgenommen werden.

Zweifelsohne sind soziale Ängste nicht allein auf die unmittelbare persönliche Nahwelt des Kindes zurückzuführen. Sie resultieren auch aus einer unsicheren Umwelt und Zukunft, die die Erwachsenen den Kindern mit Krieg, Katastrophen und Zerstörung zumuten. Es ist unbestritten: Kinder werden lebenszeitlich früher in gesellschaftliche Zusammenhänge eingebunden, mit ökologischen Fehlentwicklungen konfrontiert, die emotional verunsichern.

Gleichwohl wäre es oberflächlich, die Entstehungsbedingungen für soziale Ängste ausschließlich «bei anderen» – *der* Schule, *der* Gesellschaft, *den* Medien – zu suchen. Wenn Kinder soziale Ängste zeigen, kann ein Blick in das eigene «Bankkonto der Erziehung» aufschlussreich sein. Soziale Ängste bei Kindern können sich ergeben aus:

■ einer Laisser-faire-Haltung in der Erziehung, die ein Kind als Gleichgültigkeit wahrnimmt;

■ einem inkonsequenten Erziehungsstil, bei dem Zuckerbrot und Peitsche nebeneinander stehen und der beim Kind das Gefühl des Ausgeliefertseins hinterlässt;

■ einer Erwartungshaltung an das Kind, die es intellektuell überfordert und emotionale Bedürfnisse uneingelöst lässt;

■ einem überbehütenden Erziehungsstil, der dem Kind keine Eigenständigkeit zubilligt, es damit in Abhängigkeit von den Eltern hält und in seiner Entwicklung einengt.

Er habe seine Eltern gut im Griff, erklärt mir der neunjährige Karsten. Was er damit meine, will ich in einem Beratungsgespräch wissen.

«Wenn ich mal nicht fernsehen darf oder Computer spielen, dann sag ich, alle anderen dürfen das. Nur ich nicht! Meistens geben meine Eltern schnell nach.»

«Aber was sollen wir da auch machen», erläutert Karstens Mutter. «Wir arbeiten beide in unserem Geschäft. Und dann hat man eben ein schlechtes Gewissen. Und wenn man dann nicht so gut drauf ist, dann gibt man schnell nach. Ich bin da absolut inkonsequent, gebe ich gerne zu! Und Karsten kann schon viel mit uns machen. Der wickelt uns um den kleinen Finger. Meinen Mann und mich!» Dann konkretisiert sie das an einer Situation.

Karsten sollte den Tisch abdecken, das Geschirr in die Spülmaschine räumen.

«Hab keine Lust!», antwortete er trotzig, als er die Aufforderung seiner Mutter hörte.

«Nun mach schon!», griff der Vater ein.

«Mach du das doch!», war Karstens patzige Antwort. Die Situation eskalierte, der Vater brüllte.

«Ist ja gut», lächelte Karsten hintergründig. «Ich mach's ja schon.»

Er nahm zwei Teller, ließ diese demonstrativ auf den Boden fallen: «Oh, sind mir aus den Fingern gerutscht!» Karsten grinste. Karsten nahm sich Messer, Gabeln, die auch zu Boden fielen: «Seht ihr, ich bin zu schwach!» Und mit diesem Satz verließ er das Zimmer, ratlose Eltern zurücklassend, die sich hilflos anblickten.

«Was kann man da nur machen?», fragen die Eltern in der Beratung. Als ich Karsten diese Frage weiterreiche, zuckt er zunächst mit den Schultern: «Sie sollen mir verdammt nochmal zeigen, dass sie mich mögen!»

«Und wie können sie dir das zeigen?»

Er blickt mich mit leerem Gesicht an: «Die sehen mich doch gar nicht. Nur wenn ich Scheiß mache, dann schreien sie, brüllen rum oder heulen ...»

«... und dann fühlst du, dass sie dich sehen.»

Er sieht mich lange an: «Ja!» Und dann lächelt Karsten unsicher: «Dann mögen sie mich zwar nicht, aber sie sehen mich!» Er macht eine Pause: «Und dann tut es ihnen Leid, weil sie ausgeflippt sind. Und hinterher kann ich alles von ihnen haben!»

Manche Kinder werden mit einem Laisser-faire-Stil erzogen. Dadurch fühlen sie sich allein gelassen. Er macht sie unfähig, soziale Beziehungen einzugehen und Kontakte aufzunehmen. So wie die Überbehütung nur räumliche Enge und körperliche Nähe zulässt, damit Eigenständigkeit und Autonomie unterbindet, so bietet der Laisser-faire-Stil den Gegenpol: Hinter der – aus elterlicher Sicht – vermeintlich unbegrenzten großen Freiheit verbirgt sich unpersönliche Distanz, eine – für das Kind – unüberschaubare Weite, die Verlassenheitsangst und Einsamkeit aufkommen lässt und bald unerträglich wird. Widerstand und Auseinandersetzung können sich in der Folge ebenso einstellen wie zerstörerische Aggressivität, Übermotorik oder Distanzlosigkeit. Solche Verhaltensweisen sind Ausdruck einer verzweifelten Suche nach Halt und Orientierung, nach Standort und Standpunkt, nach Sinn und Nähe.

Erziehung ist Beziehung, hat mit Bindung und Auseinandersetzung zu tun. Ohne Nähe und Halt fühlen sich Heranwachsende verlassen und allein gelassen – losgelöst von Beziehungen und Bezugspersonen, die Urvertrauen und Selbstwertgefühl erst entstehen lassen. Übersieht oder verkennt Erziehung die existenziellen Wünsche von Kindern nach gefühlsmäßiger und sozialer Orientierung, dann kommt es bei Heranwachsenden zu Unsicherheiten und Ängsten:

- *In der emotionalen Orientierung.* Die Kinder fühlen sich in der Gruppe unwohl, wirken beziehungslos, entwickeln nur schwer Kontakt zu anderen Menschen. Sie haben nicht das Gefühl, für andere wichtig zu sein. Daraus erwachsen Probleme, sich anderen gegenüber angemessen zu verhalten. Die Kinder erscheinen distanzlos, schmeißen sich anderen an den Hals. Oder sie sind schüchtern, angepasst, passiv und zurückgezogen.

■ *In der sozialen Orientierung.* Meist fehlen diesen Kindern persönliche Vorbilder, die Grenzen, Regeln und moralische Verhaltensrichtlinien vorleben. Deshalb sind Leitbilder notwendig, weil sie sich an ihnen orientieren, anlehnen und reiben können. Die fehlende Orientierung zeigt sich weiter in der Verbindlichkeit, mit der Kinder getroffene Absprachen einhalten: Solche Kinder versprechen viel, halten sich aber selten daran, ihnen fehlt Erfahrungssicherheit. Sie halten starr an bestimmten Vorhaben fest, zeigen sich wenig flexibel und scheuen vor neuen Erfahrungen zurück.

■ *Im Wunsch nach Individualität.* Der Laisser-faire-Stil gestattet den Kindern nicht, sich selbst zu achten und zu respektieren. Fehlende Selbstachtung führt zur Missachtung anderer, dazu, sie nicht in ihrer Würde anzuerkennen. Der Laisser-faire-Stil überfordert Kinder, verlangt ihnen Leistungen ab, die sie – schon entwicklungsbedingt – nicht einlösen und umsetzen können. Es bleibt das Gefühl des Nicht- bzw. Nie-Könnens. Wer keine Möglichkeiten bekommt, seine produktiven und sozialen Fähigkeiten zu zeigen, macht das genaue Gegenteil und verschafft sich – wenn auch nur negative – Zuwendung durch zerstörerische und unsoziale Tätigkeiten;

■ *Im Wunsch nach Stärke.* Als Folge des Laisser-faire-Stils fühlen sich Kinder inkompetent und entscheidungsschwach. Sie haben Schwierigkeiten, Verantwortung zu übernehmen, mit materiellen Frustrationen fertig zu werden und ihre – zweifellos vorhandenen – Kompetenzen situationsgemäß und sozial angemessen einzusetzen. Fehlende Bestätigung im Handeln wird ersetzt durch den Wunsch nach Herrschen und Machtausübung, gepaart mit egozentrischer Eigensinnigkeit.

So ist es kein Wunder, wenn sich das Grenzensetzen im Laisserfaire-Stil als unwürdig-nervender Machtkampf gestaltet, der das

Verhältnis von Eltern und Kindern zu einer Terrorbeziehung werden lässt.

Diese Erziehung lässt Kinder nicht los, baut kein Vertrauen auf und blockiert die notwendigen Auseinandersetzungen. Die «lange Leine» wechselt unvermutet mit impulsiven Strafaktionen, eine unsichere Toleranz paart sich mit undurchsichtiger Kontrolle, Verschmelzungswünsche mit willkürlichem Liebesentzug. Dann vollzieht sich das Grenzensetzen nicht auf der Basis gegenseitigen Respekts, sondern gründet auf dem Recht des Stärkeren. Die Grenze wird schnell zur Strafe, zum Symbol dafür, wer verloren hat. Dies ist der Beginn eines neuen Teufelskreises: Da Frustrationen nicht ausgehalten werden, schlägt Strenge in erneute vordergründige Versöhnung um. Und alles fängt von vorne an.

Ich treffe zunehmend Kinder, die entmutigt sind, die sich nichts zutrauen, sich keinen neuen Herausforderungen stellen, vor Aufgaben zurückschrecken, keine produktive Leistungsbereitschaft erkennen lassen, die jegliche Verantwortung ablehnen. Zweifellos hat dies mit einem grenzenlosen Erziehungsstil zu tun, der Kindern nicht anzeigt, was sie schon können und was sie noch nicht können. Diese Kinder fühlen sich verloren und ausgesetzt, weil sich keiner mit ihnen auseinander setzt. Grenzenloses Vertrauen der Eltern bildet bei Kindern kein Selbstvertrauen aus, grenzenloses Vertrauen empfinden Kinder als Gleichgültigkeit ihnen gegenüber, als Rückzug aus der Beziehung.

Aber auch die Gegenposition zur Laisser-faire-Haltung hat fatale Folgen. Ich meine die Überbehütung, die Einengung und die Bevormundung. Diese Erziehung lässt Kindern keine Luft zum Atmen, bedrückt sie, lässt sie nicht los. Hier wird Erziehung nicht als Unterstützung und Begleitung, als ausbalancierte Mischung aus Nähe und Distanz verstanden, sondern als ein elterliches Aufgehen in der Erziehung: Erziehung als ununterbrochenes Helfen im Dienst am Kind.

Ständig behütete Kinder lernen nicht, sich und ihre Fähigkeiten angemessen einzuschätzen. Dies führt zu Unsicherheit, macht Angst vor Grenzen, vor Grenzüberschreitung, davor, Neues anzupacken, Leistungsfähigkeit auszuprobieren. Ständig überbehütete Kinder resignieren schnell, können Frustrationen nicht aushalten, reagieren weinerlich-quengelig, sind schnell auf Bezugspersonen angewiesen, die, statt liebevollen Trost zu spenden, das Kind in sprachliche Windeln stecken oder Frustrationen wegreden: «Na, komm mal her. Es ist doch alles gar nicht so schlimm, mein Kleines!» – «Ach, was hat sie denn da wieder gemacht, mein Süßes!» – «Na, komm her, ich zeig's meinem kleinen Schatz, wie es geht!»

Der überbehütende Erziehungsstil hält Kinder klein, macht sie gefühlsmäßig, aber auch intellektuell abhängig von erwachsenen Bezugspersonen. Die überbehütende Erziehung verwechselt die Wünsche der Kinder nach Beziehung, Bindung und Nähe mit Klammern, mit symbiotischer Einheit und Sich-gegenseitig-abhängig-Machen. Ständig umsorgte Kinder haben ständig besorgte Eltern. Die Sorge hält sie zusammen: Eltern machen sich Sorgen – «Von morgens bis abends denk ich nur: Hoffentlich geht's meinen Kindern gut! – Nur wenn's meinen Kindern gut geht, geht's auch mir gut!» –, und deshalb machen sich diese Kinder auch Sorgen: «Ich möchte, dass es meinen Eltern gut geht. Sie sollen sich keine Gedanken machen müssen!» Die Folge ist ein überangepasstes Verhalten der Kinder.

So werden nicht Urvertrauen, stabile Bindungen oder eine positiv erlebte Auseinandersetzung mit Grenzen und Normen ausgebildet, sondern Zögerlichkeit und Abhängigkeit. Die Suche nach neuen Herausforderungen wird als negativ erlebt, weil die Entdeckung von Unbekanntem für diese Kinder einen gefährlichen Strudel bedeutet, der sie hinabzieht. Auffällig ist, dass ständig überbehütete Kinder sich häufiger in Gefahrensituationen verlieren, weil sie – dann vielleicht auf sich allein verwiesen – keine Techniken haben, um sich selbst zu schützen. Kinder haben grundsätzlich eine positive Bereitschaft zur Leistung. Sie wollen mithelfen, mittun, ihre Zugehörigkeit zur Familie durch tatkräftiges Mit-Handeln unter Beweis stellen. Aber ständiges Reglementieren, Bevormunden und Besserwisserei entmutigen Kinder, lassen eigenständige Leistungsbereitschaft verkümmern, führen zu Leistungs- und Versagensangst.

Zweifellos ist es wichtig, Misserfolge mit dem Kind zu besprechen. Aber Formulierungen wie «Was habe ich dir gesagt!» bauen nicht auf, stellen es vielmehr als Versager bzw. als unfertiges kleines Wesen hin. So baut sich Unsicherheit auf. Der Erwachsene dagegen steht als Besserwisser da. Statt verdeckte Ratschläge oder heimliche Befehle – «Wenn ich du wäre» – zu geben, sollte sich eine Mutter beispielsweise in die Enttäuschung des Kindes einfühlen.

Ein Satz wie «Es ist ja gar nicht so schlimm» zeigt hingegen, dass Eltern die Gefühle ihrer Kinder genauso wenig ernst nehmen wie deren Bemühungen, die missliche Lage zu bereinigen. Ein Kind braucht bei der Suche nach einer selbständigen Problemlösung die mütterliche – oder väterliche – Mithilfe und Unterstützung. So kann es erfahren, dass der erlebte Misserfolg kein subjektives Versagen, sondern nur einen augenblicklichen Mangel an Fertigkeiten darstellt, der durch Übung beseitigt werden kann. Während ein Kind oft Eigenständigkeit und Können erneut beweisen will, erlebt es sonst eine weitere Entmutigung.

Diese Überlegungen will ich nun an einer konkreten Alltagssituation veranschaulichen, um zu zeigen, wie Entmutigung in der Erziehung zu Angst und Unsicherheit führt.

Robert sei ihr «Sorgenkind», erzählen die Eltern. «Der traut sich nichts zu.» Robert ist sieben Jahre, als die Eltern ihn mir in einer Beratung vorstellen.

«Wir müssen ihn jeden Morgen in die Schule bringen», erklärt die Mutter mit trauriger Stimme. «Ich warte dann ein paar Minuten vor dem Klassenraum, ob er auch drin bleibt!» Nicht mal den Mantel oder die Jacke könne er sich allein ausziehen, er stehe wie ein Tollpatsch rum. Und wenn er mal zu Hause helfen solle, «dann weiß ich schon», so die Mutter mit beschwörendem Blick, «gleich passiert etwas!» So sei es dann auch, «ein Missgeschick reiht sich an das andere. Er ist ein richtiger kleiner Pechvogel. Dass der nur noch wie ein Ritter von der traurigen Gestalt daherkommt, ist doch kein Wunder, oder?»

Als ich Robert sehe, ist er die verkörperte Entmutigung. Seine Stimme ist leise, sein Schritt vorsichtig, seine Blicke sind unsicher. Um ihn herum Vater und Mutter, die ständig von «unserem kleinen Robert» sprechen, die ihn mit Mitleid überziehen, wenn ihm etwas misslingt. Eigenständige Erfahrungen macht er kaum. Ständig sind seine Eltern anwesend: «Robert, hier!», «Robert, da!», «Robert, sei vorsichtig!», «Robert, dafür bist du noch zu klein!» Und wenn ihm tatsächlich etwas gelingt, dann wird er mit Lob überschüttet, sodass er fast darunter zusammenbricht. Aber ihm gelingt kaum etwas. Kurz vor dem Ziel macht er sich meistens seinen Erfolg zunichte.

Der Vater schildert eine Situation.

Robert trägt zwei Tassen vom Esstisch in die Küche. Alles sieht etwas ungeschickt aus. Aber man sieht ihm an, wie stolz er ist, mal etwas Eigenständiges zu tun. Die Eltern beobachten ihn, halten sich mit Kommentaren zurück. Als Robert die Küche fast erreicht hat, ruft der Vater: «Pass auf, Robert, die Stufe!»

Robert hatte die Stufe gesehen, seinen Gang entsprechend verlangsamt. Aber nun erschrickt er, kommt aus dem Gleichgewicht. Die Tassen fallen zu Boden, zerspringen. «Ach, Robert», entfährt es dem Vater, «es tut mir Leid!» Als Robert weint, meint er: «Du brauchst doch nicht traurig zu sein!»

Viele Eltern haben entmutigte Kinder, die nicht bereit sind, Verantwortung zu übernehmen oder konstruktiv an Lösungen mitzuarbeiten, weil sie von ihren Eltern nicht ernst genommen werden. Solche Eltern sehen ihre Kinder als Pechvogel, als Tollpatsch, als «kleinen verträumten Trottel», wie Robert von seinen Eltern auch genannt wird. Kinder werden nur unter dem Blickwinkel des

Noch-nicht-Könnens wahrgenommen und nicht unter einer konstruktiven Perspektive, die das momentane Können des Kindes berücksichtigt.

«Meine Eltern», so die elfjährige Nicole, «wollen nur das Beste. Aber», so fügt sie lachend hinzu, «das bekommen sie nicht.»

«Was meinst du damit?»

«Ich durfte im Kindergarten nicht spielen, nie durfte ich spielen. ‹Hast du heut nichts gebastelt?›, fragte meine Mutter, wenn ich aus dem Kindergarten kam. Wenn ich das schon hörte. Und am ersten Schultag meinte mein Vater: ‹So, nun fängt der Ernst an, nun gibt's keine Spielerei mehr.› Meine Mutter hat mir meine Freunde ausgesucht. Freunde, die faul waren, die Fernsehen sahen oder so was, wurden mir vermiest. Und wenn mein Ballettlehrer mal nicht so toll war, wenn wir nichts Richtiges lernten, hab ich 'nen neuen bekommen. Jetzt hab ich schon den vierten.»

Sie grinst: «Und wenn ich in Mathe nur 'ne Drei hatte, gab's 'ne Ermahnung, und nach der vierten Drei hörte ich was von Nachhilfe. Aber», sie lacht, «irgendwann hab ich alle zur Verzweiflung gebracht.» Sie sieht mich an: «Häufig hatte ich ja gute Noten. Und wenn ich eine geschrieben hatte, sagte mein Vater: Siehst du, es geht doch, nur üben! Üben! Üben!» Ihre Stimme wird immer schneller: «Und auch am Wochenende gab's nur Programm. Papa hatte sich etwas ausgedacht – Ausstellungen, Konzerte, Waldlehrpfade», sie rollt mit den Augen: «Waldlehrpfade ... ich könnte kotzen. Waldlehrpfade. Und dann diese sanfte Stimme meiner Mutter, diese fürchterliche sanfte Stimme: ‹Nicole, schau, die Buche!›»

Ein Blick in Nicoles Kindheit fördert andere Gesichtspunkte ihrer Erziehung zutage. Sie erlebte überfürsorgliche Eltern, die – ihr Vater wie die Mutter – für Nicole da waren. «Ich durfte nie Kind sein», erinnert sich Nicole, «mich nicht schmutzig machen. Ich weiß noch: Ich wollte so gerne die Geschirrspülmaschine ausräumen. Ich stellte mich wohl ungeschickt an. Da sagte meine Mama: ‹Schön, Nicole. Aber mach das so, so geht das besser.› Und einmal wollte ich mit meiner Freundin, die war elf, den Platten an meinem Fahrrad flicken. Wir hatten das Rad abgeschraubt, hatten den Schlauch schon aufgezogen, wir überlegten, wie das nun weitergeht, da kommt Papa, macht alles schnell fertig, ohne uns zu fragen. ‹Mensch, ist der ätzend›, hat meine Freundin gezischt. ‹Ist der immer so?› Ich hab genickt. ‹Du tust mir Leid›, hat sie gesagt.»

Irgendwann hat Nicole geschrien: «Ihr könnt mich mal.» Die Mutter hatte als Erste die Sprache wieder gefunden und beleidigt gesagt: «Nicole! Du entschuldigst dich! Wir geben uns so viel Mühe! Und was machst du?» Nicole redet sich bei mir in Rage, Tränen schießen ihr in die Augen: «Ich bin doch für die ein Nichts. Ich muss doch nur gut sein, damit die mit mir im Tennisclub angeben können!» Ihre Stimme wird schriller: «‹Ach, Nicole hat nur Einsen.› Oder wenn Oma kommt: ‹Ach, Nicole, zeig doch mal deine Arbeiten!›» Dann schreit sie in den Raum: «Scheiße! Scheiße! Scheiße!»

Kevin erging es anders, aber auch er zeigte sich als ängstlich-unsicheres Kind, als ich den zwölfjährigen Jungen im Hort kennen lernte. Schmal und blass sah er aus, wirkte angepasst, seine Stimme war brüchig, kaum zu verstehen. Kevin war ein durchschnittlich begabter Schüler, seine Lehrerin hatte ihn für die Realschule empfohlen. «Das kommt nicht in Frage», hatte der Vater gerufen: «Der geht aufs Gymnasium. Der schafft das. Und nur wenn er das Gymnasium besucht, kann er was werden. Ich seh's bei mir. Nur weil ich einen Hauptschulabschluss habe, ziehen alle anderen im Beruf an mir vorbei. Die großen Arschlöcher. Kommt nicht in Frage mit der Realschule. Der kommt aufs Gymnasium. Dann muss er eben mehr lernen! Und später wird er mir dankbar sein!»

Kevin erzählt mir in der Beratung: «In der vierten Klasse der Grundschule musste ich zwei Stunden Hausaufgaben machen.

Obgleich wir gar nicht so viel aufhatten. Die musste ich abends vorzeigen. Und wenn das nicht richtig war, gab's Krach.»

«Haben sie dir geholfen?»

«Nein, ich saß in meinem Zimmer und musste lernen.» Seine Augen werden schmal: «Und wehe, ich ging nur mal auf Toilette. Dann fragte Mama von unten: ‹Kevin, was machst du da? Du musst doch lernen!›»

Er überlegt: «Meine Eltern haben nur gemeckert.» Kevin sieht mich an: «Und wenn ich 'ne schlechte Note hatte, haben die nicht mit mir geredet. Dann musste ich in mein Zimmer und mich schämen!»

Dabei hatte Kevin vielseitige Interessen. «Am liebsten waren mir meine beiden Kaninchen», erzählt er mit stockender Stimme.

«Warum waren?», frage ich Kevin.

«Ja, die hat Papa neulich geschlachtet, damit ich nicht abgelenkt bin!»

Dieses Erlebnis versetzte Kevin in einen Schockzustand. Er zerriss in einem Anfall von Zorn und Wut seine Schulbücher, wollte nicht mehr in die Schule. Die Eltern reagierten zunächst mit impulsiven Drohungen («Dann wirst du Straßenfeger oder obdachlos!»), dann immer hilfloser («Gut, dann holen wir die Polizei. Dann holen die dich ab und bringen dich in die Schule!» oder «Wenn du nicht in die Schule gehst, muss Papa ins Gefängnis!»). Kevin quälte sich daraufhin zur Schule, zeigte aber starke Lernblockaden und Widerstand.

Man kann einige Bedingungen für die Entstehung von erziehungsbedingten Ängsten und andauernder sozialer Ängstlichkeit benennen:

■ Sie entstehen, wenn Eltern an ihre Kinder hohe Erwartungen stellen, ihnen dabei aber in ihrer Entwicklung nur wenig angemessene Unterstützung zukommen lassen. Inkonsequenz, strafende Strenge, Tadel und häufige negative Rückmeldungen,

Sanktionen bei schlechten Leistungen entmutigen das Kind und bringen erhebliche gefühlsmäßige Verunsicherungen mit sich. Diese werden durch fehlende Wärme in den zwischenmenschlichen Beziehungen noch verstärkt. Die Kinder empfinden das als elterliche Gleichgültigkeit und Lieblosigkeit.

- Kinder brauchen Fürsorge, aber keine Überfürsorge. Fürsorge baut darauf auf, sich individuell an der Persönlichkeit des Kindes zu orientieren, sein Tun situations- und altersangemessen zu deuten, eigenständiges und selbstverantwortliches Handeln zu fördern, Experimentierverhalten zu unterstützen, dem Kind Wärme zu geben. Überfürsorge bewirkt das Gegenteil: Sie orientiert sich nicht am Kind im Hier und Jetzt, sondern an einer imaginären Zukunft («Denk daran, in der Schule kannst du das nicht!»), sie vergleicht Kinder mit anderen («Aber Johannes kann das doch schon. Und der ist noch ein halbes Jahr jünger als du!»). Überfürsorge kennt keinen Respekt vor kindlicher Eigenständigkeit («Das kannst du noch nicht!»), sie mutet Kindern keine Verantwortung zu, schränkt das Kind ein, indem sie sein Spiel- und Neugierverhalten («Das ist gefährlich!» – «Das ist noch nichts für dich!») behindert oder einschränkt.

- So werden Problemlösungskapazitäten des Kindes nicht aufgebaut, vielmehr abgewertet, oder die erziehende Person übernimmt die Problemlösung anstelle des Kindes. Statt Wärme herrscht eine Hitze, die keine Luft mehr zum Atmen lässt, die verbrennt, eine Nähe, die Kinder erdrückt, erschlägt und unselbständig macht. Überfürsorge bringt nicht selten hochängstliche Kinder mit sich, die über wenig Selbstbewusstsein verfügen, sich wenig zutrauen, eine unzufrieden-unsichere Gefühlsgrundstimmung haben. Überfürsorge lässt bei Kindern nicht das Gefühl einer wirklich sicheren Bindung aufkommen. So hören überbehütete Kinder häufig auf zu spielen, sind unglücklich, wenn die Mutter oder andere Bezugspersonen den Raum oder die Situation verlassen. Oder sie sind in derartigen Trennungsphasen sehr erregt, kaum zu beruhigen, sie treten in keinen Kontakt mit anderen Personen. Überfürsorge bildet keine sozialen Kompetenzen aus, sie macht Kinder ängstlich-passiv.

Hinter der Überforderung von Kindern stehen vielfältige und komplizierte Motive: Viele Eltern streben einen Perfektionismus in der Erziehung an, konzentrieren sich dabei mehr auf die Erziehungsaufgabe als auf das Kind. Dies fördert eine kalte Kommunikation, die Bindung und Vertrauen nicht zulässt, vielmehr Misstrauen und Abgrenzung fördert. Der Perfektionismus lässt die Illusion entstehen, jedes Erziehungsproblem sei sofort lösbar, wenn man nur genügend wisse. Die Eltern setzen sich selbst unter Erfolgszwang – und damit ihre Kinder. Jeder, jede und jedes haben reibungslos zu funktionieren. Störungen sind auszuschließen oder per Patentschlüssel zu reparieren.

Manche Eltern definieren sich über die Leistungen ihrer Kinder und missbrauchen somit das Vertrauen, das ihnen die Kinder entgegenbringen. Kinder spüren dies. Sie machen dieses Spiel zunächst mit: Sie handeln, weil es die Eltern wünschen. Später spüren sie die Fremdbestimmung, gewinnen damit Macht. Denn indem sie elterliche Wünsche nicht mehr erfüllen, können sie sich mit Verweigerung rächen, Vater und Mutter ohnmächtig und hilflos machen.

Kinder wollen Leistungen erbringen, aber wenn die Leistungen zur Pflicht werden, keine Ermutigung kommt, wenn Zuwendung mit Leistungsbereitschaft verknüpft ist, dann verkrampft das Kind, bricht es im schlimmsten Fall zusammen. Es entstehen Angst vor Ablehnung, Angst vor Strafe, Angst, den Eltern wehzutun. Oder man macht sich das Motto, perfekt zu sein, sich keine Misserfolge zu leisten, zum Lebensprinzip bis ins hohe Alter hinein. So wird dann das vergebliche Streben nach Vollkommenheit zum lebenslangen Versuch, Anerkennung zu bekommen.

8. Die kognitiv-intellektuelle Entwicklung

«Wenn ich einmal unseren Älteren nehme, den Thomas, der ist nun zehn, und ihn mit dem Jüngeren, dem Arne vergleiche», erzählt mir Hubertus Schönfeld, «ich weiß, das soll man nicht machen, aber man macht es unwillkürlich, dann fallen mir doch Unterschiede auf.» Arne sei jetzt sechs, habe mit der Schule begonnen, aber dem falle alles schwerer, da brauche man eine «Engelsgeduld». Er rollt mit den Augen: «Da kann man gar nicht hingucken.» Er schnauft: «Der ist schon langsam, und ich habe den Eindruck, der ist jetzt noch langsamer geworden.»

Bei ihrer Tochter sei das genau umgekehrt. «Die Carolin, die ist jetzt elf, die hat sich Zeit genommen und nimmt sich die Zeit noch immer!» Die sei eine «richtige Schnecke», lacht die Mutter, «aber man glaubt es kaum, die kommt überall dorthin, wo sie hin will. Ihre Schwester, die Paula, die ist wie ein Formel-eins-Wagen, die rast um die Welt nach dem Motto: ‹Hoppla, jetzt komm ich!›» Sie denkt nach: «Das bringt natürlich Probleme. Paula mit ihren sechseinhalb Jahren holt gewaltig auf. Sie liest schon, drückt sich differenziert aus, redet ihre Schwester an die Wand. Wenn die beiden ein neues Computerspiel haben und davor sitzen, hat Paula die Strategie schneller gecheckt, und meistens gewinnt sie dann auch noch. Und Carolin ist schwer frustriert!»

Das fünfte bis achte Lebensjahr ist eine Phase des allmählichen Übergangs. Das gilt für alle Persönlichkeitsbereiche – auch für die kognitiv-intellektuelle Entwicklung. Doch vollzieht sich dieser Übergang von Kind zu Kind höchst unterschiedlich. Manche Kinder nehmen sich ausgesprochen viel Zeit, sie gehen vorsichtig, bleiben stehen, gehen manchmal sogar ein paar Schritte zurück, als vertrauten sie den neu gewonnenen geistigen Fähigkeiten noch nicht so recht. Wieder andere durchrasen diese Etappe mit einer Geschwindigkeit, als könnten sie gar nicht schnell genug ihre erworbenen Kompetenzen ausprobieren und umsetzen.

Für die Eltern kommt es darauf an, Kinder in dieser Zeit zu begleiten. Kinder in ihrer Individualität ernst zu nehmen, meint, sie nicht ständig mit anderen Kindern zu vergleichen, sondern Unterschiede zu respektieren und zu achten.

Wer sein Kind an einem anderen misst, um zu zeigen, wie viel es schon weiß, führt es nicht selten vor oder spiegelt sich selbst mit seinen Kompetenzen in den Leistungen des Kindes. Wer dem Kind ständig vorhält, was andere schon können, entmutigt es, schwächt das Selbstbewusstsein. Zumal es ja nicht nur die Erwachsenen sind, die Vergleiche anstellen. Kinder machen das untereinander. Und wenn sie merken, was sie alles nicht oder noch nicht können, kann das zu Traurigkeit, Minderwertigkeitsgefühlen, vielleicht auch zur Frage führen, ob man von den Eltern denn überhaupt gemocht wird.

Doch unabhängig von den individuellen Unterschieden bilden sich zwischen dem fünften und achten Lebensjahr vielfältige geistige Fähigkeiten und Leistungen heraus.

Das Kind durchdringt die Realität mit neuen Fragen. Es ist an Sachfragen interessiert, stellt Erkundigungen an, hält Ausschau nach weiteren Informationen. Das Weltwissen der Kinder nimmt zu.

Tim, sieben Jahre, hatte im Fernsehen einen Bericht über Indianer gesehen, der für ihn aber mehr Fragen offen gelassen als beantwortet hatte. Er ging daraufhin mit seinem Vater in die nahe Bibliothek, um sich Literatur zu besorgen. Mittlerweile ist er ein Fachmann auf diesem Gebiet, verblüfft selbst Erwachsene mit seinem Wissen.

Luisa, siebeneinhalb, las vom Seehundsterben in der Nordsee. Sie war davon emotional sehr betroffen, hatte sie doch im Sommer davor noch Seehunde an den Nordseestränden beobachtet. Und ihr Lieblingskuscheltier war obendrein eine kleine Robbe. Luisa holte sich alle verfügbaren Bücher, ging sogar ins Internet, schrieb dem Bürgermeister ihrer Stadt einen Brief, er solle sich für das

Überleben der Seehunde bei seinen Kollegen an der Nordsee einsetzen.

Die Zunahme von Wissen und die immer perfektere Sprachbeherrschung gehen Hand in Hand. Der Wortschatz des Kindes wird größer, das Kind spielt mit Worten, macht Witze, kann sich über Sprachverdrehungen köstlich amüsieren.

Es lernt lesen und schreiben. Freilich stellt sich dies für manches Kind mühseliger dar, als es vielleicht selbst gedacht hat. Es muss Buchstabe für Buchstabe und Wort für Wort identifizieren. Und das dauert. Geduld ist für alle Beteiligten angesagt. Wer hier das Tempo des Kindes künstlich beschleunigt, auf die Tube drückt, darf sich nicht wundern, wenn das Kind entmutigt, unselbständig reagiert, keine Leistungsbereitschaft mehr zeigt. Mit dem Lesen- und Schreibenlernen kehrt nicht selten eine ungewohnte Langsamkeit ein, die wiederum beweist, dass kindliche Entwicklung ein Gemenge aus Fortbewegung, Stillstand und Rückschritt darstellt.

Der Horizont der Kinder erweitert sich gleichwohl, sie wenden sich der Welt zu – und von den Eltern ab. Sie sind wissensdurstig, lern- und leistungsbereit, kindliche Eigenschaften, die sich nicht unbedingt in Schulnoten niederschlagen. Lernbereitschaft ist eine Haltung, die nicht beliebig messbar ist.

Vier Rahmenbedingungen sind in dieser Phase dem Lernen förderlich:

- Körperliche Aktivitäten erleichtern kognitive Lernprozesse. Je mehr nur auf geistiges Lernen abgehoben wird, desto mehr gerät das Kind in Disbalance. Äußere und innere Bewegung gehören untrennbar zusammen. Dies gilt insbesondere für Kinder, die in ihrer geistigen Entwicklung etwas verzögert sind, die mehr Gefallen am Spiel, an der spielerischen Auseinandersetzung mit Realität als an der intellektuell-abstrakten Durchdringung von Wirklichkeit haben.

- Die Sprache ordnet jene Eindrücke, die Kinder in dieser Zeit aufnehmen. Und sie nehmen viel wahr. Dabei gilt: Je ausgebildeter das sprachliche Vermögen, desto gekonnter und differenzierter vermag das Kind, das Wahrgenommene zu koordinieren und zu klassifizieren. Doch hier ist wichtig, die individuellen Unterschiede der Kinder zu akzeptieren.

■ Kinder teilen sich nicht nur über Worte, sondern auch über Tätigkeiten mit. Sie drücken der Realität ihren Stempel durch Aktivitäten auf. Es gibt Kinder, die können sich schon sehr früh mitteilen, andere lassen sich Zeit und zeigen durch ihre Handlungen, zu was sie in der Lage sind.

■ Lernen ist im Grundschulalter mit Emotionen verbunden. Reine Abstraktionen schrecken Kinder zwischen dem fünften und achten Lebensjahr ab. Sie können mit dürren Informationen nichts anfangen, sie nicht in ihr Handlungswissen einordnen, keinen Bezug zu ihrem Alltag herstellen. Allgemeine Schlussfolgerungen aus abstrakten Überlegungen zu ziehen, gelingt Heranwachsenden erst vom zehnten, elften Lebensjahr an. Davor leiten sie Verallgemeinerungen aus konkreten Operationen ab.

Und Kinder probieren in dieser Zeit viel aus, sie erspielen sich Wirklichkeit und erfahren dabei eine ganze Menge.

Der fünfjährige Jonas hat eine Schaufel mit Sand. Er füllt diesen in eine flache Schüssel. Dann entdeckt er einen hohen Spieleimer. «Da geht viel mehr rein», denkt er, «der ist ja höher und damit größer.» Er schüttet den Sand aus der Schüssel in den Eimer – und siehe, der Eimer fasst die gleiche Menge wie die flache Schüssel. Zwei bis drei Jahre später braucht Jonas dieses anschauliche Tun nicht mehr. Er kann dann erkennen, dass sich nicht die Masse an Sand, nur die Form der Behältnisse verändert hat.

Der Umgang mit Mengen und Formen nimmt deshalb in den Spielen der Kinder eine herausragende Bedeutung ein, braucht ein Kind doch lange Zeit – mal Wochen, mal Monate, mal Jahre –, bis es in der Lage ist, allgemeine Schlussfolgerungen durch sein Denken herzustellen. Und es ist kein Wunder, dass das Kind dann stolz auf sich ist.

In der Übergangszeit zwischen dem fünften und achten Lebensjahr beginnen die Kinder, mit großer Leidenschaft alles und jedes zu sammeln. Angefangen von den Pokemons über Bierdeckel bis hin zu den Scheußlichkeiten aus dem Inneren eines Überraschungseis. Alles wird gesammelt, sortiert, klassifiziert – und natürlich getauscht, wenn man etwas doppelt hat. Regen sich manche Eltern über die chaotische Streuordnung im Kinderzimmer, auf dem Teppichboden oder dem Schreibtisch des Kindes auf, die Sammelobjekte sind ordentlich sortiert. Sie liegen separat, werden wie ein Augapfel gehütet – und wehe, man bringt sie im Zuge einer Staubsaugeraktion durcheinander, beschädigt eines, geht grob mit ihnen um – dann ist der Krach mit dem Kind vorprogrammiert.

Was also mit dem siebten, achten Lebensjahr beginnt und sich bis in das elfte, zwölfte Lebensjahr hinzieht, was Objekt der Freude, aber auch der Tränen sein kann, wenn man etwas Seltenes gefunden oder ein Objekt verloren hat, dem stehen Kinder irgendwann mit großer Gleichgültigkeit gegenüber. Ja, sie können die Sammelleidenschaft und die Emotionen, die damit einhergingen, kaum noch verstehen. Es ist ein Stück aus einer anderen Welt, einer Entwicklungsphase eben, die man jetzt überwunden hat.

Durch das Sammeln lernt das Kind – bei allem Nerv, den diese Leidenschaft für die Eltern bedeutet – zu klassifizieren. Es teilt Dinge in unterschiedliche Kategorien ein, unterscheidet Eigenschaften, es grenzt ab und grenzt aus, es vergleicht, es wägt ab. Und es weist den Gegenständen Bedeutung zu: Die, die ein Kind besonders mag, für die kämpft es, die will es haben; und andere, mit denen es nichts mehr anfangen kann, tauscht es, lässt es – im wahrsten Sinne des Wortes – unter den Tisch fallen.

Auch wenn das Kind zu Abstraktionen in der Lage ist, sein Wissen und Denken ist weiter von magisch-phantastischen Strukturen gekennzeichnet und durchzogen. In ihrer Phantasie verarbeiten Kinder Ereignisse der inneren und äußeren Realität. Und dabei sind Kinder wahre Meister der Kreativität.

Zwei Situationen können das Nebeneinander der realistisch-intellektuellen und magisch-phantastischen Durchdringung von Welt veranschaulichen.

Jana, sechseinhalb Jahre, teilte ihren Eltern – «es muss Ende November gewesen sein», wie die Mutter meinte – mit, sie glaube nicht mehr an den Weihnachtsmann.

«Das seid sowieso ihr!»

«Wieso?» Der Vater tut ganz überrascht.

«Ich hab die Jacke und die Maske und auch den Bart im Kellerschrank gefunden!» Jana gibt sich sehr selbstbewusst.

«Wusste ich sowieso von Anfang an.» Sie macht eine wegwerfende Handbewegung: «Der kannte so viel von mir, meine ganzen Wünsche! Bei diesen vielen Kindern auf der ganzen Welt!» Sie schüttelt vehement ihren Kopf.

Die Eltern sagen nichts weiter dazu, «obgleich es mir», wie der Vater im Nachhinein erzählte, «auf den Lippen lag: ‹Okay, dann gibt's eben keine Geschenke zu Weihnachten!›»

Als die Mutter ein paar Tage später mit Jana das große Einkaufszentrum betrat, hatte man die Weihnachtsdekoration schon installiert. Es war Nikolaustag. Jana wollte mit ihrer Mutter etwas einkaufen. Als sie mit der Rolltreppe in den ersten Stock fuhren, um in die Spielzeugabteilung zu gelangen, stand mit einem Male der leibhaftige Nikolaus vor ihnen. Ein Nikolaus, eben nicht Knecht Ruprecht: liebenswürdig, ein Freund der Kinder, mit einem großen Sack, aus dem er Süßigkeiten holte. Er stand einfach da, ging nicht auf die Kinder zu, um ihnen Distanz zu lassen.

Einige gingen forsch auf ihn zu, andere standen wie angewurzelt da. Jana suchte sofort die Nähe der Mutter, umfasste ihre Hand, schien sich hinter dem Rücken zu verstecken, lugte skeptisch äugend dahinter hervor.

«Was ist?», fragte die Mutter. Keine Antwort von Jana, die den Nikolaus aus einiger Entfernung anschaute.

«Was ist denn?», wiederholte die Mutter freundlich. Jana blieb stumm.

«Komm, dann lass uns gehen!» Doch Jana zog an der Hand der Mutter, so als wollte sie ausdrücken: «Bleib stehen!»

«Aber was ist denn?»

Langsam, ganz langsam löste sich Jana aus der Hand ihrer Mutter, bewegte sich vorsichtig auf den Nikolaus zu. Als sie ihn fast erreicht hatte, blieb sie stehen, schaute, wie er zwei anderen Kindern Schokolade gab. Dann gab sie sich einen Ruck, trat auf ihn zu. Er holte eine Tüte Bonbons aus seinem Sack. Sie streckte die Hände aus, er legte die Tüte hinein.

«Danke!», sprach Jana leise, kaum vernehmlich. «Danke!», wiederholte sie. Aber sie ging auch nicht weg. Der Nikolaus beugte sich zu Jana, sein langer weißer Bart hing an ihm hinunter, das Mädchen fast berührend.

«Na?», dröhnte ein freundlich klingender Bass. «Was möchtest du denn noch?»

Jana nahm vorsichtig seine Hand, fasste sie an, streichelte sie, zog vorsichtig, behutsam am Bart. Dann lächelte sie: «Dich gibt's ja wirklich!»

Und bevor er antworten konnte, sprang sie zur Mutter, nahm deren Hand. Sie sagte kein Wort. Als sie später nach Hause fuhren, meinte Jana mit einem Male: «Wenn's den Nikolaus gibt, gibt's auch den Weihnachtsmann. Ich glaub, der hat nur seine Sachen bei uns im Keller vergessen!»

Als Niklas fünf Jahre alt war, hatte er Angst vor Gespenstern, die durch das Fenster kommen würden. Von seinem Bett aus musste er immer durch das Fenster blicken. Davor stand eine Birke, deren Zweige in der Dämmerung, wenn sie sich bewegten, unheimlich wirkten. Niklas' Mutter riet ihrem Sohn, doch die Gardinen zuzuziehen, dann könne er die Zweige nicht sehen.

«Aber die sehen mich. Und die verwandeln sich in Gespenster. Und dann kommen sie hinein. Und dann schlagen sie mich und tun mir weh!»

Nachts kam Niklas häufig zu seinen Eltern ins Bett, weil er sich so sehr fürchtete. Die Eltern waren darüber einigermaßen genervt.

Eines Abends meinte Niklas nach dem «Gutenachtritual» ganz selbstbewusst: «Heute Nacht werde ich nicht kommen!»

«Warum nicht?»

«Ich hab Zauberpillen auf die Fensterbank gelegt. Wenn die Gespenster die fressen, dann fallen sie um und schlafen sofort ein!»

«Und wo sind die Pillen?», fragt die Mutter. «Ich sehe sie nicht!»

«Du bist ja auch kein Gespenst», antwortet Niklas ganz ruhig. «Meine Pillen sehen nur die Gespenster.»

Niklas schläft über Wochen durch. Aber eines Nachts rennt er laut schluchzend in das Schlafzimmer der Eltern.

«Was ist denn, mein Schatz?»

«Ich hab vergessen, die Zauberpillen auf die Fensterbank zu legen, und grad haben sie gelacht: ‹Jetzt holen wir dich, du kleiner Bösewicht!›»

Am nächsten Abend schaut Niklas seine Mutter fest an: «Du musst mich jeden Abend an die Pillen erinnern!»

Niklas legt diese fast zwei Jahre auf die Fensterbank, bis er seiner Mutter eines Tages mitteilt: «Du brauchst mich nicht mehr zu erinnern!»

«Und warum nicht?»

«Neulich hab ich Licht angemacht, als es so geraschelt hat. Und nun mach ich immer die Lampe am Bett an und sehe die Zweige. Und dann weiß ich, dass das keine Gespenster sind.»

«Die Schule ist blöd», erklärt mir der sechsjährige Lukas, «ich muss jetzt Hausaufgaben machen und kann nicht mehr so viel spielen. Immer muss ich etwas lernen. Und Mama macht mit mir die Hausaufgaben. Das ist verdammt doof. Wir streiten uns dann schnell.»

«Ich finde Schule gut», meint dagegen die knapp siebenjährige

Mareike. «Jetzt bin ich nicht mehr im Kindergarten. Da musste ich immer auf meinen kleinen Bruder aufpassen. Und der hat ganz schön genervt. Nie durfte ich machen, was ich wollte. Immer musste ich auf ihn aufpassen. Jetzt bin ich mit Anna zusammen, das ist meine beste Freundin.» Sie lacht: «Und dann kann ich auch schon lesen. Das kann mein Bruder nicht. Ich bin schon richtig groß.» Und dann fügt sie hinzu: «Nur diese Hausaufgaben, die sind blöd, die muss ich immer erst machen, sonst darf ich nicht zu Anna zum Spielen.»

«Das Tollste an der Schule ist der Weg dahin», findet der achtjährige Robert. «Da gehen wir zusammen hin, Björn und Lasse, meine Freunde. Wir holen uns ab, und dann laufen wir los. Das ist toll.» Er nickt: «Und dann ist da noch unsere Lehrerin. Die ist klasse. Da lerne ich viel!» Robert denkt nach: «Nur manchmal meckert sie rum. Dann ist sie wie meine Mama, wie eine Hexe. Das kann ich nicht gut ab. Aber dann halte ich mir einfach die Ohren zu und höre sie nicht.»

«Ich mag die Schule auch», erläutert der neunjährige Marco. «Aber ich muss, wenn ich nach Hause komme, immer von der Schule erzählen. Meine Mama fragt und fragt, die fragt mir Löcher in den Bauch. Dabei will ich doch nur meine Ruhe haben, wenn ich wieder zu Hause bin.» Er überlegt. «Ich gehe dann am liebsten vor den Fernseher.» Er sieht mich an: «Willst du wissen weshalb?» Und bevor ich antworten kann, kommt schon seine Antwort: «Weil der nicht fragt!» Marco lacht, wird dann aber wieder ernst: «Früher hat Papa mit mir gespielt, aber jetzt will er immer sehen, wie ich die Hausaufgaben gemacht habe. Das ist nicht mehr so gemütlich wie früher.»

«Ich kann nicht mehr einfach aufstehen wie noch im Kindergarten», meint die sechsjährige Benita, als ich sie nach dem Unterschied von Kindergarten und Schule frage. «Jetzt muss ich immer fragen, ob ich mal was holen kann. Und auf dem Schulhof rennen die Jungen so wild rum, dass ich manchmal Angst habe.» Sie lächelt: «Aber die Lehrerin, die ist nett, die ist genauso nett wie Ingrid aus dem Kindergarten. Sie nimmt mich auch mal in den Arm, wenn ich traurig bin oder müde.»

Mit der Schule fängt ein neuer Lebensabschnitt an: Der Kindergarten geht zu Ende, und eine neue Etappe steht bevor. Aber nicht jedes Kind freut sich darauf. Manchmal ist der Übergang mit Skepsis und Unsicherheit verbunden. Das Unbekannte fordert manche Kinder nicht unbedingt heraus, einige reagieren ängstlich, sie fremdeln, ziehen sich zurück:

- Boris fällt etwa acht Wochen vor Schulbeginn wieder in eine Babysprache zurück: Er formuliert nur noch Einwortsätze, spricht leise, ist kaum zu verstehen.
- Markus, sechseinhalb, nässt ein Vierteljahr, bevor er in die Schule kommt, nachts häufiger ein. Und je mehr er hört, in der Schule würde man über ihn deshalb lachen, desto größer wird die Menge, die er ins Bett macht.
- Kathrin, knapp sieben Jahre, beginnt vier Monate vor Schuljahresbeginn, wieder heftig zu klammern. Sie kommt nachts zu ihren Eltern ins Bett, wirkt auf die Umwelt zaghaft und traurig.
- Pia, sechs Jahre, freut sich «wahnsinnig» – wie die Eltern sagen – auf die Schule, aber sie kann in den ersten Wochen kaum kontinuierlich am Unterricht teilnehmen. Sie hat ständig Schnupfen, erhöhte Temperatur, Ohrenschmerzen.

Kinder reagieren auf die Veränderungen, die sich mit dem Schuleintritt zeigen, höchst unterschiedlich: Während die einen mutig, manchmal übermütig den Weg in die Schule beschreiten, nimmt der Abschied aus gewohnten Alltagsvollzügen die anderen gefühlsmäßig mit. Sie trauern, sinken zurück auf frühe Entwicklungsstufen. Oder der Schmerz zeigt sich psychosomatisch. Sie werden krank und nehmen sich so eine Auszeit von der Schule.

Der Schuleintritt bringt Bewegung in den Alltag, in das Leben des Kindes. Und jedes Kind entwickelt auch hier sein individuelles Tempo, einen Eigensinn, mit dem es sich den neuen Herausforderungen stellt.

Kinder sind neugierig, sie wollen lernen, sich Neuem stellen. Aber viele müssen sich an die schulischen Strukturen erst noch gewöhnen.

Bei einigen Kindern geht das sehr schnell, bei anderen dauert es länger. Sie trauern den flexibleren zeitlichen Einteilungen des Kindergartens nach, empfinden die 45-Minuten-Einheiten als Druck, das Stillsitzen als Einschränkung.

Und die Einschulung wirkt sich auf die Eltern-Kind-Beziehungen aus. Der Weg in die Schule ist der Weg weg von zu Hause. Ankommen im Schulgebäude meint auch Ankommen in einer sozialen Gruppe, heißt zeitlich begrenzter Abschied vom Elternhaus und die Hinwendung zu Gleichaltrigen. Mit der Schule erweitert sich nicht nur der Wissenshorizont der Kinder, auch der Erfahrungshorizont wandelt sich. Die Eltern bleiben zwar als zentrale Bezugspunkte wichtig, doch die Bedeutung der Freundinnen und Freunde wächst.

Der Lehrer und die Lehrerin bringen Dynamik in die Erwachsenen-Kind-Beziehungen und wirken sich zweifelsohne auf die häusliche Erziehung aus: Manches Kind, das zu Hause mit einem Laisser-faire-Stil konfrontiert war, lernt nun den Zusammenhang von Grenze und Konsequenz kennen. Wieder andere Kinder, die zu Hause Regeln und Rituale erfahren, stoßen in der Schule vielleicht auf eine Mischung aus Zuckerbrot und Peitsche.

Und schließlich empfinden Schulkinder den neuen Ort, an dem sie von nun an viel Zeit verbringen, als ihren Bereich, ihr Segment, in dem sie ganz eigene Erfahrungen machen. Deshalb erzählen manche Kinder den Eltern nicht sofort etwas aus der Schule, wenn sie nach Hause kommen. Die einen sind todmüde, die anderen brauchen Zeit, um sich umzustellen, die Dritten sind missmutig, weil sie sofort gefragt werden, was denn an Hausaufgaben zu machen sei.

«Ja, darf ich mich denn gar nicht für die Schule interessieren?», will ein Vater von mir wissen. «Schließlich interessiert es mich doch, was da läuft!»

Kinder finden es wichtig, wenn man sich für sie interessiert, aber es gibt viele andere Bereiche im Leben eines Schulkindes, über die man reden kann, um auszudrücken, wie gern man am Alltag der Kinder teilhaben möchte. Und wenn man mit seinem Schulkind in Kontakt kommen will, Gesprächsbereitschaft signalisiert, kann man das auch dadurch tun, dass die Eltern von sich und ihrem Alltag erzählen.

Wenn die Schule naht, stellt sich für viele Eltern die Frage: «Ist mein Kind schulreif?» Nicht selten beziehen sich die Antworten auf die kognitiv-intellektuelle Reife des Kindes. In den Beratungen erzählen mir Eltern häufig, was das Kind schon alles könne: «Mein Jakob kann schon lesen!» oder «Meine Frederike kann schon rechnen!»

Schulreife orientiert sich aber nicht allein an den geistigen Leistungen des Kindes, Schulreife ist ein Zusammenspiel körperlicher, emotionaler, sozialer und eben auch sprachlich-kognitiver Faktoren. Übersieht man aber den körperlichen Entwicklungsstand eines Kindes, erkennt man nicht die Bedeutung gefühlsmäßiger und sozialer Reife, reduziert man Schulreife unzulässigerweise auf das Wissen.

Die Schule bedeutet für Kinder eine Herausforderung. Manche können im ersten Schuljahr manche Frustration dank ihrer intellektuellen Stärke kompensieren, aber wenn sich um das neunte, zehnte Lebensjahr die körperlichen Veränderungen zeigen, die auf eine beginnende Pubertät hindeuten, kommt es bei vielen Kindern zu Krisen, die sich schnell auf die kognitiven Leistungen, die intellektuelle Leistungsbereitschaft negativ auswirken. Mit Krisen, Rückschlägen, Frustrationen umgehen zu können – diese Kompetenzen deuten stärker auf das Erreichen der Schulreife hin als die Fähigkeit, bereits lesen und schreiben zu können.

Nachstehend will ich einige Faktoren benennen, an denen sich Schulreife auch ablesen lässt:

- Die Fähigkeit des Kindes, selbständig zu entscheiden und zu handeln.
- Die Fähigkeit, mit Kritik, Frustration umzugehen und eigene Bedürfnisse aufzuschieben.
- Die Fähigkeit, auf andere Rücksicht zu nehmen und sich andere Standpunkte anzuhören, sie zu akzeptieren.
- Die Fähigkeit, miteinander zu spielen, Spielregeln zu erkennen und einzuhalten.
- Die Fähigkeit, mit anderen sozialen Kontakt aufzunehmen und nicht nach dem Motto zu handeln: Schlage zurück, wenn du geschlagen wirst!
- Die Fähigkeit, sich sprachlich angemessen auszudrücken und auf andere Argumente einzugehen.

Auch wenn der Entwicklungsstandard eines Kindes stark vom familiären und vom sozialen Umfeld abhängt, in dem ein Kind aufwächst, so kann man ein Kind nur begrenzt auf das vorbereiten, was die Schule an Anforderungen mit sich bringt. Wer das letzte Jahr vor der Einschulung als gezielte Förderung begreift, um das Kind schulfähig zu machen, überfordert den jungen Menschen nicht selten. Angemessener, weil kindorientierter ist eine altersgemäße Begleitung, die die individuelle Entwicklung der Kinder berücksichtigt.

Dies gelingt Eltern umso leichter, je mehr sie über die Schule wissen, die das Kind besuchen wird. Der Schuleintritt bedeutet ja nicht allein die Annäherung des Kindes an die Schule, er setzt auch die Vorbereitung der Schule auf das je individuelle Kind voraus. Beide müssen aufeinander zugehen, und je mehr die Eltern spüren, ihr Kind wird angenommen und unterstützt, desto eher können sie ihr Kind loslassen und in die Obhut der Schule geben. Aber die Eltern müssen dem Lehrpersonal auch einen Vertrauensvorschuss geben. Das gilt allerdings genauso umgekehrt.

Der Übergang in die Schule gelingt Kindern umso leichter, je mehr sie ein Miteinander von Elternhaus und Schule erfahren. Ein

Gegeneinander ist genauso kontraproduktiv wie der Grundsatz, alle müssten zum Wohle des Kindes an einem Strang ziehen. Diese Formulierung empfinden Kinder als Hinrichtung, als gegen sich gerichtet, erfahren sie doch nur allzu häufig, dass zwar an einem Strang, aber in verschiedene Richtungen gezogen wird.

Kinder wollen verschiedenartige Erziehungsstile kennen lernen, wollen sie vergleichen, sie manchmal gegeneinander ausspielen. Unterschiedliche Erfahrungen machen Kinder lebenstüchtig.

KAPITEL VIER

Alltägliche Erziehungskonflikte

1. «Oh, diese Unordnung ...» –
Vom Aufräumen

«Ich verstehe nicht», sagt die Mutter von Ralph und Mario, elf und acht Jahre, und schüttelt dabei ihren Kopf, «wie die sich in ihren Sauställen wohl fühlen.» Sie wäre ja nun «wirklich kein Putzteufel», aber wenn sie die Zimmer ihrer Kinder betrete, dann treffe sie der Schlag.

«Das sieht aus, als ob da eine Bombe eingeschlagen hat.» Sie blickt finster drein: «Und wenn die dann nichts finden, kommen sie zu mir angekrochen. Und ich suche dann mit ihnen.» Sie versprächen augenblicklich Besserung, «aber darauf gebe ich keinen Heller mehr». Schon nach ein paar Tagen sähe es «wieder so wild aus wie zuvor».

So lange hielte sie es gar nicht aus, meint die Mutter von Carmen und Ina, acht und fünf Jahre, als sie das hört. «Auch wenn's mir stinkt. So alle drei Wochen stürme ich die Zimmer, wenn die in der Schule sind. Dann mach ich da Ordnung.» Zack, zack ginge das. Sie grinst: «Und wenn die nach Hause kommen, fluchen sie, weil sie nichts mehr wiederfinden.» Sie schmunzelt: «Ist mir doch egal. Aber den Mund rede ich mir nicht mehr fusselig. Die hören ja doch nicht, wenn ich sie darum bitte, aufzuräumen. Also mach ich's gleich selber.»

«So weit kommt das noch», greift Lenas Mutter in das Gespräch ein. «Mit sieben kann man doch ein wenig Ordnung halten.» Sie sieht die anderen Mütter an: «Meine ich jedenfalls. Das ist nun wirklich nicht zu viel verlangt, oder?» Die anderen bestätigen sie durch Nicken. «Ich kündige Lena an, wann ich auch bei ihr sauber mache. Ich gehe dann mit dem Staubsauger rein. Lena hat eine Allergie, die hustet, wenn's zu staubig ist ... Und wenn sie nicht wegräumt, was am Boden liegt, das wird weggesaugt.» Sie zieht die Augenbrauen hoch: «Dann schreit sie zwar rum, ich solle ihr die Sachen ersetzen.» Vehement schüttelt sie den Kopf: «Aber so weit kommt's noch!» Dann lacht Lenas Mutter: «Die Methode ist nicht pädagogisch wertvoll, aber sie hat zumindest dazu geführt, dass Lena am Tag, bevor ich ihr sage, ich sauge, etwas aufräumt ...», sie stockt, «... na ja, ein klein bisschen aufräumt.»

«Neulich sagt doch mein Peter zu mir», erzählt Vera Bauer, «als ich ihn auffordere, Ordnung zu schaffen, er habe keine Lust dazu.» Da sei sie wütend geworden: «‹Meinst du, *ich* habe Lust dazu?›, habe ich ihn angeschrien. Sie glauben es nicht, was der mir antwortet, ganz cool, ganz lässig: Dann soll ich's doch *auch* bleiben lassen.» Doch mit einem Male grinst sie verschmitzt: «Vorgestern bitte ich ihn wieder, wieder diese blöde Antwort, er habe keine Lust dazu. Da habe ich ganz ruhig erwidert: ‹Verstehe ich! Dann räumst du ohne Lust auf, das geht doch auch!›» Sie prustet laut los: «Er war so überrascht, der hat aufgeräumt, mosernd, fluchend, sauer ..., aber er hat aufgeräumt.»

Wenn ich die zahllosen elterlichen Klagen über Unordnung und unaufgeräumte Zimmer betrachte, könnte ich daraus schließen: Ordentliche Kinder gibt es – aber selten. Kinder empfinden sich dagegen nicht als schlampig, Kinder haben nur ein ganz eigenes Ordnungssystem. Sie haben sehr genaue Vorstellungen davon, wo Gegenstände zu finden sind. Selbst im größten Durcheinander, wenn alles undurchschaubar und unübersichtlich scheint, folgen Kinder einem nur für sie erkennbaren Ordnungssystem, entdecken zielsicher jene Dinge, die sie brauchen.

Es sei denn, Eltern bringen mit ihrem «Aufräumfimmel», so der neunjährige Dirk, Unordnung in das kreative Durcheinander. Kinder spüren, dass Chaos zum Leben gehört. Und man viel Energie aufwenden muss, um Ordnung im Zimmer zu halten, wozu sie nicht immer Lust haben. Deshalb entwickeln sie eigene Ordnungssysteme, in denen sie sich spielend – mal mehr, mal weniger – zurechtfinden. Das Problem: Eltern sehen diese Sache anders – und daraus ergeben sich (überflüssige) Machtkämpfe und Schuldzuweisungen, die das Beziehungsklima vergiften.

Unordnung ist – aus der Sicht der Eltern – eine ärgerliche, nervige Sache, aber Unordnung lässt keine Rückschlüsse auf den Charakter des Kindes zu. Der immer konstruierte Zusammenhang von draußen und drinnen, zum Beispiel «wie der Teller, so das Herz», mag in Einzelfällen zutreffen, aber als Beurteilungsmaßstab für eine Persönlichkeit taugt dieses Erfahrungswissen nur begrenzt. Denn auch Eltern gehen mit der Unordnung der Kinder widersprüchlich um. Mal lieben sie ihre kleinen Chaoten, weil sie selber gut drauf sind und die Seele baumeln lassen. Mal flippen sie schon bei jeder Kleinigkeit aus, machen aus einer Mücke einen Elefanten, formulieren Sätze in Ewigkeitsdimensionen («Räumt ihr denn *niemals* auf!»), nur weil ihnen eine Laus über die Leber gelaufen ist. Ordnung hat zweifellos eine praktisch-ästhetische Seite – das ahnen oder fühlen auch die Kinder.

Als beim zehnjährigen Arne zum ersten Male seine Freundin Beatrice auftauchte, verwandelte er sich in einen Putzteufel; und als die achtjährige Susanne es in ihrem unaufgeräumten Zimmer zu ungemütlich fand, kam sie selber auf die Idee, etwas mehr Wohnlichkeit zu verbreiten. Als Johannes seinen Atlas nicht mehr wiederfand, der im unendlichen Chaos seines Zimmers verschwunden war, und er selber für die anfallenden Kosten aufkommen musste («Das schöne Taschengeld!», fluchte er, das müsse er nun «für so'n Mistatlas ausgeben!»), ordnete er zumindest seine Schulsachen an einen dafür bestimmten Platz.

Kinder lernen aus natürlichen Folgen – schneller, als Erwachsene meinen. Aber stattdessen versuchen es die Eltern mit «guten» Worten, ständigen Ermahnungen oder inkonsequenten Verhaltensweisen, die nichts bewirken – vielleicht vorübergehend das Chaos ein wenig beseitigen, dafür aber manchmal die elterliche Hilflosigkeit nur noch verstärken.

Annikas Mutter, Christel Weber, ist sauer auf ihre zehnjährige Tochter. «Im Prinzip ist es mir egal, wie es in ihrem Zimmer aussieht. Nur wenn ich mehr Arbeit habe, dann stinkt es mir gewaltig.»

Sie müsse mehr waschen und bügeln, erklärt sie mir, «weil alles auf dem Boden herumliegt. Annika schmeißt ihre Sachen hin, trampelt drauf rum.» Sie sieht mich man: «Da bin ich ausgeflippt: ‹Ich hab keine Lust, deine Sachen ständig zu waschen und zu bügeln, nur weil du zu faul bist, sie einzuräumen. Du kannst jetzt gefälligst selber waschen und bügeln.›«

«Wie ging das weiter?», will ich wissen. Und dann berichtet sie.

«Mama, ich verstehe dich», antwortet Annika auf den Vorwurf ihrer Mutter mit betont einfühlsamer Stimme. «Das ist auch doof von mir. Du tust so viel und ich mache dir auch noch mehr Arbeit. Entschuldigung, Mama!»

Christel Weber ist überrascht über die verständnisvolle Reaktion ihrer Tochter.

«Da hätte ich natürlich hellhörig werden müssen», erinnert sie sich später.

Denn Annika wäscht und bügelt keineswegs selber. Sie trägt die Klamotten ihres Kleiderschranks auf. Und da sie viele Sachen zum Anziehen hat, die sie phantasievoll kombiniert, muss sie sich auch nicht mühen, ihre Blusen, Hemden und Unterwäsche zu säubern. Der Kleiderstapel in ihrem Zimmer nimmt ungeahnte Ausmaße an.

Die Mutter fragt vorsichtig nach, wann Annika denn mal waschen würde.

«Bald!», lautet die Standardantwort ihrer Tochter. Oder: «Mama, halt dich doch da raus!» Und Christel Weber schweigt.

Eines Tages hat Annika nichts mehr, was sie sinnvoll kombinieren kann. Sie hat noch eine Hose, eine Bluse, eine Jacke – drei Sachen, die farblich äußerst experimentell wirken. Annika sieht darin wie ein Harlekin aus. Aber ihr macht es nichts. In dieser Tracht geht sie in die Schule. Sie schmunzelt über die Sorgenfalten ihrer Mutter, spürt ihre Gedanken hinter der Stirn: «Was die Leute wohl von dir denken, deine Tochter so in die Schule zu lassen?»

Doch Annika kümmert es wenig. Sie macht sich jeden Tag auf den Weg – in immer der gleichen abenteuerlichen Kombination: grüne Hose, schrillblaues Hemd und eine zerknitterte, verblichene hellgelbe Jacke.

«Irgendwann», erinnert sich die Mutter, «so am sechsten oder siebten Tag, ich sah sie nicht mehr, man konnte sie riechen, wenn sie das Haus betrat, bin ich in ihr Zimmer gestürzt, als sie im Unterricht war, habe alles in die Waschmaschine gesteckt, gebügelt», sie atmet kräftig aus, «und ihr in das Zimmer gelegt.»

Annika kommt, geht in ihr Zimmer, verlässt dies aber unverzüglich wieder. Sie geht aus dem Haus und kommt nach zwanzig Minuten wieder zurück, überreicht ihrer Mutter Pralinen mit den Worten: «Danke, Mama! Ich wusste, dass du die schwächeren Nerven hast!»

Das sei ihr eine Lehre gewesen, meint sie rückblickend, aber für Annika war's auch eine Erfahrung.

«Die wäscht und bügelt jetzt ihre Sachen – alle vierzehn Tage!»

«Meinst du», habe die Tochter an diesem Tag gesagt, als sie ihr die Süßigkeiten überreicht hatte, «ich will nochmal wie ein Wellensittich durch die Stadt laufen?»

Pädagogische Maßnahmen, die man beim Thema Aufräumen des Kinderzimmers ergreifen kann, sind begrenzt und müssen deshalb gut überlegt sein. Nicht jedes Mittel, das einem im Zustand von Zorn und Wut einfällt, führt zum Ziel. Manchmal kommt man vom Regen in die Traufe.

Patrizia, zehn Jahre, erinnert sich: «Früher habe ich nur aufgeräumt, wenn meine Mutter schrie: ‹Wenn du nicht aufräumst, siehst du keine Sesamstraße!› Dann hab ich natürlich aufgeräumt!»

Sie grinst breit: «Jetzt mach ich mein Zimmer für drei Sendungen sauber ... oder», sie überlegt, «wenn ich etwas Schönes dafür bekomme!»

Gerade bei jüngeren Kindern zwischen zwei und sechs Jahren muss man unterscheiden, ob ein Kind nicht aufräumen will oder es nicht kann. Jüngere Kinder favorisieren eine Streuordnung, die natürlich im Gegensatz zur gewünschten Häufchenordnung der Eltern steht. Streuordnung meint: Kinder finden in den am Boden oder in den Regalen zerstreuten Objekten eher das wieder, was sie brauchen. Und sie haben dabei ihre ganz eigene Ordnung.

Dies erfährt man beispielsweise beim Memory-Spiel, wo Kinder nicht selten Erwachsene besiegen, weil sie sich genauer merken können, wo sich Spielelemente befinden.

Kinder lieben eine Grobordnung, die es ihnen erlaubt, sich zurechtzufinden. Aber zugleich verlieren sie dann den Überblick, wenn zu viel herumliegt. Sie versinken im Chaos, haben keine Lust, Ordnung zu schaffen, weil es ihre Kompetenzen übersteigt. Deshalb kann es im Kindergartenalter sinnvoll sein, Kinder beim Aufräumen zu unterstützen:

- Manche Zimmer quellen über. Da liegen Wintersachen neben der Kleidung, die man nur im Sommer trägt. Da findet sich Spielzeug, mit dem das Kind schon Monate, gar manchmal Jahre nicht gespielt hat. Das Zimmer zu entrümpeln – in Absprache mit dem Kind – kann zu neuer Übersicht führen. Und sollte ein Kind sich nicht trennen wollen, kann man ein Spiel woanders aufbewahren. Und mancher Vater, manche Mutter hat schon mal in einer Einzelaktion Spielzeug entfernt, ohne dass das Kind dies überhaupt bemerkt hat.

- Man kann mit Kindern auch Aufräum-Rituale absprechen: Man vereinbart einen Termin, hilft dem Kind – je nach Alter und Entwicklungsstand – eine Zeit lang und lässt es dann eigenständig weiterarbeiten. Kinder lassen sich auf solche Vereinbarungen dann ein, wenn sie spüren, die Eltern respektieren ihre Ordnungsvorstellungen und wollen ihnen nicht die elterlichen Prinzipien aufdrücken.

Doch aufgepasst: Auch Kinder müssen sich an Absprachen halten. Und sollten sie dies nicht tun, obgleich die Eltern ihnen entgegenkommen, müssen Kinder die Folgen ihrer Grenzüberschreitung fühlen.

Max, knapp fünf Jahre, war ein «kleiner Chaot», wie die Mutter erzählte. Max praktizierte die, sie sieht mich an, «Streuordnung, die Drei-Schichten-Streuordnung!»

«Bitte?»

Sie grinst: «Das haben Sie noch nicht gesehen: unten die Legos, darüber die Playmobil-Figuren, darüber, was ihm so im Laufe des Tages aus den Händen glitt . . . , und ihm glitt viel aus seinen Händen, kann ich Ihnen sagen.»

Max ist ein anspruchsvoller Junge. Jeden Abend besteht er auf seinem «Gutenachtritual» – bestehend aus vier Abschnitten: dem Lied, der kleinen Geschichte, dem Gebet und dem Kuss. Und da sich die Mutter fast allabendlich ihre Zehen an den Legos stieß, wenn sie auf dem Weg von der Tür zu Max' Bett unterwegs war, wurde aus dem Lied bald ein Klagelied. Sie fluchte, Max versprach, am anderen Abend ein wenig aufzuräumen – doch nichts geschah.

«Er hält sich eben nicht an die Absprachen», erklärt sie mir einigermaßen wütend. «Er verspricht etwas, aber er hält sich nicht daran.»

«Wenn er das nicht macht», antworte ich, als sie mich fragt, was sie denn da machen könne, «wenn er sich nicht an Absprachen hält, dann gibt es eben kein Gutenachtritual!»

«Herr Rogge», ruft sie spontan, «Max braucht sein Ritual, sonst schläft er nicht! Dann ist mein Max traurig und unglücklich. Sie müssen dann mal sein Gesicht sehen.» Sie sieht aus, als würde sie gleich in Tränen ausbrechen. «Nein, das bringe ich nicht übers Herz.» Sie schaut mich an: «Ich weiß, was Sie jetzt denken!»

«Was denn?»

«Eine Rot-Kreuz-Schwester in Aktion!» Ich nicke. Und dann macht sie einen ernsten Gesichtsausdruck: «Aber gibt's nicht irgendeinen Tipp? Sie wissen doch sonst immer etwas!»

Ich überlege: «Na ja, Sie könnten ihm doch sagen: Aufzuräumen brauchst du nicht! Aber einen Weg kannst du freiräumen, von der Zimmertür zum Bett!»

Ich stocke: «Dann erreichen Sie verletzungsfrei Max' Bett.»

«Klasse Idee!», ruft sie spontan aus. «Toll!»

«Gemach! Gemach!», lache ich. «Schneisen wachsen zu. Und dann?»

«Ja, und dann?» Sie sieht ratlos aus. Dann schlägt sie vor: «Ich erinnere ihn, mir einen Weg frei zu machen!»

«Und wenn er's nicht macht, es dauernd vergisst?», bleibe ich beharrlich.

Sie denkt nach: «Ja, und dann?»

«Ich hätt 'ne Idee!»

«Und die wäre?»

«Wenn er keine Schneise schlägt, dann bleiben Sie an der Tür stehen, führen das Ritual von dort aus durch. Sie singen das Lied etwas lauter. Die Geschichten müssen Sie auch etwas lauter lesen. Sie sprechen das Gebet. Der Pfarrer kommt auch nicht zu jedem persönlich. Und den Kuss hauchen Sie ihm zu.»

Sie bricht in Lachen aus. «Hört sich gut an!»

Max' Mutter geht nach Hause, erklärt ihrem Sohn das Vorhaben. Der verspricht, abends sofort einen Weg zu bauen.

«Immer, Mama, immer baue ich einen Weg!», erklärt er mit großer Ernsthaftigkeit: «Du musst mich nur daran erinnern!»

«Und wenn du das nicht machst?»

«Dann kommst du nicht, das weiß ich.» Er lacht: «Aber ich mach dir immer einen Weg! Ehrlich!»

Und tatsächlich, er baut ihr einen breiten Weg, der acht Tage hält. «Dann ist er zugewachsen», wie die Mutter feststellt.

Sie erinnert ihn dreimal im Laufe des Tages, und er verspricht hoch und heilig, ihn «bald» wiederherzustellen. Doch nichts geschieht!

Das Gutenachtritual naht. Er kniet auf seinem Bett, ruft nach der Mutter. Sie bleibt an der Tür stehen.

«Mama, kommst du nicht?», fragt er irritiert.

«Max, ich habe es dir gesagt!»

«Mama, bitte!», seine Stimme klingt bettelnd.

Die Mutter singt das Lied, lauter als sonst. Max hört zu. Als das Lied zu Ende ist, wieder sein flehendes «Mama!», doch sie lässt sich nicht erweichen.

Sie erzählt die Geschichte, spricht das Gebet.

«Mama, Küsschen!» Max hält ihr seine Wange hin. Doch sie haucht ihm von der Tür zwei Küsse zu.

«Kommst du nicht mehr her?» Er blickt verzweifelt, sein Ton ist traurig.

Da atmet er tief aus, legt sich in sein Bett: «Gut, dann leg ich mich jetzt hin und sterbe!»

«Bis morgen, mein Schatz!» Ganz hält es Max' Mutter nicht aus. Als sie gegen Mitternacht in ihr Bett geht, schaut sie bei Max vorbei. Vorsichtig öffnet sie die Zimmertür, will einer Fee gleich über alle Gegenstände und Figuren fliegen, um ihren Schatz nicht zu wecken – doch, welch Anblick! Ein breiter Pfad öffnet sich ihr zum Bett hin. Sie geht vorsichtig zu ihrem Sohn, legt ihr rechtes Ohr auf seine linke Brust. Er atmet. Sie lächelt: «Altes Schlitzohr!» Dann küsst sie ihn auf die Stirn.

2. «Nun mach schon ...» – Vom Trödeln und Bummeln

Hannes ist ein «Morgenmuffel», ein richtiger «Melancholiker», wie seine Mutter sagt.

Der sitzt gegen Viertel vor sieben vor seinem Kakao und sieht den Blasen nach, die entstehen und zerplatzen. Hannes würde bis in alle Ewigkeit da sitzen, gäbe es nicht eine Person, seine Mutter, Marion Weber, die ihn mit immer heftiger werdender Stimme umkreist. «Du kommst zu spät, Hannes!» oder: «Beeil dich doch, Hannes!» oder: «Hannes, du verpasst den Bus!» oder: «Hannes, heut fahr ich dich aber nicht!»

Aber je schriller der Hubschrauber, der ihn umkreist, umso ruhiger wird Hannes. Und es scheint fast, als habe er die «Fünf Tibeter» gelesen – so ruhig, in sich gekehrt sitzt er da, den Hubschrauber, der ihn mit ständig klapperndem Geräusch umkreist, völlig ignorierend.

Bis er um kurz vor halb acht aufspringt, «Mist!» fluchend, seine Sachen im Eiltempo zusammensuchend, und dann, die Jacke im Laufen anziehend, zur Bushaltestelle rennt.

«Pass auf!», ruft die Mutter hinterher. Doch dafür hat Hannes kein Ohr. Außer Atem erreicht er die Bushaltestelle: «Mist! Verdammter Mist!» Er stampft mit den Füßen auf, schmeißt seinen Rucksack auf die Erde.

«Mist!» In der Ferne sieht er die Rücklichter des Busses entschwinden. Aber Hannes kommt nicht in Panik, weil fast in dem Moment, in dem er ein letztes Mal «Mist!» denkt, links neben ihm auf der Straßenseite, wie von unsichtbarer Geisterhand gesteuert – ein Mini-Van auftaucht, der Familien-Van. Die Beifahrertür geht auf, und eine wachsweiche Stimme säuselt: «Steig ein, Schatz, du kommst sonst zu spät!»

Hannes wäre ja blöd, würde er das nicht tun. Also setzt er sich auf den Beifahrersitz und knurrt: «Nun fahr schon los und überhol den Bus, Mensch!»

Wer hat schon mal in Flensburg die Punkte gezählt, die Mütter morgens riskieren, um ihren Kindern morgens Schulsachen hinterherzubringen, sich an keine Tempo-30-Zone oder ein Ampelrot haltend, immer nur den Gedanken im Kopf, das Kind leidet ob der vergessenen, zurückgelassenen Sachen? Um dann mit quietschenden Reifen vor dem Schulgebäude vorzufahren, aus dem Auto zu springen, das Schulbuch oder den Rucksack zu schwingen – während oben am Fenster des Klassenraums das Kind steht, lässig hinunterblickt und denkt: «Oh, Gott! Die Alte ist schon wieder da!»

Als ich diese Geschichte bei einem Seminar erzähle, brechen die Anwesenden in Lachen aus. Als sich alle beruhigt haben, sieht mich Carola Meinicke, Mutter des elfjährigen Marco an: «Also, ich mag das ja gar nicht erzählen, bei mir war's noch viel schlimmer.» Dieser Satz macht alle neugierig.

«Also gut, ich erzähl's mal.»

Marco muss morgens schon früh zum Bus. Deshalb steht er alleine auf. Er macht es gern. Marcos Mutter bleibt noch im Bett. Marco hatte sich das gewünscht: «Ich bin doch groß. Ich kann das alleine!»

Aber ganz vertraut Carola Meinicke ihrem Sohn nicht. Sie schläft unruhig. Erst wenn die Haustür zuschlägt, sei sie beruhigt.

«Dann weiß ich, er ist auf dem Weg.»

Doch an diesem Morgen steht sie auf, nachdem Marco gegangen ist. Sie geht in den Flur – und was sieht sie? Auf dem Garderobentisch liegt Marcos Monatskarte für den Bus. Sie erschrickt – und ohne sich weiter Gedanken zu machen, rennt sie aus dem Haus, ihrem Sohn hinterher. Sie sieht ihn in der Ferne. Zwar ruft sie: «Marco! Marco!» Doch der hört nicht. Als sie am Nachbargrundstück vorbeiläuft, kommt Marcos Freund Janosch aus der Gartenpforte. Er grinst Marcos Mutter an: «Mensch, Frau Meinicke! Haben wir jetzt schon Fasching?»

Sie bleibt abrupt stehen, sieht an sich hinunter und ist entsetzt. Sie hat noch immer ihren Schlafanzug an.

Die anwesenden Seminarteilnehmer können sich vor Lachen kaum noch halten.

«So sind wir eben», erklärt eine Mutter, als es wieder still geworden ist.

«Was heißt, so sind wir eben, wir machen uns lächerlich», fällt ihr eine andere ins Wort, «nur weil wir ständig mit unserer Helferkappe herumlaufen.»

Wer kennt sie nicht – die Klagen über die trödelnden Kinder am Morgen oder Abend, wenn diese nicht in die Jacken und Schuhe kommen, um rechtzeitig irgendwo zu erscheinen. Viele Eltern fühlen sich für die Unpünktlichkeit und schlechten Angewohnheiten des Kindes persönlich verantwortlich, so als würden sie sich selber verspäten. Folglich braucht sich das Kind nicht zu verändern, weil es um den helfenden Engel in letzter Sekunde weiß, der – wenn auch murrend und knurrend – die Kastanien aus dem Feuer holt.

Kinder üben so eine indirekte, aber äußerst wirksame Macht über die Eltern aus. Sie spüren, wie unangenehm es Vater und Mutter ist, wenn sie unpünktlich im Kindergarten oder zum Unterricht erscheinen. Auf dieser Klaviatur spielen sie genüsslich ihre Melodie, geben den eigenen Rhythmus vor – und die Eltern tanzen nach ihrer Pfeife. Gegenüber Drohungen, jetzt sei Schluss mit den permanenten Rettungsaktionen, erweisen die Kinder sich als taub. Denn die Taten der Eltern sehen anders aus als deren meist im Zorn ausgestoßene Äußerungen. Worte erweisen sich als leere, wertlose Hülsen.

Kinder wissen die wüsten Verwünschungen («Sieh zu, wie du in die Schule kommst!», «Ist mir doch egal, welche Noten du schreibst!», «Ich fahr dich nie mehr in den Kindergarten!»), ausgestoßen im Zustand erhöhter hormoneller Irritation, aufgrund ihrer Alltagserfahrung richtig einzuschätzen: Solche Aussagen werden von ihren Eltern nach einiger Zeit kleinlaut oder missmutig, reuig oder entschuldigend zurückgenommen. Und sollte dies einmal nicht passieren – vielleicht haben die Eltern ja einen Ratgeber zum Thema «Grenzen setzen» gelesen –, dann haben Kinder ihre «Killer» parat, mit denen sie unangemessene Strafandrohungen mit einem Gemenge aus Charme, Hinterlist und dem Gespür für das Wesentliche aushebeln. Zum Beispiel gibt es die Wasserkraft-Methode (das ist verschärftes Schluchzen) oder die Erinnerung an den Ehrgeiz der Eltern («Gut, dann schreibe ich eben eine schlechte Note. Aber ihr seid schuld!»). Oder es wird ein Satz hingehaucht, begleitet von einem Gesichtsausdruck, der pure Verlassenheit ausdrückt und an die schier unendliche, alles verzeihende Mutterliebe appelliert: «Na ja, dann hast du mich eben nicht mehr lieb. So ist nun mal das Leben!» Kinder kennen die Achillesfersen ihrer Eltern am besten.

Wenn sie dieses Wissen für sich benutzen, dann tun sie das nicht, weil sie bösartige oder gemeine Wesen sind, sondern weil sie gut für sich zu sorgen wissen – so als wollten sie ihren Eltern sanft, doch unerbittlich zeigen: Seht, was ihr von uns lernen könnt! Wenn ihr schon schwach seid und auf unsere Überredungskünste so schnell reinfallt, dann müssen wir eben stark sein!

Kinder müssen die Folgen fühlen, die sich aus ihrem Verhalten, zum Beispiel der morgendlichen Trödelei, ergeben. Jedes Kind hat die Freiheit, Grenzen zu überschreiten, getroffene Absprachen zu missachten, verabredete Regeln zu übertreten, aber es muss zugleich Verantwortung für das eigene Tun übernehmen. Freiheit und Verantwortung gehören zusammen und sind untrennbar verbunden. Es geht also nicht, den Kindern die Freiheit zu geben und den Eltern die Verantwortung, nach dem Motto: «Ich ziehe die Handschuhe nicht an, aber Mama ist schuld, wenn ich friere!» oder: «Ich mag mich nicht beeilen, aber wenn ich zu spät komme, hat Papa die Schuld!»

«Ich bin bei dieser Sache auch mal reingefallen», erzählt Helga Ropers, Mutter der fünfjährigen Jessica. «Ich hab das Beste versucht, bin aber grandios gescheitert. Jessica hatte ihre Prinzessinnen-Zeit. Die zog sich jeden Tag die schönsten Sachen an. Ich hab dann gedroht, geflucht, sie wieder umgezogen. Jeden Tag hatten wir unsere Auseinandersetzung. Fürchterlich. Nur wenn mein Mann morgens da war, gab's kein Theater. Dann machte sie einen auf Aschenputtel. Ich war die Blöde, und er grinste wie König Allwissend: ‹Siehst du, Schatz!› So als wollte er sagen, lass Papa mal machen. Umbringen hätte ich ihn können.» Helga Ropers lacht.

«Da hatte Jessicas Erzieherin eine rettende Idee!» Die Mutter fasst den Entschluss, sich nicht mehr um die Kleidung der Tochter zu kümmern. Als sie das Jessica mitteilte, war diese überrascht, aber auch erleichtert. Denn der morgendliche Stress ließ nach, und die Situation entspannte sich. Ein paar Tage später kam Jessica genervt und traurig nach Hause, schimpfte über den Kindergarten und die blöde Erzieherin Irene. Sie beklagte sich, keinen Spaß mehr im Kindergarten zu haben. Ihrer Mutter ist noch lebhaft in Erinnerung, wie Jessica jammerte: «Die anderen spielen draußen, und ich stehe drinnen rum. Die klettern und toben, und ich kann nur basteln und singen!» Die mütterlichen Fragen nach den Gründen wehrte Jessica ab: «Ach, weil die alle doof sind.» Sie wollte gar nicht mehr dahin. Doch ihre Tochter habe sich besonnen und erschien am nächsten Morgen mit Jeans und Pullover am Frühstückstisch, verlangte gar nach ihren Gummistiefeln. «Immer Prinzessin sein ist doch auch blöde, oder?»

Jessica hat die Konsequenzen ihres Tuns gefühlt. «Mir tat es zwar schon Leid», erzählt die Mutter im Nachhinein, «dass sie nicht mitspielen konnte.» Sie lächelt: «Und als sie so schimpfte, habe ich innerlich geschmunzelt. Aber ich muss nach außen wohl anders gewirkt haben. Und so ähnlich ging es der Erzieherin auch.»

Haben Kinder das Gefühl, Erwachsene spielen nur mit Konsequenzen, dann reagieren sie darauf genauso, als wenn Eltern verlässlich als Retter in letzter Minute auf den Plan treten. Erziehung meint auch, Kinder Verantwortung übernehmen zu lassen. Sie können dies, wenn sie sich in der Eltern-Kind-Beziehung aufgehoben fühlen und wenn ihr Verantwortungsbereich alters- und entwicklungsangemessen ist.

Jessicas Verhalten verdeutlicht das: Die Mutter zieht sich aus dem Konflikt – nicht jedoch von Jessica – zurück. Sie lässt ihre Tochter nicht auflaufen, als sie sauer aus dem Kindergarten kommt – nach dem Motto eines Besserwissers: «Siehst du, das hast du davon. Ich hab's dir ja gesagt.» Jessica spürt die Folgen ihres Tuns, aber die Mutter überschüttet sie weder mit großem Mitleid («Mein armes Kind leidet im Kindergarten!»), noch versucht sie, den Konflikt für die Tochter zu lösen («Vielleicht ziehst du was anderes an!»). Zwar gibt Jessica zunächst den anderen Kindern und der Erzieherin die Schuld dafür, dass es ihr schlecht geht – eine Übertragung, die für jüngere Kinder völlig altersangemessen ist. Dann aber setzt sie sich mit der Situation auseinander und kommt zu einer für sie akzeptablen Lösung.

«Mir ist es ähnlich gegangen», berichtet Monika Seibold. «Mein Patrick ist morgens eine lahme Ente. Er geht alleine in den Kindergarten. Aber ehe es so weit ist, habe ich tausend Schweißausbrüche. Und er gibt den Oberklugscheißer: ‹Reg dich nicht auf! Die fangen dort erst an, wenn ich komme!› Das stimmte auch. Die warteten tatsächlich, bis Patrick eintraf. Aber eines Tages hatte auch Martina, seine Erzieherin, die Schnauze gestrichen voll. Sie sagte, wenn er nicht rechtzeitig komme, müsse er so lange vor der Tür warten, bis das Morgenlied vorbei sei. Martina hat's Leid getan, mir auch. Noch als er nach Hause kam, war er todtraurig, Tränen liefen über sein Gesicht. Ich habe ihn dann in den Arm genommen, getröstet, aber nicht die Glucke raushängen lassen. Doch das Erlebnis führte noch nicht zu einer Verhaltensänderung. Am nächsten Tag stand ein Wanderspaziergang an. Er kam wieder zu spät, die Gruppe war weg. Er musste den Tag über zu einer anderen Erzieherin, die er partout nicht mochte. Da musste er ganz brav sein, und das ist für meinen Sohn die schärfste Übung.»

Sie grinst: «Als er an diesem Tag aus dem Kindergarten kam, meinte er: ‹Mama, ich möchte pünktlich bei Martina sein! Hilfst du mir?› Also hab ich drei Eieruhren gekauft, die eine Melodie spielen: eine, damit er weiß, wann er spätestens aus dem Bett muss, eine fürs Waschen und Duschen, eine, dass er weiß, jetzt geht's los. Er durfte sich die selber einstellen. Patrick wollte länger im Bett bleiben und entschied sich, dafür kürzer zu frühstücken. Tja, und er war pünktlich – ohne Stress, ohne Hektik.» Sie schmunzelt. «Das ist jetzt absolut ruhig bei uns. Neulich hat er zu mir gesagt: ‹Lass uns mal wieder unpünktlich spielen, und dann schreist du.›»

Patrick hat die Konsequenzen seines Tuns erfahren und daraus seine Schlüsse gezogen. Diese Geschichte verdeutlicht noch etwas anderes: In vorbestimmte Zeitstrukturen eingebunden zu sein muss nicht in Stress und Hektik enden. So ist es Patrick gelungen, noch in der morgendlichen Situation sein individuelles Tempo zu bestimmen, sich so einzurichten, wie er es als angenehm empfindet. Dies kann gelingen, wenn die erwachsenen Bezugspersonen nicht als Oberlehrer auftreten und ihre Macht durchsetzen wollen, sondern einem Kind einen verlässlichen Rahmen anbieten, in dem es sich entwickeln, Missgeschicke aushalten und eine eigene Lösungsstrategie entwickeln kann.

3. «Wann schläfst du endlich durch …? – Das Ein- und Durchschlafen

Ziemlich ratlos wirken Martin und Roswitha Schneider in ihrer Mischung aus Hilflosigkeit und Wut. Ihre Tochter, die dreijährige Petra, schlafe partout nicht ein. Sie zögere alles hinaus. «Meistens muss einer von uns bei ihr schlafen», berichtet der Vater. «Wir haben alle Tricks ausprobiert, Schlaftrainings mit ihr gemacht usw. Nichts klappt. Was sollen wir bloß machen?»

«Noch ein zweites Kind zeugen!», antworte ich spontan.

«Wie bitte?» Die Mutter von Petra wirkt irritiert.

«Das schläft meistens ein», erkläre ich schmunzelnd, «und Sie erleben sich als Eltern mit einem einschlafenden Kind.»

«Wirklich?» Sie schaut ihren Mann an: «Das wäre doch schön, oder?» Und nach einer Pause fügt sie hinzu: «Sie glauben gar nicht, wie man zum Versager abgestempelt wird, wenn das Kind nicht durchschläft. Und dann diese Schuldgefühle!»

Martin Schneider ist nicht ganz zufrieden: «Aber jedes Kind kann doch einschlafen!»

«Manches Kind *will* nicht einschlafen!», lache ich ihn an.

«Wie das?», hakt seine Frau nach.

«Manche Kinder finden das Zubettgehen langweilig, fürchten sich vorm dunklen Zimmer», erkläre ich. «Oder haben Angst, in der Nacht zu sterben und die Eltern nicht mehr wiederzusehen. Manchmal verbirgt sich hinter Zubettgehproblemen auch Furcht vor Träumen. Wieder andere Kinder haben das Gefühl, abgeschoben zu werden, oder phantasieren, die abendliche Trennung von den Eltern sei endgültig.»

Probleme, die mit dem Zubettgehen zusammenhängen, verursachen in vielen Familien Stress. Es ist grob vereinfachend, ja fahrlässig, die Ursachen dafür ausschließlich bei den Eltern zu suchen. Das Temperament und die Konstitution des Kindes prägen nachhaltig das abendliche Zubettgehverhalten.

Kinder kommen mit einem unterschiedlichen Schlafquantum aus. Dieses verändert sich zwischen dem ersten und sechsten Lebensjahr. Um die Schlafmenge, die für das eigene Kind passend ist, herauszufinden, eignet sich ein Schlaftagebuch, in das man über Wochen die Schlaf- und Wachzeiten des Kindes notiert. So kann man feststellen, wie viel Schlaf ein Kind braucht oder ob Eltern dem Kind zu viel (oder auch zu wenig) Schlaf verschreiben.

Viel zu häufig nehmen Eltern diese individuellen Unterschiede der Kinder nicht ernst. Man schert sie über einen Kamm: Während einige Säuglinge 18 Stunden Schlaf brauchen, kommen andere mit zwölf Stunden aus. Dabei wird übersehen, dass sich die Schlafbedürfnisse mit der körperlichen, emotionalen und intellektuellen Reifung des Kindes verändern. Je mehr die Kinder wachsen, desto weniger Schlaf brauchen sie häufig, wieder andere brauchen mehr.

Sie hätten viele der einschlägigen Bücher über den Schlaf von

Kindern gelesen und viele Tipps beherzigt, erzählen mir Hermann und Rita Hager. Trotzdem schlafe der fünfjährige Robert schlecht ein. Worauf sie das zurückführen? Ratlosigkeit. Ob es Zeiten gebe, in denen das Problem weniger auftauche, will ich wissen. «Im Urlaub!», antwortet Roberts Mutter. Da gehe es ruhiger zu, nicht so hektisch. «Stimmt schon», pflichtet Herr Hager seiner Frau bei. «Wir sind im Alltag sehr eingespannt, manchmal fällt das Gutenachtritual in der Woche ganz aus. Dann habe ich ein schlechtes Gewissen. Am nächsten Tag darf Robert dann länger aufbleiben. Und am übernächsten Tag fragt er, warum er heute so früh ins Bett muss.» Das alles sei im Urlaub lässiger. «Da ist man gelassener und zugleich auch konsequenter.»

Gerade wenn ihr Mann unter der Woche mal nicht da sei, erläutert mir Frau Hager, dürfe Robert länger aufbleiben. «Dann lege ich mich manchmal zu ihm. Ich benutze ihn eben hin und wieder als Kuschelkissen. Aber Sorgen mache ich mir schon, denn ich weiß, wie viel Zeit ein Kind zum Schlafen braucht. Oft schläft Robert nicht sofort ein, spielt in seinem Zimmer noch oder brabbelt vor sich hin. Dann schaue ich nach und dränge ihn zum Einschlafen.»

Auch wenn ein Drittel aller Kinder mit Einschlafproblemen zu kämpfen hat, sollte man kein Riesenproblem daraus machen, wenn Kinder nach dem Zubettgehritual noch eine Weile wach liegen. Kinder schlafen nun mal nicht auf elterliches Kommando ein. Es gibt keinen Schalter, der sich auf nächtliche Ruhe umstellen lässt. Kinder sind keine Maschinen. Und so inszenieren sie nach dem Gutenachtkuss oder dem Gebet noch eigene Rituale, mit denen sie endgültig zur Ruhe kommen. Sie nehmen sich ihr Kuscheltier, vertrauen ihm Sorgen, Nöte oder spannende Erlebnisse aus dem Alltag an.

Manchmal haben Zubettgeh- und Einschlafprobleme oberflächlich anmutende Ursachen, die mit kleinsten Veränderungen anzugehen sind. Dies kann an den Hagers veranschaulicht werden:

- Bindet man das Zubettgehen nicht in ein ruhiges Ritual ein, geraten alle Beteiligten unter Druck. Rituale zeichnen sich durch Regelmäßigkeit und durch einen immer gleichen Ablauf aus. Passt der nicht mehr, so kann man ihn neu gestalten oder mit anderen Inhalten füllen. Rituale, über die jeden Abend diskutiert wird, verlieren an Wert, geben keine Vertrautheit und Sicherheit. In das Ritual kann das Erzählen über Erlebnisse des Tages eingebunden sein. Dadurch entlastet sich ein Kind von seinen Sorgen.
- Kinder brauchen das Schmusetier, die Lieblingspuppe oder einen Gegenstand, der das Gefühl des Alleinseins nicht aufkommen lässt. Die Heranwachsenden lernen so, sich bei Einschlafproblemen selber zu helfen. Deshalb sind Rituale besonders hilfreich, die das Kind selbst entwickelt. Ständiges Nachschauen der Eltern, aber auch unregelmäßige Schlafenszeiten sind nicht dazu angetan, Zubettgeh- und Einschlafprobleme zu beseitigen.
- Wenn Kinder chronisch über das zu frühe Zubettgehen klagen, liegt das möglicherweise auch an zunehmender Selbständigkeit. Führen Sie ein Schlaftagebuch. Bedenken Sie: Sie haben kein unnormales Kind, wenn es nicht ins Bett will oder verzögert einschläft. Bauen Sie keinen Stress um diese Situation herum auf, weil daraus über kurz oder lang ein Beziehungsstress wird.

«Mein Sohn», so schildert Manuels Mutter die Situation, «kommt fast jede Nacht mit seinem Bettzeug angedackelt. Das muss doch irgendwann aufhören. Er ist doch schon vier Jahre alt. Da kann er doch mal in seinem Zimmer bleiben.»

«Haben wir auch gedacht», erzählt der Vater von Theresa. «Unsere Tochter ist jetzt acht und legt sich noch jede Nacht zu uns.» Manchmal mache die sich so breit oder wühle herum, dass «ich ausziehe oder meine Frau. Dabei hat Theresa ein schönes Zimmer.»

Viele Eltern wissen von den Auszügen ihrer Kinder aus dem eigenen Zimmer unter Besetzung des elterlichen Schlafzimmers und der Inanspruchnahme fremder Betten zu berichten. Und dabei reagieren Kinder höchst unterschiedlich: Die einen krabbeln vorsichtig und klammheimlich meist zu Mama, seltener zu Papa, schlafen schnell ein; andere künden laut von ihrer Ankunft, nehmen besitzergreifend Platz, wälzen und schmeißen sich elefantengleich hin und her, treten um sich und Eltern dorthin, wo es denen wehtut. Nachtruhe, ade!

Durchschlafprobleme treten bei vielen Neugeborenen und jüngeren Kindern auf, die erst ihren eigenen Schlafrhythmus finden müssen – frühestens pendelt er sich im vierten Lebensmonat ein. Aber bedenken Sie: Dies kann von Kind zu Kind höchst unterschiedlich sein. Und schon die kleinste Unregelmäßigkeit, die aus der Sicht des Erwachsenen noch so selbstverständlich sein mag, kann einen gewohnten Schlafrhythmus völlig außer Kraft setzen. Das kann der bevorstehende Urlaub ebenso sein wie die Vorfreude auf das Weihnachtsfest, der angekündigte Besuch der Großeltern wie der nahende Schulbeginn – von einer gerade überwundenen Krankheit, der Geburt eines Geschwisterkindes, einem Umzug oder Krisen in der Beziehung der Eltern ganz zu schweigen.

Viele Kinder lernen einen eigenen Schlafrhythmus erst langsam und allmählich, der dann leider schnell wieder durcheinander gewirbelt werden kann. Alles beginnt von vorn. Je jünger ein Kind ist, umso gravierender können sich äußere Einflüsse auswirken, ja manche Kinder wollen nach einem krisenhaften Ereignis nur noch bei den Eltern schlafen. Dies bringt Belastungen mit sich, stellt Eltern wie Kinder auf eine Geduldsprobe. Patentrezepte für solche Krisen gibt es nicht. Auch das von Generation zu Generation weitergegebene Erfahrungswissen hilft in diesem Fall gar nicht: «Schreien stärkt die Lunge!» oder: «Lasst Kinder nicht bei euch schlafen! Denn was Hänschen nicht lernt, lernt Hans niemals!» Das sind pauschale, wenig hilfreiche Vorurteile. Kinder sind lernfähig. Und Eltern brauchen tagtäglich viel Phantasie.

Man kann Fünf- oder Sechsjährigen das eigene Bett mit Argumenten wesentlich schmackhafter machen als Zweijährigen, die sich nach Zuwendung und Nähe sehnen. Und man sollte nicht vergessen: Kinder, die nachts kommen, sind alles andere als unselbständig. Gerade wenn sie tagsüber eigene Wege gehen und autonom handeln, ihre Eltern kaum brauchen, suchen sie nachts Geborgenheit, um für den kommenden Tag aufzutanken.

Doch Eltern sind keine uneigennützigen Tankstellen! Sie haben das Recht auf einen ungestörten, gesunden Schlaf, weil sie Energien für ihre Aktivitäten brauchen. Aber solange sie sich nicht durch den Einzug der Kinder in ihr Schlafgemach gestört fühlen, sollten Eltern nicht von einem Durchschlafproblem reden.

«Mich hat es schon genervt», erzählt mir eine Mutter. «Ich konnte schlecht wieder einschlafen. Dann habe ich meinem Sohn einen Ring von mir in ein gebrauchtes Halstuch gewickelt und ihm unter das Kopfkissen gelegt. Und wenn er aufwachte oder leicht schlief, hat er sich das Tuch gegriffen und ist selig wieder eingeschlafen.»

«Ich habe es», schmunzelt eine andere Mutter, «mit meinen Locken geschafft. Das hat mir meine Friseuse geraten. Als sie mir die Haare abschnitt, habe ich ein Büschel zusammengebunden und es meinem Sohn unter das Kissen gelegt. Der schläft jetzt durch.»

Diese Mütter haben alltägliche, nahe liegende Mittel gewählt, um den Gang ins elterliche Schlafzimmer überflüssig zu machen. Mittel, die schon seit Jahrhunderten zum Grundbestand erzieherischen Handelns gehören: Wenn Kinder nachts leicht schlafen oder aufwachen und dann vertraute Gegenstände und Gerüche um sich wissen, vermittelt ihnen das Geborgenheit. Denn viele Kinder wollen nicht unbedingt die Nähe der mütterlichen Person, sondern es reicht ihnen, wenn diese symbolisch gefühlt oder gespürt wird. Da ich schon bei Hausmitteln bin, hier noch drei Tipps:

■ Wenn Ihr Kind häufig bei Ihnen im Bett einschläft, weil es dort so gemütlich ist, kann dies auf vertraute Gerüche zurückgehen. Beziehen Sie das Kinderbett mit dem Kopfkissen, der Decke und dem Laken, in denen Sie einige Tage gelegen haben. Wenn Ihr Kind in der Nacht aufwacht, erfährt es instinktiv elterliche Nähe.

■ Legen Sie ein getragenes Kleidungsstück unter das Kopfkissen des Kindes. Wenn Sie befürchten, auf diese Weise einen kleinen Fetischisten heranzuziehen («Aber fixiere ich meinen Sohn nicht dadurch auf bestimmte Objekte?», fragte mich jüngst eine besorgte Mutter), nehmen Sie das vertraute Schmuseobjekt des Kindes. Vertraut ist das Kuscheltier aus dessen Sicht aber nur, wenn es durch den Speichel unverwechselbar geworden ist. Sie habe neulich den Teddy ihres Sohnes gewaschen, berichtet eine Mutter, weil sie befürchtete, er werde davon krank. «So schlimm sah der aus. Aber mein Sohn hat ein Theater gemacht und kam jede Nacht zu uns. Erst als der Teddy wieder gestunken hat, blieb er in seinem Bett!»

■ Hilfreich kann auch ein «Schweißtuch» sein. Dieses ist einfach herzustellen: Mütter legen sich ein Stofftuch in Höhe des Bauchnabels, sodass dieses Tuch einen unverwechselbaren, nur dem Kind vertrauten Geruch annimmt. Dies macht man drei oder vier Tage lang. Dann legt man es unter das Kopfkissen des Kindes. Und es schläft, als ob lauter Gerüche aus Tausendund-einer Nacht herumschwirrten.

Aber solche Tipps sind keine Allheilmittel!

In jedem Fall ist Gelassenheit angesagt. Rigidität und Prinzipienreiterei wirken sich eher hinderlich aus. «Mein Sohn ist jetzt schon sechs», berichtet eine Mutter ängstlich. «Und er kommt noch fast jede Nacht.»

«Was ist Ihre größte Angst?»

«Dass er damit nie aufhört!», antwortet sie spontan.

«Wenn der eine Freundin hat, kommt er bestimmt nicht und stellt sie Ihnen im Bett vor!», prognostiziere ich.

«Meinen Sie?», lächelt sie irritiert. «Und sollte er das doch tun, komme ich sofort zu Ihnen, Herr Rogge!»

«Dann bekommen Sie einen Notfalltermin», verspreche ich.

Man kann Durchschlafprobleme ebenso dramatisieren wie durch pädagogisches Handeln verstärken.

Ein Kind, das nachts weint, will Beziehung, Unterstützung. Bekommt es diese nicht, schläft es unruhiger ein, wacht häufiger auf, um sich mütterlicher und väterlicher Nähe zu vergewissern. Auch tagsüber agiert es unsicherer und gehemmter, lässt Eltern seltener los. Darum ist elterliche Hilfestellung beim nächtlichen Erwachen wichtig. Aber es gilt, eine Mitte zu finden: Gibt man zu viel oder zu wenig Aufmerksamkeit, kann sich das Problem verselbständigen. Nicht jedes leise Gewimmer sollte zum Anlass genommen werden, sofort mit Blaulicht ins Kinderzimmer zu rennen, um das Kind in den Arm zu nehmen. Sonst können Kinder lernen, elterliche Nähe zu erzwingen. *Kurze* Momente der Unlust können Kinder aushalten, wenn sie sich in der Beziehung sicher und aufgehoben fühlen. Sitzt die Verunsicherung tiefer, werden die Kinder lautstark um Hilfe nachsuchen. Ein zu früher Eingriff hält Kinder davon ab, selbst nach einer Lösung für den Frust zu suchen.

Nochmals: Zubettgehschwierigkeiten, Durchschlafprobleme sind normal und nicht allein erziehungsbedingt. Temperament und Konstitution des Kindes prägen das Verhalten in diesen Fragen entscheidend mit. So dienen pädagogische Maßnahmen nur bedingt als Korrektiv. Gleichwohl gibt es einfache Möglichkeiten für Eltern, Probleme anzugehen und eigene Lösungen zu finden:

- Prüfen Sie zunächst: Wollen Sie wirklich die Schlafprobleme der Kinder ändern? Oder ist es Ihnen recht, wenn Ihr Kind manchmal länger aufbleibt, um Ihnen die Einsamkeit zu vertreiben? Wenn man Veränderungen nicht *wirklich* will, sollte man sich nicht unter Druck setzen. Das Leben in chaotischen Zuständen kann süßer sein als das bittere Leben in Normen, denen man vergeblich gerecht werden will. Dann gilt es aber, sich im Chaos häuslich einzurichten.
- Schlaftagebücher können das Ausmaß des Schlafproblems genauer bestimmen. Und dann wird manchmal deutlich, dass das

Problem gar nicht so gravierend ist, wie man annimmt. Souffleure von außen machen gern aus der Mücke einen Elefanten. Oder man begreift, dass die Lösung des Problems zum Greifen nahe liegt, zum Beispiel das regelmäßige Zubettgehritual zur Routine zu machen oder anzuerkennen, dass eine Krankheit die Durchschlafprobleme mit ausgelöst hat.

- Fragen Sie sich: Haben die Ein- und Durchschlafprobleme mit der Stimmung in der Familie zu tun? Liegen diese Probleme in der Geschwisterrivalität begründet? Stören gemeinsame Schlafräume die unterschiedlichen Schlafrhythmen der Kinder? Lassen Sie *zu viele* Ausnahmen beim Zubettgehritual zu? Lassen Sie sie dann zu, wenn Sie ein schlechtes Gewissen haben? Oder drückt sich in den Problemen eine wachsende Selbständigkeit des Kindes aus? Führt man das Gutenachtritual konsequent und zu festgelegten Zeiten durch?

- Suchen Sie nicht nach Schuldigen, wenn es zu Problemen kommt, finden Sie Lösungen. Die liegen näher, als man denkt. Wenn Kinder aufwachen, dann kann eine eingeschaltete Nachtbeleuchtung, ein vertrauter Gegenstand helfen. Nehmen Sie Ihr Kind nicht sofort aus dem Bett, zeigen Sie keine übertriebenen Beileidsbekundungen. Streicheln Sie Ihr Kind nur kurz! Äußern Sie die Erwartung, dass es schon bald wieder einschlafen wird.

- Kinder können (durch)schlafen lernen – irgendwann! Eltern können dabei unterstützen, begleiten, Hilfestellung anbieten. Das Tempo vorgeben können sie nicht. Das bestimmen die Kinder. Und die Geschwindigkeit kann höchst unterschiedlich sein. Vergleichen Sie deshalb Kinder nicht ständig miteinander. Damit setzen Sie sich und Ihr Kind unter Druck, erzeugen Versagensgefühle und berauben sich letztlich selbst des Schlafs.

Es gibt kein Zaubermittel, das Problem sofort zu lösen. Kinder können manchmal wahre Wunder vollbringen, wenn man sie lässt. Aber Wunder brauchen Zeit, um wahr zu werden.

Der fünfjährige Boris kommt noch jede Nacht zu den Eltern – zum immer gleichen Zeitpunkt. Zwar schläft er sofort ein, aber die Eltern, vor allem die Mutter, fühlen sich gestört, verlassen irgendwann die Schlafstätte und wandern ins Bett des Sohnes aus. Die Eltern reagieren zunehmend säuerlich. Boris ändert sein Verhalten nicht. Weder Strafandrohungen noch Belohnungen ändern etwas. Die Mutter ist mit ihrem Latein und ihren Nerven am Ende. Ich rate ihr, Boris einmal zu fragen, wann er alleine schlafen werde. «Und meinen Sie, der antwortet darauf etwas Gescheites?» Sie ist skeptisch. Als sie ihm Anfang September die Frage stellt, antwortet er selbstbewusst: «Wenn der Nikolaus kommt!» Ungläubig wiederholt sie die Frage, und ebenso souverän antwortet er. Boris kommt weiter jede Nacht, die Eltern vermeiden auf meinen Rat hin, das Thema erneut anzusprechen. Der Dezember naht, Boris macht keine Anstalten, seine Schlafgewohnheiten zu ändern. Ende November sagt er plötzlich zu seiner Mutter: «Ich will den Nikolaus überraschen. Ich will alleine schlafen. Du musst mir dabei helfen!»

Boris hat sich einen genauen Plan ausgedacht: Seine Mutter solle ihn zurücktragen, wenn er kommt, aber beide Türen auflassen. «Du musst die Lampe anmachen und mir deinen Schal ins Bett legen!» Dieses Ritual zieht sich über vier Tage hin, am fünften Tag schläft Boris schon in seinem Zimmer durch. Am Morgen sagt er: «So, Mama! Ab heute Nacht komme ich gar nicht mehr, und die Tür kann auch zu bleiben. Nur die Lampe muss brennen!» Als er in den Kindergarten geht, meint er stolz: «Da wird sich der Nikolaus aber wundern!»

Als er am Nikolausabend seinen Schuh ans Fenster stellt, legt er ein selbst gemaltes Bild hinein. Darauf ist ein Bett zu sehen, in dem ein Junge liegt, der schläft. Neben sich ein überdimensioniertes Kuscheltier, in der Ecke eine Lampe und hinter dem Fenster ein voller Mond mit einem friedlichen Gesicht, der die ganze Szenerie bewacht. Die Mutter muss noch den Satz «Nikolaus, Boris schläft alleine» hinzuschreiben. «Damit der Bescheid weiß!» Als das

Bild am nächsten Tag verschwunden ist, lacht Boris: «Der hat sich bestimmt gewundert!» Und dann lächelt er seine Mutter an: «Wenn Boris was will, macht er das!»

«Und wenn nicht, dann macht er es auch nicht», führt die Mutter fort. Boris grinst vielsagend.

4. «Bäh! Das mag ich nicht ...» – Vom Essen

«Mein Vater», so erinnert sich eine Mutter, «bekam das größte Stück Fleisch. Und wenn er redete, hatte man still zu sein. Darauf achtete schon meine Mutter!»

«Kinder bei Tisch, stumm wie ein Fisch», bricht es aus Robert Müller, Vater zweier Kinder, heraus. «Das fällt mir ein, wenn ich an das Essen von früher denke. Und wehe, man stützte den Kopf auf den angewinkelten linken Arm, aß zu lässig mit der rechten Hand. Dann konnte es passieren, dass mein Vater den linken mit Gewalt wegschlug. Der hatte eben auf dem Tisch neben dem Teller zu liegen.»

«Bei uns wurde gegessen, was auf den Tisch kam», erzählt Johanna Behrens, heute selbst Mutter von drei Kindern. «Und was gab es für einen Krach, wenn wir revoltierten. Dann fingen die Eltern von der schlechten Zeit und dem Krieg an zu erzählen und wie gut wir es heute hätten.» Sie stockt: «Tja, ob wir es heute eigentlich anders machen? Bei dem Wahn um die gesunde Kost. Ich weiß nicht.» Sie ist nachdenklich: «Manchmal glaube ich schon, wir setzen die Kinder arg unter Druck. Und dann können die nicht mal protestieren, weil wir es ja gut meinen. Wir haben unsere jüngste Tochter früh an das Essen mit dem Löffel gewöhnt, dann diesen gesunden Saft und jenes gesunde Gemüse. Alles nur das Beste, versteht sich.»

Ein Vater schmunzelt: «Und wenn dann die Kinder meckern,

dann gibt's 'ne Moralpredigt. Wir meinen es absolut gut mit den Kindern, wir aufgeklärten Eltern. Da lobe ich mir manchmal so 'n alten Knochen von früher.» Er lacht: «Ich hab, wenn's zu viel war früher, unsere Katze unter dem Tisch gefüttert oder die Suppe in den Gummibaum hinter mir geschüttet. Der war zäh. Nur die Katze hat's mir übel genommen und mir hin und wieder ins Bett gekotzt.» Aus diesen Kommentaren wird deutlich, wie sich am Essen so mancher Streit entzündet.

Er müsse vor allem Gesundes essen, berichtet der neunjährige Thomas. Seine Mutter backe das Brot selber. Er habe eine richtige Vollwertmutter. «Fürchterlich! Die ist richtig fanatisch!»

Fritz lacht, als er das hört: «So sind meine Eltern nicht. Aber ich muss essen, was auf den Tisch kommt. Und meine Eltern», so fügt er ironisch hinzu, «wissen, was mir schmeckt und was ich essen muss!» Besserwisserei fordert Kinder geradezu heraus, subversiv zu reagieren, um sich gegen die elterliche Dominanz zu behaupten.

Nochmals Thomas: «Ich tausche in der Schule gleich meine Sesambrötchen gegen Bonbons von Dirk. Der ist ganz scharf drauf.» Während manche Eltern sich geradezu fundamentalistisch auf das «richtige» Essen stürzen, die Tischsprüche aus der Vergangenheit unter «gesunden» Vorzeichen reproduzieren, ist anderen Eltern das Essverhalten ihrer Sprösslinge ziemlich gleichgültig. Dort lernen Kinder weder den Wert von gemeinsamen Tischritualen noch den eines selbst zubereiteten Essens schätzen – Fastfood, Burger, Fritten und Majo prägen die Geschmacksnerven. Durfte man einst nicht mit vollem Mund reden, das Essen nicht mit den Händen anfassen, so werden die Regelverstöße nun zur Regel: den Hamburger mit den Fingern begrapschen und die Versuche, einen Burger in den Mund zu bugsieren, ohne zu kleckern.

Kommt bei den einen das Essen einer Dressur gleich, überwiegt bei den anderen ein gleichgültiges Laisser-faire; wird bei der einen Familie aus dem Essen ein erzieherischer Akt von hoher Wertigkeit, verkennen andere die symbolische und die reale Bedeutung, die Mahlzeiten haben. Die Machtausübung des Essens, unter der viele Eltern einst gelitten haben, setzt sich unter veränderten Vorzeichen bis in die Gegenwart fort: Da zwingt man Kinder zum Essen, nur weil man es nach den fortschrittlichsten Methoden gart. Da belohnt man mit Bonbons oder bestraft mit Süßigkeiten, negiert man das Lustprinzip beim Essen, indem man es zum erzieherischen Problem aufbauscht, über das Eltern Moral vermitteln und Macht demonstrieren. Dass man bei den Mahlzeiten Geselligkeit und Atmosphäre, Genuss und kommunikatives Miteinander ausdrücken und leben kann – dieser Gedanke kommt in vielen Familien zu kurz. Während bei den einen Vollwert- und Gesundheitsfundamentalismus herrscht, dominiert bei den anderen das kulinarische Nichts oder die schöne neue Fastfood-Welt.

Die Kinder fühlen sich bei der Essdressur unwohl. Je mehr sie den Zwang spüren, der über das Essen oder auch während der Mahlzeiten ausgeübt wird, desto stärker reagieren sie auf die Situation.

«Aber soll man denn Kinder nicht zum richtigen Verhalten am Tisch erziehen? Wenn man darauf nicht achtet, entsteht doch das reinste Durcheinander!», klagt eine Mutter, die vehement für Ordnung am Tisch plädiert. Zweifelsohne ist es wichtig, dass Kinder den Wert von Tischritualen erfahren und Mahlzeiten mehr als bloße Nahrungsaufnahme sind. Nicht allein für Kinder stellt die Atmosphäre, in der man isst und trinkt, einen bedeutsamen Faktor dar. Kinder – vor allem jüngere – essen am liebsten in Gesellschaft. Und dazu brauchen sie Vorbilder.

Wenn Eltern ihr Essen nur so hineinstopfen, machen es Kinder ihnen bald nach. Wenn Eltern zu früh zu Tischmanieren erziehen, bauen Kinder kein lustvolles Verhältnis zum Essen auf. Man muss es also weder sich noch anderen beweisen, dass ein Kind bereits zwischen ein und zwei Jahren einen Ess-Knigge-Kurs mitgemacht hat, als Gourmet auf die Welt gekommen ist, der das Messerbänkchen ebenso souverän benutzt wie das Hummerbesteck. Jüngere Kinder spielen bei Tisch. Und mit Mund, Lippen und Zunge untersuchen sie Speisen. Dies sieht nicht immer ästhetisch aus. Aber sinnlicher ist es allemal, und damit beweisen Kinder häufig sensiblere Geschmacksnerven als die erwachsenen Spesenritter, die zwischen den Gängen eines vorzüglichen Menüs eine Zigarette rauchen oder das Handy benutzen.

Beherzigt man ein paar pragmatische Tipps, dann gewährleistet das noch kein reibungsloses, dafür aber sicher ein stimmungsvolles Miteinander.

■ Zwar ist die Schmuddeltoleranz von Familie zu Familie unterschiedlich, doch ist das Kleckern für jüngste und jüngere Kinder einfach normal. Ein Lätzchen oder eine Auffangschale, ein Wachstuch auf dem Tisch oder unter dem Stuhl kann den Stress, den die Kleckerei mit sich bringt, erheblich reduzieren.

■ Statt Kinder zu früh an die Funktion von Messer, Gabel und Löffel zu gewöhnen, reicht es, wenn sie zunächst nur den Gebrauch des Löffels erlernen. Damit können Kinder experimentieren, ihre Fingerfertigkeit erproben, erfahren, was es bedeutet, Gegenstände in der Hand zu balancieren. Und dass der Löffel ein wunderbares Instrument darstellt, mit dem man Lebensmittel untersuchen, zerkleinern und zermatschen kann, ist für Kinder mit ihrem Einfallsreichtum selbstverständlich.

■ Lange Mahlzeiten sind Kindern ein Gräuel. Je jünger ein Kind ist, desto schneller wird es ungeduldig, verlangt es nach Abwechslung. Das hängt zweifelsohne auch mit dem individuellen Temperament, mit der Atmosphäre, der Geschwisterkonstellation, natürlich auch mit der Qualität des Essens zusammen. Jüngere Kinder können aufkommende Ungeduld durch kleine Spiele bei Tisch abbauen, Vor- und Grundschulkinder ziehen sich gern nach Einnahme der Mahlzeit in eine Spielecke oder das Kinderzimmer zurück.

■ Bei Kindern schwankt der Appetit. Und deshalb sollte der elterliche Zwang, noch mehr zu essen, genauso unterbleiben wie die Aufforderung, Bestimmtes zu essen. So negiert man das Lustprinzip. Bedenken Sie: Kinder lieben «schlechte» Nahrungsmittel. Dies vor allem dann, wenn es Eltern Schweißperlen auf die Stirn treibt. So notwendig es ist, auf eine ausgewogene Ernährung zu achten, so wichtig ist es für Kinder, in das Land jenseits der Gesundheit zu blicken, um dort hin und wieder von verbotenen Früchten so lange zu naschen, bis einem schlecht wird. Eltern können noch so sehr vor den Bauchschmerzen warnen, die man davon bekommt. Erst wenn Kinder diese selbst erleben, haben sie einen Begriff von Bauchschmerzen und lassen die verbotenen Früchte beiseite. Oder auch nicht!

■ Über gesunde Kost wird viel geredet, über die notwendige Aufnahme von Flüssigkeit werden weniger Worte verloren. Dabei kann kohlensäurearmes Mineralwasser, können verdünnte Säfte und ungesüßte Tees Hungergefühle verdrängen. Und obendrein sind sie für das physische und psychische Wohlbefinden der Kinder unerlässlich. Gerade bei Schulkindern sind Müdigkeit und Unkonzentriertheit manchmal auf eine zu geringe Aufnahme von Flüssigkeit zurückzuführen.

Vor allem darf das Essen kein Dressurakt sein. Gleichwohl stellt der Familientisch einen sozialen Ort dar, an dem Rücksichtnahme und Gesprächskultur erlernt werden.

Dazu einige Tipps, damit nicht automatisch die Person mit der lautesten Stimme gewinnt:

■ Benutzen Sie einen Sprechstein. Wer den in der Hand hält, darf reden.

■ Lassen Sie sich zu Beginn der Mahlzeit von den Erlebnissen aus Kindergarten und Schule berichten. Sie finden sonst kein Gehör!

■ Fragen Sie Ihre Kinder nicht aus! Warten Sie ab, bis die Kinder anfangen, von sich aus zu erzählen. Sie können Ihre Anteilnahme anders zeigen als durch Formulierungen wie: «Wie war's heute in der Schule?», «Was habt ihr im Kindergarten gemacht?», «Welche Hausaufgaben hast du?» So etwas empfinden Kinder als Inquisition.

- Wenn Kinder nichts erzählen, dann beginnen Sie ein Gespräch. Auch Eltern können von ihrem Alltag berichten. Und wenn das keine Vorträge sind, in denen man Lehren für das Leben erteilt, hören Kinder gerne zu. Sollten Sie Wichtiges mit Ihrem Partner zu besprechen haben, dann können Sie das auf die Zeit nach dem Essen verschieben.
- Vor allem: Problematisieren Sie das Essverhalten Ihrer Kinder nicht permanent. Achten Sie nicht andauernd darauf, was Ihr Kind isst oder nicht. Dadurch bekommt das Essen eine Wichtigkeit, die es nicht verdient.

Zwar hält Essen Leib und Seele zusammen, doch stopfen manche Kinder Essbares wahllos in sich hinein, schlucken alles hinunter. Manchmal scheint es, als ob sie sich ein dickes Fell anfressen müssten. Immer häufiger trifft man schon im Kleinkind- und Kindergartenalter auf übergewichtige Kinder. Es gibt zunehmend Kinder, die das Normalgewicht bei weitem überschreiten. Zweifelsohne kann so etwas genetisch bedingt sein oder in einer Familie gehäuft vorkommen. Doch es wäre grob vereinfachend, wenn man psychische Rahmenbedingungen außer Acht ließe. Denn Übergewicht resultiert nicht selten aus Lernprozessen, die ein Kind in der Familie macht.

«Aber das hört sich jetzt so an», kritisieren einige Eltern auf einem Seminar, «dass man sich um gar nichts mehr kümmern soll. Als ob Kinder genau wüssten, was sie beim Essen brauchen.» Zweifellos ist es wichtig, die Balance zwischen zwei Extremen zu halten. Ein grenzenloser Erziehungsstil ist ebenso wenig hilfreich wie eine zu stark reglementierende Haltung. Kinder wissen annähernd, welche Mengen an Nahrung sie brauchen. In dieser Hinsicht funktioniert das Prinzip der Selbstregulation. Kinder regeln ihren täglichen Kalorienbedarf mit gutem Gespür und lernen so, ihr Sättigungsgefühl einzuschätzen. Wird das von den Eltern übernommen, verweigern die Kinder die Nahrungsaufnahme, oder es besteht die Gefahr, Heranwachsende zu überfüttern. Je mehr Eltern manipulieren, umso mehr bevormunden sie das Kind, machen es unmündig und abhängig, oder sie erzeugen Widerstand und Revolte.

Eltern sollten viel mehr auf andere Gesichtspunkte achten: auf regelmäßige Mahlzeiten und Tischrituale, darauf, dass Kinder genügend Obst und Gemüse essen. Denn bestimmen Kinder selber die Zusammenstellung ihrer Nahrung, vergessen sie nicht selten Vitamine oder Flüssigkeiten. Bedenken Sie: Entmündigen Sie Kinder nicht dort, wo Kinder für sich sorgen! Unterstützen Sie Kinder in jenen Bereichen, wo diese Erfahrungsdefizite haben! Wenn Sie das Essverhalten Ihrer Kinder beurteilen, verlassen Sie sich nicht auf den Augenschein. Hilfreicher erweist sich ein Essprotokoll, das Sie einige Wochen führen und in dem Sie alles notieren, was Ihr Kind zu sich nimmt.

Eltern sind Vorbilder. Sie vermitteln soziale Wertigkeiten. Essen hat nichts mit Zwang und Moral, mit Belehrung und Bestrafung zu tun. Das Essen darf kein Anlass sein, um elterliche Macht durchzusetzen.

5. «Du blöde Kuh ...» – Vom Umgang mit Kraftausdrücken

«Arschgeige!» Dieses Wort hatte Robin noch nicht gehört. Er war erst seit ein paar Wochen im Kindergarten mit seinen knapp vier Jahren. Gelernt hatte er schon einiges – und nun diese Wortschöpfung. Da hatte doch Patrick, sein Pate, der ihn seit seinem Eintritt in die Tagesstätte durch den Alltag lotste, auf den er sich hundertprozentig verlassen konnte und der ihm alle Tricks beibrachte, da hatte doch Patrick, sein großes Vorbild, zum Boss der anderen Bande, dem Björn, ganz lässig: «Arschgeige!» gesagt. «Selber eine!», hatte Björn völlig unterkühlt geantwortet.

Dieses Wort ging Robin nicht aus dem Sinn.

«Arschgeige!», sprach er in Gedanken nach – das «A» ganz lang gezogen, das «ei» ganz weich formulierend. Man sah es seinen Lippenbewegungen an, wie er das Wort formulierte. Welch Sprachmelodie, schien sein verschmitztes Lächeln auszudrücken. «Arschgeige» – dieses Wort, das war neu für ihn. «Arsch», das kannte er schon von Papa beim Autofahren, worauf seine Mutter immer ein empörtes «Hans-Georg!» ausstieß; das Wort «Geige» von seiner Schwester, die den Violinunterricht besuchte und deshalb ständig Ärger hatte, weil sie nicht üben wollte. Aber «Arschgeige»!

Als Robin zu Hause ankam, empfing ihn seine Mutter. Er stellte sich vor sie hin, blickte sie freundlich an.

«Hallo, mein Schatz», sagte die Mutter.

«Hallo, Arschgeige!», entgegnete er, die Mutter genau fixierend. Ihr linkes Augenlid zuckte, aus dem Gesicht entwich alle Freundlichkeit.

«Treffer! Versenkt!», dachte sich Robin und lächelte in sich gekehrt.

«Woher hast du das Wort?» Die Stimme von Robins Mutter hatte einen schrillen Klang.

Robin, beide Hände bis zu den Unterarmen in den Hosentaschen, antwortete ganz cool: «Aus'm Kindergarten!» Kurze Pause. «Sagen die da alle!»

«Wie bitte?», ruft die Mutter empört aus. «Alle?»

Robin nickt bestätigend.

«Da ruf ich jetzt sofort an! Das ist ja wohl die Höhe! Wofür zahl ich eigentlich», um mit scharfer Stimme fortzufahren, «gebastelt wird nicht mehr, zum Muttertag ist auch nichts ... Dann diese Worte! Wo kommen wir denn da hin?»

Und während sie aufspringt und zum Telefon läuft, grinst Robin verschmitzt. Er weiß, in drei Stunden kommt Oma, mal sehen, wie die reagiert, wenn ich so ein Wort sage.

Etwas später. Oma betritt die Szenerie.

«Hallo, Robin», ruft sie fröhlich.

«Hallo, du Arschgeige», antwortet er grinsend, die Großmutter ansehend.

«Robin, jetzt hör auf damit», greift die Mutter ein. «Das Schimpfwort hat er im Kindergarten gelernt!», erklärt entschuldigend die Mutter an Oma gewandt.

«Was für ein Wort?», fragt Robin.

«Du weißt schon», schimpft die Mutter. «Jetzt ist aber Schluss! Sofort Schluss!»

«Warum?», hakt Robin nach.

«Das sagt man nicht! Ich sag's nicht zu dir. Und ich will es nicht, dass du es zu mir sagst!»

«Kannst es ruhig sagen», lacht Robin, «Robin, Arschgeige!»

Er verdreht genussvoll die Augen. Die Großmutter kann ein Lachen kaum unterdrücken.

«Komm, zeig mir dein neues Buch», wendet sie sich an den Enkel, nimmt ihn bei der Hand. Beide verschwinden im Kinderzimmer. Robin hockt sich auf den Schoß seiner Oma, die mit ihm ein Bilderbuch durchblättert. Zwischendurch streichelt er sie. Nach einiger Zeit sieht die Großmutter ihren Enkel an: «Du, Robin, ich bin keine Arschgeige!»

Er schaut sie überrascht an, grinst etwas gequält. Er wirkt sprachlos. Robin überlegt kurz. Dann gibt er seiner Großmutter einen dicken Kuss: «Du bist keine Arschgeige, du bist meine alte Geige.»

Robins Oma prustet los: «Aber eine ganz alte ...»

Als sie das Zimmer gemeinsam verlassen, spricht er ganz laut, als er seine Mutter sieht: «Hallo, Oma, du A...!»

«Robin, noch einmal, hörst du?», spricht sie mit energischem Unterton. «Noch einmal, hast du mich verstanden?»

Er streichelt seine Oma: «Du bist meine alte Geige, nicht?»

Die Großmutter nickt. Die Mutter bleibt mit offenem Mund, kopfschüttelnd stehen. Sie versteht die Welt nicht mehr. Und auf dem Wege zum Wohnzimmer hört sie, wie Robin summt: «Arschgeige ..., Geigenarsch ..., Geigenbeige ..., Arschibeige ..., Beigiarschi ...» Der Rest geht in Robins Gelächter unter.

Kraftausdrücke faszinieren Kinder, mit ihnen und über sie testen sie Grenzen, die Gültigkeit von Normen und Werten aus. In Kraftausdrücken, in Schimpfworten spiegeln sich aber auch das Unmoralische und das Anarchische kindlicher Phantasien. Über Wortspiele, über den Klang von Wörtern drücken sich Kinder aus. Die Bedeutung von Kraftausdrücken, von Schimpfworten und Verballhornungen erschließt sich Kindern, wenn sie sie in verschiedenen Zusammenhängen benutzen und die Reaktion ihrer Umgebung erleben.

Jüngere Kinder nehmen Sprachwitze, Sprachspiele, das Ordinäre und das Gemeine der Sprache, aber auch verbale Aggressionen überall wahr – und da der Kindergarten zum Tagesablauf vieler Kinder gehört, eben auch dort. Hier hören sie die entsprechenden Ausdrücke, erfahren durch Beobachtung deren Wirkung. Sie kennen aber nicht immer deren wirkliche Bedeutung, sind es doch meist ältere Kinder, die eine Art Vorreiterrolle annehmen.

Begreifen geht über Greifen – dieser Grundsatz gilt auch, wenn es darum geht, die Bedeutung von Sprache auszutesten, ihren Gehalt möglichst konkret zu erfahren. Jüngere Kinder übernehmen – nicht: imitieren! – die aufgeschnappten Worte, stellen sie in einen ihnen vertrauten, deshalb meist familiären oder geschwisterlichen Zusammenhang und beobachten die Wirkung ihrer Worte. Je heftiger die Reaktionen der Erwachsenen, umso mehr ahnen Kinder, einen «Volltreffer» gelandet zu haben. Und jedes Kind wird versuchen, diesen «Volltreffer» zu wiederholen. Wenn die Eltern ausgetestet sind und resigniert in den Seilen hängen, erscheint Oma an der Haustür, die mit einem zärtlichen «Tag, du liebes Arschloch» begrüßt wird. Und sollte die großmütterliche Kinnlade ebenfalls herunterklappen, macht das Kind weiter – so lange jedenfalls, bis Grenzen gesetzt werden, die für das Kind begreiflich sind.

Zurück zur eingangs geschilderten Situation. Robins Mutter hat einige Aspekte übersehen, die es ihr erleichtert hätten, mit den Schimpfworten ihres Sohnes umzugehen:

■ Hört man als Erwachsener einen bestimmten Kraftausdruck

das erste oder zweite Mal, *überhört* man ihn am besten. Ganz im Sinne des Modell-Lernens kann dies aufseiten des Kindes zur Überlegung führen: Was woanders gewirkt hat, kommt bei meinen Eltern oder zu Hause offensichtlich nicht an. Sie sollten auch nicht fragen: «Woher hast du das?»; damit bringen Sie Kinder schnell in eine Verteidigungsposition und dazu, anderen die Schuld zu geben.

■ Hat das Überhören keinen Erfolg, sollten Sie *handeln*. Wer auch dann ignoriert, wenn das Kind seine Ausdrücke weiterverwendet, sie womöglich intensiviert, erreicht genau das Gegenteil. Das Kind muss geradezu mit seinen Regelverletzungen fortfahren, bis der scheinbar gleichgültige Erwachsene endlich reagiert und Grenzen setzt.

■ Von erheblicher Bedeutung ist die Art und Weise, wie man solche Grenzen artikuliert. Indem Robins Mutter auf der «Man-Ebene» argumentiert, überfordert sie ihren Sohn. Die «Man-Ebene» kann er noch nicht verstehen. Genauso wie er in seinem Alter noch nicht in der Lage ist, sich in andere einzufühlen. Deshalb verpufft der Satz «Ich sag das doch auch nicht zu dir!» und wendet sich ins Gegenteil. Angemessener und für Robin begreiflicher, weil nachvollziehbar wäre ein Satz gewesen wie: «Ich möchte/will das nicht hören!» Oder: «Ich bin keine Arschgeige!» Auf Robins mögliche «Warum»-Frage brauchen keine langatmigen Erklärungen zu folgen. Das Kind wünscht eindeutige und kurze Antworten, in denen sich die Haltung des Erwachsenen *authentisch artikuliert*. Robins Mutter fühlt sich verletzt, also muss sie diesen Gefühlen auch Ausdruck verleihen und darf sie nicht durch «verkopfte» Antworten rationalisieren. Eine Antwort wie «Robin, ich fühle mich verletzt!» oder «Arschgeige verletzt mich! Ich mag das Wort nicht!» ist dann ausreichend, wenn das Kind das Wahrhaftige der Antwort *spürt*.

«Und wenn Robin immer noch auf einem ‹Warum› besteht?», fragt Robins Mutter.

«Dann geben sie zwei- oder dreimal ihre Antwort. Und dies fest und ganz freundlich. Mehr aber nicht, antwortete ich.»

Umständliche Erklärungen überfordern Kinder. Sie orientieren sich in der Regel mehr an der Unsicherheit und den Bedürfnissen der Erwachsenen – «Ich kann dieses schreckliche Wort nicht aussprechen»; «Ich will eine gute Mutter sein! Und gute Mütter erklären!» – als an den Vorstellungen und Erfahrungen der Kinder.

■ Wichtig ist schließlich: Robin wird bezüglich seiner Wortwahl, nicht jedoch als Person – etwa «Du bist böse, weil du das sagst!»; «Du bist frech, wenn du das sagst!» – kritisiert. Robin muss das Gefühl erfahren, alle Persönlichkeitsanteile, eben auch die grenzüberschreitenden, austesten zu dürfen. Dann kann er es aushalten, wenn er Grenzen spürt und Konsequenzen erfährt.

Ganz anders geht die Großmutter mit der Situation um. Sie praktiziert sehr anschaulich das Auszeitverfahren: Zunächst überhört sie Robins «Ansprache», steigt nicht auf sein Spiel ein. Sie lässt ihn damit ins Leere laufen.

Aber als sich die Situation beruhigt hat, kommt sie nochmals auf den Kraftausdruck zurück, stellt kurz und knapp dar, was Robin mit dem Wort bei ihr bewirkt hat. Und sie formuliert auch, was sie sich wünscht. Die Großmutter lässt sich somit Zeit und gibt Robin damit Gelegenheit, seine Wortwahl zu überdenken und – darauf kommt es an – zu verändern. Sie legt hier eine Souveränität an den Tag, die Erwachsenen häufig im Umgang mit Kraftausdrücken abgeht.

Caroline, fünf Jahre, ist sauer auf ihre Mutter. Sie hat ihr Süßigkeiten verwehrt, als Caroline vor dem Fernsehapparat saß. Als die Mutter dem wiederholten Drängeln nicht nachgab, zischte Caroline: «Blöde Kuh!»

«Das nimmst du zurück!»

Caroline wendet sich demonstrativ ab.

«Du entschuldigst dich!» Die Mutter klingt unmissverständlich: «Und zwar sofort!»

Caroline stöhnt: «'tschuldigung, du blöde Kuh!»

«Jetzt reicht es!» Die Mutter schaltet – außer sich vor Wut – den Fernsehapparat aus.

Caroline erhebt sich: «Ich wollte sowieso gehen. Ist 'ne langweilige Sendung!» Sie verlässt betont unberührt den Raum – auf den Lippen ein unhörbares «Blöde Kuh!».

«Was hast du da gesagt?», schreit die Mutter.

«Blöde Sendung!»

So wichtig es ist, auf Wiedergutmachung und Entschuldigung zu bestehen, bedeutsam ist es auch, Handlungsänderungen herbeizuführen, und diese erreicht man, wenn man den Konflikt dann löst, wenn sich alle beruhigt haben. Ist die Luft noch heiß, sind keine wirklichen Lösungen zu erwarten – vielmehr geht es um gegenseitige Verwünschungen und Verletzungen, um entwürdigende Machtkämpfe, an deren Ende nur Rachegefühle stehen. Hier bietet sich das Auszeitverfahren an, das unbestreitbare Vorteile hat: In der ersten Phase wird die Grenzüberschreitung ignoriert, in einer zweiten Phase deutlich angesprochen – aber so, dass eine Regelüberschreitung zukünftig begrenzt, verhindert oder gar unmöglich gemacht wird.

Eine weitere Möglichkeit, mit Schimpfworten umzugehen, sie für Kinder erfahrbar zu machen und sie zugleich zu begrenzen, ist die Einführung von klar definierten und ritualisierten Ausnahmen.

In einer Kindertagesstätte entwickelte sich ein beliebtes Spiel, das die Kinder erfreute, die Erzieherinnen jedoch auf «die Palme brachte». Die ältesten Kinder, fast alle knapp sechs Jahre alt und kurz vor der Einschulung stehend, warfen «mit den hässlichsten Worten nur so um sich», wie Gerda Albert, die Leiterin, beobachtete. Nicht das Kindergartenteam sei Zielscheibe der sprachlichen Aggressionen, sondern die Kinder, «vor allem die kleineren. Aber auch die», so Frau Albert, hätten es schnell gelernt, sich zu behaup-

ten: «Die schreien jetzt zurück. Zwar nicht ganz so schlimm ...
Aber immerhin.»

Es ginge «wahnsinnig zu», meint sie. «Vor allem, ich bin jetzt hilflos. Grenzen helfen nicht. Je mehr wir eingreifen, umso heftiger
geht's hinter unserem Rücken weiter. Ich weiß, Verbote machen
neugierig. Das Tollste ist», sie schüttelt den Kopf, «wenn wir Erzieherinnen dabeistehen, sagt der eine: ‹Du Arschloch›, nicht laut,
nicht mal leise, der bewegt nur die Lippen, beim ‹Arsch› geht der
Mund weit auf, beim ‹loch› bleibt er fast geschlossen. Und dann
erwidert der andere: ‹Pissnelke!›, auch unhörbar. Der hat nur die
Lippen bewegt. ‹Sei ruhig›, habe ich verzweifelt gemeint. Und da
sagen die Kinder doch glatt: ‹Wir sagen doch gar nichts!› Stimmte
ja auch, die haben ja auch nichts gesagt. Die haben mit unserer ...
nein, mit meiner Verzweiflung gespielt.»

Da sich die Kinder von ihren Erzieherinnen mit der «Fäkalsprache» nicht angenommen fühlten und deren Reaktionen als
unangemessen empfanden, traten sie in einen Machtkampf ein.
Ich machte Gerda Albert den Vorschlag, die komplizierte Situation durch ein Ritual zu entschärfen. «Machen Sie ein Spiel
mit Schweineworten», riet ich ihr. «Legen Sie eine Zeit fest,
einen Raum. Dann können Kinder alles ausdrücken, was sie wollen. In der übrigen Zeit sind die Kraftausdrücke allerdings untersagt.»

«Aber macht das nicht erst richtig aggressiv? Werden nicht auch
die Kinder animiert, die jetzt still sind?», fragte sie ängstlich.

«Dann vereinbaren Sie eine freiwillige Teilnahme an diesem
Spiel!»

«Und wenn einige Kinder außerhalb dieser Zeit immer noch
solche Worte sagen?», will sie es genau wissen.

«Dieses Kind möchte Sie möglicherweise provozieren, steht mit
Ihnen in einem Machtkampf. Dann geht es nicht wirklich um die
Kraftausdrücke. Diesem Kind geht es um die Beziehung, die es
über seine Schimpfworte bekommt. Hier sind andere Fragen notwendig: Welchen Sinn hat die Störung? Oder: Habe ich das Kind

eine Zeit lang übersehen? Oder: Wie kann das Kind durch positive Aktionen meine Aufmerksamkeit gewinnen?»

Gerda Albert redet mit den Kindern, bringt die Idee einer «Schweinewortzeit» ein, macht aber gleichzeitig deutlich: Die übrige Zeit sei dann «schweinewortfrei». Dies gelte insbesondere beim Essen und für den Stuhlkreis. Während sie dies sagt, schaut sie alle Kinder der Reihe nach und mit festem Blick an. Alle Kinder sind – sehr zur Verwunderung des Teams – einverstanden.

Man verabredet eine Zeit: am Vormittag gegen zehn Uhr, ein Zeitlimit: fünfzehn Minuten, und eine – wie die Kinder sie nennen – «Schweineecke». Die Leiterin stellt zu Beginn des Rituals ein rosarotes Plastikschwein auf, gibt das Startzeichen. Das Spiel geht los. «Die kannten gar nicht so viele Wörter, wie ich befürchtete. Gut, ‹Arschloch› kam, ‹Pisser›, ‹blöde Kuh› ..., aber nach kurzer Zeit war's ein Spiel mit Worten: ‹Kacker ..., Kackarsch ..., Kackwurst ..., Wurstkacke ..., Wurstknacke ..., Knackheini ..., Heidelbeere ..., Schneidelbeere ...›, so ging es weiter, bis die Zeit um war. Die Kinder hatten großen Spaß. Sie lachten, schrien sich an, freuten sich. Nach einer Viertelstunde, meistens schon vorher, ging ihnen die Luft aus. Die waren richtig erschöpft.»

Von ganz wenigen Ausnahmen abgesehen, hörten die Auseinandersetzungen um die Schimpfworte auf. «Da reichte es, wenn mal einem Kind wieder der Gaul durchging, zu sagen, nachher geht's in der Ecke weiter. Es war einverstanden.» Mit diesem Ritual konnten die Kinder ihren Dampf ablassen.

Grenzüberschreitungen mittels Sprache sind Versuche der Orientierung, der Reibung an bestehenden Normen und Werten. Grenzüberschreitungen sind aus der Sicht von Kindern häufig spielerisch-lustvolle Schritte, aus der Perspektive der Erwachsenen bedeuten sie Stress. Die Einführung von ritualisierten Ausnahmen im Spiel verspricht aber Lösungen:

■ Sie signalisieren dem Kind Verständnis für grenzüberschreitende Aktionen: «Du bist o. k., auch wenn du das sagst», bedeutet das Annehmen jener Anteile einer Persönlichkeit, mit der Erwachsene ihre Schwierigkeiten haben. Aber diese Schwierigkeiten beziehen sich auf den kritisierten Sachverhalt, eben die Kraftausdrücke, nicht auf die Person. So kann eine Erziehungsbeziehung hergestellt werden, die Belastungen aushält.

■ Verständnis für eine Sache darf keineswegs mit deren Akzeptanz verwechselt werden. Dies können Kinder erfahren und aushalten.

Die Einführung der spielerischen Ausnahme zeigt den Kindern Grenzen auf, weist auf Normen hin, die den Erwachsenen wichtig sind. Solche Grenzen vermitteln Werte, auf deren Einhaltung Erwachsene mit Festigkeit bestehen können. Man kann die Kraftausdrücke der Kinder auf der Basis ihrer Entwicklung verstehen, akzeptiert sie aber trotzdem nicht. Wer Akzeptanz mit Verständnis verwechselt, der übersieht, dass eine Freiheit ohne lebendige Rituale zur Unfreiheit oder ins Chaos führt.

Ausnahmen zeigen, dass Achtung und Respekt nur auf der Grundlage gegenseitigen Bemühens möglich sind. Sie nehmen auf die Bedürfnisse und Wünsche aller am erzieherischen Prozess Beteiligten Rücksicht.

Wer Ausnahmen zulässt, kann mit Grenzüberschreitungen spielerisch umgehen. Sie bauen auf der Überlegung auf, dass man Veränderungen im Handeln als Weg versteht, bei dem jeder Schritt ein Ziel, eine neue Grenze darstellt. Ausnahmen sind kein Patentrezept, sie bedeuten nicht, dass das gelöste Problem nicht doch irgendwann – wenn auch unter anderen Vorzeichen – wieder auftaucht. Aber dann hat man mit dem «Ausnahme-Spiel» einen Dietrich zur Hand, der auch für die neue Situation benutzt werden kann.

Während man bis zum sechsten, siebten Lebensjahr vielfältige Möglichkeiten hat, auf die Kraftausdrücke der Kinder zu reagieren, stellt sich die Situation von diesem Alter an doch grundsätzlich anders dar. Zwar empfiehlt sich auch hier die Methode der Auszeit, doch hat sie hier jetzt ihre Grenzen. Stellen Schimpfworte

im Kindergartenalter häufig spielerisch-provokative Grenzüberschreitungen dar, berühren und verletzen Kraftausdrücke danach
die Erziehungsbeziehung von Eltern und Kindern nachhaltig.

Werden Beleidigungen ignoriert, führt das zu Hilflosigkeit und
Hass bei allen Beteiligten.

Eine Mutter erzählt auf einer Elternveranstaltung: «Meine
Tochter ist schlimm.» Nina ist zehn Jahre, besucht die letzte Klasse einer Grundschule. «Sie ist», wie der Vater ergänzt, «ein Wunsch-
kind. Wir tun alles für unsere Tochter, sind immer für sie da.»

«Was ist schlimm an Ihrer Tochter?», will ich wissen.

Die Mutter klagt: «Es wird immer schlimmer, von Tag zu Tag.
Sie macht mit uns, was sie will.»

Der Mann ergänzt: «Gestern hat sie mich geschlagen ... Aus
heiterem Himmel. Ins Gesicht. Hier, sehen Sie.» Er weist auf einen
blauen Fleck am Hals hin. Die Mutter erklärt: «Nur weil er nicht
mit ihr spielen wollte ... zack, zack ...!» Er macht den Schlag der
Tochter nach, «... und schon sitzt es im Gesicht.» – «Und was machen Sie?» – «Wir beruhigen sie dann, reden mit ihr ..., und
so ...», meint der Vater.

Ich stelle fest: «Nina behandelt Sie wie ein Stück Dreck!» Der
Vater ganz spontan: «Wie den letzten Dreck.»

Und dann erzählt die Mutter, angefangen habe es vor einigen
Jahren mit Worten wie: «Komm her, du Arschloch» oder «Gibt's
endlich Essen, du blöde Kuh?»

«Wie haben Sie reagiert?»

«Ich war freundlich, hab's überhört. Ich dachte, das sei eine
Phase, die vorübergeht.» Die Mutter wirkt nun sehr nachdenklich:
«Dann meinte ich, meine Tochter müsse diese Phase irgendwie
ausleben. Ich konnte das früher nicht. Na ja, dachte ich, so sind die
Kinder eben heute.»

Manche Erwachsene sind besorgt und unsicher über die – ihrer
Meinung nach – zunehmende sprachliche, aber auch persönliche
Gewalt gegenüber anderen. Da ist viel von fehlendem Respekt und
mangelnder Achtung die Rede. Die geschilderte Situation weist

auf weitere Gesichtspunkte im Umgang mit verbalen Grenzüberschreitungen hin:

- Kinder prüfen durch Versuch und Irrtum, wie weit sie gehen können, wann die Grenze der Belastbarkeit in zwischenmenschlichen Beziehungen erreicht ist.
- Wenn über verbale Aggressionen die Erziehungsbeziehung berührt wird, muss man sofort handeln. Wer persönliche Beleidigungen hinnimmt, verstärkt diese. Ignorieren, Überhören mögen beim spielerischen Umgang mit Grenzüberschreitungen – wie bei Robin – *ein* Mittel im pädagogischen Prozess darstellen. Bei entwürdigenden Beleidigungen werden sie als Gleichgültigkeit gedeutet, als Aufforderung weiterzumachen.
- Aus Untersuchungen ist bekannt, dass die Bereitschaft, andere Menschen zu verletzen, zu zerstören und zu töten, dann gegeben ist, wenn das Opfer *vor* der Tat entwürdigt wird.

Wenn Erziehende ihrer Entwürdigung nicht Einhalt gebieten, tragen sie zu einer Verstärkung der Aggressionen gegen Sachen und Personen bei. Sie erleichtern es Kindern, Wut – egal ob in Wort oder Tat – ungehemmt auszuleben, und leisten damit ungewollt einen Beitrag zur Missachtung der eigenen Person.

6. «Aber Papa hat's erlaubt ...» – Von Erziehungsstilen

«Mein Mann und ich sind uns in Erziehungsfragen nicht einig. Er reagiert nachgiebiger oder gelassener als ich! Schadet das den Kindern?» So lautet eine häufig gestellte Frage von Eltern. Kinder erleben in ihrem engeren wie weiteren Umfeld ganz spezifische Erziehungsstile. Eltern besitzen unterschiedliche Vorstellungen, die Großeltern praktizieren wiederum andere als die Eltern. Und in

Kindergarten, Schule und Sportverein erfahren Kinder, dass manches von dem, was zu Hause möglich ist, dort nicht läuft. Solche Frustrationen sind den Kindern zuzumuten, können von ihnen durchaus produktiv bewältigt werden.

Die Begegnung von Kindern mit ganz unterschiedlichen Erziehungsvorstellungen gehört zu ihrem Alltag. Und genauso alltäglich ist die Erfahrung, dass sich Erziehungsbeziehungen verschieden gestalten: Der Kontakt zu Eltern ist ein anderer als der zur Erzieherin oder Lehrerin, der zu den Großeltern ein anderer als zu den Bekannten. Das Kind erfährt unterschiedliche Erziehungsstile, indem es sie als gelebte Modelle spürt. Es lernt zu vergleichen; es erfährt, welches Modell angemessener ist. Die Begegnung mit unterschiedlichen Erziehungsstilen macht Kinder realitätstüchtig, gibt ihnen Selbstbewusstsein und Selbstvertrauen, sich in verschiedenen Situationen des Alltags zurechtzufinden und zu behaupten. Allerdings müssen bei aller Unterschiedlichkeit einige Grundsätze beachtet werden:

1. Kinder müssen wissen, an wen bzw. woran sie sich in Situationen zu halten haben. Besteht hier keine Einigkeit, spielen Kinder die Beteiligten gegeneinander aus.

2. Unterschiedliche Einstellungen dürfen von Erwachsenen nicht dazu missbraucht werden, sich beim Kind einzuschmeicheln – «Bei mir darfst du mehr ...» – oder die andere Bezugsperson gefühlsmäßig herabzusetzen – «Ich bin netter zu dir als ...» Dies bringt Kinder in Loyalitätskonflikte.

3. Unterschiedliche Erziehungsstile können nur auf der Basis von verbindlichen Grundprinzipien, die für alle Beteiligten gelten, praktiziert werden: Wenn ein Vater einen Laisser-faire-Stil praktiziert, die Kinder dagegen ihre Mutter als fest und konsequent erleben, dann kann das dazu führen, dass Kinder ihre Eltern gegeneinander ausspielen.

Einige Grundsätze will ich nun an beispielhaften Situationen konkretisieren.

Szene am Mittagstisch der Familie Schnur. Anwesend sind Peter Schnur, seine Frau Mirte und die beiden Kinder, Patrizia und Ole, fünf und acht Jahre alt. Der Vater kommt jeden Mittag nach Hause, will im Kreise der Familie essen. Er bringt jedoch eine gewisse Hektik mit von der Arbeit. Alles muss schnell gehen. Da er am Schalter einer Kasse arbeitet, mit viel Lärm konfrontiert ist, wünscht er absolute Ruhe. Zudem ist Peter Schnur ein Ästhet beim Essen. Er möchte, dass die Kinder aufrecht sitzen, nicht mit dem Essen spielen und eine gewisse Zeit am Tisch bleiben, fragen, wann sie aufstehen dürfen.

Mirte Schnur legt zwar auch Wert auf eine «gewisse Etikette», aber «ich habe da andere Maßstäbe. Die dürfen sich auch mal mit dem Arm aufstützen, mal mit Kartoffeln und Soße matschen, so eng sehe ich das nicht.»

Deshalb gibt es eine Absprache: Wochentags ist Mirte Schnur für die Tischrituale zuständig, am Wochenende der Vater. Und trotzdem gibt es immer wieder Stress.

Die Familie sitzt am Tisch. Es ist Donnerstag. Die Suppe wird in die Teller gefüllt. Die Mutter bringt den Topf zurück auf den Herd. Ole dauert es zu lange. Er fängt an, mit dem Löffel in der Suppe zu spielen.

Peter Schnur schaut ernst, sagt aber nichts.

«So, nun ‹Guten Appetit›», eröffnet die Mutter das Essen. Ole hat ganz offensichtlich Hunger, er schlürft die Suppe äußerst geräuschvoll.

«Ole, etwas leiser, bitte», ermahnt die Mutter in ruhigem Ton. Doch ihm schmeckt es. Und das hört man. Peter Schnur schaut seine Frau missmutig an. Sie zuckt mit den Schultern, so als wolle sie «Ist ja schon gut!» ausdrücken. Doch Ole macht unverdrossen weiter, so als tangiere ihn das überhaupt nicht.

Der Vater atmet laut und vernehmlich aus.

«Ole, ein bisschen leiser!», ermahnt die Mutter noch einmal. Ole mäßigt sich etwas.

«Wird aber auch Zeit», erklärt Peter Schnur genervt.

«Dein Essverhalten gleicht dem einer Sau!»

«Schwein, Papa! Oder besser: Eber!», kontert Ole.

Patrizia hat den Mund voll Suppe und prustet los, als sie Oles kecke Antwort hört: «Eber!»

Peter Schnur wird von einer Suppenfontäne benetzt. Vorwurfsvoll schaut er seine Frau an: «Das ist das Ergebnis deiner Erziehung! Hier!» Beleidigt und trotzig zugleich sieht er sein beflecktes Hemd an.

Ole und Patrizia lachen, verstummen aber sofort, als sie die bierernste Miene des Vaters sehen.

«Das ist nicht zum Lachen, verdammt!» Und zu seiner Frau gewandt: «Ich weiß wirklich nicht, warum ich mir diesen Stress hier antue!» Um nach einer Pause hinzuzufügen: «In der Kantine hab ich's ruhiger.»

Mirte Schnur zuckt mit den Schultern, um dann mit abgeklärter Stimme hinzuzufügen: «Das ist deine Wahl. Du kannst hier essen! Oder dort. Aber du musst dich entscheiden!»

«Bitte hier essen, Papa!», fleht Patrizia. «Das ist viel schöner!»

«Dann müsst ihr euch aber auch ruhig verhalten!», erklärt der Vater, Patrizia ernst anblickend.

Ole hat in der Zwischenzeit seine Suppe gegessen. Sie hat ihm ganz offensichtlich gemundet. Er nimmt seinen Teller hoch und leckt die Speisereste genussvoll aus.

«Das gibt's doch wohl gar nicht», schnauft der Vater. «Mirte, siehst du das!» Er schüttelt den Kopf. «Unglaublich! Wie ein Schwein!»

Sehr ruhig stellt Ole seinen Teller zurück, seine Zunge leckt die Lippen ab: «Lecker, Mama!» Und an den Vater gerichtet: «Eber, Papa!»

«Meinetwegen Eber!», zischt Peter Schnur.

«Papa?» Oles Stimme hat einen fragenden Klang.

«Was ist?», will der Vater gereizt wissen.

«Du, Papa, heute ist Donnerstag. Und erst übermorgen hast du am Tisch was zu sagen.» Ole macht eine Pause. «Dann ess ich wie du!» Er setzt sich in aufrechte Positur, nimmt Messer und Gabel und mimt den vornehmen Esser.

Am Abend desselben Tages: Mirte Schnur spricht ihren Mann nochmals auf die mittägliche Stresssituation an.

«Du musst dich an Absprachen halten, Schatz», erklärt sie ihm. «Sonst bringst du die Kinder durcheinander. Sie wissen nicht, woran sie sind.»

Er sieht einigermaßen zerknirscht aus.

«Weiß ich, aber ich kann da nicht aus meiner Haut.» Er denkt nach: «Außerdem will ich meine Ruhe!»

«Dann iss doch in der Kantine. Und am Wochenende halten sich die Kinder an deine Rituale!»

Man einigt sich schließlich darauf, dass der Vater dreimal in der Woche in der Kantine isst, zweimal nach Hause kommt.

«Schade», findet Ole, «aber dann kann ich dreimal wie ein Schwein», er grunzt, «wie ein Eber essen!»

Die Familie Schnur hat prinzipiell vieles richtig gemacht. Herr und Frau Schnur waren sich ihrer unterschiedlichen Einstellungen zum Essen bewusst. Daraus resultierte eine Absprache, um die Kinder nicht zu verwirren – Absprachen, an die der Vater sich freilich nicht hielt. Daraus ergab sich Stress; Ole fühlte sich geradezu provoziert, seinen Vater vorzuführen.

Die Mutter hat ihren Kindern durch ihre Worte, vor allem durch ihr Handeln ein Modell vorgelebt: Diejenigen, die die Verantwortung tragen, sind die Bezugspunkte.

Unterschiedliche Einstellungen und Erziehungsstile zu praktizieren schließt ein, Unterschiede zu tolerieren. Vera Krüger hatte sich mit ihrem Mann darauf geeinigt, er sei für die Ordnung im Kinderzimmer verantwortlich. «Ich rassle ständig mit den beiden zusammen. Mein Mann ist da gelassener. Das gebe ich zu.»

Die Arbeitsteilung funktioniert, die gereizte Atmosphäre, die sich am chaotischen Kinderzimmer entzündet, entspannt sich zunehmend – dafür braut sich ein anderes Gewitter zusammen. Vera Krüger hat einen anderen Ordnungsstandard als ihr Mann: «Ich bin großzügiger», sagt er, «aber es sieht auch aufgeräumt aus.»

Als die Krügers diese Situation auf einem Seminar vorstellen, versuchen wir einen Weg zu finden, dass Frau Krüger die Verantwortung an ihren Mann abtreten kann. Sie sagt: «Wenn ich's nicht seh, dann ist's mir auch egal», und daraus entwickelt sie ihre Lösung.

«Dann gehen Sie nicht hinein!», sage ich.

«Oder ich schau nicht so genau hin!», ergänzt sie.

Vera Krüger schaffte es. Das Thema «Aufräumen» wurde unwichtiger, gemeinsam hatte man einen Weg gefunden, wie jeder mit seinem Stil leben konnte.

Und dies gilt gleichermaßen für die unterschiedliche Erziehung der Großeltern. Viele Eltern flippen aus, wenn die Kinder von Oma und Opa kommen und mit dem Brustton der Überzeugung sagen: «Da kann ich viel mehr, da will ich hin!» Vater und Mutter fluchen dann – anstatt den Kindern zu sagen: «Du kannst dahin ziehen!» Man glaubt es kaum, wie faszinierend es sein kann, mal einen kinderfreien Abend zu genießen, mal wieder allein zu sein, dem Partner oder der Partnerin in die Augen zu schauen, um zu bemerken, wie alt er (oder sie) geworden ist, weil man in den letzten Jahren nur auf die Kinder gestarrt hat.

Doch allzu häufig herrscht der Ärger über den großzügigen großelterlichen Erziehungsstil vor. Deshalb versuchen Eltern ihre Eltern noch zu erziehen – etwa, wenn das Kind bei Oma und Opa abgegeben wird: «Mutti, ich hab dir noch Saft mitgebracht, damit Simon bei dir nicht immer Cola trinken muss», um mit aller Ernsthaftigkeit in der Stimme hinzuzufügen: «Und dass Opa nicht immer so lange fernsieht. Neulich musste ich mit Simon den Nachtkrimi aufarbeiten.»

Gott sei Dank sind Großeltern heute Anarchisten genug, mit ihren Enkelkindern Geheimverträge abzuschließen, sonst würden sich Eltern noch omnipotenter fühlen.

Man kann Kindern durchaus die Verschiedenartigkeit von Erziehungsstilen zumuten.

Sophia, fünfeinhalb Jahre, macht dies auf eine wunderbare Art und Weise klar. Bei ihrer Oma darf sie die «Sendung mit der Maus» sehen, «dann ist Schluss», wie die Oma unmissverständlich feststellt, keinen Widerspruch duldend. Zu Hause bei den Eltern erlaubt der Vater noch als «Schmankerl» eine Zugabe aus Janoschs «Oh wie schön ist Panama!».

Sophia hält sich strikt an diese Aufgabenteilung. Als die Oma einmal bei Sophia als Babysitter tätig ist – Sophias Eltern sind auf einer Party zu Gast –, schaut sich Sophia zunächst die «Sendung mit der Maus» an. Als diese zu Ende ist, bittet sie Oma: «Leg noch die andere Kassette ein!»

«Welche?», fragt die Oma spitz.

«Oh wie schön ist Panama!», gibt Sophia selbstverständlich zurück.

«Das gibt es jetzt nicht mehr!», erklärt die Großmutter vehement. Sophia lächelt ihre Oma freundlich an, um dann hinzuzufügen: «Oma, du bist hier bei uns. Hier hast du nichts zu sagen!»

Unterschiedliche Auffassungen sind normal – von Vater und Mutter, von Eltern und Großeltern, von Kindergarten und Schule. Unterschiedliche Auffassungen haben nichts damit zu tun, dass die einen besser, die anderen schlechter erziehen. Die Verschiedenheit hat vielmehr mit Nähe und Distanz zu den Kindern zu tun. Je näher man an einem Kind dran ist, je mehr man in Alltagsgeschäfte involviert ist, je mehr man mit den Kindern Normalität, ja die Mühen der Ebene er- und durchlebt, umso häufiger erfährt man Erziehung als Stress, umso mehr kennen die Kinder die Schwachpunkte von Vater und Mutter. Und umso gereizter, ungehaltener erleben Kinder, Vater und Mutter die Erziehung.

Distanz führt manchmal zu mehr Gelassenheit und Großzügigkeit. Eine distanzierte Beziehung sieht manches lockerer, während ein zu naher Kontakt den Wald vor lauter Bäumen nicht sieht. Und hier liegt die Chance väterlicher Beziehung zu den Kindern, sind sie es doch, die aufgrund des (noch immer meist den Männern/Vätern vorbehaltenen) Vollzeitjobs die eher distanzierte Beziehung zu Kindern aufweisen. Distanz meint nicht die Abwesenheit von Emotionalität und Tiefe. Aber eine distanzierte Beziehung muss gepflegt werden – sie kann in Ritualen aufgehoben sein.

Der Hinweis mancher Väter, sie seien zeitlich eingebunden und könnten deshalb keine Beziehung zu ihren Kindern aufbauen, zieht meines Erachtens nicht. Viele Kinder sehen gerade darin eine Chance: Während die Mutter häufig alles und jedes sieht, sich in Details verhakt, kann der Vater mütterliche Macht relativieren, aber nicht: in Frage stellen. Er kann das Augenmerk auf andere Segmente der Erziehung legen. Dazu sind aber zwei väterliche Grundhaltungen vonnöten:

- Er muss Zeiten und Räume schaffen, in denen er sich verantwortlich fühlt, Zeiten und Räume, in denen die Mutter sich aus der Kindererziehung «guten Gewissens» ausklinken kann. Die Nähe zu Kindern hält man manchmal nur durch eine bewusst gestaltete Distanz aus: den kinder- und männerfreien Abend oder den Kurzurlaub. Wenn man einmal ein paar Stunden, ein paar Tage von den Kindern entfernt ist, dann – so eine Mutter – «werden aus meinen Monstern süße Engel, nach denen ich mich sehne».

- Er darf seine Erziehungsprinzipien nicht gegen die seiner Frau ausspielen. Denn Kinder sind schlitzohrig genug, die väterliche Distanz und das daraus resultierende schlechte Gewissen für sich zu nutzen. Da hat die Mutter eine zusätzliche Fernsehsendung verboten. Nun hört das Kind den Vater kommen. Es springt zum Auto, umschmeichelt ihn: «Papa, ich hab dich lieb!» Und während der Vater das Kind streichelt, fragt es mit dem liebenswürdigsten Augenaufschlag, den es gerade hinbekommt:

«Sehen wir nachher fern, du und ich? Da kommt 'ne tolle Sendung!» Wenn er dann ohne zu zögern erwidert: «Ja, mein Schatz!», gibt es zu Recht Ärger. «Was hat Mama gesagt?» oder: «Da muss ich deine Mutter fragen!» wären Antworten, die dem Kind zeigen, dass sich beide Elternteile nicht gegeneinander ausspielen lassen.

Unterschiedliche Stile in der Erziehung meint: Man ist sich einig, dass Grenzen, Regeln und Rituale notwendig sind, aber dass man sie unterschiedlich auslegen kann, die Kinder freilich wissen, woran sie bei Vater und Mutter, Großvater und Großmutter sind. Um es am eingangs angeführten Beispiel zu verdeutlichen: Herr und Frau Schnur waren sich über einige Grundregeln beim Essen einig. Sie hatten allerdings verschiedene Auffassungen darüber, wie diese umzusetzen seien.

Davon zu unterscheiden sind uneinige Erziehungsstile. Übertragen auf das Beispiel der Familie Schnur hieße das: Herr Schnur würde einen sehr rigiden, unnachgiebigen Stil favorisieren, Frau Schnur eher den Laisser-faire-Stil praktizieren. Uneinige Erziehungsstile sind nicht kompatibel, haben keinen gemeinsamen Nenner. Im uneinigen Erziehungsstil geht es niemals um das Wohl des Kindes. Der uneinige Erziehungsstil zerrt vielmehr am Kind. Vater und Mutter, aber auch Eltern und Großeltern treten in ein Konkurrenzverhältnis. Jeder will dem anderen beweisen, wer der oder die Beste ist. Die Bedürfnisse des Kindes, sein Wohlergehen sind nur vorgeschoben. Hinter uneinigen Erziehungsstilen stehen zwei Motivationen:

- Ein egozentrisches Denken, das meint, das Wohl des Kindes zu kennen und umzusetzen. «Meine Mama will mein Bestes», erzählt die zehnjährige Barbara, um dann lachend hinzuzufügen: «Was bleibt dann für mich?»
- Ungeklärte Partnerschafts- und Beziehungskonflikte. Vater und Mutter, Eltern und Großeltern buhlen um die Gunst des Kindes, übertreffen sich in materiellen Höchstleistungen, ohne zu

bemerken, dass das Kind damit in Loyalitätskonflikte getrieben wird.

7. «Alle anderen dürfen ...» – Von Konsequenzenkillern

Kinder haben ihre – bewussten und unbewussten – Strategien, Grenzen auszutesten oder zu erweitern. Je älter Kinder werden – spätestens vom Zeitpunkt des Kindergartenbesuchs an –, desto differenzierter und nachdrücklicher versuchen sie, ihre Position zu behaupten und Standpunkte zu erweitern.

Dabei wenden sie die unterschiedlichsten Strategien an, wie ein Gespräch zwischen Kindern von sechs bis acht Jahren beweist:

«Ich sag», so lacht Johannes, «ich zieh aus. Und dabei schau ich dann ganz böse. Als ich fünf war, habe ich wirklich mal meine Koffer gepackt und bin aus dem Haus gegangen. Es war schon dunkel. ‹Lass ihn gehen›, hat Papa gemault. ‹Bist du denn verrückt geworden?›, hat meine Mama geschrien. Die ist dann hinter mir hergelaufen. Dabei bin ich extra langsam gegangen. Das war doch stockduster draußen. Und da hatte ich doch Angst – war das gruselig. Als Mama dann hinter mir her war, bin ich schneller gegangen. Aber ich wusste ja, die war hinter mir.»

«Früher», so erinnert sich Marie-Claire, «konnte ich auf Kommando kotzen. Also, ich musste nur die Luft anhalten und dann kam alles hoch. Das hab ich dann auf den Teppich gespuckt. Das hat gerochen, gestunken, hat meine Mutter gesagt. Meistens habe ich dann bekommen, was ich wollte. Heut sag ich, ich hab so Bauchschmerzen, wenn ich irgendetwas nicht darf.»

«Ich hab», so berichtet Reiner, «früher den Kopf auf den Boden geschlagen, wenn mir meine Mama oder mein Papa nichts gegeben haben. Dann haben die sich Sorgen gemacht. Und sie haben nachgegeben, das haben sie mir später erzählt. Heut mach ich das nicht mehr, aber ich weiß, wie ich sie rumkriege. Ich muss nur traurig gucken oder sagen: ‹Ich leb ja doch nicht mehr lang!› Dann zucken die zusammen. Und dann geben sie schnell nach.» Er sieht mich an: «Ich weiß, das ist gemein. Aber wie soll ich sie sonst rumkriegen?» Er lacht: «Oder hast du da eine Idee?»

«Womit ich meine Eltern am schnellsten rumkrieg», lacht Arne, «ist der Satz: ‹Alle anderen dürfen!› Bei meiner Mutter sag ich das ganz laut. Die hat dann sofort ein schlechtes Gewissen. Bei Papa wirkt das nicht immer. Aber wenn der abends abgeschlafft nach Hause kommt, wenn der kaputt ist und seine Ruhe haben will, dann muss ich das nur sagen, und schon gibt der auch schnell nach!»

«Alle anderen dürfen …» Ob es sich nun um den abendlichen Krimi, das schicke T-Shirt, längeres Aufbleiben, das neueste Monster-Spielzeug oder das höhere Taschengeld handelt: Immer versuchen Kinder, Grenzen auszutesten, abgesprochene Regeln in Frage zu stellen. Wer sofort nachgibt, der verschafft Kindern einen zweifachen Erfolg mit fragwürdigen Folgen: Kinder lernen daraus, wie sie durch bestimmte Formulierungen und entsprechende Verhaltensweisen ihre Eltern «überzeugen», besser: «rumkriegen»; und sie werden solch Modell immer wieder – und aus ihrer Sicht erfolgreich – anwenden.

Die Eltern sind in einer Beziehungsfalle, aus der sie sich nur schwer wieder befreien können.

Es ist sinnvoller, auf Absprachen zu verweisen. Dies sollte auf der «Ich»-Ebene, nicht auf der «Man»-Ebene» geschehen. Also nicht: «Du weißt, dass man das in deinem Alter nicht macht!», sondern: «Ich habe mit dir die Vereinbarung getroffen, ich denke, das bleibt auch so!»

«Aber das hört sich verdammt nach dem Satz meines Vaters an», zögert Peter Schneider, «der immer sagte: ‹Solang du die Füße unter meinen Tisch steckst, wird gemacht, was ich sage!›» Er macht eine Pause: «Und das wollte ich nie sagen!»

«Was war das Schlimme an diesem Satz?», will ich wissen.

«Diese Macht, die darin steckte, diese Rechthaberei, dieses Autoritäre ... So wollte ich nie sein!»

«Sind Sie der autoritäre Rechthaber?», frage ich ihn.

«Natürlich nicht! Ich diskutiere viel ... Aber was zu viel ist, ist zu viel!», meint er genervt.

«Dann beenden Sie die Diskussion!»

«Muss ich dann wie mein Vater sein?», zuckt er resignierend die Schultern.

«Sie sind doch nicht wie Ihr Vater, nur weil Sie klar sind und sich deutlich ausdrücken.»

«Wirklich nicht?» Er ist skeptisch und überlegt: «Aber er hatte ja auch seine Vorteile.» Er lacht. «An ihm konnte man sich besser reiben als an mir, glaube ich. Ich bin wie Watte.»

«Mir geht es ähnlich», hakt Antonia Müller ein. «Auch bei mir gibt es diese ständigen Diskussionen und dann dieses ‹Alle anderen dürfen!›. Eines Tages hatte ich die Schnauze voll.»

«Wer sind alle?», hat sie ihre Tochter gefragt.

«Alle!», lautete Beates patzige Antwort.

«Wer sind alle?», hakt Antonia Müller nach. Beate überlegt: «Miriam und alle!»

«Wer sind alle?», drängt die Mutter.

«Lass mich!» Beate denkt weiter nach. Dann sprudeln zwei Namen: «Ute und Sabrina!»

«Das sind drei!», stellt die Mutter fest.

«Eben drei!», kommentiert Beate in beleidigtem Ton.

«Gut! Da ruf ich jetzt an!»

«Spinnst du!» Beate ist außer sich. «Du glaubst mir wohl nicht mehr!»

Antonia Müller antwortet ganz ruhig: «Ich glaube dir schon, aber ich ruf da jetzt an!»

Triumphierend kommt die Mutter zurück: «Du, die drei dürfen, aber du darfst immer noch nicht!»

«Peinlich! Voll peinlich!», stöhnt Beate.

«Im nächsten Leben hast du eine andere Mutter», lächelt Antonia Müller. «In diesem Leben musst du mit mir vorlieb nehmen!»

«Das hast du von deinem Guru ... Wie heißt der noch mal? ... Rogge», schreit Beate, «der ist doch schizo, absolut schizo. Und ich hab darunter zu leiden.»

Leben Sie den Kindern die Verlässlichkeit von Normen und Werten vor. Dies gibt den Kindern Vertrautheit und Sicherheit. Es ist ihnen zuzumuten, dass in anderen Familien ganz andere Modelle praktiziert werden: Das Kind kann vergleichen, kann werten; es erfährt, wie unterschiedliche Erziehungsstile Vor- und Nachteile haben. Das Kind spürt möglicherweise Frustrationen, weil die anderen Kinder «immer mehr dürfen als ich!». Solche Frustrationen beziehen sich meist auf materielle Bereiche – und diese können Kinder durchaus aushalten, wenn sie emotionale Sicherheit spüren.

«Und manchmal muss man das Überraschende tun», erzählt Christa Reimers der Runde. Sie hat einen Sohn Boris, elf Jahre. «Der kommt jeden Mittag geladen nach Hause und reagiert überzogen, wenn er ein ‹Nein!› hört. Er flippt dann regelmäßig aus, schreit, flucht. ‹Alle dürfen, nur ich nicht›, pöbelt er dann, um zum Abschluss in beleidigtem Ton hinzuzufügen: ‹Du bist gemein!›»

Die Mutter hatte genug. Als er eines Tages nach Hause kam, wieder ausflippte, sagte sie ganz ruhig: «Du hast Recht, du hast die gemeinste Mutter von Hamburg, und es wird Zeit, dass ich mich oute!»

«Wie bitte?»

«Ich hab hier ein Plakat gemalt.» Sie entrollt es. Er liest laut: «Ich bin die gemeinste Mutter von Hamburg. Gemeine Mütter von Hamburg solidarisiert euch!» Sie lacht ihn an: «Und damit gehe ich jetzt auf den Rathausmarkt. Die Mütter von Yvonne und Helena kommen auch mit, die sind auch gemein.»

Boris erstarrt: «Was?»

«Da gehe ich hin!» Er merkt, seiner Mutter ist es ernst. Mit einem Male springt er zur Haustür, schließt diese ab.

«Was machst du?», fragt die Mutter freundlich.

«Da gehst du nicht hin!»

«Warum nicht?»

«Meinst du, ich will wegen dir in der Zeitung stehen?»

Sie schließen einen Vertrag. Wenn Boris sich vier Wochen zurückhält mit seinen ständigen Nötigungen und Erpressungen, wird sie nicht gehen.

«Und damit du den Vertrag nicht vergisst, hänge ich das Plakat in den Flur!»

«Und was sollen meine Freunde denken?»

Sie zuckt mit den Schultern. Boris geht in sein Zimmer, und die Mutter hört, wie er sagt: «Das war früher mal so einfach hier!»

8. «Muss ich dir's noch zweimal sagen ...» – Vom Drama der «guten» Worte

Viele Erziehungsbeziehungen zwischen Eltern und Kindern geraten durch die unklare Sprache der Erwachsenen ins Ungleichgewicht.

«Ich rede und rede», erzählt mir Gisela Schwarz, «rede mir den Mund fusselig, bemühe mich, freundlich zu sein, aber nichts passiert. Erst wenn ich die böse Hexe spiele, dann hören sie!» Als sie dies entrüstet erzählt, nicken die anderen anwesenden Eltern zustimmend.

Erwachsene verhalten sich gegenüber Kindern oft unklar. Sie ärgern sich zum Beispiel über die Bummelei, die Unordnung, zeigen mit ihrer Gestik und Mimik jedoch durchaus eine freundliche Stimmung an. Das Kind hört zwar Fragen wie: «Würdest du bitte aufräumen?», «Könntest du dich vielleicht beeilen?» Doch Fragen setzen keine Grenzen. Das Kind entdeckt in der Mimik und Gestik des Erwachsenen Zeichen von Anspannung – schmale Lippen, schmale Augen, Stirnrunzeln –, die fragende Stimme klingt hingegen noch ausgeglichen.

Kinder können mit solch unklaren Botschaften nicht umgehen. Deshalb erzwingen sie durch ihr Handeln einen in sich stimmigen Erwachsenen; soll heißen: Sie akzeptieren erst Grenzen, wenn diese klar artikuliert werden. Sie nehmen den Erwachsenen dann ernst, wenn dieser in Gestik, Stimme und Sinn der Worte übereinstimmt. Mit den Worten des neunjährigen Claudius ausgedrückt: «Wenn ich nicht weiß, was genau läuft, dann mache ich meinen Scheiß weiter. Weil, meine Eltern sind ja immer noch so freundlich. Obgleich ich merk, gleich ist's so weit. Gleich explodiert sie. Und dann platzen sie auch. Gut, denke ich, hab ich doch nicht falsch gelegen. Hatte ich doch Recht. Ich weiß nicht, aber meine Eltern machen es sich so schwer. Warum sagen sie denn nicht eher ‹Nein!›?»

Claudius formuliert intuitiv, was die Kommunikationspsychologie durch zahlreiche Untersuchungen belegt hat: 55 Prozent der Kommunikation läuft über Körpersprache, über Mimik und Gestik, 38 Prozent läuft über den Stimmklang und die Art des Sprechens. Lediglich sieben Prozent vermittelt sich den Kindern über den Inhalt, den Sinn der Worte. Missverständnisse in der Eltern-Kind-Kommunikation haben ihre Ursache in der Unklarheit, mit der viele Erwachsene Absichten und Grenzen formulieren.

Eltern überschätzen nicht allein die Wirksamkeit ihrer Worte und Anweisungen. Sie unterschätzen zugleich, wie wichtig es ist, sich dem Kind zuzuwenden, Kontakt zu ihm aufzunehmen, wenn sie ihm etwas mitteilen wollen. Kinder – und Erwachsene natürlich auch! – wünschen, angesprochen zu werden, sie wollen sich angesprochen *fühlen*.

Die Mutter von Daniel, Rebecca Kaiser, ist mit ihrem Sohn im Supermarkt. Sie hat ihm, ihrem viereinhalbjährigen Sprössling, versprochen, heute dürfe er sich die Spaghetti selber aussuchen. Das war zwar gut gemeint, doch hatte sie nicht bedacht, dass die Pasta sich in Augenhöhe der Erwachsenen befand – und es unendlich viele Sorten gab.

«Lass das Mama mal machen», erklärt sie ihm. «Das dauert jetzt zu lange. Du kannst das ohnehin nicht sehen da oben. Du bist zu klein!»

Daniel ist enttäuscht, trottet – die Schulter nach vorne gekippt – von dannen. Er wirkt wie ein kleines Häufchen Elend, dem man ansieht: «Erst versprechen, dann nichts halten!»

Zwei Regale weiter entdeckt er, als er sich nach links wendet, Konservendosen. Auf den Aufklebern sieht er Ravioli mit Tomatensauce. Daniel lächelt – und die Dosen scheinen zurückzulächeln. Er geht näher an das Regal, kniet davor. Seine linke Hand zuckt hervor, sie umfasst eine Dose. Daniel schmunzelt: «Rund!» Und er weiß, rund rollt toll.

Vorsichtig zieht er eine heraus, Millimeter um Millimeter. Er schaut zu seiner Mutter hinüber, beobachtet sie vorsichtig. Doch die ist mit der Spaghettiauswahl beschäftigt.

Rebecca Kaiser spürt, dass bei ihrem Sohn etwas im Gange ist. «Daniel! Was ist?» Aber sie ist zu sehr beschäftigt, geeignete Spaghetti zu finden, um ihren Sohn anzuschauen. Der zieht die Dosen immer weiter und weiter heraus.

«Daniel?», fragt sie mit einem Mal. «Daniel, was machst du da?» Doch das sagt sie, die Augen auf die Spaghetti gerichtet. Solange die mit den Spaghetti redet, denkt Daniel, sieht sie mich nicht. Und mit Schwung lässt er eine Dose das Regal entlangrollen. Die Mutter hat nichts bemerkt, was Daniel ermutigt, noch eine Dose aus dem Regal zu ziehen, um auszuprobieren, ob diese weiter rollt. In dem Moment kommt eine ältere Frau, hockt sich zu Daniel und meint ganz freundlich: «Das ist doch keine Kegelbahn hier!»

«Kegelbahn!», kräht Daniel vor Vergnügen, springt auf: «Kegelbahn! Kegelbahn!» Da sieht Rebecca Kaiser die Bescherung, stürzt von den Spaghetti wie ein Adler im Sturzflug hinunter, greift sich die Hände ihres Sohnes: «Wie oft muss ich dir das noch sagen, Daniel? Wie oft? Sag, wie oft?»

Doch der lächelt seine Mutter weise an: «Kegelbahn!»

Grenzen setzen hat zunächst nichts mit der Anwendung pädagogischer Techniken zu tun. Es ist eine Frage der Haltung gegenüber dem Kind. Dies meint, vom Kinde aus zu denken und zu handeln.

Wenn Erwachsene reden, dann achten sie auf das Gesprochene, den Inhalt, versuchen, mit Argumenten zu überzeugen, und dort, wo sie bei Kindern nicht weiterkommen, manchmal mit Verboten oder Bestechungen nachzuhelfen.

Kinder kommunizieren dagegen ganzheitlicher. Dies gilt es zu bedenken, wenn man mit ihnen und zu ihnen redet.

Zunächst erfolgt die Kontaktaufnahme über die Augen – möglichst auf gleicher Höhe. Dann die Kontaktaufnahme über die körperliche Berührung, um den eigenen Worten Nachdruck zu verleihen. Wohlgemerkt: Wenn man wütend und zornig ist, darf man niemals ein Kind anfassen! Dann wird aus der gut gemeinten Berührung schnell körperliche Gewalt, die wehtut. Und schließlich: die eindeutige Sprache.

Aus der Sicht der Kinder kommt ein wichtiges Element hinzu: Mimik und Gestik müssen mit dem Klang der Stimme, der Klang der Stimme muss mit dem Inhalt übereinstimmen. Ein «Nein!», bei dem gelächelt wird, nehmen Kinder genauso wenig ernst wie ein gleichgültig dahin gesagtes «Lass das, bitte!». Kinder brauchen authentische Botschaften, müssen wissen, woran sie sind. Bekommen sie keine Klarheit, dann sorgen sie mit ihren Mitteln für Deutlichkeit.

Manuela Hard erzählt: «Mein Stefan ist vier. Früher habe ich geredet und geredet. Hör auf! Lass das! Das ging und ging und ging ewig weiter. Das fand kein Ende. Tja, und warum sollte er auch aufhören? Ich stand in der Küche, machte irgendetwas, war mit mir oder mit irgendwelchen Dingen beschäftigt, und er tobte da im Wohnzimmer vor sich hin.»

«Was haben Sie verändert?», frage ich.

«Wenn ich etwas möchte, zum Beispiel dass er aufräumt, dann sage ich nicht mehr: ‹Räum auf!›, ‹Räum endlich auf!› oder ‹Wann räumst du denn endlich auf?› Nein, ich gehe hin, hocke mich vor ihn hin, schau in seine Augen, nehme manchmal seine Hände, formuliere einen kurzen knappen Satz: ‹Stefan, ich möchte, dass du aufräumst!› Meistens klappt das. Manchmal rufe ich aus der Entfernung nur ganz deutlich: ‹Stefan!› Dann weiß er Bescheid, und meistens hält er sich an die Absprache. Und wenn nicht, dann weiß ich, es geht ihm gar nicht um das Aufräumen. Dann will er mit mir in einen Machtkampf eintreten.» Sie denkt nach: «Vor allem hat das unendliche Labern jetzt aufgehört!»

Manuela Hard hat ihre Priorität auf ein klares, für Stefan verständliches Handeln gelegt: Er *fühlt* sich in Augen- und Körperkontakt angenommen. Er *fühlt*, seine Mutter redet nicht «um den heißen Brei herum»; sie sagt, was sie erwartet. «Unsere Beziehungen wurden klarer», erinnert sie sich. «Und auch er wurde eindeutiger. Früher erpresste er mich, nötigte mich mit Tränen. Jetzt sagt er klarer: ‹Ich will das! Ich möchte das!› Und wenn ich dann nicht bei der Sache bin, kommt er auf meinen Schoß, sagt ganz bestimmt: ‹Mama!› Und wenn ich dann immer noch nicht zu ihm hinschaue, dreht er mein Gesicht in seine Richtung, damit ich ihn sehen kann.»

Klarheit in der Sprache und Festigkeit im Gefühl lässt gegenseitigen Respekt entstehen. Partnerschaftlichkeit und Gleichwertigkeit in Beziehungen lässt sich nicht in allen Situationen gleichermaßen leben. Sie sind das Ergebnis andauernder Bemühungen, sind das Resultat eines Prozesses.

Szene auf einem Seminar: Anwesend sind Eltern mit ihren neun- bis zwölfjährigen Kindern.

«Seien Sie aufrecht und ehrlich», fasse ich zusammen, «wenn Sie zu Ihren Kindern reden, sagen Sie, was Sie vorhaben, was Sie wirklich wollen. Wenn Sie das nicht tun, erleben Sie Ihr blaues Wunder!»

Kaum hatte ich das gesagt, springt der elfjährige Johannes neben mir auf und ruft spontan: «Richtig, Herr Rogge! Richtig!»

Er sieht in Richtung seiner Mutter: «Das sagen Sie mal meiner Mutter!»

«Wieso?»

«Die spinnt nämlich!»

«Johannes!», empört sich die Mutter. «Hör auf zu spinnen!»

«Du spinnst!» Seine Stimme klingt aufgebracht.

«Johannes, das kannst du nicht einfach behaupten!», greife ich ein. «Das kannst du nur sagen, wenn du es beweisen kannst!»

«Kann ich!», ruft er mit erregter Stimme. «Tausend Beispiele kann ich Ihnen geben!»

«Eines reicht mir!», lache ich ihn an.

«Gestern», erzählt er. «Gestern! Da kommt sie, fragt: ⟨Johannes, wollen wir heute zu Oma?⟩ Ich sehe ihr aber an, dass sie will. Und sie will, dass ich mitkomme!»

«Was machst du dann?»

«Ich sag dann: ⟨Nein!⟩» Seine Stimme hat einen verächtlichen Unterton. Sie hört sich an, als spucke er das Wort aus.

«Und was passiert dann?»

«Dann textet sie mich zu», antwortet er mit finsterem Unterton.

«Was ist zutexten?», frage ich. «Ich kenne eure Sprache nicht mehr, euren Jargon!»

«Na ja, Sie würden wahrscheinlich sagen, meine Mutter labert, kaut mir ein Ohr ab!»

«Und wie geht das Zutexten?»

«Na ja, dann bleibt sie stehen und sagt: ⟨Johannes, jetzt hör mir mal zu! Du warst schon so lang nicht mehr bei Oma! Du magst Oma doch auch, oder? Und du willst schließlich auch Geschenke von ihr haben!⟩» Er atmet genervt aus: «Und so weiter! Und so weiter!»

«Und wie lange geht das Zutexten?», bin ich neugierig.

«Eine Viertelstunde!»

«Und dann?»

«Dann sag ich, o. k., ich komm mit!»

Ich muss schmunzeln. Ihm ist aber nicht zum Lachen zumute.

«Was könnte deine Mutter denn anders machen?», will ich von ihm wissen.

«Ich hab mir was überlegt!», verkündet er mit Bestimmtheit und Stolz in der Stimme.

«Was denn? Ich bin neugierig!»

«Na ja, die kann doch kommen und sagen: ‹Johannes, ich will heut zu Oma. Und ich möchte, dass du heute mitkommst!›»

«Und was hätte sie davon?»

«Die wäre eine Viertelstunde eher bei Oma!», verkündet er triumphierend.

Nicht selten bringen Fragen, die bereits klare Festlegungen enthalten, einen Machtkampf mit sich, weil diese Fragen die Kinder nicht ernst nehmen. Wenn Eltern ihre Kinder zum Beispiel fragen: «Wollen wir heute zu Oma?», die Entscheidung zum Besuch aber längst von den Eltern gefällt ist, so bleibt den Kindern ein angepasstes «Ja!», ein gleichgültiges «Meinetwegen!» oder ein trotziges, selbstbestimmtes «Nein!» übrig. Wenn Kinder an Entscheidungsprozessen nicht beteiligt sind bzw. werden, dann ist es für das Kind einleuchtender und begreiflicher, das Ergebnis mit fester und freundlicher Stimme mitzuteilen: «Ich möchte heute zu Oma und möchte, dass du mitkommst!» Dies muss nicht zu Begeisterungsstürmen des Kindes führen, zeigt ihm aber die Wünsche, die Bedürfnisse und das Wollen der Eltern an.

Vieles spricht dafür, Kinder *am Weg zu einer Entscheidung* zu beteiligen, fördert dies doch auch die Bereitschaft, Mut zu eigenen Entscheidungen zu entwickeln und Verantwortung dafür zu übernehmen. Dann ist es wichtig, mit einem offenen Ausgang in das

Gespräch zu gehen: «Ich habe mir überlegt, zu Oma zu gehen. Was meinst du?» Oder: «Hättest du Lust, zur Oma zu gehen?» Oder: «Wir könnten mal wieder Oma besuchen. Was hältst du davon?»

Bedeutsam ist bei diesem Vorgehen, dass keine Vorentscheidung gefallen ist, dass das Kind spürt, an einer Entscheidung wirklich mitzuwirken. Es ist mithin wichtig, sich *vor* dem Gespräch darüber klar zu sein: Teilt der Erwachsene dem Kind eine bereits getroffene Entscheidung mit, oder will der Erwachsene gemeinsam mit dem Kind zu einer Lösung kommen, die alle an der Situation Beteiligten zufrieden stellt?

Nicht nur Kinder, auch Erwachsene können mit pauschalen Vorwürfen schlecht umgehen. Sätze wie «Du räumst nie auf!», «Du bummelst nur!», «Du kommst immer zu spät!», «Du bist immer so frech!» entmutigen Kinder nicht nur, sie bringen Erwachsene auch dazu, Kinder nur noch unter bestimmten negativen Gesichtspunkten zu betrachten. Kinder entwickeln umgekehrt Minderwertigkeitsgefühle, Wünsche nach Rache und Vergeltung. Sie treten mit den anklagenden Eltern in einen Machtkampf ein, machen das familiäre und häusliche Zusammenleben zur Hölle.

Vorwürfe, die mit «nie», «immer», «nur» daherkommen, sind unzulässige Verallgemeinerungen, sie enthalten nicht selten direkte oder indirekte Beschuldigungen, sind Ausdruck dafür, dass Kindern bestimmte Verhaltensweisen zugeschrieben werden.

Nun brauchen Eltern nicht jede Auffälligkeit oder Störung des Kindes hinzunehmen, dies vor allem dann nicht, wenn es sich um nicht eingehaltene Absprachen oder die persönliche Integrität der Eltern handelt. Entscheidend ist mithin, *wie* Eltern Störungen thematisieren. Ich betone nochmals: Vorwürfe, verallgemeinernde Anklagen helfen Kindern nicht.

«Das ist unmöglich, dass du ständig unpünktlich bist», schimpft Robert Holz seinen Sohn an. Hannes verspätet sich tatsächlich häufiger.

«Hab's vergessen», versucht er zu beschwichtigen.

«Du vergisst alles. Das ist zum Mäusemelken mit dir.»

«Du bist nur schlecht gelaunt», kontert Hannes.

«Bis eben hatte ich gute Laune.»

«Dein Gesicht sah schon beleidigt aus, als du mich gesehen hast.»

«Jetzt hör aber auf!», erwidert der Vater scharf.

«Was kann ich dafür, dass du so eine blöde Kindheit hattest.»

Mit diesen Worten verlässt Hannes den Raum.

Nicht der Sachkonflikt stand im Mittelpunkt dieser Auseinandersetzung, sondern eine «Beziehungskiste». Mit der Formulierung «Das ist unmöglich!» thematisiert der Vater nicht den Sachaspekt, greift vielmehr seinen Sohn direkt an. Dieser wiederum empfindet den Satz «Das ist unmöglich!» als «Du bist unmöglich!» oder «Weil ich zu spät komme, bin ich unmöglich.» Aus einem Konflikt, der zu klären ist, erwächst ein sprachlicher Clinch, werden Vorwürfe, die den anderen treffen und die in beleidigter Wortlosigkeit enden.

«Aber wie kann ich das lösen? Wie komme ich da raus, dass es ständig diese Formen annimmt?» Hannes' Vater ist verzweifelt.

Die Zauberformel lautet: Ich-Botschaften zu formulieren, zu lernen, sich darin auszudrücken. Ich-Botschaften benennen den Sachverhalt, geben Auskünfte über Gefühle und sprechen – falls erforderlich und notwendig – die Konsequenzen an, die sich aus nicht eingehaltenen Absprachen ergeben können, zum Beispiel: «Ich finde es nicht in Ordnung, wenn du länger als abgesprochen wegbleibst. Ich mache mir wirklich Sorgen.» Sind vorher Absprachen getroffen worden, dann könnte so fortgesetzt werden: «Wir hatten abgesprochen, dass du anrufst, wenn was dazwischengekommen ist. Und ich hatte gesagt, wenn du das nicht machst, dass du dann morgen deinen Freund nicht besuchen kannst. Du warst einverstanden.»

Ich-Botschaften legen Wert auf vier wichtige, miteinander zusammenhängende Aspekte:

- Der Vater artikuliert seine Position. Er beschreibt die Situation, wie er sie sieht, spricht seine Gefühle an;
- er beschuldigt seinen Sohn weder direkt noch indirekt, trennt somit die Sache von der Beziehungsebene;
- Gestik, Mimik, Stimme und Sinn der Worte stimmen überein;
- und, wichtig: Sind in einem vorherigen Gespräch bereits Konsequenzen thematisiert worden, so sind diese nun umzusetzen.

Doch erwarten Sie, wenn Sie Konsequenzen umsetzen, nicht angepasstes Verhalten Ihrer Kinder, vielmehr Reibung, Widerstand, Drohung oder Rückzug.

Nun werden solche Hinweise auf Ich-Botschaften in Kommunikationsseminaren oft gegeben, in Rollenspielen oder an konkreten Beispielen aus dem Alltag veranschaulicht. Auffällig ist, dass viele Eltern ihre Anklagen in Ich-Botschaften unterbringen oder mit ihren Kindern in einen «therapeutischen Dialog» verfallen.

Wenn jemand seinem Kind mit sanfter Stimme und freundlichem Blick ein «Ich bin wütend, weil du so spät kommst» hinsäuselt, dann sendet er dem Kind nicht nur eine doppelte Botschaft, dann hat er auch das Prinzip der Ich-Botschaft missverstanden. Die Ich-Botschaft kommt nur beim anderen an, wenn man sich klar ausdrückt.

Ähnliches gilt für ein weiteres Missverständnis in der Anwendung der Ich-Botschaft. Es hat sich bei vielen Eltern, die es besonders gut meinen wollen, unter dem Deckmantel der Ich-Botschaft eine unsägliche Form der Betroffenheits- und Traurigkeits-«Kultur» entwickelt. «Ich bin jetzt ganz traurig, wenn du das machst», klagt eine Mutter ihre Tochter mit Tremolo in der Stimme an, und sie kann die Tränen nur knapp zurückhalten, als Sarah zum wiederholten Male ihren Kot an der Klowand verschmiert. Hier stimmen Ton, Körperhaltung und Mimik nicht überein. Die Traurigkeit ist aufgesetzt, eine versteckte Anklage ist eingebaut, mit Liebesentzug wird gedroht.

Und Kinder verinnerlichen solche Betroffenheitskultur sehr schnell, wenden sie gegen ihre «Erfinder» an.

Eltern setzen Grenzen, aber sie wundern sich, wenn Kinder sich mit den Grenzen auseinander setzen, sie schließlich überschreiten. Ich kenne nur wenige Kinder, die zwei Meter vor einer Grenze stehen bleiben, sich verwundert die Augen reiben und ausrufen: «Oh, eine Grenze!» Die meisten Kinder klettern auf Grenzen, turnen auf ihnen, gehen in das Land jenseits der Grenzen – in das Land der Sümpfe, der Schweinereien, das Land der Verbote und des «Neins», das Land des «Noch nicht» und der ungeahnten Möglichkeiten.

Ich kenne kaum Kinder, die, wenn sie aufgefordert werden: «Räum jetzt dein Zimmer auf!», auf der Stelle aufspringen und brav formulieren: «Darüber habe ich auch schon nachgedacht, Mama!» Sollten Sie so ein Kind haben, empfehle ich den sofortigen Gang zu einem Erziehungsberater.

Normal sind doch Reaktionen auf diese Aufforderung wie: «Gleich!», «Noch nicht», «Vielleicht!», «Keine Lust!» oder das anklagend: «Immer ich!»

Die Eltern halten zwar Grenzen und Regeln für wichtig, sie bemühen sich jedenfalls. Aber sie wundern sich, wenn sich Kinder an den Absprachen reiben. Und da viele Eltern über Grenzen nachgedacht haben, nicht jedoch darüber, was zu tun ist, wenn Kinder die Grenzen missachten, versuchen sie, ihre Kinder sprachlich zu überzeugen. Sie machen dann das, was sie am besten können: Sie reden und reden und reden … Und treffen auf vater- und muttertaube Kinder. Damit werden die Eltern Hauptdarsteller im «Drama der guten Worte», das aus vier Akten besteht.

Der erste Aufzug ist der «Bitte-Satz»: «Räum *bitte* auf!», «Komm *bitte* her!», «Lass das *bitte* sein!», «Sei *bitte* leise!», «Sei *bitte* brav!» Eltern sagen diese Sätze unzählige Male, bis sie den Kindern zu den Ohren herauskommen – und sich dennoch nichts ändert.

Die achtjährige Paula hat das so ausgedrückt: «Wenn Mama ‹bitte› sagt, dann ist es noch halb so wild.»

«Aber darf ich denn», so Paulas Mutter ungehalten, «nicht mal mehr ‹bitte› sagen?»

Zweifellos ist es wichtig, einen höflichen Umgangston zu pflegen. Bittet man Kinder um Mithilfe («Kannst du mir bitte helfen?», «Hältst du mir bitte die Tür auf?»), dann ist es unabdingbar, das Wörtchen «bitte» zu benutzen. Aber wenn man von Kindern etwas verlangt, auf abgesprochene Regeln hinweist, dann sind klare Formulierungen notwendig – und keine umständlichen, missverständlichen Sätze, die letztlich noch als rhetorische Frage daherkommen.

Der zweite Aufzug steigert die Erwartungshaltung der Kinder. Hier fällt häufig ein Satz wie: «Muss ich dir's noch zweimal sagen?» Unüberhörbar ist ein leicht gereizter Klang in der Stimme von Vater und Mutter. Schauen Sie, liebe Eltern, in diesem Zustand mal die Kinder an. Die stehen schmunzelnd vor Ihnen, als würden sie sagen: «Ihr sagt es heute noch zehnmal und macht es dann doch alleine!»

Im dritten Akt nimmt die Lautstärke zu: «Muss ich denn erst böse werden?», schreit der Vater oder die Mutter. «Oder muss ich erst laut werden?» Blicken Sie in die Gesichter Ihrer Kinder, die drücken aus: «Gleich gehen sie hoch wie eine Rakete!» Und im Sinne einer sich selbst erfüllenden Prophezeiung machen die Kinder weiter – so lange, bis die Eltern platzen.

Mittlerweile gibt es eine quasi therapeutische Variante dieses Aufzugs. Statt des lautstarken Auftritts gibt es eine wachsweiche Alternative. Es ist der weinerliche, hingehauchte Satz: «Ich bin jetzt aber traurig, wenn du das nicht machst. Schau, Mama macht so viel ... Und du?»

Im vierten Akt steht man dann neben sich. Man fährt aus der Haut und brüllt die Sätze in Halbwertzeit: «Du wirst nur noch frech!», «Ich fahr dich nie mehr in die Schule!», «Du kommst nie mehr mit in den Urlaub!»

Das sind Sätze, die einem schnell, ja sofort Leid tun, Sätze, bei denen man hofft, sie würden auf der Stelle in den Mund zurückkommen. Ein Tipp an die Eltern: Schauen Sie jetzt mal Ihre Kinder an. Die einen stehen kopfschüttelnd vor Ihnen: «Müsst ihr immer gleich so ausflippen!», die anderen grinsen verschmitzt, weil sie wissen: «Das tut ihnen gleich Leid! Und dann kann ich alles von ihnen haben!»

9. «Wenn du nicht, dann ...» – Konsequenzen sind keine Strafen

Konsequenzen muss man sich sehr genau überlegen, ansonsten spricht man eine Strafe aus, die nicht haltbar ist und die Würde des Kindes verletzt.

«Gute» Worte ersetzen keine Konsequenzen – vielmehr ist ein Handeln notwendig, das sich am Kind und seinen Möglichkeiten orientiert. Wird nicht gehandelt, so erzwingt das Kind dies, indem es seine Störungen fortsetzt. Wird nicht rechtzeitig eingegriffen, kann sich aus der langen Leine, dem langen Mut, der stillschweigenden Duldung eine impulsive Strafaktion entwickeln, die manchmal physische und psychische Verletzungen nach sich zieht.

Strafen ändern nichts am störenden Verhalten des Kindes. Sie mögen zwar kurzfristig eine Situation beenden – «Wenn du jetzt nicht aufhörst, dann wirst du schon sehen, was du davon hast!» – oder ein Resultat zeitigen: «Wenn du jetzt nicht Hausaufgaben machst, gibt's nachher kein Fernsehen!» Das ist aber ein kurzzeitiges Erfolgserlebnis, denn durch Strafen werden Kindern keine Möglichkeiten aufgezeigt, das grenzüberschreitende Verhalten zu ändern. Elterliche Strafaktionen, die ein Kind als Erniedrigung empfindet, führen entweder zu dem Wunsch, sich durch weitere Störungen an den Eltern zu rächen, oder aber zu überangepasstem Verhalten, um sich vor impulsiven elterlichen Strafaktionen zu schützen.

«Ich komme mir», erzählt mir Miriam Schrader, Mutter zweier

Kinder, «so doof vor, wenn ich strafen muss. Aber es geht häufig nicht anders.» Sie sieht mich an: «Wie soll ich sonst meine Absprachen durchsetzen? Das geht doch nur mit Strafen?»

«Meine Mutter», so Anton Michalik, Vater von drei Kindern, «hat uns immer gedroht: ‹Wenn ihr nicht das und das sofort macht, dann passiert was.› Diesen Satz wollte ich niemals sagen. Ich habe diese Formulierung gehasst.» Er blickt mich fragend an: «Und nun benutze ich den Satz auch. Die Menschheit lernt nichts dazu. Es ist die ewig gleiche Leier.»

«Was ist denn der Unterschied von Strafe und Konsequenz?», fragt Julia Peters. «Sie schreiben immer etwas in Ihren Büchern von natürlichen Folgen. Aber wie sehen die denn aus? Mir fallen häufig keine ein!»

Peter, zehn Jahre, hält sich nicht an Absprachen, wann er zu Hause zu sein hat. Aber ihm fällt ständig eine Ausrede ein. Mal kommt er nur fünf Minuten, mal eine halbe Stunde später als vereinbart. Seine Mutter ist ziemlich sauer, sein Vater auch. Kommt er verspätet zu Hause an, schimpfen sie: «Das stinkt uns jetzt. Den Rest der Woche bleibst du zu Hause. Du willst es eben so haben!»

Doch Peter ist ein ausgekochtes Schlitzohr. Am nächsten Tag geht er zur Mutter, macht das liebenswürdigste Gesicht, das er aufsetzen kann, knurrt zerknirscht: «Ich bin böse zu euch und ihr so lieb!» Dann schaut er die Mutter mit zerknautschter Miene an: «Ich kann die Mathe-Hausaufgaben nicht. Darf ich zu Fritz, der kann mir helfen. Du willst doch, dass ich in der Arbeit eine gute Note bekomme!»

Die Mutter fühlt sich überrumpelt: «Na gut, aber sei bitte pünktlich!» Und mit den Worten: «Ich bin doch immer pünktlich», dreht er ab, schwingt sich auf sein Fahrrad und rauscht ohne Schulhefte ab. Die Mutter sieht ihm schulterzuckend nach: «Da ist man machtlos. Der wickelt uns um den Finger. Ich fühl mich wie eine Versagerin und frage mich andauernd: ‹Warum klappt das immer nur bei anderen?›»

Ihr Mann umschreibt die Situation so: «Eigentlich müsste man da mal richtig durchgreifen. Vier Wochen Stubenarrest oder so etwas! Aber ich bin wochentags nicht da!» Er wirkt resigniert: «Und wer soll denn den Stubenarrest kontrollieren? Meine Frau ist dazu viel zu weich!»

«Hör auf!», unterbricht sie ihn scharf. «Als er vorletztes Wochenende nicht wegdurfte, weil er zu spät kam ... Was war denn da? Da musste er von Freitag bis Sonntag zu Hause bleiben! Und?» Sie schaut ihren Mann vorwurfsvoll an. «Und was war?» Und bevor er antworten kann, fährt sie fort: «Da hat er genervt. Du hast es nicht ausgehalten, bist mit deinem Fahrrad weggefahren. Und wer hat aufgepasst, dass er nicht weggeht?» Ihre Stimme wird laut: «Ich! Ich, mein Lieber! So ist's doch immer!»

Als ich Peter zu seinem Zu-spät-Kommen befrage, antwortet er: «Ist ja auch blöde.» Aber bei den Freunden sei es cooler, da sei einfach Action. Seine Eltern wären dann stinkig. «Ich verstehe das.» Aber er mache sich nicht viel daraus. «Die sagen dann irgendetwas, drohen, wenn ich zu spät komme, aber sie halten sich hinterher nicht dran.»

Er überlegt: «Und manchmal machen sie dann doch was, ohne dass sie das vorher gesagt haben!» Peter denkt nach: «Wie neulich ... Am Donnerstag. Ich bin die Tage vorher immer zu spät gekommen. Nicht viel zu spät. Aber 'n bisschen zu spät. Da haben sie nichts gesagt.» Er grinst. «Aber am Donnerstag ist mein Vater ausgeflippt. Und ich durfte dann am nächsten Tag nicht weg.» Süffisant fährt er fort: «Na ja, ich wollt sowieso nicht weg. Aber da hab ich genervt.»

Was er denn von seinen Eltern wolle, frage ich.

«Die sollen vorher sagen, was mich erwartet, und nicht hinterher. Ich kann mich auf die nicht verlassen.»

Peter schüttelt den Kopf: «Mal tun sie nicht, was sie sagen, mal machen sie was, ohne was zu sagen ... Ehrlich, da soll man noch durchblicken!»

An dieser Situation lassen sich einige Elemente der Strafe anschaulich aufzeigen. Die Strafe

- führt dazu, dass Eltern ihre pädagogische Aggression legitimieren – nach dem Motto: «Wenn er pünktlicher wäre, müssten wir nicht so sein!»;
- hat zur Folge, dass Kinder sich rächen, die Eltern in einen Machtkampf hineinziehen, an deren Ende die Hilflosigkeit aller Beteiligten steht;
- erzeugt Versagensgefühle beim Kind («Ich bin böse!») und Schuldgefühle bei den Eltern («Ich kann nicht erziehen!» «Ich erziehe schlecht!»);
- lässt Kindern meist keine Chance, ihr störendes Verhalten positiv zu verändern;
- macht Handlungsänderungen von der Anwesenheit der Eltern abhängig.

Bestrafung und Achtung des Kindes schließen sich aus. Formulierungen wie «Wenn du unpünktlich bist, wirst du sehen, was du davon hast!» stellen eine diffuse Drohung dar und führen nicht zu einer konstruktiven Mithilfe des Kindes. Solche Äußerungen verschärfen die Situation, treiben ein Kind in die Rache. Es kommt vielmehr darauf an, dem Kind den Zusammenhang von Freiheit und Verantwortung klar zu machen.

Eine Formulierung wie «Du kannst bummeln, aber dann kommst du vielleicht zu spät!» lässt dem Kind eine Alternative. Es ist Sache des Kindes – vielleicht mit Unterstützung der Eltern –, pünktlich zu sein. Wenn Sie allerdings die Verantwortung für die Regelverletzung des Kindes übernehmen, entmündigen und entmutigen Sie nicht nur sich selber, sondern auch Ihr Kind. So macht man sich gegenseitig von Launen abhängig. Ein strapaziöser Nervenkrieg ist die Folge.

Kinder lernen viel mehr aus Konsequenzen. Kinder müssen die natürlichen Folgen, die sich aus unangemessenem Handeln, aus Regelverstößen ergeben, fühlen, um dann selbständig ihr Verhalten zu ändern.

Marion, zehn Jahre, verspätet sich seit einiger Zeit beim Nach-

Hause-Kommen. Zwar verspricht sie, pünktlich zu sein – doch meist bleibt es bei der Absicht. Manchmal geht es einige Tage gut, doch dann reißt der Schlendrian wieder ein. Marion wirkt dann zerknirscht, hat unendlich viele Ausreden parat. Sie hat nie Schuld, ständig sind es andere, die sie daran hindern, zur abgesprochenen Zeit zurückzukehren.

Marions Mutter beweist Langmut, gibt ihrer Tochter einen Vertrauensvorschuss. Marions Vater ist da ungeduldiger, will, dass durchgegriffen wird, empfiehlt im Gespräch mit seiner Frau: «Hausarrest!»

«Und wer soll den, bitte schön, kontrollieren? Du bist kaum da. Und ich halte das für unangemessen!», entgegnet sie unmissverständlich.

«Dann sieh zu, wie du damit fertig wirst. Ich halte mich da raus!», lautet seine ebenso deutliche Antwort.

Die Mutter bittet Marion um eine Gespräch.

«Marion, ich finde das Zu-spät-Kommen nicht o. k.!»

«Warum?», fragt die Tochter etwas patzig.

«Erstens gibt es eine klare Absprache. Und du sagst, du hältst dich daran. In den letzten vier Tagen bist zu ständig zu spät gekommen: einmal zehn Minuten, dann fünfzehn, zweimal zwanzig Minuten!»

«Bist du etwa mein Buchhalter?», giftet Marion zurück.

«Ich finde das nicht zum Lachen. Außerdem ist es jetzt draußen dunkel, und ich mache mir Sorgen!»

«Mir passiert schon nichts!», antwortet Marion betont gelangweilt.

«Nun spiele hier nicht die coole Marion. Ich bin schließlich für dich verantwortlich, und ich möchte, dass du mich dabei unterstützt», lässt Marions Mutter sich nicht von ihrer Linie abbringen.

«Ich versteh dich ja, Mama!», lenkt Marion ein. «Ich mach's auch nie mehr. Versprochen!»

«Das ist mir zu wenig. Hast du eine Idee, was ich tun kann, wenn du die Absprache nicht einhältst?»

Marion überlegt: «Ach so, du willst mich also erpressen. Wenn ich nicht hier bin, dann krieg ich vier Wochen Hausarrest! Oder was?» Sie wirft ihrer Mutter einen verächtlichen Blick zu. «Voll peinlich! Du bist genau wie Oma, wie die früher zu dir war!»

«Ich denke, ich bin anders!» Die Mutter bleibt konsequent.

«Hast du eine Idee?»

Nach längerem Hin und Her einigen sich beide darauf: Kommt Marion zu spät, bleibt sie am nächsten Tag zu Hause. Sie darf zwar ihre Freundinnen einladen, aber nicht dorthin gehen. Diese Vereinbarung wird schriftlich formuliert und als Vertrag in der Küche aufgehängt.

Wenn Marion weggeht, erinnert die Mutter ihre Tochter an die Absprache.

«Ist ja schon gut!», antwortet sie lässig.

Vier Tage kommt Marion pünktlich nach Hause, am fünften Tag verspätet sie sich erheblich. Sie hat unendlich viele Entschuldigungen auf Lager, die sich die Mutter verständnisvoll anhört. Dann sagt sie: «Morgen bleibst du zu Hause! Vertrag ist Vertrag!»

Marion poltert los, stößt Verwünschungen aus, redet sich in Rage – es hilft nichts. Marion schmollt. Sie verweigert das Abendessen. Auf das Gutenachtritual lässt sie sich widerwillig ein.

Der nächste Nachmittag: Marion hat ihre beste Freundin Ingrid eingeladen.

«Du weißt, warum Marion heute nicht zu dir kommt?», fragt die Mutter.

«Nein!», antwortet Ingrid. Die Mutter lacht, klärt Ingrid auf, die staunend zuhört. Als Marion hinzukommt, meint Ingrid: «So 'ne Mutter möchte ich auch mal haben!»

«Wieso?» Marion blickt erstaunt.

«Die labert nicht nur. Auf die kann man sich verlassen!»

Konsequenzen stehen in grundsätzlichem Zusammenhang mit dem Tun des Kindes. Sie stellen natürliche Folgen dar, die beim Kind Einsicht wecken sollen.

■ Konsequenzen müssen dem Kind *vor* der Grenzüberschreitung klar sein. Das Kind hat die Freiheit. Es kann Grenzen respektieren, Absprachen einhalten, dann treten die Konsequenzen nicht in Kraft. Überschreitet ein Kind Grenzen, missachtet es Absprachen, dann weiß es um die Konsequenzen.

- Auch die Konsequenzen argumentieren mit einer «Wenn-dann»-Formulierung. Ähnlichkeiten zur Strafandrohung sind *sprachlich* unverkennbar. Gleichwohl hat die «Wenn-dann»-Verknüpfung bei der Konsequenz einen anderen Zusammenhang. Konsequenz baut darauf auf, dass Kinder an der Beseitigung von Störungen mitarbeiten *wollen*. Bei Konsequenzen geht es nicht um Schuld und Sühne, sie bauen auf einer partnerschaftlichen Erwachsenen-Kind-Beziehung auf, einer Partnerschaft, die Freiheit und Gleichwertigkeit nicht mit Grenzenlosigkeit und «Gleichmacherei» verwechselt.

- Konsequenzen bauen auf gegenseitigem Respekt auf, sie wollen Lösungen durch Einsicht. Konsequenzen setzen ein positives Bild vom Kind voraus: Sie gründen darauf, dass Kinder nur dann stören, wenn sie über konstruktive Aktionen keine Aufmerksamkeit bekommen.

- Konsequenzen werden in ruhigem Ton formuliert. Dies ist möglich, weil sie im Vorhinein abgesprochen werden.

In folgenden Schritten lassen sich gemeinsam mit dem Kind Konsequenzen entwickeln:

1. Dem Kind wird das Problem beschrieben, die Sachlage dargestellt. Dabei ist auf Ich-Botschaften zu achten. Beschuldigungen – «Du bist schlecht!» – sind ebenso zu vermeiden wie unzulässige Verallgemeinerungen – «Du machst nie ...»

2. Es ist wichtig, dass das Kind die Situation aus seiner Sicht darstellen kann. Aber Verständnis für die Situation des Kindes bedeutet nicht blinde Akzeptanz. Deshalb: Durch Erklärungen der Kinder – «Andere sind schuld» –, durch Beteuerungen – «Ich mache nie mehr ...!» – sollte man sich ebenso wenig ablenken lassen wie durch Vorwürfe: «Das ist Erpressung!»

3. Die Konsequenzen werden mit Nachdruck aufgezeigt. Dabei müssen Erwachsene sich vergewissern, dass dem Kind die Konsequenzen klar sind. Ein wichtiges Prinzip ist: Die Konsequenzen müssen von den Eltern eingehalten werden. Deshalb sollten sie sich vorher vergewissern, ob die dem Kind vorgeschlagenen Konsequenzen sowohl praktisch wie gefühlsmäßig durchzuhalten sind. Sollte das nicht möglich sein, ist nach Konsequenzen zu suchen, die lebbar sind, ohne dass man sich oder die Kinder überfordert.

«Aber», so die Mutter des zweijährigen René, «ab wann setzt man denn Grenzen? Und wie sieht es bei Kleinkindern mit Konsequenzen aus? Sind sie überhaupt fähig, an der Lösung von Konflikten mitzuarbeiten?»

So oder ähnlich lautet eine häufig gestellte Frage.

Weil nachgiebiges Erziehungsverhalten oder ein autokratisch-erdrückender Erziehungsstil nicht zu selbstverantwortlichem Handeln führen, keine Eigenständigkeit zulassen, brauchen schon jüngere Kinder das «Erleben einer normativen Verlässlichkeit», so der Erziehungswissenschaftler Otto Speck. Nur gestaltet sich das Grenzensetzen bei Kindern bis zum dritten Lebensjahr in besonderer Weise. Es ist einfacher und schwieriger zugleich: Einfacher, weil die Kinder den Eltern bedingungsloser vertrauen; schwieriger, weil die elterliche Verantwortung größer ist, damit aus dem Grenzensetzen nicht ein Ausnutzen der Unerfahrenheit des Kindes, weit überzogene Reaktionen der Eltern oder zu enge Grenzen werden.

Ständig überangepasstes Verhalten des Kindes, auffällige Gefallsucht oder Überreaktion bei Kritik geben den Eltern möglicherweise Hinweise darauf, dass Kleinkindern zu strenge, zu wenig einfühlsame Grenzen gesetzt werden.

Grenzen für jüngere Kinder müssen besonders sorgfältig überlegt werden. Konsequente Festigkeit ist nicht zu verwechseln mit Strenge, Härte oder Strafe. Ist ein lautes Wort, ein unbedachter Klaps mal passiert, dann zeigt sich die Souveränität des Erwachsenen in ernst gemeinter Entschuldigung und Versöhnung – verbunden mit dem Willen, sich zukünftig anders zu verhalten.

Einige Grundsätze sind beim Grenzensetzen mit jüngeren Kindern zu beachten:

1. Eltern nehmen häufig allzu wortreich Kontakt zu den Kindern auf. Finden Eltern nach einem unendlichen «Labern» keine Einsicht aufseiten der Kinder, dann sind nicht selten impulsive Reaktionen der Erwachsenen – Brüllen, Schreien, Schläge – die Folge. Wer mit kleineren Kindern redet, muss sich ihnen zuwenden – sie zum Beispiel ansehen, anfassen. Kinder brauchen das *Gefühl* des Angenommenseins. Klarheit und Offenheit schützen vor unüberlegten Strafaktionen.

2. Sätze wie «Das ist gefährlich», «Das ist schwer für dich», «Das kannst du noch nicht!» unterstützen Kinder nur selten bei der Einhaltung von Grenzen. Begreifen geht über Greifen – dieser Grundsatz gilt auch beim Grenzensetzen für jüngere Kinder. Grenzen müssen begreiflich erfassbar und anschaulich erfahrbar sein: Nur eine Hand in der Nähe der brennenden Kerze gibt das Gefühl von Hitze und Wärme.

3. Grenzen haben sich am Kind in seinem Hier und Jetzt, an seiner konkreten Gegenwart auszurichten. Was für andere Kinder gilt, braucht für das eigene Kind nicht zuzutreffen; was für ein Kind in ein oder zwei Jahren als Einengung erfahrbar wird, kann gegenwärtig Hilfestellung und Unterstützung bedeuten.

4. Eltern sprechen jüngere Kinder nicht selten wie kleine Erwachsene an. Sie versuchen sehr rationale Konfliktlösungen und übersehen dabei, welche Chancen in den magisch-mythischen Konfliktlösungen liegen. Diese entsprechen häufig der animistischen Wirklichkeitssicht von Kindern, einer Sichtweise, in der Phantasie und Realität ineinander übergehen.

In Gesprächen mit Eltern fallen einige Problembereiche auf, die ihnen beim Grenzensetzen häufig Minderwertigkeits- und Versagensgefühle machen.

Svenja Krüger, Mutter der zweieinhalbjährigen Maren, klagt darüber, dass sie irgendwann doch ins Schreien verfalle, wenn ihre Tochter «zum hundertsten Male nicht hört, was ich sage. Ich flippe dann aus. Dann tut's mir auch Leid. Aber ich kann's irgendwie nicht ändern!»

Hubert Ranke, Vater des zweijährigen Lars, hat ein anderes Problem: «Ich erkläre alles tausendmal. Und Lars fragt nur: ‹Warum?› Ich fange nochmal von vorne an, ganz behutsam und sehr einfühlsam, und er fragt dann wieder: ‹Warum?› Ich kann das nicht mehr hören: ‹Warum? . . . ›» Hubert Ranke hält sich die Ohren zu: «Wann kapiert der das endlich?»

Christiane Schiller, Mutter des knapp dreijährigen Sven, hält es, wie sie formuliert, «lange aus», aber «irgendwann knallt's dann. Dann kriegt Sven einen Klaps auf den Po, und dann tut er das, was ich will. Warum geht's eigentlich nicht ohne Klaps? Ich komme mir dann so schlecht vor! Wie kann ich das nur verhindern?»

Körperliche Nähe, Berührung oder gefühlsmäßige Zuwendung sind freilich kein Allheilmittel. Von ihnen ist abzuraten, wenn die emotionalen Beziehungen zwischen Eltern und Kindern gestört sind oder wenn die körperliche Nähe – aus der Sicht der Kinder – als Drohung oder gar Strafe empfunden werden kann. Ist jedoch eine angenehme emotionale Basis vorhanden, ist das Kind an positive Körperkontakte gewöhnt, dann *kann* Nähe, *kann* die Berührung – zum Beispiel die Hand auf die Schultern legen, die Hände fest anfassen –, ein Kind nicht nur beruhigen. Nähe gibt dann der durch Worte formulierten Grenze Nach-Druck – und dies ist wörtlich gemeint.

Nach-Druck hat nichts mit Unterdrückung zu tun. Nach-Druck bedeutet vielmehr freundschaftliche Festigkeit. Denn die Festigkeit, mit der das Kind berührt wird, lässt das Kind die Ernsthaftigkeit der Eltern spüren. Wer jüngeren Kindern Grenzen setzen will, kann den positiven Körperkontakt sehr früh einsetzen. Er ist der beste Schutz vor dem Klaps, der immer dann kommt, wenn die verbalen Argumente ausgehen, man nicht mehr weiterweiß.

Berührung und Nähe verhindern einen gefürchteten Widerspruch in der Erziehung: einerseits die lange Toleranz vieler Eltern, die sich im hundertfachen «Lass das!» oder «Nein!» ausdrückt, anderseits die daraus sich ergebenden unkontrollierten Aggressionen von Eltern gegenüber dem Kind.

Unter zwei Voraussetzungen wirkt sich die dargestellte Methode allerdings kontraproduktiv aus:

1. Entzieht sich das Kind dem Griff, der Berührung, der körperlichen Nähe, dann müssen Sie es unbedingt in Ruhe lassen. Ein Kind darf nicht gegen seinen Willen umklammert werden. Ist ein Körperkontakt nicht möglich, dann hilft eine Kombination aus Augenkontakt und physischer Nähe. Wichtig: Der Augenkontakt geht vom Erwachsenen aus. Es darf keinen Zwang geben, den Erwachsenen anzuschauen – zum Beispiel «Nun schau mich endlich an!». Das Kind fühlt den Blickkontakt des Erwachsenen auch, wenn es woandershin sieht.

2. Wenden Sie niemals körperliche Nähe und Berührung im Zustand großer Erregung an. Dann ist die Verletzungsgefahr zu groß. Dann sind die Grenzen zu einer körperlichen Misshandlung des Kindes fließend. Berührung, Kontakt und Nähe setzen Sie deshalb bereits im frühen Stadium einer Auseinandersetzung ein, nicht erst dann, wenn die Situation bereits eskaliert ist. Impulsives Schreien, um Grenzen letztlich doch durchzudrücken, gründet sich häufig auf eine zu große Geduld bzw. manchmal eine Laisser-faire-Haltung. Anstatt das Kind mit einem Wortschwall zu überziehen, der meist doch in Wutausbrüchen endet oder zu beleidigter Wortlosigkeit führt, sind klare und direkte Formulierungen wichtig, um auf gegenseitige Rücksichtnahme hinzuweisen: «Ich finde das nicht o. k., wie du dich mir gegenüber benimmst!» Oder um an Mitgefühl zu erinnern: «Das ist nicht fair, wie du deine Schwester behandelst!»

Es gibt Situationen, in denen man das Setzen von Grenzen nicht durch langatmige Erklärungen aufweichen darf, in denen vielmehr ein kurzes «Nein!» als Ausdruck von «Ich dulde es nicht!» reicht. Wenn ein Kind spürt, dass es schmerzt, in eine brennende Kerze zu fassen, oder es Lebensgefahr mit sich bringt, auf eine viel befahrene Straße zu laufen, wenn die gesamte Situation also eindeutig ist, das Kind aufgrund von Vorauserfahrung darum weiß, dann kann ein «Nein!» angebracht sein, das frei von Zorn, Verachtung und Respektlosigkeit ist.

Das «Nein!» stellt jedoch *eine Ausnahme* im pädagogischen Handeln dar, es ist nicht die Regel. Wird das «Nein!» zur Gewohnheit, nutzt es sich ab: Es gestattet nämlich keinen veränderten Blickwinkel. Allerdings kann es spezifische Kontroversen für eine kurze Zeit beenden. Dies gilt insbesondere für nachstehende Situationen:

- bei mangelnder Realitätssicht von Kindern, zum Beispiel bei Verletzungsgefahren, bei Uneinsichtigkeit aufgrund fehlender Erfahrungen,
- bei Situationen, die man vorher mit dem Kind abgesprochen und geklärt hat,
- bei heftiger Erregung des Kindes, um sich durch einen kurzen Appell Gehör zu verschaffen,
- bei Erziehungssituationen, die man aufgrund äußerer Umstände – zum Beispiel Besuch, Erwartungsdruck – nicht abschließend klären bzw. erörtern kann, die vielmehr *vorläufig* mit direktivem Appell zu beenden sind.

Das «Nein!» stellt einen pädagogischen Eingriff dar, der an eine konkrete Situation gebunden ist. Er verändert – ich betone es nochmals! – nicht das störende Verhalten, er weist keine Handlungsalternativen auf. Aber dieser Eingriff verschafft vorerst Luft. Wenn dieses «Nein!» nicht abstumpfen, gar in einen Machtkampf umschlagen soll, dann ist es unverzichtbar, dem Kind hinterher – quasi in einer zweiten Phase der Problemlösung – das eigene Handeln *kurz* zu erläutern und um Verständnis für sein Tun zu bitten oder dem Kind Handlungsalternativen anzubieten.

Denken Sie daran: Da Kinder zwischen dem zweiten und dritten Lebensjahr große Entwicklungsprozesse durchlaufen, deuten kindliche Grenzüberschreitungen zugleich darauf hin, dass sich das Kind manchmal entmündigt fühlt, mithin mehr Gelegenheit zu eigenverantwortlichem Tun haben möchte.

Und schließlich ein weiterer Hinweis. Um nicht nur «Nein!» sagen zu müssen, kann mit dem Kind ein bestimmtes Zeichen – zum Beispiel eine Handbewegung oder eine Form des Augenkontakts – ausgemacht werden, welches das «Nein!» symbolisiert. Jüngere Kinder brauchen Klarheit und Festigkeit auf der Basis von Freundlichkeit und Verlässlichkeit, sie brauchen Eltern, die kindorientiert handeln, keine Personen, die lange Vorträge halten oder das Kind niederbrüllen.

Es gibt zwei andere Techniken, die zunächst darauf ausgerichtet sind, Situationen zu beenden, sich mithin *nicht* dazu eignen, dem Kind eine veränderte Sichtweise oder Handlungsalternativen aufzuzeigen. Als Dauermethode werden sie von Kindern als Strafe und herabwürdigend empfunden. Beide Techniken funktionieren nur auf der Grundlage einer gefühlsmäßig festen Beziehung:

Man kann das Kind, wenn es in heftige Erregung gerät, aus der Situation herausnehmen, zum Beispiel mit aller Deutlichkeit des Raumes verweisen: «Ich denke, du gehst jetzt. Nachher unterhalte ich mich weiter!», «Verlass den Raum! In dieser Weise kann ich nicht mit dir reden!» Kein Kind darf aber mit körperlicher Gewalt zum Verlassen des Raumes gebracht werden. Herausnehmen aus der Situation darf zudem nicht als Isolierung empfunden werden. Sperren Sie Ihr Kind niemals in ein Zimmer oder schließen Sie es gar ein! Dies erzeugt neben heftigen Panikgefühlen starke Vernichtungs- und Verlassensängste.

Geht das Kind auf den Vorschlag nicht ein, dann kann der Erwachsene den Raum verlassen – ohne jede Drohung. Sagen Sie zum Beispiel: «Ich geh jetzt in die Küche. Ich möchte nachher, wenn ich mich beruhigt habe, mit dir die Situation nochmal besprechen.» Sätze wie «Es ist zum Davonlaufen!» oder «Du machst mich noch mal krank mit deinem Trotz!» erzeugen beim Kind Schuldgefühle und Ängste vorm Alleinsein. Wichtig: Der Erwachsene verlässt den Raum, nicht die Wohnung oder das Haus. Er bleibt erreichbar und geht auf sein Gesprächsangebot nach geraumer Zeit *unbedingt* ein.

Manchmal entkrampft Humor die Situation. Humor hat aber nichts mit Sarkasmus und Zynismus zu tun. Waltraud Ebert macht entsprechende Erfahrungen mit ihrer zweieinhalbjährigen Elisa. «Wenn die 'nen Bock hat, sich auf den Boden wirft und rumschreit, nur ‹Nein! Nein! Nein!› brüllt, leg ich mich kurzerhand dazu. Aber natürlich nur, wenn ich in Form bin! Die schaut mich verdutzt an, dann lache ich sie an, und wir beide brechen in Lachen aus. Meist hört Elisa dann mit dem Wutanfall auf. Nicht immer, aber sie hat ja auch ein Recht auf ihre Tagesform!»

Die Mutter hat – aus der Sicht ihrer Tochter – überraschend und paradox gehandelt. Einerseits so, wie es Elisa nicht erwartet hat; andererseits hat sie das störende Verhalten ihrer Tochter überdreht, verstärkt. Auch diese Handlung zeugt von Souveränität, von Festigkeit. Sie setzt mit ganz ungewöhnlichen Mitteln Grenzen. Wohlgemerkt: Sie setzt eine Grenze, zeigt Elisa keine Handlungsalternative auf. Dies bleibt nachfolgenden Gesprächen überlassen.

Eine weitere Technik nimmt das magisch-phantastische Denken ernst, das die Kinder vom zweiten Lebensjahr an prägt. Kinder wünschen sich Anschaulichkeit, konkrete Bilder und Symbole, die ihnen helfen, Grenzen zu erkennen oder sich in abstrakten Vorstellungsgebilden zurechtzufinden. Und sie entwickeln dabei Problemlösungen, die Erwachsene häufig überhören, weil sie nicht ihren rationalen Vorstellungen entsprechen. Die Ideen der Kleinen werden belächelt, dabei enthalten sie manch grandiose Perspektive.

Dies soll an einer Situation konkretisiert werden, die mir Familie Meinhold auf einem Elternseminar vorstellte.

Lasse, drei Jahre, brachte die Familie durch seine «Unordnung permanent auf die Palme». Das betraf weniger die Situation in seinem Zimmer als vielmehr seine Intensität, das Chaos in das gesamte Haus zu verlagern. Seine Eltern «flippten regelmäßig aus», und – so der Vater genervt – «stellen Sie sich vor, dann sagt er noch, er mache nicht die Unordnung, sondern das mache Pumuckl, der ihn ständig besuche.» Herr Meinhold ist entrüstet: «Also da kann ich richtig ausflippen! Ehrlich!» Seine Frau nickt bestätigend.

Lasse war bei diesem Teil des Gesprächs nicht anwesend. Ich holte ihn hinzu, schickte seine Eltern hinaus, um mir die Situation aus seiner Sicht erzählen zu lassen.

«Was, meinst du, hat dein Vater mir wegen der Unordnung gesagt?» Lasse lächelte mich an: «Das . . . , das mit dem Pumuckl . . . » Kurze Pause. «Pumuckl ist das ja auch!»

Er schaut mich an, will meine Zustimmung.

«Was ist das mit dem Pumuckl?», will ich wissen.

«Also, der kommt und spielt mit mir, und dann geht er irgendwann und lässt alles liegen, und ich muss aufräumen, und dann habe ich keine Lust . . . Wer Unordnung macht, muss aufräumen, sagt Papa . . . Pumuckl macht das nicht!»

Ich ließ mir Einzelheiten schildern, um ein genaueres Bild zu bekommen. Dann bat ich die Eltern hinein. Für mich war schnell klar: Lasse hatte seine Unordnung, seine «bösen» Anteile an Pumuckl gebunden. Und Lasse war überzeugt, nicht selbst für das Chaos verantwortlich zu sein. Als ich die Eltern fragte, was mir Lasse wohl erzählt habe, rief der Vater spontan aus: «Den Quatsch mit Pumuckl!» Er klingt säuerlich: «Wie immer! Ich kann's nicht mehr hören!»

«Ist aber kein Quatsch!» Dabei ahmt Lasse Pumuckls quiekige Stimme nach.

«Hör auf!», meint die Mutter genervt. «Es reicht, wenn du das zu Hause machst!» Lasse lächelt, er war nun auf dem besten Wege, seinen Eltern ihre Hilflosigkeit vorzuführen. Machtkampf pur! «Lasse», sage ich, «du solltest mal ganz deutlich mit Pumuckl reden. Dich nervt die Unordnung doch auch. Meinst du, du kannst mit ihm reden?» Die Meinholds sehen mich entgeistert an.

«Oder sollen deine Eltern mit Pumuckl reden?» Die beiden schütteln spontan den Kopf, sehen mich völlig konsterniert an.

«Die nicht!», ruft Lasse. «Die verstehen den doch gar nicht!»

«Was wirst du ihm sagen?»

«Ich werde mit ihm schimpfen! Ich werde sagen: Aufräumen oder er braucht gar nicht mehr zum Spielen zu kommen!»

Die Meinholds sind vom Gang des Gesprächs überrascht, intervenieren nicht mehr. Auf meine Frage, ob sie da mitziehen könnten, nicken sie verhalten: «Wenn's denn hilft!» Als sie den Raum verlassen, habe ich den Eindruck, dass sie Mitleid mit mir empfinden wegen des Spielchens, auf das ich mich bei Lasse eingelassen habe.

Vier Wochen später; Fortsetzung des Familienseminars. Die Meinholds kommen strahlend auf mich zu, das Problem mit der Unordnung in der Wohnung habe sich aufgelöst. Lasse mache nur noch in seinem eigenen Zimmer Chaos, ansonsten räume er auf.

«Wahnsinnig! Der räumt jetzt auf!» Frau Meinhold lacht, den Sinneswandel ihres Sohnes immer noch ein wenig skeptisch betrachtend. Lasse kommt auf mich zu.

«Na, Lasse, hast du mit Pumuckl geredet?», frage ich.

«Und ob! Ich habe ihm gesagt: ‹Wenn du nicht aufräumst, spielst du nicht mit mir. In meinem Zimmer kannst du alles liegen lassen. Aber sonst räumst du auf! Ist das klar?!›»

«Und Pumuckl hat dich verstanden?»

Lasse nickt: «Und wie!»

Eine ebenso einfache wie magische und kindgerechte Lösung, die gefunden wurde, weil ich mich auf Lasses Phantasien einließ. Die Kritik der Eltern an der Unordnung konnte Lasse nicht annehmen. Er empfand sie weniger als Kritik an der Sache denn als Kritik an seiner Person. Die Konsequenz: Er inszenierte einen Machtkampf. Und je vehementer die elterlichen Vorwürfe kamen, umso intensiver führte er seine kleinen Rachefeldzüge, die die Eltern allmählich zur Verzweiflung trieben. Die Bedeutung von Lasses Phantasien war mir klar.

Pumuckl verkörperte Lasses polare Sichtweise, die so typisch für jene Altersstufe ist: die Aufspaltung in «gute» Lasse- und «böse» Pumuckl-Personen. Eine differenzierte Betrachtung von Personen gewinnen Kinder etwa vom fünften Lebensjahr an: Aus einer Entweder-oder-Haltung entwickelt sich eine Sowohl-als-auch-Haltung. Aber auch danach bleibt die polare Sichtweise noch erhalten. Sie wandelt sich erst allmählich.

Pumuckl diente Lasse als Vehikel, ein magisches Vehikel, dessen Bedeutung für die Eltern auf den ersten Blick nicht zu erkennen war.

Wenn Eltern sich mehr auf eine genauere Beobachtung ihrer jüngeren Kinder einlassen könnten, es lernten, Verständnis für deren magisch-mythische Sichtweisen zu zeigen, dann gelänge es, schon mit zwei- bis vierjährigen Kindern zu ganz überraschenden Konfliktlösungen zu kommen – Lösungen, die allerdings nur für begrenzte Zeit Gültigkeit haben, erwirbt das Kind mit zunehmendem Alter doch andere Fähigkeiten, sich mit sich und anderen Personen auseinander zu setzen. Dann gewinnen Sprache und rationale Herangehensweisen an Gewicht.

Aber Konsequenzen sind kein Allheilmittel, um jeden Konflikt zu lösen.

«Ich mache mir viele Gedanken über Konsequenzen», so eine Mutter, «aber nichts funktioniert. Ich bin da richtig entmutigt!»

Tatsächlich gibt es Kinder, die kein Interesse an einem angemessenen Verhalten haben, die erfahren haben: Wenn sie nett sind, werden sie übersehen. Sollten sie jedoch stören, dann stehen sie schnell im Mittelpunkt. Man behandelt sie dann zwar nicht zuvorkommend, aber eine negative Zuneigung ist für manches Kind besser als überhaupt keine.

Robin, fünf Jahre, kommt in den Kindergarten, sieht seine Erzieherin, Marion, die sich intensiv mit Tanja, drei Jahre, beschäftigt. Tanja braucht an diesem Morgen viel Aufmerksamkeit.

«Guten Morgen», sagt er zu Marion, aber die überhört den Gruß, so sehr ist sie beschäftigt.

«Guten Morgen», wiederholt Robin etwas lauter. Marion überhört den Gruß wieder – es ist nicht böser Wille, aber für Robin scheint der Fall klar. Wütend wirft er seinen Rucksack in die Ecke, dreht ab, geht gemächlich in die Puppenecke, schnappt sich Felizitas, schubst sie. Sie fällt hin, tut sich weh, schreit erbärmlich auf.

Sofort kommt Marion angelaufen, packt Robin an den Schultern: «Was hast du da gemacht, verdammt?» Seine Augen drücken ein «Frag nicht so blöd! Siehst du doch!» aus.

«Warum machst du das?»

«Darum!», antwortet er achselzuckend.

Robin hat an diesem Morgen etwas gelernt: Wenn ich komme, grüße ich überhaupt nicht mehr. Ich gehe gleich in die Puppenecke, schnappe mir beim nächsten Mal zwei Kinder, dann ist Marion noch schneller da.

«Warum»-Fragen – darauf hat der Psychologe Rudolf Dreikurs hingewiesen – sind kaum geeignet, die Motive der provokativen Grenzüberschreitung aufzudecken und Kinder für eine konstruktive Mitarbeit zu gewinnen. Kinder sind bis in die späte Grundschulzeit hinein bei der Beantwortung von «Warum»-Fragen häufig überfordert. Solche Fragen sind meist rückwärts gerichtet. Sie dienen nicht dazu, notwendige Veränderungen anzuregen.

Über sein Fehlverhalten versucht das Kind, ein bestimmtes Ziel zu erreichen. Die Aufgabe des Erwachsenen ist es, die verdeckten Ziele des Kindes durch Fragetechniken für sich – aber nicht für das Kind! – aufzudecken und in konstruktive Bahnen zu überführen. Dreikurs unterscheidet dabei vier Verhaltensdimensionen. Über das Fehlverhalten – zum Beispiel provokative Grenzüberschreitungen – will das Kind

- zunächst Aufmerksamkeit erzielen. Erreicht es sein Ziel nicht, stört es weiter und
- übt Zwang und Macht aus, um so eine Überlegenheit zu beweisen. Gelingt auch dies nicht, so versucht das Kind,
- sich zu rächen, Vergeltung auszudrücken, um, sollte auch so das Ziel nicht erreicht werden,
- sich bzw. andere hilflos zu machen.

Mareike, fünf Jahre, sitzt am Tisch des Kindergartens, hantiert ungeschickt mit Karton, Klebstoff und Schere, sie will einen Hampelmann basteln. Mal fällt die Schere auf den Boden, mal die Flasche mit Klebstoff. Frau Rose, die Erzieherin, setzt sich dazu: «Soll ich dir helfen?» Sie nimmt die Schere in die Hand, fängt an zu schneiden. Mareike schaut woanders hin. «Nun schau's dir an.» Mareike sieht immer noch weg, spielt mit dem Klebstoff.

Nächster Tag. Eine vergleichbare Situation. Wieder fühlt sich Frau Rose gedrängt, Mareike zu helfen, weil sie «hintendran mit dem Basteln war». Mareike und die Erzieherin sitzen an einem Tisch über Eck. Während Frau Rose bastelt, sitzt Mareike eher gelangweilt herum, hampelt und strampelt mit den Beinen, trifft mit einiger Regelmäßigkeit das Schienbein ihrer Erzieherin. Obgleich es schmerzt, meint diese: «So, Mareike, nun komm. Hilf!» Aber Mareikes Ungeschick lässt weiter grüßen, während unter dem Tisch die schmerzhafte Kontaktaufnahme weitergeht.

Zwei Tage später. Wieder am Basteltisch. Mareike sitzt allein, die anderen Kinder sind längst fertig. Frau Rose kommt, will helfen. «Na, bist du da, du blöde Kuh!»

«So nicht! Ich bin nett zu dir und du ...» Mareike streckt ihr die Zunge heraus. «Hör auf damit!» Die Stimme der Erzieherin bekommt einen scharfen Klang: «Sonst geh ich!»

«Blöde Kuh.»

Frau Rose geht. Mareike bleibt zunächst wie erstarrt sitzen, versucht dann – gelangweilt – zu basteln, schaut sich häufig um, wobei ihr Blick ständig die Erzieherin sucht. Sie fängt an, mit dem

Stuhl zu kippeln, fällt hin, weint, wimmert. Frau Rose kommt hinzu: «Setz dich hin. Ein letztes Mal helfe ich noch.» Mareike verweigert die Mitarbeit, während die Erzieherin bastelt. Sie versucht, mit dem Kind ins Gespräch zu kommen, das verstockt-bockig dasitzt, die Lippen aufeinander presst. Als der Hampelmann fast fertig ist, nimmt Mareike den Pinsel mit Klebstoff und streicht – ganz schnell und ganz plötzlich, ohne dass Frau Rose eine Abwehrchance hätte – diesen über den Ärmel der Bluse.

«Bist du verrückt geworden?», schreit Frau Rose. «Jetzt reicht's aber!» Sie springt auf, während Mareike hochschnellt, in die Puppenecke läuft, sich dort – unansprechbar für den Rest des Vormittags – zurückzieht.

An dieser Situation lassen sich die vier Ziele von Mareikes störendem Verhalten aufzeigen: Sie will zunächst *Aufmerksamkeit*, bekommt diese, ist dann freilich nicht bereit, von ihrem Verhalten zu lassen. An den folgenden Tagen stört sie weiter, verstärkt ihre Aktivitäten in Richtung *Machtausübung*. Ihr gelingt es, die Erzieherin in einen Machtkampf zu verwickeln – und hat ihn damit schon gewonnen. Während Frau Rose – wohlmeinend – auf der thematischen (Bastel-)Ebene handelt, hier Aufmerksamkeit herstellen und Unterstützung anbieten will, geht es Mareike um den Beziehungsclinch. Sie verletzt die Erzieherin im wahrsten Sinne des Wortes; übt *Rache* dafür, nicht verstanden worden zu sein, und bleibt beleidigt zurück, als sich Frau Rose zornig und enttäuscht zurückzieht. Damit ist die letzte Stufe der Eskalation vorgezeichnet: die gegenseitige *Hilflosigkeit*, die beide handlungsunfähig macht.

Während «Warum»-Fragen rückwärts gerichtet sind, sollte der Erwachsene lieber solche Fragen entwickeln, die geeignet sind, das Ziel des Kindes aufzudecken. Ob das Kind sein Ziel in der Frage erkannt hat, kann man am Erkennungsreflex – wie Dreikurs ihn genannt hat – ablesen. Er schreibt: «Jüngere Kinder werden entweder zugeben, dass sie sich mit einem der Ziele, die wir ihnen genannt haben, unerwünscht verhalten haben, oder sie verraten sich durch ihre Mimik oder Gestik. Diesen mimischen oder gestischen Reflex nennen wir Wiedererkennungsreflex. Er drückt sich in der Regel durch ein Lächeln, Schmunzeln, verlegenes Auflachen oder ein Augenzwinkern aus. Ältere Kinder sind schon zu erfahren und geschickt, um noch offen zuzugeben, dass sie Aufmerksamkeit erzielen oder ihre Überlegenheit zeigen wollen. Infolgedessen sagen sie entweder ‹nein› auf unsere Fragen, die ihnen ihr Ziel erkennbar machen sollen, oder sie sitzen uns mit ausdrucksloser Miene gegenüber. Aber auch sie verraten sich durch ihre Körpersprache. Es kann sein, dass ihre Lippen zucken, ihre Augen aufblitzen oder der Lidschlag schneller wird, dass sie ihre Sitzhaltung ändern, ein Bein bewegen, mit den Fingern trommeln oder auch nur mit den Zehen wackeln. Es bedarf einer sorgfältigen Beobachtung ihrer Körpersprache, um zu wissen, ob wir das richtige Ziel erraten haben.»

Dreikurs entwickelte eine spezielle Fragetechnik, um die Ziele im störenden Verhalten des Kindes aufzudecken. «Dadurch», formuliert er, «sieht das Kind, dass wir noch nicht alles wissen. Nur es selbst weiß, wann die richtige Frage gestellt worden ist. Jede Frage beginnt mit ‹Könnte es sein, dass ...›»

So wäre

- bei grenzüberschreitenden Handlungen zu fragen: «Könnte es sein, dass du möchtest, dass ich mich mit dir beschäftige?» Oder: «Könnte es sein, dass du möchtest, dass ich dich mehr beachte?»
- Bei Machtkämpfen: «Könnte es sein, dass du mir zeigen willst, dass du tun kannst, was du willst?» Oder: «Könnte es sein, dass du der Tonangebende sein willst?»
- Bei Rache- und Vergeltungsaktivitäten: «Könnte es sein, dass du mich verletzen willst?» Oder: «Könnte es sein, dass du mich bestrafen willst?»
- Bei Hilflosigkeit: «Könnte es sein, dass du in Ruhe gelassen werden willst, weil du nichts kannst?» Oder: «Könnte es sein, dass du einfach keine Lust hast, etwas zu tun, ganz gleich, was es ist?»

Bedeutsam ist, dass in der Frage keine versteckte Anklage enthalten ist. Und wichtig ist weiter, «dass das Kind in der Regel sich seines ‹verborgenen Beweggrundes› nicht bewusst ist. Aber wenn wir richtig geraten haben, wird dem Kind plötzlich die Richtigkeit der Vermutung klar. Es ist eine freudvolle Erfahrung für einen Menschen, der sich bisher unverstanden und herumgestoßen fühlte und glaubte, kein anerkanntes Mitglied der Gemeinschaft zu sein, sich verstanden zu fühlen. Dies ist der Anfang von Vertrauen und Selbstvertrauen.» Dreikurs schreibt weiter: «Es ist ungefährlich, einfach zu raten. Solange falsch geraten wird, weist das Kind einfach die Frage als falsch zurück. In dem Augenblick aber, in dem der richtige ‹verborgene Beweggrund› erraten wird, fühlt sich das Kind verstanden, legt seinen Widerstand und seine Ablehnung ab und beginnt kooperativ mitzuarbeiten.»

Auf Mareikes Verhalten im Kindergarten übertragen: Als Frau Rose ihre Situation während einer Fortbildung vortrug, erarbeiteten wir eine Handlungsstrategie. Als Mareike einige Tage später erneut über störendes Verhalten im Stuhlkreis Aufmerksamkeit erlangen wollte, führte sie im Anschluss daran ein Gespräch.

Frau Rose: «Könnte es sein, dass ich mehr für dich tun soll?» Mareike schwieg, schüttelte unmerklich den Kopf.

«Könnte es sein, dass ich dir mehr beim Basteln helfen soll?»

«Nein!»

«Soll ich etwas ganz Besonderes für dich tun?» Mareike strahlte.

«Kannst du mir einen Vorschlag machen?»

Mareike überlegte, zuckte mit den Schultern.

«Möchtest du morgens, wenn du kommst, dass ich dich besonders lieb begrüße?» Mareike lächelte. Man vereinbarte, dass Frau Rose Mareike morgens mit einem besonderen Begrüßungsritual anspricht.

Und im sich anschließenden Gespräch erfährt die Erzieherin, dass Mareikes Eltern seit einiger Zeit frühmorgens aus dem Hause gehen, sie von einer Nachbarin in den Kindergarten gebracht wird. Ein intensives Abschiedsritual findet nicht statt. Die Erzieherin hatte die Motive von Mareikes Verhalten nicht erkennen können. Erst die Aufdeckung durch die Methode des erratenden Fragens ließ sie die Ziele von Mareikes Fehlverhalten herausfinden und in konstruktive Handlungsformen übersetzen.

Provokative Grenzüberschreitungen weisen häufig auf Probleme in der Eltern-Kind-Beziehung hin:

1. Oft sind Regeln und Grenzen unklar und uneindeutig formuliert. Kinder wollen wissen, was sie in bestimmten Situationen dürfen und was nicht. Oder Regeln und Grenzen existieren bloß unausgesprochen und verdeckt. Um sie aufzudecken, testen Kinder Situationen aus. Sie machen so lange weiter, bis man ihnen Einhalt gebietet.

2. Kinder wollen Aufmerksamkeit, Achtung und Respekt. Erhalten sie dieses nicht, gehen sie in einen Machtkampf und machen auf sich aufmerksam.

3. Kritik an der Sache darf nicht mit Kritik an der Person verwechselt oder vermischt werden. Kinder müssen sich auch dann als Person angenommen fühlen, wenn sie Aktivitäten unternommen haben, die bestehende Absprachen und Regeln verletzen. Nur so sind sie zur Mithilfe an der Veränderung bereit.

4. Wenn Kinder Grenzen als überzogen, übertrieben und unangemessen empfinden, deuten sie dies als Strafe und Verbot und weichen in aufreibende Machtkämpfe aus, indem sie Regeln ständig und völlig überzogen verletzen. Oder sie umgehen Verbote durch Heimlichkeiten. Dann sind die Grenzen und Regeln zu überdenken; dann sollten Sie versuchen, die Mitarbeit des Kindes bei der Formulierung neuer Grenzen und Regeln zu gewinnen.

KAPITEL FÜNF

Miterzieher in der Erziehung

1. Geschwister

Jonas, fünf Jahre, hat ein Geschwisterkind bekommen, das viel Zuwendung braucht, weil Paul nicht gesund das Licht der Welt erblickt hat. Vor allem das Füttern erfordert viel Zeit. Jonas fühlt sich hintangesetzt und beginnt nun, betont langsam und «wie ein Schwein», so der Vater, zu essen. «Der kleckert und wird nicht fertig. Wenn wir dann Konsequenzen ankündigen und er allein weiteressen soll, geht das ganze Theater weiter.» Erst als der Vater den Säugling füttert, die Mutter sich bei den Mahlzeiten neben Jonas setzt und behutsam auf ihn eingeht, lässt Jonas' störendes Verhalten nach.

«Aber», so die Mutter, «er hat doch viel Zuwendung bekommen. Ich bin so häufig für ihn alleine da gewesen!»

«Wann?», will ich wissen.

«Na, wenn der Kleine geschlafen hat!», antwortet sie selbstbewusst.

«Das war eine Zuwendung zweiter Wahl», erklärte ich gelassen. «Um es aus der Sicht von Jonas zu formulieren: ‹Wenn der kleine Bruder schläft, bin ich gerade gut genug!›»

Kinder und Eltern nehmen einander höchst unterschiedlich wahr – was die Eltern als ausreichend und gerecht empfinden, beurteilen Kinder oft ganz anders. Elterliche Zuwendung ist aus der Sicht der Heranwachsenden keine Frage der Quantität, des Zeitmaßes, sie ist eine Frage der Qualität. Deshalb beobachten Kinder ganz genau, wie Vater und Mutter mit dem kleinen Bruder oder der jüngeren Schwester umgehen. Und sie schauen darauf, ob die Eltern bestrebt sind, Zuspruch und Zuwendung gleichmäßig auf alle Kinder zu verteilen. Dabei schätzen sie elterliches Handeln höher ein als Worte.

Es interessiert sie nur unwesentlich, dass die Eltern meist versuchen, ihre Liebe gleichmäßig auf alle Kinder zu verteilen. Kinder bewerten Eltern im alltäglichen Handeln: dass der größere Bruder länger aufbleiben darf, dass die Mutter der kranken Schwester mehr Aufmerksamkeit gibt, dem langsameren Bruder länger bei den Hausaufgaben hilft, sich dem schmächtigeren Geschwisterkind gegenüber toleranter beim Essen verhält, der stilleren Schwester geduldiger gegenübertritt.

Eltern lieben alle Kinder gleichermaßen, aber sie verhalten sich ungleich. Und das ist ebenso normal wie lebensnotwendig: So braucht das neugeborene Kind eine andere, intensivere Begleitung als das ältere Kind im Trotzalter; so benötigt das Kind, das gerade in den Kindergarten kommt, andere Formen von Nähe als die Schwester, die die Einrichtung schon seit Jahren besucht.

Gerade die Verschiedenheit der Situationen macht ein differenziertes Handeln notwendig. Das wirkt aus der Sicht eines betroffenen Kindes nicht unbedingt gerecht. Klagen und Quengeln sind die Folge. Aber bedenken Sie: Sollten Sie es schaffen, es allen Kindern irgendwie recht zu machen, bleibt eine Person übrig, der Sie nicht gerecht werden – sich selbst!

«Unser Jüngster», sagt Beate Knabe, «der Markus, der ist jetzt neun. Er ist ein Nachzügler. Die anderen Geschwister sind schon aus dem Haus oder sind gerade dabei, auszuziehen. Mit denen lief in der Erziehung alles glatt. Na ja, meistens eben ... Aber der Markus, der ist ein richtiges Schlitzohr. Der fordert uns heraus.» Sie lacht: «Aber so richtig böse kann man ihm auch nicht sein. So sind die Nachzügler wohl», meint sie und wiegt nachdenklich ihren Kopf.

«Die Anja», erzählt ihr Vater, Horst Schneider, «die Anja ist ein typisches Mittelkind, so wie es im Buche steht. Sie mache ständig Sorgen. Wo es bei der Älteren und den Jüngeren keine Probleme gibt, da entstehen bei ihr welche. Immer hat sie etwas, passiert etwas.» Er schüttelt den Kopf: «Die steht sich selber im Wege, aber so sind Mittelkinder wohl, oder?»

«Viola ist ein Einzelkind, wie man sie überall sieht und beschrieben findet», erläutert ihre Mutter, Anna Wagner. «Viola ist jetzt acht und hat große Schwierigkeiten, zu anderen Kontakt aufzunehmen. Da stellt sie sich wirklich ungeschickt an. Überall will sie im Mittelpunkt stehen und wehe», ihre Stimme wird hell, «es geht nicht nach ihrem Willen, dann kann sie fuchsteufelswild werden.» Anna Wagner sieht sorgenvoll aus: «Ich mach mir da schon meine Gedanken, wie das wohl später weitergeht!»

Eltern weisen Kindern bestimmte Rollen zu. Und umgekehrt merken Kinder, welche Rollen sie in einer Familie besetzen können, um beachtet zu werden, um nicht unterzugehen.

Kinder wollen sich voneinander abgrenzen. Und ihr Alter, ihr Geschlecht, ihr Temperament unterscheiden sie. Konflikte sind vorprogrammiert. Man hat lange Zeit über die Bedeutung der Geschwisterposition für das Leben eines Kindes nachgedacht. So prägend sie auch sein mag, letztlich scheint doch der psychosoziale Rahmen bedeutsamer, in dem Geschwister aufwachsen: Trennungs- und Scheidungserfahrungen, Krankheit oder Tod in der Familie, Umzug, die Beziehung der Eltern oder die Bedeutung der Großeltern. Nicht zu vergessen sind die Eigenschaften, die Kinder schon mit auf die Welt bringen. Sie sind beschriebene Blätter, aber welches Buch des Lebens daraus wird, das bestimmt letztlich die Erziehung.

Kinder entdecken schnell jene Seiten des Familienskripts, die noch nicht verfasst sind. Und sie füllen dann die bis dahin leeren Kapitel.

Sie habe ein «Sandwich-Kind, ein richtiges Mittelkind», erzählt mir eine Mutter: «Der Ronald, der ist jetzt acht Jahre und so ganz anders als die beiden anderen. Die sind eher introvertiert, ruhig, vorsichtig, sind kulturell begabt, spielen ein Musikinstrument.» Ronald habe nichts von dem, meint sie, rein gar nichts. Er sei neugierig, frech, lese nicht, würde gerne fernsehen, sei künstlerisch eine Null. Das mache ihr Sorgen, weil «Sandwich-Kinder es schwer haben».

«Das Beste am Sandwich», lache ich sie an, «das Beste ist doch in der Mitte. Oben ist ein vertrocknetes Brötchen, unten auch. In der Mitte sind Salat, Schinken und eine saftige Tomate!»

Sie bricht in Lachen aus: «Mein Ronald als saftige Tomate!» So habe sie ihn noch nie gesehen.

Sandwich-Kinder sind genaue Beobachter, sehr sensibel. Sandwich-Kinder suchen ständig nach einem passenden Platz, blicken nach oben, nach unten, überallhin und kapieren schnell. Sandwich-Kinder sehen alles sehr genau und besetzen dann den Platz, der noch frei ist.

«Oder wollen Sie, dass Ihr Ronald noch musikalischer, künstlerischer, noch introvertierter wird als seine Geschwister?», frage ich sie.

«Um Gottes willen! Er soll doch so bleiben, wie er ist! Eine saftige Tomate eben!»

Maria Heber ist noch immer außer sich, als sie mit ihrem siebenjährigen Steffen in die Beratungsstunde kommt.

«Sie glauben es nicht, was der gemacht hat», eröffnet sie das Gespräch. Sie schaut ihren Sohn an, der schmunzelnd neben ihr auf dem Sofa der Praxis Platz genommen hat.

«Nun sag selber», drängt sie ihn. Aber er schweigt.

«Oder soll ich das erzählen?», sieht sie ihn fragend an.

Er zuckt die Schultern. Dann nickt er.

«Gut, dann erzähle ich das!» Maria Heber sieht mich ernst an. Es gehe grundsätzlich um Steffen und Mark, diese «ständigen Streitereien», dieses «ewige Gezänk. Immer ärgert Steffen seinen Bruder, den Mark.»

«Wie alt ist der?», will ich wissen.

«Drei!», platzt Steffen dazwischen, «und der nervt.» Er schaut mich durchdringend an: «Der nervt gewaltig . . .»

«Du kannst ja auch mal nachgeben», unterbricht ihn seine Mutter. «Du bist schließlich der Ältere.» Sie schüttelt den Kopf. «Da kann man doch mal der Vernünftigere sein ...»

Steffen atmet tief aus.

«Nun tu nicht so», ermahnt die Mutter. «Du willst mehr Rechte, dann kannst du auch mal nachgeben, verdammt!»

Steffen zieht die Augenbrauen hoch.

«Jetzt hör mit dieser Überheblichkeit auf!» Dann sieht sie mich an: «Also, was Steffen neulich getan hat, das zieht einem die Schuhe aus!» Sie holt tief Luft, setzt an: «Steffen kann hervorragend klettern, bis ganz hoch in die Eiche, in unserem Garten, bis auf den dritten Ast ...»

«... auf den vierten», verbessert Steffen.

«Also den vierten, meinetwegen!»

«Das ist toll!», stelle ich bewundernd fest.

«Das ja ..., aber Mark will auch klettern ..., und Steffen lässt ihn nicht hoch!»

«Wie?», ich bin irritiert.

«Der steht unten am Stamm, der Mark, der bettelt: ‹Nimm mich hoch!›»

Sie sieht Steffen an: «Aber der lässt ihn nicht hoch.»

Steffen grinst süffisant.

«Lach nicht so! Mark steht unten, bettelt, fleht, aber er», sie fixiert ihren Sohn, «der sagt ganz cool: ‹Du kommst nicht hoch! Du bist zu blöd dafür!› Diese Sprüche, fürchterlich ...»

«‹Blöd› hab ich nicht gesagt», unterbricht Steffen forsch.

«Was hast du denn gesagt?», hake ich nach.

«Du bist zu klein», lautet seine selbstbewusste Antwort.

«Ist doch egal», entrüstet sich Steffens Mutter.

«Ist nicht egal, der ist zu klein», bleibt Steffen hartnäckig. «Der ist einfach zu klein, der fällt doch runter!»

«Genau!», ruft die Mutter mit heller Stimme dazwischen. «Runterfallen ist etwas anderes als runterschmeißen ...»

«Hab ich nicht», empört sich Steffen.

«Ich verstehe gar nichts mehr!», stelle ich schulterzuckend fest.

«Also ich erkläre es», beruhigt sich Maria Heber.

«Neulich saß Steffen wieder oben auf dem dritten …»

«… dem vierten», verbessert sie Steffen. Die Mutter stöhnt.

«Gut, dem vierten. Mark steht unten, bettelt: ‹Will hoch! Will hoch!
Will hoch!› Und wieder Steffens überhebliches Getue …»

«… Wieso überheblich?», fragt er betont lässig.

«Ich höre das, höre, wie Mark weint …»

«… Alte Heulsuse! Alte Memme!», stellt Steffen cool fest. Die
Mutter ignoriert den Spruch.

«Ich renne in den Garten, zum Baum, sage zu Steffen …»

«Geschrien hast du, wie 'ne Hexe sahst du aus!», ruft Steffen empört. «Die müssen Sie mal sehen, wie die dann schaut. Wie die
Hexe von Hänsel und Gretel!», meint er zu mir gewandt.

«… Gut, geschrien hab ich: ‹Jetzt nimmst du ihn nach oben, verdammt!›»

Und dann schildert sie mir die Situation.

«Ich nehme Mark, reiche ihn hoch. Steffen bückt sich herunter.
Ich denke, er greift sich seinen Bruder. ‹Hast du ihn?›, frage ich!»

Sie macht eine Pause.

«Aber er hatte ihn nicht!» Sie schüttelt ihren Kopf.

«Er hatte ihn nicht!» Sie stockt: «Ich lasse ihn los …»

«… freier Fall!», lautet Steffens lakonischer Kommentar.
«Boing! Landung!»

«Steffen!», schreit die Mutter. «Jetzt mach hier nicht den Kasper.
Was dabei hätte alles passieren können!» Ihre Augen fixieren einen
fernen Punkt, als sehe sie dort die schrecklichsten Unglücke.

«Stimmt das, was deine Mutter erzählt?», wende ich mich an
Steffen.

Er lacht: «Klar!»

«Wie bitte?», frage ich irritiert.

«Wenn man von da runterfällt», seine Arme richten sich in die
Höhe, «also wenn man von da runterfällt, von so hoch», er schüttelt leicht den Kopf, «dann tust du dir nicht weh!»

«Versteh ich nicht!»

«Was meinen Sie, wie häufig ich da schon abgerutscht und auf die Erde gefallen bin, da tust du dir nicht weh ...», erklärt er mir mit ruhiger Stimme.

«Du hast überhaupt nicht gewusst, was da alles hätte passieren können», empört sich die Mutter.

«Ich rede mit Herrn Rogge, nicht mit dir!» Er macht eine kleine Pause: «Wissen Sie, als ich sechs war, bin ich auf den vierten Ast geklettert. Mark ist jetzt drei. Wenn der mit fünf auf den vierten Ast kommt, ist der ein Jahr früher da oben als ich.» Und dann fügt er sehr bestimmt hinzu: «Aber vorher kommt er nicht hinauf!»

Pia, sechs Jahre, schubst ihre dreijährige Schwester, die Grete, weg, als diese einen Legostein nimmt, den Pia für ihren Turm benötigt, an dem sie gerade baut.

«Gib ihn her, blöde Kuh!», zischt sie. Grete fällt hin, rappelt sich auf, schaut dann ihrer Schwester beim Spielen interessiert zu. Sie beobachtet genau. Als Pia einen bestimmten Stein sucht, ihr Blick über die unterschiedlichen Farben und Formen der Steine schweift, ruft Grete: «Da ist er!» Sie springt auf, macht einen Schritt nach vorn, bückt sich, fasst nach dem Stein, will ganz offensichtlich ihre Schwester unterstützen.

«Was machst du da?», fragt Pia verärgert, um dann hinzuzufügen: «Lass das!»

Aber Grete hat den Stein schon in der Hand. Pia steht auf, springt auf ihre Schwester zu, und mit den Worten «Her damit, das ist meiner!» zieht sie am Stein. Grete hält ihn fest, will ihn jetzt nicht mehr hergeben. Pia zerrt, doch sie schafft es nicht, ihn ihrer Schwester aus den Fingern zu entwinden. Unvermittelt lässt Pia den Stein los, und Grete fällt mitsamt dem Stein auf den Teppich, der mit Legosteinen bedeckt ist. Sie tut sich offensichtlich weh. Sie schreit auf und lässt dabei den Stein reflexartig los. Pia sieht das, holt ihn sich blitzschnell. Als sie über ihrer Schwester steht, die wie am Spieß schreit, meint sie ganz cool: «Das haste davon!»

Nun tritt Grete mit einem Mal um sich, trifft Pias Schienbein. Pia bückt sich nach vorn, reißt an Gretes langen blonden Haaren, und im Nu sind die beiden Schwestern im Kampf verkeilt, bei dem Grete nicht nur einsteckt, sie teilt auch selber heftig aus. Als sie Pia dann in den Unterarm beißt, erhält sie von ihrer älteren Schwester einen Nasenstüber, so heftig, dass sie schrill aufschreit. In diesem Moment stürzt die Mutter ins Zimmer.

«Pia, was hast du denn da schon wieder gemacht!»

«Aber die hat ...!»

«Kannst du denn nicht *einmal* nachgeben!»

Dann hockt sie sich zu Grete, der die Tränen über die Wangen laufen: «Komm her, mein Schatz! Nun wein mal nicht!» Sie nimmt Grete in den Arm: «Was hat sie nur wieder mit dir gemacht?» Gretes Schluchzen steigert sich augenblicklich.

«Ihr habt mich sowieso nicht lieb!» Mit diesen Worten verlässt Pia überstürzt das Zimmer, die Tür laut hinter sich zuknallend.

Niklas, acht Jahre, kommt zu seiner Mutter gelaufen, sucht ihre Nähe. Er wirkt traurig, sagt mit weinerlicher Stimme: «Dorothea hat mir schon wieder etwas weggenommen.» Er setzt sich auf ihren Schoß, fasst sie um: «Die ist so blöd, die ärgert mich immer!»

Dorothea ist Niklas' Schwester, fünf Jahre alt.

«Ein kleines Aas», wie die Mutter feststellt. «Ein Wirbelwind! Die hat Niklas von der Körpergröße schon fast eingeholt.» Sie denkt nach.

«Und wenn die miteinander kämpfen, dann zieht Niklas den Kürzeren.»

Die Mutter schüttelt den Kopf. «Der lässt sich aber auch alles gefallen!» Und dann schildert sie eine weitere Situation.

Die Mutter sitzt im Wohnzimmer, Niklas und Dorothea spielen getrennt: Niklas ist mit einem Puzzle beschäftigt, Dorothea liest in einem Bilderbuch, das sie schwungvoll umblättert. Dabei entsteht ein Luftzug, der die Puzzleteile durcheinander bringt.

«Lass das, Doro», bittet Niklas mit leiser Stimme. Aber Dorothea denkt überhaupt nicht daran. Sie macht munter, vor allem kräftig weiter. Niklas scheint in seiner Konzentration gestört. Er sucht nach einem Puzzleteil. Dorothea wirft einen Blick auf das unfertige Gebilde, dann auf die umherliegenden Teile. Plötzlich lacht sie – sie hat das Teil gefunden, das Niklas gesucht hat. Sie nimmt es an sich.

«Gib her», meint Niklas, als er das Puzzleteil in Dorotheas Hand sieht. Doch die hat überhaupt kein Interesse daran, grinst ihren Bruder herausfordernd an. Als Niklas das Teil auch nach mehrmaliger Aufforderung nicht erhält, wendet er sich an seine Mutter: «Mama, die ärgert mich schon wieder!»

«Doro, komm, gib Niklas das Teil!»

Dorothea sieht ihre Mutter abschätzig an, wirft das Teil weg, steht auf, tritt auf das Puzzle und bringt es damit durcheinander.

«Mama!», ruft Niklas in einer Mischung aus Weinerlichkeit und Empörung, «Mama, die ist so gemein!» Dann wirft er sich in die Arme der Mutter, vergräbt sein Gesicht an ihrer Schulter.

Um Sabrina, neun Jahre, machen sich ihre Eltern «wirklich Sorgen». Die Mutter erzählt: «Sabrina, unsere Älteste, die ist schon sehr vernünftig, aber häufig krank. Mal hat sie Schnupfen, dann Husten, dann Bauchschmerzen. Aber sie bleibt kaum lange im Bett. ‹Mama, ich muss dir ja helfen›, ist einer ihrer Sprüche. Und kaum ist sie dann auf den Beinen, unterstützt sie mich auch.» Der Vater wirkt nachdenklich: «Wenn andere über die Kinder klagen, sie mögen im Haushalt nicht mithelfen, also bei Sabrina gibt es keine Probleme. Die sieht genau, wo sie zupacken muss. Und wie die sich um ihre Geschwister kümmert!»

Sabrina hat zwei Brüder, sieben Jahre und ein Jahr alt, sowie eine Schwester, Stefanie, vier Jahre alt. Sabrina hilft ihrer Mutter, «wo sie nur kann», wie diese feststellt. Das sei ihr manchmal fast unheimlich. «Eigentlich müsste sie doch gewaltig eifersüchtig sein. Aber keine Spur davon.» Sie sei unglaublich fürsorglich, «ganz lieb zu uns, zu allen. Als ich neulich mal tief ausgeschnauft habe, weil's mir zu viel wurde, ich fertig war, legt Sabrina den Arm um meine Schulter und meinte: ‹Mama, leg dich mal hin, ich mach das schon!›»

Wenn man über Eifersucht nachdenkt, über die Rivalität zwischen älteren und jüngeren Geschwistern, denkt man unwillkürlich an deren aggressives Erscheinungsbild: Das ältere Kind beherrscht das jüngere, zwingt ihm seinen Willen auf, ist darauf aus – mit welchen Mitteln auch immer –, den gebührenden Abstand zu wahren. Und dabei spielt es keine Rolle, wie groß der zeitliche Abstand ist: Auch ein Dreizehnjähriger kann auf seinen fünfjährigen Brüder ausgesprochen wüst, ungehalten und gemein reagieren, falls der ihm zu nahe kommt, seine Interessen berührt, Kompetenzen in Frage stellt. Eifersucht ist nicht allein rational zu verarbeiten. Sie ist ein Gefühl, das im älteren Kind wirkt – ausgelöst durch Unsicherheit, Ratlosigkeit, ja Hilflosigkeit. Deshalb streitet es, zankt es, verhält es sich wenig sozial und kaum situationsangemessen. Das ältere Kind spürt: Wenn ich normal, nett handle, halten mich alle für vernünftig, übersehen mich alsbald – «Dann sieht mich kein Schwein», wie der neunjährige Martin mir einmal erzählte, «aber wenn ich meinen jüngeren Bruder an den Haaren ziehe, kratze, dann kommt meine Mutter sofort.» Ältere Kinder handeln mithin nach dem Motto: Besser eine negative als überhaupt keine Zuwendung.

Erst wenn das ältere Kind fühlt, dass es bei seinen Eltern aufgehoben ist, vermag es Halt zu spüren, kann es seine Abgrenzungs- und Unterdrückungsversuche unterlassen, das jüngere Geschwisterkind akzeptieren. Das jüngere Kind reicht zwar nach oben, aber es kommt an das ältere Kind nicht heran.

Zwei weitere Formen der Eifersucht übersieht man häufig, verschwinden sie doch nicht selten hinter der grellen Fassade, mit der die aggressiv-störende Variante daherkommt. Nicht jedes Kind geht mit dem jüngeren in einen Machtkampf, versucht es zu unterdrücken. Manch älteres Kind nimmt eine Opferposition ein, lässt sich manches, ja vieles vom jüngeren Bruder, der jüngeren Schwester gefallen. Es setzt sich nicht zur Wehr, obgleich es das körperlich oder intellektuell vermag. Die älteren Kinder regredieren, sinken zurück – und erhalten so elterliche Aufmerksamkeit, indem sie sich als «arme Wesen» inszenieren, die das Mitleid von Vater und Mutter erheischen wollen. Sie stellen sich als unmündige, unselbständige Wesen dar, die an den Helferreflex der Eltern appellieren.

Wieder andere Kinder holen sich elterlichen Zuspruch, indem sie sich als ein besonders vernünftiges, selbständig handelndes und durchblickendes Wesen geben, das sich konstruktiv und unterstützend in den Familienalltag einbringt und hier vor allem die Mutter in ihrer Erziehungsverantwortung unterstützt. So gewinnt es schnell Achtung und Respekt in der Umgebung. Alle bewundern die sozial-fürsorglichen, die empathisch-mitfühlenden Kompetenzen der Älteren. Meist sind es Mädchen, die in die Rolle der Helferin schlüpfen und sich dabei nicht selten emotional überfordern. Sie möchten mehr, als sie zu geben vermögen – sie kränkeln, schwächeln, schon die kleinste Erkältung wirft sie manchmal um, zwingt sie ins Bett, setzt sie außer Gefecht. Und auch damit erhalten sie wieder Zuwendung. Sie lassen sich «hängen», pflegen, machen sich «klein», um dann wieder für neue Taten gerüstet zu sein.

«Aber was soll man denn gegen Eifersucht tun?», fragt Barbara Knauer. «Also ich kann mich doch nicht noch mehr um meinen achtjährigen Julius kümmern. Der bekommt nun wirklich alle Aufmerksamkeit dieser Welt!» Sie atmet tief aus: «Mehr geht wirklich nicht!»

«Das stimmt», ergänzt Günter Hinzmann. «Also, was wir uns alles beim Ältesten schon haben einfallen lassen. Wo soll das nur enden?» Er sieht mich an: «Das Beste wäre wohl gewesen, wir hätten unseren Mario, den Jüngsten, nicht bekommen!» Er lacht: «Aber der gehört dazu. Und daran muss sich unser Ältester nun mal gewöhnen. Der würde ihn aber am liebsten im Heim abgeben!»

Margret Schröder meldet sich zu Wort: «Gut, ich verstehe, wenn die miteinander kämpfen, aber wenn ich sehe, das wird mir zu grob, darf ich denn dann überhaupt nicht mehr eingreifen?» Sie denkt nach: «Da bin ich doch gefordert, oder?» Sie überlegt: «Tja, das ist eine wirklich schwierige Entscheidung.»

«Das ist in der Tat schwierig», greift Maike Scharp in das Gespräch ein: «Unsere Anja ist jetzt fünf. Als Niklas so ein Jahr war», sie überlegt, «da war Anja so dreieinhalb.» Und dann fährt sie mit ernstem Gesicht fort: «Anja hat ihren Bruder ständig geschlagen, war gar nicht mehr lieb. Ich bin ausgerastet, hab sie immer in ihr Zimmer gesteckt, wenn sie bös war, aber das war absoluter Mist. Richtiger Liebesentzug!» Sie sieht mich an: «Anja hat dann angefangen, einzukoten, wollte die Windeln wiederhaben. Sie haben mir damals Rituale vorgeschlagen. Während mein Mann Niklas genommen hat, bin ich mit Anja rausgegangen. Wir haben regelmäßig einmal in der Woche etwas unternommen. Dann haben wir eine Kuschelphase inszeniert, sodass einer von uns bei Niklas war, der andere sich ungestört um Anja kümmern konnte. Dabei haben wir sie wie ein kleines Kind behandelt, massiert, in einer Babysprache mit ihr geredet. Das hat sie genossen. Schließlich habe ich Anja dazu gebracht, mich zu unterstützen, wenn ich Niklas sauber machte. Da war sie die Große.» Sie lacht: «Und irgendwann hat Anja gesagt, Niklas ist unser kleiner Hosenscheißer und ich bin die Große, nicht, Mama?»

Diese Familie hat sich überzeugend der Geschwisterrivalität angenommen. Rivalität ist normal und bedeutet zunächst den Versuch der Geschwister, sich den größtmöglichen Anteil am Kuchen der elterlichen Zuwendung zu beschaffen.

Die Eltern haben Anja durch ein Ritual die Gewissheit gegeben, dass sie nicht übersehen wird. Im Kuschelritual haben sie Anjas Wünsche erfüllt, sich als kleines Kind zu fühlen. Gerade die Geburt eines Geschwisterkindes bringt die Älteren oft dazu, zu regredieren, in diesem Fall zum «Hosenscheißer» zu werden, um so Aufmerksamkeit zu erhalten. Schließlich lebt der Säugling das Modell vor, wie man ungeteilte Zuwendung bekommt: Hunger im Bauch und die Windeln voll. Indem Anja sich an der Pflege von Niklas beteiligte, würdigte man sie als «große» Schwester, die *über* dem Bruder steht. Sie braucht die Windeln nicht mehr, sie nimmt sie ihrem Bruder ab und entsorgt sie.

«Gute Worte» bringen die Eifersucht nicht zum Verschwinden. Und ständige Beteuerungen wie «Wir haben dich doch genauso lieb!» oder «Du bist unser Größter, du darfst doch schon viel mehr!» helfen auch nicht weiter. Das älteste Kind fühlt sich in seiner Stellung, seiner Position bedroht. Es braucht Sicherheiten, und die können in Ritualen aufgehoben sein.

Ein Ritual zeichnet sich durch vier Bestandteile aus:

- Eine Regelmäßigkeit, gebunden an einen Zeitpunkt und einen Ort (feste Uhrzeit, festgelegter Raum).
- Einen Anfang, einen bestimmten, sich wiederholenden Ablauf und ein Ende.
- Die Verlässlichkeit. Kinder müssen darauf vertrauen können, dass das Ritual auch wirklich stattfindet. Wenn es häufiger ausfällt, verliert das Ritual an Bedeutung, wird beliebig.
- Die Inszenierung. Vater oder Mutter und das Kind lassen sich aufeinander ein, die Eltern und die Kinder finden zueinander. Das Kind muss aber das Gefühl haben, es hat die Eltern ganz für sich. Dies ist besonders wichtig, wenn es darum geht, ältere Kinder in ihrer Eifersucht zu begleiten.

Um das an den vorher aufgezeigten Situationen zu konkretisieren:

- Maria Heber, Steffens Mutter, bot ihrem Sohn ein «verändertes Gutenachtritual» an. Er durfte länger aufbleiben, die Mutter las ihm eine andere, vor allem längere Geschichte vor, als sie sein

Bruder Mark vorgelesen bekam. Er konnte das Licht im Kinderzimmer selber ausmachen. Wenn sein Bruder mittags schlief, blieben die Eltern und Steffen noch zusammen. Steffen saß auf dem Schoß seiner Mutter. Dieses Ritual begann sie mit den Worten: «Jetzt sind wir beide alleine. Das ist schön!» «Findest du das wirklich?», will Steffen wissen. «Klar!» Und dann umarmte Steffen seine Mutter. Jeden zweiten Samstag machte Steffens Vater mit seinem «Ältesten» eine Fahrradtour, eine «Männertour», wie Steffen stolz formulierte. Natürlich bekam auch Mark seine Rituale. Nur achteten die Eltern darauf, dass sie sich von Steffens Ritualen klar unterschieden.

■ Bei Pia wurde ein anderes Ritual eingeführt. Die Mutter hatte beobachtet, dass die geschwisterlichen Auseinandersetzungen dann besonders stark waren, wenn sie Pia gemeinsam mit Grete vom Kindergarten abholte. «Dann gab's sofort Krach. Wenn Pia ihre Schwester sah, drehte sie schon durch. Und wehe, Grete betrat Pias Gruppenraum, dann konnte sie richtig böse werden.» Pias Vater brachte seine Tochter regelmäßig morgens in den Kindergarten, Pias Mutter holte sie jeden zweiten Tag ohne Grete ab, diese blieb bei einer Freundin. An diesen Tagen gingen Pia und ihre Mutter nicht sofort nach Hause. Pia durfte bestimmen, wie der Nachhauseweg gestaltet wurde. Mal wollte sie noch auf den Spielplatz, mal einen Umweg machen, mal schnell in ihr Zimmer. Als Pia die Verlässlichkeit des Rituals erkannte, ließen ihre Attacken auf Grete allmählich nach.

■ Auch Niklas erhielt ein besonderes Ritual. In das «Gutenachtritual» baute man eine Massage ein. Die Mutter streichelte sanft seinen Rücken, und da er dabei wie ein Kätzchen schnurrte, nannten die beiden das «unser Kätzchen-Spiel». Und immer wenn Niklas Zuwendung brauchte, wollte er kurz wie eine Katze gekrault werden. Zudem führten die Eltern Gespräche mit Niklas, wie er sich gegenüber seiner Schwester behaupten könne. Wie er das «Nein»-Sagen lernen könne. Und um die ständigen Vergleiche der Kinder untereinander aufzuheben, meldete der Vater Niklas zu einem Schwimmkurs an. «Dorothea hasste nämlich das Schwimmen. Und Niklas hatte den Wunsch geäußert, mit uns schwimmen zu gehen», so der Vater. Schon kurze Zeit nach Beginn der Rituale agierte Niklas selbstbewusster, hatte er Techniken, seine Schwester in die Schranken zu weisen. «Und», so die Mutter, «er konnte auch mal richtig giftig blitzen, wie eine Katze fauchen, sodass sich Doro zurückzog!»

■ Sabrina erhielt von ihren Eltern ein zweifaches Ritual. Da Sabrina und die Mutter früh aufstehen mussten, der Vater längst zur Arbeit war, legte sich Sabrina zur Mutter ins Bett und kuschelte dort für zehn Minuten. In den Armen der Mutter wurde sie langsam wach. Dann gingen beide – nach dem Waschen und Anziehen – in die Küche, um gemeinsam das Frühstück vorzubereiten und dann alleine zu frühstücken. «Das genoss Sabrina, bevor dann die Chaoten kamen», so die Mutter. Einmal im Monat gingen die Eltern mit Sabrina abends zum Essen aus. Die jüngeren Geschwister blieben dann bei den Großeltern. Anfangs hatte Sabrina – unbewusst – eine Prüfung für die Eltern parat. «Können wir die drei nicht noch holen?», fragte Sabrina, als man im Gasthaus saß. «Fast hätte ich ‹Ja!› gesagt», meinte die Mutter, um sofort hinzuzufügen: «Das wäre wohl ein Fehler gewesen, denn dann hätte Sabrina bestimmt gedacht: ‹Siehste, die wollen doch nicht nur mit mir alleine sein!›»

«Einverstanden», erklärt mir eine Mutter, «wie Sie das so mit den Ritualen erklären. Aber wenn das Geschrei groß ist, das Geheule, das Geplärre ... Wenn ich denke, die bringen sich um. Was soll ich dann machen? Dann kann ich mich doch nicht raushalten. Das bringe ich einfach nicht!»

Andere Eltern nicken spontan, als sie die Schilderung hören: «Es ist so verdammt schwer, sich nur herauszuhalten!» Und tatsächlich ist es nicht einfach, cool zu bleiben, weiter die Zeitung zu lesen, das Gespräch fortzusetzen, wenn Kriegsgeschrei aus dem Kinderzimmer dröhnt, man das Gefühl hat, dort werde jemand massakriert, wenn weinende Kinder angerannt kommen, um Hilfe bitten oder petzen, die anderen hätten schon wieder das Spielzeug weggenommen. Aber von Kindern provozierte Eingriffe der Eltern in die Schlacht im Kinderzimmer gewähren nur einen kurzen, brüchigen Frieden. Denn kaum hat man ihnen den Rücken gekehrt, geht der Kampf unvermindert weiter. Und diejenigen, die Eltern als Koalitionspartner herbeigerufen haben, werden erst recht Zielscheibe von Aggression.

Kinder lernen voneinander – eben nicht allein Hilfsbereitschaft, Fürsorge, Solidarität und Trost –, sie lernen auch, sich auseinander zu setzen, sich voneinander abzugrenzen, zu fluchen, zu hassen. «Aber muss denn der Streit immer so laut sein? Müssen sie sich denn immer in den Haaren liegen?», fragt Isolde Kramer, Mutter des fünfjährigen Niko und des dreijährigen Robert. «Das ist doch nicht normal!»

«Was möchten Sie denn?», frage ich sie.

«Dass sie sich vernünftig streiten!» Sie wirkt entschlossen: «Eben vernünftig!» Sie sieht mich an: «Das ist doch wirklich nicht zu viel verlangt, oder?»

«Die beiden sind doch drei und fünf, haben Sie mir gesagt.»

Sie nickt: «Gibt es nicht einen Tipp von Ihnen, wie die sich vernünftig streiten können?» Sie sieht mich skeptisch an.

«Überlegen Sie sich einmal, Sie kämen jetzt nach Hause, es herrschte Ruhe ...»

«... das wäre schön!»

«... Totenstille, kein Mucks!» Ich schaue sie an: «Was würden Sie dann denken?»

Sie lacht mich an: «Die haben sich umgebracht!»

Ich schüttle den Kopf: «Sie gehen zum Kinderzimmer, knien sich vor die Tür, blicken durchs Schlüsselloch.» Sie schaut mich mit offenem Mund an.

«Und Sie sehen, wie Niko an der einen Ecke des Tisches sitzt, Robert an der anderen. Dann hören Sie, wie Niko zu Robert sagt: ‹Robert, ich finde es blöde, dass du mich beißt!› Und Niko schaut dann betrübt: ‹Gut, dass du das jetzt angesprochen hast. Ich mag auch nicht, dass du so aggressiv bist. Mama macht sich um uns Sorgen!› Worauf Niko antwortet: ‹Ich find's toll, dass wir jetzt darüber sprechen. Ich koch uns jetzt 'nen Tee, und dann denken wir weiter darüber nach!›»

Ich schmunzle sie an. Sie bricht in polterndes Lachen aus: «Ich fiele auf der Stelle tot um, wenn ich das sehen würde!»

«Sehen Sie, welch großes Interesse Ihre Kinder an Ihrem Überleben haben. Doch dazu müssen Sie sie so annehmen, wie sie sind.»

Nun brauchen Eltern nicht jedes lautstarke Schlachtengetümmel über sich ergehen zu lassen oder eine «Ist-mir-doch-egal-Haltung» gegenüber jeglicher Geschwisterrivalität einzunehmen. Man kann Kindern Raufrituale beibringen (nicht beißen, nicht spucken, nicht treten), damit Fairness oberstes Gebot bleibt.

Man kann mit Kindern eine Auszeit vereinbaren, wenn der Kampf überhand nimmt, sie Regeln vergessen. Auszeit heißt, jedes Kind für eine Zeit in sein Zimmer zu schicken, um es dort «abdampfen» zu lassen. Räumliche Lösungen helfen, wenn Zusammenstöße besonders verbissen ausfallen und ein eigenständiger Ausweg aus der Auseinandersetzung nicht mehr gefunden wird.

«Wenn's zu laut wird und ich keine Lust hab, einzugreifen, gehe ich ins Badezimmer», erzählt mir eine Mutter. «Dort hab ich mir einen Stuhl hingestellt und Bücher. Ich setz den Walkman auf und höre klassische Musik, meine Lieblingsmusik. Nach einer Symphonie von Haydn herrscht draußen Stille. Manchmal denke ich, die haben sich umgebracht. Aber sie leben noch, sind ein Herz und eine Seele.»

«Aber gibt es nicht doch Anlässe, bei denen man eingreifen *muss*?», insistiert eine Mutter.

«Meinen Sie, sonst ohne Beschäftigung zu sein?», frage ich zurück.

«Das nun nicht gerade, ich meine ja nur.»

In drei Situationen sind elterliche Eingriffe unverzichtbar. Denn manchmal provozieren Kinder geradezu väterliche oder mütterliche Einmischung, um auf Störungen in der Eltern-Kind-Beziehung aufmerksam zu machen:

- Wenn Kinder sich nicht an vereinbarte Raufregeln halten oder abgesprochene Rituale verletzen, dann muss gehandelt werden. Sonst machen Sie sich unglaubwürdig. Die Grenzverletzungen sind daraufhin zu überprüfen, ob ein Kind die Regeln nicht einhalten *kann* (zum Beispiel weil es sich überfordert fühlt) oder *will* (zum Beispiel weil es über Provokation Zuwendung möchte).

- Eingreifen muss man auch bei Aggressionen gegenüber dem Geschwisterkind, die so offenkundig geschehen, dass Eltern diese bemerken müssen. Greift man hier nicht ein und ignoriert verletzende Zugriffe, so weiten diese sich aus. Meist will das Kind durch störende Aktivitäten auf eine unbefriedigende Lebenssituation aufmerksam machen.

- Ähnliches gilt dann, wenn der Geschwisterstreit ständig vor Augen und Ohren der Eltern stattfindet, sie mithin Zuschauer und Adressaten der Auseinandersetzung sind. Wer wegschaut, trägt zur Eskalation des Konfliktes bei. Meist inszeniert ein älteres Geschwisterkind diesen Streit so, dass Eltern einbezogen werden, der Streit also einen symbolischen Charakter hat, weil das Kind die Eltern auf fehlende Zuwendung hinweisen möchte.

Für mich stellt sich häufig nicht die Frage, *ob*, sondern die Frage, *wie* denn eingegriffen werden soll. Nicht selten verschärfen die Interventionen das Problem.

Kommen wir nochmal auf die Auseinandersetzung zwischen Pia und Grete zurück. Pia schubst Grete weg. Diese schreit. Die Mutter stürzt ins Zimmer und spricht zuerst Pia an: «Was hast du gemacht?» Pia bekommt damit als Erste die Zuwendung und lernt: «Wenn ich Grete schubse, ihr wehtue, dann sieht mich Mama wenigstens!»

Wer dem «Täter» die erste Aufmerksamkeit gibt, darf sich nicht wundern, wenn das Kind an seinem Verhalten festhält, verschafft ihm das doch Zuspruch. Auch negative Aufmerksamkeit ist Aufmerksamkeit.

Angemessener sind zwei andere Verhaltensweisen:

- Zunächst das «Opfer» kurz in den Arm nehmen; aber kein übertriebenes Mitleid zeigen – das führt nur dazu, dass jüngere Kinder bei jedem Streit um elterliche Unterstützung nachsuchen und dabei das Quengeln einsetzen. Während man dem «Opfer» sein Mitgefühl ausdrückt, schickt man den «Täter» unmissverständlich aus dem Raum: «Ich möchte, dass du gehst!» Sollte dieser nicht gehen, verlässt man mit dem jüngeren Kind das Zimmer.

- Kommt man in ein unübersichtliches «Schlachtengetümmel», wo man nicht weiß, wer angefangen hat, wer oben oder unten liegt, kann es sinnvoll sein, beide Kinder zu trennen, sie in verschiedene Räume zu schicken, um mit ihnen danach, wenn sie sich beruhigt haben, zu reden – freilich nicht darüber, wer angefangen hat, sondern über Strategien, wie man sich angemessener auseinander setzen kann als mit Mitteln, die gegenseitigen Respekt nicht gewährleisten. Oder man bespricht mit dem älteren Kind unter vier Augen, wie dieses künftig die Situation anders als mit körperlichen Kräften lösen kann.

All dies mag man beherzigen – und trotz allem gibt es Phasen, in denen die Rivalität zwischen Geschwistern hochkocht: Wenn ein Geschwisterkind auf die Welt kommt und sich damit das familiäre Beziehungssystem wandelt. Dabei taucht Eifersucht nur selten während der Schwangerschaft oder unmittelbar nach der Geburt auf. Erlebbar wird die Rivalität erst, wenn das neue Familienmitglied krabbeln oder laufen lernt, mithin in das Gesichtsfeld und den Dunstkreis der älteren Geschwister eintritt.

Trennungs- und Abgrenzungsversuche gestalten sich dann besonders vehement, wenn das ältere Kind die Schule besucht, das jüngere Kind noch in den Kindergarten geht, oder das ältere Kind in die Pubertät kommt, die jüngeren noch «grün» um die Nase sind. Während die jüngeren Geschwister stolz darauf sind, den älteren Bruder oder die große Schwester anhimmeln, empfinden diese die «Kleinen» nur als ätzend und fürchterlich.

«Wenn ich Sie so höre», erzählt mir eine Mutter, «dann solidarisieren Sie sich doch mehr mit den älteren Kindern.» Geschwisterrivalität stellt sich für mich als etwas Normales da. Kinder versuchen sich abzugrenzen, eine eigene Identität aufzubauen. Der Erziehungsgrundsatz, wonach man alle Kinder gleich erziehen muss, widerspricht dem Grundsatz, jedes Kind so anzunehmen, wie es ist, es eben als eine ganz eigenständige Persönlichkeit zu begleiten. Das ältere Kind braucht eine andere Unterstützung als das jüngere, das mittlere eine andere als die beiden anderen zusammen. Und Unterstützung misst sich nicht in Quantität – manchmal hat ein Weniger an Begleitung eine höhere Intensität, als sich ununterbrochen um ein Kind zu sorgen. Natürlich benötigt das jüngere Kind gleichfalls seine Rituale, in denen es sich wiedererkennt, von denen es sich Orientierung verspricht.

«Ich kann Ihnen eine Geschichte erzählen», berichtet Bianca Matties, Mutter von vier Jungen, siebzehn, fünfzehn, dreizehn und fünf.

Philip, der Jüngste, kommt zur Mutter gerannt, die im Garten arbeitet: «Sind Dennis, Josef und Martin immer größer als ich?», will er wissen. Die Mutter lächelt ihn an: «Die sind nun mal älter, Philip! Dennis ist siebzehn, Josef fünfzehn und Martin dreizehn Jahre alt. Das weißt du doch!» Philip sieht nachdenklich und ein wenig verzweifelt aus: «Wirklich? Sind die immer größer als ich?» Die Mutter nimmt Philip in den Arm: «So ist das, mein Kleiner!» Das macht ihn wütend: «Aber ich will nicht immer dein Kleiner sein. Ich will auch mal der Größte sein!» Säuerlich stapft er von dannen, kommt nach einiger Zeit zufrieden lächelnd zurück. «Ich bin auch mal der Größte», sagt er selbstbewusst. Kurze Pause.

«Wenn Josef, Dennis und Martin tot sind.» Die Mutter ist sprachlos und irritiert. Als sie Philip streicheln will, weist er das schroff zurück. Dann findet sie ihre Worte wieder: «Aber Philip, das dauert noch sehr lange.» Er schüttelt trotzig seinen Wuschelkopf: «Nein!», ruft er. «Ich gehe jetzt zu denen und bring die um!» Und lässt eine kopfschüttelnde Mutter zurück: «Woher er das nur hat?»

2. Großeltern

Wenn sie von den Großeltern kommt, nervt die dreijährige Sabine ihre Mutter, bei Oma und Opa dürfe sie alles, die erlauben viel mehr. «Ich glaube, die mögen mich lieber», schleudert Sabine eines Tages ihrer Mutter entgegen.

Ursel Pauli lacht, als sie das hört: «Unser vierjähriger Max droht dann immer: ‹Ich zieh aus!›» Sie macht eine Pause: «Neulich, als wir wieder mal Stress mit ihm hatten, mein Mann und ich stur blieben, steht er auf, geht in sein Zimmer. Wir hören es da oben rumoren.» Sie muss schmunzeln: «Dann kommt er die Treppe mit einem Rucksack runter.» Und dann erzählt sie die Situation detaillierter.

«Ich gehe jetzt zu Oma», sagt Max ganz selbstbewusst.

«Du spinnst wohl!», ruft Max' Vater, Pascal Pauli.

«Überhaupt nicht!» Max stampft mit dem Fuß auf. «Überhaupt nicht!», wiederholt er ungerührt.

«Und warum willst du gehen?», fragt die Mutter behutsam.

«Ihr seid immer gegen mich!», behauptet er.

«Aber Max!» Die Mutter steht auf, will ihn streicheln.

«Lass mich!» Er zuckt zurück, bewegt sich auf die Haustür zu. Der Vater springt auf: «Jetzt reicht es aber, verdammt!»

«Pascal, beruhige dich!», beschwichtigt Max' Mutter.

«Das gibt's doch nicht!» Der Vater ist ungehalten: «Nun bist du auch noch auf seiner Seite!»

Sie überhört den Vorwurf, wendet sich an Max: «Max, wenn du unbedingt zu Oma willst, geh zum Telefon, ruf sie an, damit sie dich abholt. Draußen ist es dunkel, und ich erlaube nicht, dass du alleine zu ihr gehst!»

Max schaut seine Mutter an, will noch etwas sagen, stapft dann aber wortlos zum Telefon. Nach zehn Minuten kommt er zurück. Seinen Rucksack hat er von der Schulter genommen: «Oma hat keine Zeit heute Abend, die kann mich nicht holen.»

Er sieht seine Mutter mit ernstem Gesicht an: «Gut, dann bleibe ich heute hier!» Dann dreht er sich um, marschiert auf die Treppe zu, schaut nochmals zurück: «Sagt ihr mir noch ‹Gute Nacht›?»

Max' Mutter lächelt: «Nachher, Schätzchen!»

«Und du, Papa?»

«Mal sehen!», knurrt Pascal Pauli, um nach einer kurzen Pause hinzuzufügen: «Ich glaub schon!» Dabei schaut er seine Frau an, so als wolle er sagen: «Wer erzieht hier eigentlich wen?»

Als Frau Pauli diese Situation bei einem Seminar vortrug, hatte sie sofort die Aufmerksamkeit der anderen Eltern: Die einen schmunzelten, die anderen lächelten, die Dritten schüttelten den Kopf – alle hatten offensichtlich so etwas schon einmal erlebt.

Roswitha Meier, Mutter des fünfjährigen Matthias, hält es dann kaum noch aus: «Wenn mein Sohn von den Großeltern kommt, braucht er manchmal einen halben Tag, um sich an unseren Rhythmus zu gewöhnen. Und dann seine ständigen Vergleiche, bei Oma ist alles schöner, größer, toller ... Selbst ihre Pommes, die aus der gleichen Tüte kommen wie meine, schmecken besser. Da kommt man mit rationalen Argumenten nicht weiter.»

«Bei Sabrina ist es ähnlich», fällt ihr Sonja Schröder ins Wort. «Die wird bei meinen Schwiegereltern nach Strich und Faden verwöhnt.» Sie schüttelt den Kopf. «Und wenn sie dann zu Hause mal etwas nicht sofort oder auch gar nicht bekommt, dann haben wir gleich ein Riesentheater, dann will sie ausziehen oder droht zumindest damit. Das ist ein richtiger Nerv, kompletter Stress.»

Stoßseufzer dieser Art höre ich häufig, wenn Eltern sich über den verwöhnenden großelterlichen Erziehungsstil beklagen. Und zweifelsohne bringt das Handeln der Großeltern manch kurzzeitige Irritation in die Beziehung von Eltern und Kindern, weil Letztere – schlitzohrig genug – versuchen, die eine gegen die andere Erziehungsinstanz auszuspielen.

Ein solches Verhalten ist aus der Sicht der Kinder völlig legitim, sind sie doch ständig bestrebt, gut für sich und ihre Anliegen zu sorgen.

Natürlich vergleichen Kinder Erziehungsstile, wägen ab, kommen zu Bewertungen. Aber Unterschiede in der Erziehung verwirren Kinder kaum, erfahren sie doch schnell: Der Kontakt zu den Eltern ist ein anderer als der zu den Großeltern. Die einen erziehen nicht besser als die anderen, sie erziehen unterschiedlich.

Diese Unterschiedlichkeit ergibt sich aus der Nähe und Distanz, die die Kinder zu Eltern und Großeltern haben: Diejenigen, die mehr räumliche und zeitliche Distanz aufweisen, handeln meistens gelassener, verwöhnen großzügiger, und bei denjenigen, die näher am Kinde sind, es alltäglich rund um die Uhr begleiten, schleift sich manches schneller ab. Was bei den Großeltern den Touch des Besonderen hat, stellt sich bei den Eltern als Normalität, gar als Banalität dar.

Ein Problem sind verschiedene Erziehungsstile nur dann, wenn sich Großeltern und Eltern darüber streiten, wer «richtiger» erzieht oder gar, wer das Recht gepachtet hat. Wenn ständig die eine, die großelterliche, gegen die andere, die elterliche Instanz ausgespielt wird, dann bringt das Kinder in Loyalitätskonflikte. Kinder brauchen ihre Eltern ebenso wie ihre Großeltern, die ihnen Verlässlichkeit und Sicherheit vermitteln. Kinder mögen ihre Eltern und Großeltern – aber eben auf eine jeweils ganz eigene, individuelle Weise.

«Wir sind froh, Oma und Opa zu sein», erzählt mir Klara Waldorf, die ich auf einem Seminar kennen lerne, das ich für Großeltern durchführe. «Wissen Sie, ich hatte früher keine Zeit für meine Kinder. Ich musste mitarbeiten im Geschäft meines Mannes. Da lief Erziehung eben nebenher. Und manchmal hat man dann nicht gemerkt, wie die Kinder größer geworden sind. Mit einem Mal waren sie erwachsen – und ich war alt.» Sie nehme nun am Leben ihrer Enkelkinder viel bewusster teil, sie registriere viel mehr, und lachend fügt sie hinzu: «Ich stehe nicht mehr in der vordersten Front, trage nicht die ganze Last der Erziehung.»

Felizitas Meiners nickt, als sie das hört: «Die Klara hat da Recht. Man kann mehr verwöhnen, aber man muss auch aufpassen, dass man nicht zur Geschenke-Oma degradiert wird. Das haben meine beiden Enkel auch schon drauf. Wenn die zu Hause etwas nicht bekommen, dann tauchen die hier auf und umgarnen mich. Und dann werde ich schon mal schwach, das gebe ich gerne zu.» Sie sieht mich an: «Das ist natürlich nicht in Ordnung. Ich hab mich früher auch geärgert, wenn meine Tochter zu meiner Mutter gegangen ist. Und dort hat sie dann vieles bekommen von dem, was ich ihr nicht gegeben habe.» Doch dann lacht sie: «Enkelkinder sind etwas Schönes.»

«Man wird jünger», schmunzelt Heribert Lukas, Großvater von drei Jungen zwischen drei und neun Jahren. «Man lebt nochmals auf, muss sich nicht ständig Gedanken machen, ob das eine richtig oder das andere falsch ist. Man macht's einfach so . . . , aus dem Bauch eben.» Er sieht an sich hinunter, streichelt seine Wölbung: «Sehen Sie, da ist 'ne ganze Menge Lebenserfahrung drin. Natürlich dürfen sie nicht alles bei mir machen. Gewisse Regeln müssen schon sein.» Dann lacht er verschmitzt: «So schön es ist, wenn die Enkelkinder da sind. Aber nach einiger Zeit bin ich auch froh, wenn sie dann gehen, ich meine Ruhe habe. Da bin ich ganz ehrlich!»

Viele Großeltern nicken in der Gesprächsrunde. «Die Stille danach, wenn die kleinen Krachmacher weg sind, einfach herrlich», kommentiert ein Großvater und atmet erleichtert und tief aus.

Großeltern erleben die Beziehung zu ihren Enkeln als eine Art zweite Elternschaft. Der unmittelbaren Verantwortung entzogen, erziehen sie verwöhnender und toleranter. Viele Großeltern tun alles, um die Bedürfnisse ihrer Enkel zu befriedigen. Wünsche der Enkel klingen manchmal in den Ohren der Großeltern wie angenehme Befehle. Der französische Philosoph Jean-Paul Sartre hat das in seinen Lebenserinnerungen so ausgedrückt: «Ich konnte meine Großmutter in Entzücken versetzen, nur weil ich Hunger hatte.»

Großeltern stellen dann eine Bereicherung für ihre Enkelkinder dar, wenn alle Familienmitglieder einige Selbstverständlichkeiten im Zusammenleben bedenken:

- Großeltern erleben sich häufig in einer widersprüchlichen Position. Auf der einen Seite sind sie als Babysitter, als Aufpasser gern gesehen, auf der anderen Seite möchten viele Eltern Oma und Opa am liebsten bewachen, damit sie genauso erziehen wie die Eltern. Das ist eine Überforderung. Großeltern erziehen anders und pflegen eine eigenständige Beziehung zu ihren Enkeln. Es ist wenig sinnvoll, Großeltern verändern zu wollen. Sie haben eigene Erfahrungen gemacht, die für sie absolute Gültigkeit besitzen. Viele Großeltern sind für Veränderungen offen – nur wollen sie das Tempo dieses Prozesses selbst bestimmen.
- Wer seine Kinder den Großeltern anvertraut, gibt zugleich Verantwortung ab. Vertrauen Sie Ihrem Kind, dass es selbst die Unterschiede erkennt, Vor- und Nachteile abwägt. Enkelkinder sind durchaus in der Lage, die spezifischen Erziehungsstile zu bewerten. Großeltern reagieren deshalb unbeschwerter, weiser, verwöhnen eher und schränken weniger ein, weil sie über einen Erfahrungsschatz verfügen, auf den sie beruhigt zurückgreifen können.

Die Abhängigkeit, die die Kinder von ihren Eltern spüren, wird relativiert, wenn die Heranwachsenden spüren, dass die eigenen Eltern unvollkommen sind oder waren. Im Halt und in der Orientierung, die Großeltern bieten, liegt daher die Chance, die Allmacht der Eltern zu begrenzen. Oma und Opa leisten damit einen Beitrag, die Eltern zu erden, sie für die Kinder menschlicher zu machen. Kinder sind von ihren Eltern abhängig. Eltern haben eine Erziehungsverantwortung, fühlen sich in die Pflicht genommen, für das Wohl ihrer Kinder zu sorgen. So gelangen sie in eine Machtposition, die durch die Großeltern relativiert, aber nicht in Frage gestellt werden kann. Wenn die Großeltern von *ihren* Kindern – eben von Vater und Mutter – erzählen, dann erfahren die Enkelkinder manch verschwiegene Details aus dem Leben der eigenen Eltern. Sie hören, dass auch sie unvollkommen waren. Und so manches Kind sieht seinen Vater und seine Mutter vom Sockel stürzen, wird ermuntert, die Auseinandersetzung mit den Eltern zu suchen.

«Mein Vater schimpft immer, wenn ich mit einer schlechten Schulnote nach Hause komme», erzählt der fünfzehnjährige Elias. «Der stellt sich als das größte, fleißigste und intelligenteste Schulgenie dar, das es je gegeben hat. Ich konnte das irgendwie nicht glauben. Eines Tages sagte mir Opa, als ich mal wieder wegen des Zeugnisses traurig war, der Apfel fiele nicht weit vom Stamm. Ich wollte wissen, was er damit meine. Dann hat er mir erzählt, was für ein fauler Hund der Papa gewesen war, und von dem ständigen Ärger in der Schule. Oma musste ständig dort auftauchen. Das hat mir geholfen. Nun sehe ich Papa in einem anderen Licht! Er ist viel normaler geworden, nicht der Oberguru!»

«Neulich hat mir Oma erzählt, mit welchen Leistungen Mutti häufig nach Hause gekommen ist», schmunzelt die zwölfjährige Juliane. «Die hat die Klasse zweimal wiederholt. Die hatte schon ganz früh nur die Jungen im Kopf, die Schule zählte nichts.» Sie grinst breit: «Und wenn sie dann zu Hause mal wieder mit schlauen Sprüchen kommt, dann denke ich mir, oh Mama, wenn du wüsstest, was ich weiß. Du würdest jetzt nichts mehr sagen.»

Die Abhängigkeit, die Kinder von ihren Eltern spüren, wird relativiert, wenn die Heranwachsenden wissen, dass auch die eigenen Eltern unvollkommen waren oder sind. Im Halt und in der

Orientierung, die Oma und Opa bieten, liegt die Chance, manch elterliche Allmacht zu begrenzen.

«Es ist immer toll, wenn Opa von früher erzählt, wie die gespielt haben», meint Lukas mit leuchtenden Augen, «das muss toll gewesen sein damals. Die haben in den Trümmern gespielt. Da durften die eigentlich gar nicht hin. Sind immer heimlich da gewesen. Einmal ist Opa sogar verschüttet gewesen. Das gab schwer Ärger!» Er überlegt: «Aber wir haben's auch wieder besser. Ich hab ein eigenes Zimmer für mich alleine. Opa hatte noch vier Brüder, und die mussten sich ein Zimmer teilen. Und da gab's ständig Streit!»

«Mein Opa», berichtet die zehnjährige Jana, «der war kein guter Schüler. Und wenn der mal was nicht konnte, dann musste der in die Ecke vom Klassenraum und dort mit dem Gesicht zur Wand eine Stunde stehen. Als er mal vorlaut war, hat er sogar 'ne Ohrfeige bekommen. Das war brutal!» Sie schüttelt entrüstet den Kopf. «Ein blöder Typ, meinen Opa zu schlagen. Der ist so lieb zu uns.» Jana überlegt: «Gut, dass es solche Lehrer bei uns nicht mehr gibt.»

«Meine Oma», greift die zehnjährige Luzie in das Gespräch ein, «die hatte ganz arme Eltern. Die bekam zum Geburtstag nichts und zu Weihnachten ein Lebkuchenherz.» Luzie macht ein trauriges Gesicht: «Omas Vater war nämlich gestorben, und die Mutter musste die Kinder ganz alleine versorgen. Da gab's nie Fleisch zu essen. Höchstens mal, wenn ein Fest war. Oma sagt häufig: ‹Ihr habt es heute gut!› Und sie freut sich darüber, dass wir heute nicht hungern müssen.» Luzie macht immer noch eine betrübte Miene: «Aber jetzt sterben in Afrika so viele Kinder. Und wenn Oma das im Fernsehen sieht, dann spendet sie sofort Geld.»

Großeltern vermitteln ihren Enkelkindern, woher sie stammen, was sie – und damit auch die Eltern – geprägt hat. Solche Gespräche sind notwendig, wenn sie von Oma und Opa nicht dazu benutzt werden, die eigene Kindheit oder Jugend zu verklären oder die Vergangenheit gegen die Gegenwart auszuspielen. Großeltern repräsentieren die Wurzeln, ohne die menschliche Entwicklung nicht möglich ist. Großeltern zeigen durch ihr Leben, was möglich und warum es möglich ist. In diesem Sinne sind Großeltern wichtige Erziehungsinstanzen, die die Eltern-Kind-Beziehung nicht ersetzen, sie vielmehr ergänzen. Und die Enkelkinder profitieren davon. Sie erleben Eltern und Großeltern in verschiedenen Rollen und in unterschiedlichen Lebensetappen: Eltern versorgen materiell, vermitteln Sicherheit und Geborgenheit, sie sind zuständig für die Alltagsbelange. Großeltern verkörpern dagegen Tradition und Geschichte, geben ein Modell für gelebtes Leben ab, das sich als Nacheinander von Kontinuität und Brüchen, als stetiges Auf und Ab darstellt. Großeltern zeigen durch ihr Dasein, dass die Mühen der Ebene genauso zum Leben gehören wie das Verweilen auf dem Gipfel, um den Sonnenaufgang zu genießen.

Großeltern zu sein ist eine beglückende und erfüllende Etappe, sie verleiht dem Leben neuen Sinn. Im Kontakt von Großeltern und Enkelkindern werden generationsspezifische Erfahrungen diskutiert. Es kann eine Erziehungspartnerschaft entstehen, in der man voneinander lernt: Während die einen von einer Vergangenheit berichten, deren Spuren die Gegenwart prägen, entwickeln die anderen Zukunftsperspektiven und prüfen, welche biographischen Erfahrungen in den Reiseproviant gehören, um das Neue zu bestehen.

Boris erzählte mir auf einem Seminar von seiner 85 Jahre alten Großmutter, von Oma Anna. Er habe sie ganz allmählich an den Computer herangeführt, berichtet er schmunzelnd. Anfangs wollte sie die Maus gar nicht anfassen, weil sie dachte, sie mache alles kaputt. Aber «dann ging's immer besser», erinnert er sich. «Und jetzt», er grinst, «macht sie sogar Online-Banking. Absolut geil!» Boris macht ein verschmitztes Gesicht: «Und sie macht Computerspiele ...», er stockt, «... nicht nur die guten. Auch die Ballerspiele. Die knallt mehr Flugzeuge ab als ich.» Er macht eine Pause: «Aber nur weil ich sie gewinnen lasse!» Und dann fügt er nachdenklich hinzu: «Aber sie hat mich früher auch mal bei ‹Mensch ärgere dich nicht› gewinnen lassen.»

«Was mir manchmal nicht passt», so erzählt mir Annegret Marx, «dieses beleidigte Gesicht meiner Tochter, wenn ich mal unsere Enkelin nicht nehmen kann. Ich will nicht immer verfügbar sein. Ich möchte mit meinem Mann auch mal Freiheiten haben, die wir früher so nicht hatten. Einmal lag's am Geld, aber dann auch an der Verantwortung den Kindern gegenüber ...»

«Genau», unterbricht sie Regina Reich, «ich bin ja nicht neidisch, wenn ich meinen Sohn und die Schwiegertochter sehe. Die können mehr genießen. Und ich gönne ihnen das auch.» Sie zieht ihre Augenbrauen zusammen: «Aber sie sollen nicht nur über uns verfügen.» Sie lächelt: «Das habe ich meinem Sohn auch gesagt. Er hat zuerst geschluckt, und jetzt kommen wir ausgezeichnet klar. Wir respektieren sie, und sie respektieren uns.»

Großeltern wollen sich nicht von Kindern und Enkelkindern vereinnahmen lassen. Sie möchten eine «Intimität auf Abstand». Denn als Eltern mussten sie erziehen, als Großeltern haben sie die Freiheit, sich auf ihre Enkelkinder einzulassen. Sie können erziehen, aber sie können's auch lassen. Soll heißen: Die Großeltern bestimmen das Ausmaß ihres Engagements selbst. Gerade diese Kombination aus Freiheit und Freiwilligkeit bringt jene Gelassenheit hervor, die Enkelkinder so schätzen und die manche Eltern, die im Alltagsstress verwoben sind, so neidisch und wütend macht.

«Wenn ich jetzt sehe», so Anja Behrens, Mutter von drei Kindern, «wie mein Vater, der früher bei jeder Kleinigkeit an die Decke ging und herumschrie, heute die Ruhe in Person ist, dann ist das für meine Kinder wunderschön, aber es macht mich auch ärgerlich. Warum konnte er damals nicht so sein? Wenn ich dann ausflippe wie er früher, und mein Vater dann lacht, könnte ich platzen, weil ich doch nie so werden wollte wie er!»

«Mich macht es auch neidisch, wenn meine Mutter so souverän

mit den Macken meiner beiden Kinder umgeht», platzt Benita Mertens, Mutter von Tim und Jessica, sechs und acht Jahre alt, dazwischen. «Bei mir ist sie früher sofort durchgedreht, und jetzt hat sie eine Engelsgeduld.» Sie überlegt: «Aber so ist es wohl. Mit dem Alter kommt die Weisheit.» Und dann lächelt sie: «Das lässt für mich hoffen, oder?»

Solche vehementen Gefühlsausbrüche sind verständlich. Doch kommt die Zeit, die Großeltern in die Familienerziehung einbringen, allen Beteiligten zugute: den Großeltern, die sich durch die Beschäftigung mit den Enkelkindern in ihrer Persönlichkeit weiterentwickeln können, den Eltern, die das Engagement von Großvater und Großmutter als Entlastung und Bereicherung begreifen können, und den Enkelkindern, die in den Großeltern Bezugspersonen haben, auf die sie sich verlassen können. Dies vollzieht sich nicht immer reibungslos und frei von Konflikten. Streit gibt es in jeder Beziehung – auch in der zwischen Eltern und Großeltern.

«In den ersten Jahren, als unser Enkelkind, als Jonas da war», berichtet seine Großmutter, Ute Schneider, «da war alles neu, ungewohnt. Meine Tochter war berufstätig, mein Schwiegersohn auch. Da hab ich viel ausgeholfen. Jonas war bei mir. Aber meine Tochter hat sich ständig eingemischt, wie ich's zu machen habe: ‹Mutti, so!›, oder ‹Mutti, anders!›» Ihre Augen blicken entrüstet: «Als ob ich keine Kinder großgezogen habe!» Dann schüttelt sie ihren Kopf: «Ja! Als das Fass am Überlaufen war, gab's ein reinigendes Gewitter und am Ende klare Absprachen.»

Silke, ihre Tochter, schmunzelt, als sie ihre Mutter reden hört: «Stimmt schon, ich hab sie wohl entmündigt. Ich wollte das nicht. Aber ich wollte es mit Jonas auch absolut richtig machen. Beim ersten Kind ist man eben so», sie stockt, «übervorsichtig . . . und auch bescheuert!» Sie lacht: «Und man traut anderen nichts zu.»

Eine tragfähige Großeltern-Eltern-Beziehung hält Reibung und Konflikte dann aus, wenn es um unterschiedliche Auffassungen in einer Sache, zum Beispiel zu Fragen der Kindererziehung geht. Man zieht nicht immer an einem Strang, dazu sind die Ansichten von Eltern und Großeltern manchmal zu verschieden. Solcher Streit ist notwendig, baut die notwendige Distanz auf, die Eltern und Großeltern nun einmal trennt. Denn sie gehören zwei Generationen mit höchst unterschiedlichen Erfahrungen an. Und deshalb sollte man Streit nicht unter einen dicken Teppich kehren, um eine Scheinharmonie zu konstruieren.

Treten Eltern und Großeltern allerdings in eine Erziehungskonkurrenz zueinander, sprechen sie sich gegenseitig Kompetenzen ab, zerren sie an den Kindern, dann leiden nicht nur die Enkelkinder.

«Wenn ich mal was Schlimmes gemacht habe», so erzählt mir die neunjährige Tabea, «dann heißt es gleich, das hab ich von Opa, der war auch so!»

«Oder wenn ich mit Bauchweh von Oma komm», ergänzt Stephan, acht Jahre, «dann hab ich das von Omas Kocherei. Die konnte ja noch nie kochen, sagt mein Vater!»

«Bei mir ist das umgekehrt», staunt der zehnjährige Patrick. «Oma und Opa reden nur schlecht von meinem Vater. Seit der in der Familie ist, sagt meine Oma, geht's meiner Mama nicht gut!»

«Bei mir reden Oma und Opa nicht mehr mit meinen Eltern», beschreibt Björn, acht Jahre, die häusliche Situation. «Wenn ich bei denen bin, sagen die mir, was ich Mama und Papa sagen soll. Anders herum ist es auch so. Und wehe, ich vergesse etwas auszurichten, dann bin ich der Böse.»

Auseinandersetzungen, hinter denen sich offene oder verdeckte Beziehungskonflikte verbergen, deuten auf eine latente Friedlosigkeit hin. Gemeint ist eine Friedlosigkeit, die nicht an konkrete Anlässe und Situationen gebunden ist. Dabei ziehen die Erwachsenen häufig die (Enkel-)Kinder mit in den Streit hinein. Oft buhlen Eltern und Großeltern geradezu um die Loyalität der Kinder, indem sie den jeweils anderen in seiner Würde herabsetzen.

Beziehungskonflikte äußern sich in gehässigen und gemeinen Anklagen. Sie streuen Misstrauen aus, verursachen Trauer und Schmerz. Sie weisen nicht selten auf ein verkrustet-verhärtetes Familiensystem hin, in dem Wachstum und Entwicklung nicht möglich sind.

Großeltern müssen lernen, die eigenen Kinder nicht ständig kontrollieren zu wollen, sonst kommt es zu Erziehungsstress. Die Eltern brauchen Unterstützung und Begleitung, nicht ständige großelterliche Versorgung und ungefragte Einmischung, die sich meist kontraproduktiv auswirkt: Da lässt die Großmutter den Sohn nicht wirklich los, weil die Schwiegertochter «ihren einzigen Liebling» entführt hat, und tritt in eine nervende Konkurrenz zu ihr. Da hat sich der Vater für seine Tochter einen anderen Schwiegersohn gewünscht als jenen «Nichtsnutz», den sie mit nach Hause bringt. Da setzen Großeltern bei Enkelkindern den symbiotischen Erziehungsstil fort, unter dem Vater und Mutter schon gelitten haben. Da fühlen sich Großeltern wegen der Scheidung ihrer Tochter mitschuldig, überschütten sie und die Enkel mit Liebe und den einstigen Schwiegersohn mit Hass.

Zeichnet sich die Eltern-Großeltern-Beziehung nicht durch eine ausgewogene Balance von Nähe und Distanz aus, besteht die Gefahr großelterlicher Einmischung, die elterliche Erziehungsverantwortung untergräbt und brüchig macht. Für die (Enkel-)Kinder resultiert daraus Handlungsunsicherheit.

«Mama und Papa streiten sich mit Oma und Opa. Und ich mag doch alle gern. Warum müssen die so bös zueinander sein?», fragt die zehnjährige Rita. «Die Erwachsenen sagen, wir sollen uns lieb haben, aber die sind so fies miteinander!» Sie sieht mich an: «Ich halt mir immer die Ohren zu, wenn die sich streiten, oder Mama was Doofes über Oma sagt!»

Aber es wäre vereinfachend, nur in den Großeltern die Sündenböcke zu sehen. Denn deren Einmischung zeigt auch, dass es
manchmal Eltern oder einem Elternteil nicht gelungen ist
oder unmöglich gemacht wurde, sich von der Herkunftsfamilie
so abzugrenzen, dass sie eine eigene Identität aufbauen konnten.

So wenig, wie es *das* Kind gibt, so wenig gibt es *den* Opa oder
die Oma. Wobei zu klären wäre, aus welchem Grund Großeltern so
verschieden werden, leben, handeln oder Beziehungen zu ihren
Enkeln aufbauen. «Wissen Sie», erklärt mir Manfred Schneider,
Großvater dreier Enkelkinder, «es ist ja gar nicht so einfach, sich
als Opa hinzustellen. Opas verbindet man mit Altsein. Sehen Sie
mich an. Ich bin 56 und habe viele Jahre auf dem Buckel. Da gab's
ja nicht nur Siege. Denn wenn man darüber nachdenkt, was man
versäumt hat, dann kann man schon manchmal auf die Nachkom-
men sauer werden, denen alles in den Schoß fällt und die das Leben noch vor sich haben.»

Dieser Großvater umschreibt eine wichtige Entwicklungsaufgabe, die, wird sie angegangen und bewältigt, ein gelassenes
Verhältnis zu nachfolgenden Generationen nach sich ziehen kann:
Großeltern müssen anfangen, sich mit dem eigenen Leben auseinander zu setzen, darüber nachdenken, was ihnen gelungen und ge-
glückt, aber auch, was verpasst und ihnen vielleicht nicht mehr
möglich ist. Jene Großeltern, die die eigene Biographie akzeptieren, die beginnen, sich in Erfolgen und Niederlagen, in Glück und
Trauer anzunehmen, entwickeln ein Gefühl der Zufriedenheit und
Gelassenheit. Eine ausgewogene Bilanz kann ein verlässliches
Fundament darstellen, um eine Beziehung zu den Enkeln aufzubauen, die auch Krisen und Konflikte, Zumutungen und unterschiedliche Meinungen aushält.

«Ich hab's schwer gehabt im Leben», berichtet Heiner Brücker,
Großvater zweier Enkel. «Ich hab's mir selber schwer gemacht. Ich
hätte viel mehr erreichen können. Aber ich war zu faul. Und mein
Sohn hat auch seine Möglichkeiten nicht ausgeschöpft. Deshalb

achte ich bei den Enkeln schon auf das Lernen! Die sollen es mal leichter haben.»

«Wenn ich die Chancen gehabt hätte, die die Kinder heute haben ...», schüttelt Markus Preuß, Großvater von Ricardo, zehn, und Jannick, acht Jahre, seinen Kopf. «Tja, das wär's gewesen. Aber meine Enkelsöhne, die lassen sich hängen. Da ist kein Zug mehr drin. Und die Eltern lassen alles laufen.»

Großeltern bringen dann Probleme in die Beziehung zu ihren Enkelkindern, wenn ihre Lebensbilanz negativ ausfällt, wenn das Soll an Niederlagen das Haben an Glücksmomenten übertrifft. Dann bilden sich Sturheit, ja eine gewisse Starrheit aus. Solche Großeltern sind keine Partner oder Lehrer, von denen man etwas für das eigene Leben übernehmen kann. Wer seine Lebensbilanz nicht akzeptiert, für den kann keine Gegenwart existieren, die man gemeinsam mit den Enkeln genießt. Oder die Enkel werden zu Projektionsflächen nicht gelebter großelterlicher Wünsche, die die Jüngeren zu erfüllen haben. Solche Übertragung von Aufgaben an die übernächste Generation belastet das Großeltern-Enkel-Verhältnis, macht es unfreundlich und konfliktträchtig. Überziehen Großeltern mithin ihre Rolle als Nebeneltern, wenden sich die Enkel nicht selten ab.

Mein Wunsch an die Großeltern: Nur wenn sie sich als ganze Personen mit all den gelebten wie nicht gelebten Anteilen annehmen, können sie auch ihre Enkel als Persönlichkeiten annehmen. Großeltern können dann ihren Enkeln vorleben, wie man Schwierigkeiten überwinden kann und Krisen als Chance begreift, sich weiterzuentwickeln.

Damit verkörpern Großeltern ein wichtiges Lebensprinzip: die Wirklichkeit als eine ständige Abfolge von Brüchen und Herausforderungen zu begreifen, ohne dass dabei das Gefühl von Kontinuität auf der Strecke bleiben muss. Aus der Bewältigung von Krisen, in denen man das Auf und Ab des Lebens durchgestanden und durchlitten hat, erwerben Großeltern bei ihren Enkeln Anerkennung und erringen ein Stück Unsterblichkeit. Wenn Großeltern ihren Enkeln vermitteln, vor Krisen nicht davonzulaufen, sie als Herausforderung zu sehen, dann ist Vergangenheit im Heute und in der Zukunft aufgehoben.

3. Freunde

«Ich habe drei Freunde», erzählt mir der achtjährige Tim. «Der eine, der ist mein bester Freund ... Aber der hat nicht immer Zeit. Und dann gehe ich zu einem der beiden anderen.»

«Ich finde meine Freunde toll», lacht der siebenjährige Maximilian. «Da sind wir unter uns und machen Quatsch. Und reden nicht immer von der Schule.» Er überlegt: «Meistens treffen wir uns auf dem Spielplatz. Da sind wir unter uns. Da sehen uns die Erwachsenen nicht.»

«Also», berichtet die neunjährige Franziska, «ich hab eine beste Freundin, mit der mache ich alles zusammen. Und mit der kann ich auch über alles reden. Sogar über die blöden Jungen und so ... Neulich wollte mich doch der Jan küssen ... Das war blöd.» Ihrer Mutter könne sie das nicht sagen: «Die fällt doch gleich in Ohnmacht!»

«Ich hab keine beste Freundin», erklärt mir die achtjährige Juliane, «mal habe ich da eine, dann wieder da. Wenn ich zum Reiten gehe, ist Maria da, wenn ich im Ballett bin, finde ich Patrizia und Martina toll.» Sie überlegt: «Und in der Schule sitze ich neben Katharina. Die hole ich morgens von zu Hause ab. Da kann man toll quatschen ... Nach Hause gehe ich mit Theresa. Katharina geht dann nämlich in den Hort ...» Juliane denkt nach: «Theresa ist toll. Aber die hat nachmittags nie Zeit.» Sie lacht: «Na ja, ich doch auch nicht.»

Die Zeit des Übergangs zwischen dem fünften und siebten Lebensjahr stellt sich als eine Phase der Loslösung aus gewachsenen Strukturen und der Hinwendung zu neuen Ufern dar. Was sich schon am Ende des Kindergartens andeutete, setzt sich mit Beginn des Schulalters fort: Das Kind lockert die Abhängigkeit von den Eltern. Es stellt elterliche Autorität in Frage, reibt sich an Vater und Mutter und wendet sich Gleichaltrigen zu.

Kinder werden nun als Bezugspersonen wichtig. Neben das über Vater und Mutter vermittelte Lernen tritt nun das Lernen der Kinder durch Kinder. Und vielen Eltern ist dies durchaus ein Gräuel.

Sie meinen, Kinder geraten unter sonderbare Einflüsse, die dann nicht mehr zu kontrollieren, geschweige denn zu kompensieren sind. Tatsächlich wird die Familienerziehung durch den Einfluss der Gleichaltrigen nicht unbedingt leichter, finden Kinder doch mit einer unnachahmlichen Treffsicherheit die für sie passenden Freunde. Das sind meist diejenigen, die den Eltern nicht passen. Um es so zu formulieren: Wenn Kinder in einer Familie aufwachsen, wo es ausgesprochen höflich zugeht, wo man eine gewisse Sprachästhetik pflegt, dann werden Freunde bedeutsam, die das Kind in die Fäkalsprache einführen: Aus der netten Mama wird die «blöde Kuh» und an die Stelle von «Ja, bitte!» tritt «Alles Scheiße!». Und wenn Kinder in einer Familie groß werden, deren Alltag durch ein pädagogisch inspiriertes Vollwertprogramm geprägt ist, wo selbst beim Essen noch Political Correctness herrscht, den Eltern die Vollwertbrötchen förmlich aus den Augen rollen, dann werden Freunde faszinierend, die Bounty und die Milchschnitte, die Burger King und McDonald's für den Inbegriff der hohen Esskultur halten.

Greifen Freunde erst einmal mit ihren Auffassungen in das elterliche Erziehungsgeschehen ein, dann ist nichts mehr, wie es einmal war. Und genau das ist wichtig, nehmen Gleichaltrige doch einen zentralen Raum in der Erziehung und der Entwicklung von Kindern ein.

Sie ersetzen die Eltern nicht, aber Gleichaltrige haben zwei wichtige Aufgaben:

- Sie relativieren elterliche Macht, ohne ihnen aber tatsächlich das Wasser abzugraben. Eltern bleiben zentrale Bezugspunkte; und deshalb könnten Vater und Mutter mit den Ansichten, die Freunde in den Erziehungsalltag einbringen, souveräner umgehen.
- Soziales Lernen vollzieht sich in gleichaltrigen Gruppen. Hier lernen die Heranwachsenden sich unter- und einzuordnen. Hier müssen sie sich behaupten und um die Gunst von anderen Kindern buhlen, mit Frustrationen und Ablehnung, mit Trauer und Tränen fertig werden.

So wichtig der Einfluss der Freunde sein mag, die Gruppe ist längst kein Ort von Glückseligkeit, der Gleichberechtigung, basisdemokratischer Harmonie. Bei Gleichaltrigen geht es manchmal grob und gemein zu, deshalb sollte man sich davor hüten, die Gleichaltrigengruppe zu idealisieren. Dort wird nicht ständig geredet oder diskutiert, dort wird gehandelt. Wenn der Fünfjährige gegen den Achtjährigen aufbegehrt, dann wird er in die Schranken gewiesen. Und der Fünfjährige lässt sich das gefallen, weil er weiß, in drei Jahren bin ich acht, und Fünfjährige wachsen immer nach.

Damit ist ein zentrales Moment des Lernens in der Gruppe umschrieben: Kinder lernen, verschiedene Rollen zu übernehmen – mal ordnen sie sich unter, dann begehren sie auf, in der nächsten Situation laufen sie wieder mit. Es ist der Wechsel der Rollen – mal Akzeptanz der Hierarchie, mal Auflehnung, mal der «Bestimmer» sein, mal zum Mitläufer werden –, der die Freundesgruppe so interessant macht.

In diesem Sinne leisten die Freunde einen wichtigen Beitrag zur moralischen Erziehung der Heranwachsenden. Der elterlichen Macht entfleucht, dürfen die jungen Menschen sich zwar frei bewegen, aber dies bedeutet noch lange nicht, zu machen und zu tun, was einem beliebt. Genau wie bei Eltern muss man sich unter Freunden für sein Tun rechtfertigen. Und Anerkennung erwirbt man vor allem über das Verhalten, über Leistung. Mancher Freund kann dabei kritischer sein als die Eltern. Vor allem muss man sich immer aufs Neue darstellen und beweisen. Nur allzu schnell verliert man sein Ansehen bei anderen.

Auch wenn mir eine Idealisierung der Gleichaltrigengruppe fern liegt, unverkennbar sind doch die positiven Aspekte, die die Freundesgruppe für die soziale, moralische und emotionale Reifung der Kinder hat:

- Sie lernen, sich mit verschiedenen Rollen auseinander zu setzen: Mal sind sie Randfiguren, mal stehen sie im Zentrum, mal gehen sie intensiver dann lockere Beziehungen zu den Gruppenmitgliedern ein. Alles ist im Fluss. Und nebenbei erfahren sie, wie wichtig es ist, Frust auszuhalten, Bedürfnisse auch mal – und sei es Wochen oder Monate – aufzuschieben.
- Sie erwerben die Fähigkeit zur Kooperation, das heißt, mal müssen sie sich durchsetzen, mal über sich bestimmen lassen. Sie lernen, was es heißt, Konkurrenz zu ertragen – und auszuhalten, dass andere etwas besser, schneller oder geschickter können.
- In der Freundesgruppe lernt man neue Spiele, neue Spielformen kennen. Hier überwinden viele ihren Hang zu Einzelspielen und wenden sich verstärkt Gruppenspielen zu.

Doch ist Gruppe nicht gleich Gruppe, Freundschaft nicht gleich Freundschaft. Zwei Tendenzen lassen sich zwischen dem sechsten und zwölften Lebensjahr festhalten:

- In der ersten Zeit gibt es den «besten» Freund, die «beste» Freundin, mit denen man durch Dick und Dünn geht, auf die man bedingungslos setzt und dem bzw. der man deshalb vieles anvertraut. Zudem gibt es viele lose und häufig wechselnde Freundschaften. Eine echte Gruppenbindung entsteht meist um das achte Lebensjahr. Dabei konzentrieren sich viele Kinder auf eine feste Gruppe, die allerdings eingebettet ist in ein lockeres Netzwerk von anderen Kindern. Eine Gruppe von Gleichaltrigen kann durchaus hierarchisch aufgebaut sein. Man ordnet sich einem führenden Kopf unter, der sich durch herausragende Fähigkeiten, durch sein Können an die Spitze einer Gruppe gesetzt hat. Manches Kind, das sich in dieser Zeit nicht mehr den Eltern unterordnen will, sich mit mütterlicher und väterlicher Autorität auseinander setzt, ordnet sich widerspruchslos in eine Gruppe ein, ja dem Führer der Gruppe unter.

- Es bilden sich um das sechste, siebte Lebensjahr geschlechtshomogene Gruppen heraus. Jungen lehnen die Mädchen, Mädchen die Jungen vehement ab. Gemischtgeschlechtliche Freundschaften gibt es kaum, sie stellen eher die Ausnahme dar. Das schließt nicht aus, dass in der unmittelbaren Umgebung eines Kindes sehr wohl locker verwobene Netzwerke existieren, in denen Jungen und Mädchen miteinander konstruktiv kooperieren. Dies geschieht häufig projektbezogen. Die Abgrenzung vom anderen Geschlecht dient der Ausbildung einer Jungen- bzw. Mädchen-Identität. Erst wenn diese abgeschlossen ist, gehen die Geschlechter wieder aufeinander zu, sind sie bereit, Freundschaften einzugehen. Zuvor sind Bindungen zwischen Jungen und Mädchen aber der Gegenstand von Witzen. Über solche Beziehungen spottet man, und es bedarf eines gehörigen Selbstbewusstseins, solche Freundschaften aufrechtzuerhalten und im Alltag umzusetzen.

Die echten Freundschaftsgruppen – von Erwachsenen manchmal auch mit irritierendem Unterton «Banden» genannt – zeichnen sich durch einige Eigenschaften aus:

- In einer echten Gruppe herrscht eine eigene Kultur vor, die sich in gemeinsamen Ritualen niederschlägt. Das können Geheimsprachen ebenso wie gemeinsame Interessen oder Vorlieben sein. Dadurch unterscheidet man sich von Gruppen bzw. Banden, die anderen Interessen nachgehen.
- Freundschaften unter Kindern machen die Ablösung von den Eltern erträglich. Man grenzt sich von ihnen ab und findet im «besten» Freund, in der «besten» Freundin neue Bezugsperso-

nen, die einem Halt geben. Und in der gemeinsamen Solidarität gegenüber der Welt der Erwachsenen entsteht ein einigendes Band. Je unverständlicher die Erwachsenen auf die Symbole der Kinder – sei es die Sprache, seien es die Rituale – reagieren, umso mehr fühlen sich die Freundinnen und Freunde auf dem richtigen Weg. Sie wollen auch gar nicht verstanden werden. Man will unter sich bleiben. Erwachsene stören da nur. Man will spielen, blödeln, Witze machen, Tricks ausprobieren, mal eine Gegenwelt konstruieren, in der alles möglich ist. Man will träumen, abtauchen, die Realität, die Schule, die Hausaufgaben, die Zwänge überwinden.

«Und wenn du dann nach Hause kommst», erzählt mir die neunjährige Katja, «und du von deiner Mutter hörst, du hast schon wieder vergessen, die Geschirrspülmaschine einzuräumen, dann ist das so, als ob dir einer was mit dem Holzhammer vor den Kopf gibt.»

«Neulich», berichtet die zehnjährige Maria genervt, «haben Katja und ich unser Haus geplant, wie das später aussehen soll, so richtig geträumt haben wir ... Und das Erste, was meine Mutter mich fragte: ‹Hast du deine Hausaufgaben gemacht?›» Sie atmet aus: «Absolut uncool!» Sie ahmt ihre Mutter nach: «Hast du die Hausaufgaben gemacht?»

Viele Eltern reagieren irritiert und gereizt, wenn sie erfahren, dass die Kinder gleichaltrige Bezugspersonen haben, mit denen sie Geheimnisse austauschen. Doch dies hat nichts damit zu tun, dass Kinder ihren Eltern nicht mehr vertrauen. Eltern bleiben die zentralen Bezugspunkte, aber ihre Meinung, ihre Macht wird durch Freunde relativiert. Kinder erfahren: Man muss nicht alles mit den Eltern besprechen, man kann es auch mit Gleichaltrigen tun. Und sie fühlen, dass diese oft mehr Verständnis haben, besser zuhören können und nicht sofort auf alles eine passende Antwort haben.

Eltern sollten gelassen auf die Freundinnen und Freunde reagieren. Sortiert man die Freunde seiner Kinder allerdings vor, unterbindet man gar Freundschaften, dann greift man nachhaltig in den Prozess des sozialen, des moralischen Lernens ein und behindert die Ausbildung einer autonomen Persönlichkeit.

«Aber Sie», entgegnet mir ein Vater auf einem Seminar, als ich die Leistungen von Kinderfreundschaften darstelle, «sehen das meiner Meinung nach zu positiv. Kinder können doch auch sehr gemein untereinander sein.»

Eine andere Mutter nickt bestätigend: «Die Anja, meine Siebenjährige, kommt mindestens einmal die Woche nach Hause, heulend, schluchzend, will mit niemandem mehr etwas zu tun haben, nur weil ihre beiden Freundinnen sie ausgeschlossen haben.» Sie sieht mich ernst an: «Bei den dreien, da sehe ich nichts Förderliches. Das ist eine Terrorgemeinschaft, da flennt eine immer ... Für eine geht immer gerade die Welt unter.» Sie stockt: «Das sind richtige Zicken, kann ich Ihnen sagen!»

«Bei Jungen kann's aber auch brutal zugehen», greift eine weitere Mutter ins Gespräch ein. «Mein Walter, der ist jetzt acht, was der sich manchmal gefallen lassen muss.» Sie schüttelt den Kopf: «Dann kommt er traurig nach Hause, will da nicht mehr hin. Und am nächsten Nachmittag steht er bei denen wieder auf der Matte.» Nach einer kleinen Pause fügt sie hinzu: «Also ich versteh das nicht!»

Bei ihr sei das umgekehrt, fährt eine Mutter fort. Ihr Peter, acht Jahre, sei in der Klasse ein Außenseiter. «Die hänseln ihn, reißen Witze, sind wirklich fies. Der bemüht sich, Anschluss zu finden.» Aber er habe keine Chance, «nur weil er etwas dicker ist und schnell schwitzt. Dann fallen Sätze wie: ‹Du stinkst! Hau ab!› Solche Sätze tun mir dann auch weh, weil ich sehe, wie der Junge leidet.»

Nochmals: Freundschaften, Kindergruppen sind kein Synonym für vollendete Harmonie. Sie sind auch Orte, an denen manche Gemeinheit ausgetauscht und erlebt wird, manche Träne vergossen wird und mancher Frust auszuhalten ist.

Gruppen und Banden sind dann kontraproduktiv, wenn
■ sie andere Kinder dauerhaft ausgrenzen und diese keine Chance haben, sich einer Gruppe anzuschließen,

- sie, um den Zusammenhalt einer Gruppe zu gewährleisten, Prügelknaben brauchen. Wenn Banden ihr Tun gegen Sündenböcke richten, gegen sie in Wort und Tat zu Felde ziehen, sind das keine echten Gruppen,
- sie andere Kinder nötigen oder erpressen – egal ob dies verbal oder unter materiellen Gesichtspunkten (Stichwort: abzocken) geschieht.

Sollten Gruppen ihre Handlungen gezielt gegen andere Kinder richten, dann gilt es, einzuschreiten, dann ist es wichtig, das Opfer zu stärken, ihm Wege zu weisen, wie es sich behaupten kann. Abstrakte Formulierungen wie «Wehr dich!» oder «Schlag zurück!» helfen wenig.

Es sind zwei Merkmale, die Kinder manchmal zu Außenseitern werden lassen:

- Zunächst sind es körperliche Merkmale. Kleine, vor allem aber übergewichtige Kinder, die eher zögerlich daherkommen, die keine Ausstrahlung haben, werden schnell zur Zielscheibe. Selbstbewusstsein vermittelt sich über Körperbewusstsein. Fühlen Kinder sich nicht wohl in ihrer Haut, spüren andere Kinder das. Haben Kinder keinen Standpunkt – und dies meine ich körperbezogen –, werden sie schneller umgehauen, oder es haut sie schneller um.
- Kinder werden aber von Gleichaltrigen aber auch abgelehnt, weil sie zu selbstbezogen, herrschsüchtig und unsozial sind.

«Kann ich etwas dafür tun», fragt eine Mutter, «dass mein Kind nicht zum Außenseiter wird, dass es Freunde findet?» Und eine andere will wissen, welche Eigenschaften es denn gibt, die ein Kind beliebt werden lassen.

Zweifellos haben ein umsorgender Erziehungsstil, ein freundliches Erziehungsklima in der Familie förderliche Auswirkungen auf die Beziehungs- und Freundschaftsfähigkeit von Kindern. Doch wohlgemerkt: Kinder sind ausgesprochen unterschiedlich. Während der siebenjährige Tobias ständig neue Freunde hat, sie häufig wechselt, sodass die Eltern schon den Überblick verlieren, hat die gleichaltrige Antonia nur eine beste Freundin; während der neunjährige Markus vier Freunde hat, die sich jeden Tag an einem festgelegten Ort treffen, sitzt die zehnjährige Maike allein in ihrem Zimmer, liest, malt, denkt nach und führt ein Tagebuch. Jedes Kind braucht eine ganz individuelle Anzahl von Freunden: das introvertierte Kind kommt mit wenigen Freunden aus, ja es ist sich manchmal selbst genug, das extrovertierte Kind benötigt eine Fußballmannschaft, um sich wohl zu fühlen.

Und es ist normal, wenn sich Kinder in Übergangsphasen – und das ist nun mal die Phase zwischen fünf und acht – zurückziehen, auf sich selbst besinnen, für sich allein sein wollen. Wer in dieser Phase ständig dafür sorgt, dass sein Kind den Kontakt zu Freunden aufnimmt, darf sich nicht wundern, dass sich das Kind immer mehr einkapselt. Und vergessen darf man nicht: Der Status eines Kindes in der Gruppe, sein Einfluss auf andere Kinder sagt noch nichts über die Beliebtheit aus.

Das Ansehen eines Kindes wird vielmehr durch seinen Umgang mit anderen, seine Offenheit, seine Flexibilität und seine Bereitschaft für Neues geprägt. Überzogener Egozentrismus, Herrschsucht lassen keine überdauernde Freundschaftsbeziehung entstehen. Sie bringen nur Enttäuschungen mit sich, weil sie Freude am Zusammensein, gemeinsame Erlebnisse, Ehrlichkeit, Empathie und das Gefühl der Verbundenheit – Merkmale echter Freundschaft – nicht aufkommen lassen.

KAPITEL SECHS

Besondere Herausforderungen

1. Kinder, Väter und fehlende Zeit

«Ich mag's kaum sagen», erzählt ein Vater, «ich mag meine drei Kinder, bin gerne mit ihnen zusammen. Aber ich finde meinen Beruf auch toll, dort tanke ich Kraft, und deshalb kann ich mich dann den Kindern so widmen.» «Aber», wirft Joachim Wild, Vater zweier Töchter, zehn und zwölf Jahre, vehement ein, «du bist sowieso der letzte Trottel. Wenn du Kinder erziehst, schauen dich alle, schauen dich deine Arbeitskollegen verdammt komisch an. Irgendwo stehst du mit anderen in Konkurrenz, weil du denen ein schlechtes Gewissen machst. Nun arbeitet meine Frau auch. Wir teilen uns die Kindererziehung, aber auch das gibt Stress. Mit der Frau und den Kindern. Wenn ich dann etwas mache, was meiner Frau nicht passt, zischt sie: ‹Wie dein Vater früher!› Dann fällt mir nichts mehr ein.»

Diese Ausschnitte aus einer Gesprächsrunde umschreiben Probleme, die der Volksmund plastisch zusammenfasst: Vater werden ist nicht schwer, Vater sein dagegen sehr. «Väterlichkeit» – so ein Begriff des Familientherapeuten Bert Hellinger – im Alltag zu leben, heißt: Widersprüche zu erkennen und auszuhalten. Obgleich Männer häufig darauf verweisen, wie bedeutsam die Familie für ihre Identitätsfindung ist, hat der Beruf für viele absolute Priorität. Zudem ist die Arbeitswelt stark auf Männer zugeschnitten. Das macht es Frauen wiederum schwer, eigene berufliche Bedürfnisse zu verwirklichen.

Die schwierige Aufgabe, Arbeits- und Familienleben zu verbinden, endet für manche Väter in einem Teufelskreis: Weil sie sich zu Hause ausgeschlossen fühlen oder selber ausgrenzen, fliehen sie in den Beruf. Damit vergrößert sich der Abstand zur Familie. Gleichwohl sind viele Väter bereit, Erziehungsverantwortung für ihr Kind zu übernehmen. Das bringt widersprüchliche Erfahrungen mit sich. Solches Verhalten wird kritisch, ja sogar misstrauisch beäugt – von Kollegen und Freunden, Nachbarn und Geschlechtsgenossen. Und auch manche Mutter empfindet die väterliche Umorientierung als einen Eingriff in den eigenen Wirkungskreis, sieht den «neuen Mann» als Konkurrenten. Die verstärkte Einbeziehung des Vaters in die Familienerziehung führt nicht *automatisch* zu besserer Arbeitsteilung und mehr Harmonie, sondern kann mit Stress und Auseinandersetzung verbunden sein. Absprachen und verlässliche Arrangements zwischen Mann und Frau sind dann notwendiger denn je.

Roswitha Berger, Mutter von drei Kindern, hat ihren Konflikt so beschrieben: Vom Kopf her wisse sie das alles «mit den Absprachen und so». Das sei ihr schon alles klar. «Aber die Praxis», und während sie das sagt, schaut sie verzweifelt zur Decke, «bevor sich wirklich etwas verändert, diese Praxis ist mühsam. Das fängt bei unseren unterschiedlichen Sauberkeitsprinzipien an, geht weiter beim Ordnungsempfinden, und dann ist mein Mann in einigen Dingen noch konsequenter als ich und in anderen Dingen wieder nicht.»

Nicht zuletzt komme noch eine gehörige Portion Eifersucht hinzu. Aber sich das einzugestehen, das sei wirklich schwierig. «Meinem Mann fällt es leichter, die Kinder ins Bett zu bringen. Bei mir machen sie Theater, bei ihm spuren sie. Das regt mich tierisch auf.» Sie habe einige Zeit gebraucht, das zu akzeptieren. Was ihr geholfen habe, frage ich. «Ich habe mir gesagt, er macht das anders, aber doch nicht besser.» Sie lacht: «Das Wichtigste aber für mich war die Einsicht: Wenn er die Kinder zu Bett bringt, habe ich Zeit für mich, und danach haben wir Zeit für uns. Keiner ist dann gestresst.»

«Aber das ist schon ein langer Prozess gewesen», fährt Reimund

Berger, der Vater, fort. Er wolle gar nicht verkennen, dass er am Anfang, nur weil bei ihm manches funktioniert habe, triumphiert habe. «Den Beruf packst du, die Erziehung auch. Das ständige Gejammere meiner Frau über die Kinder konnte ich nicht mehr hören. Die baut Probleme auf, wo keine sind, habe ich mir gedacht.» Er schmunzelt: «Tja, dann habe ich meinen Gang nach Canossa doch antreten müssen.»

Ich bin neugierig, hake nach. «Meine Frau ist für eine Woche in Urlaub gefahren. Sie wollte raus aus dem Stress. Und ich habe die Kindererziehung ganz übernommen. Und das war eben nicht nur das alltägliche Gutenachtritual. Das war alles. Dieser ganze elende Kleinkram, diese ständigen Fragen, die voll geschissenen Windeln, das Gekleckere, dies und das. Da war Chaos angesagt!» Schon am zweiten Tag habe er seiner Frau Abbitte geleistet, erzählt er. «Am dritten Tag kam meine Mutter. Ich hab's einfach nicht mehr ausgehalten.»

Roswitha Berger lacht, als sie das hört. «Ich wär auf Knien nach Mallorca gerutscht, nur um sie zurückzuholen», fährt der Mann fort. «Dann wärst du im Mittelmeer abgesoffen», lächelt seine Frau. Seine Lektion habe er gelernt, meint er nachdenklich. «Und die lautet?», will ich wissen. «Sich bloß nicht als Alleskönner aufspielen, nur weil man bestimmte Situationen besser managen kann. Und anerkennen: Derjenige, der Abstand hat, kann manches einfach gelassener sehen!» – «Was heißt das für Sie?» – «Sich gegenseitig in seinen Fähigkeiten anzuerkennen und sich kinderfreie Zeiten zuzugestehen!»

Diese Situation beweist: Absprachen zwischen Vater und Mutter sind unverzichtbar. Für Väter gilt dabei:

- Sie sollten nicht aus dem einen Extrem (zum Beispiel Flucht in den Beruf) in das andere Extrem (omnipotenter, alles könnender Vollzeitvater sein) verfallen.
- Sich nur allgemein vorzunehmen, zukünftig mehr Zeit für die Kinder zu haben, ist genauso abstrakt wie der Vorsatz, den Kindern jeden Abend eine Geschichte vorzulesen. Praktikabler und

ermutigender kann es sein, zum Beispiel jeden zweiten Abend oder mindestens einmal pro Woche – je nach Arbeit und Alltagssituation – fünfzehn Minuten früher nach Hause zu fahren, um mit den Kindern ein Spiel- oder Geschichtenritual zu entwickeln und auch durchzuhalten.

- Kleine praktikable Schritte ermutigen dazu, den begonnenen Weg fortzusetzen. Ständige Misserfolge frustrieren dagegen und verleiten dazu, in gewohnte Bahnen zurückzufallen.

- Um sich der Beziehung zum eigenen Kind bewusst zu werden, ist eine (innere) Auseinandersetzung mit dem eigenen Vater notwendig – und dies nicht allein unter negativen Gesichtspunkten: Welche Eigenschaften, die ich als schmerzlich erlebt habe, möchte ich nicht wiederholen? Genauso bedeutsam ist es, sich jener positiven väterlichen Eigenschaften bewusst zu werden, die man an die eigenen Kinder weitergeben möchte.

Johannes Bach lacht: «Mein leitender Gedanke war: ‹Bloß nicht wie der Alte früher werden.› Seine Fehler habe ich nicht gemacht, dafür andere! Mein Jüngster, der Jakob, hat mich drauf gebracht.» Jakob sei damals sechs Jahre gewesen. Johannes Bach hat sich unter Druck gesetzt, um bei seinen Kindern zu sein. Häufig sei er abgespannt von der Arbeit gekommen. «Ich war nervös. Das hat sich auf die Kinder übertragen. Die wurden auch unruhiger. So gab's Stress und noch mehr Konflikte, obgleich wir uns auf unsere gemeinsame Zeit freuten.» Er habe sich mit seiner Frau über die unerklärlichen Auseinandersetzungen unterhalten. Jakob habe still dabeigesessen, dann sehr bestimmt gesagt: «Papa, wenn du nach Hause kommst, schlaf doch erst mal, und dann spielst du mit uns. Jetzt spielst du sowieso nicht richtig mit uns. Du spielst nur, weil du ein Buch über gute Papas gelesen hast.» – «Tja», resümiert Johannes, «mein Sohn hat mir die Augen geöffnet. Seit einiger Zeit ruhe ich mich erst aus und kann mich danach auf die Kinder besser einlassen.»

Kinder sind genaue Beobachter ihrer Umwelt. Sie haben ein

Gespür für Aufrichtigkeit und Ehrlichkeit. Sie sehen im Vater einen wichtigen Partner, der mütterliche Erziehungseinflüsse ergänzen, begleiten und – wo erforderlich – auch kompensieren kann. Doch zugleich sind Kinder großzügig und erteilen Absolution, falls der väterliche Zeitkuchen kleiner ausfällt, als sie es hoffen. Es kommt weniger darauf an, wie viel Zeit mit dem Kind verbracht wird, sondern darauf, wie intensiv man sich ihm widmet.

«Aber was heißt denn nun richtig mit dem Kind verbrachte Zeit?», will ein Vater von mir wissen.

«Sie zeichnet sich», antworte ich spontan, «durch Wärme und Zuneigung, Nähe und Anteilnahme aus.»

Zwei Gesichtspunkte gilt es dabei zu bedenken: Es gibt Tagesabläufe und Berufe, die einer Vater-Kind-Beziehung nur wenig Zeit lassen. Aber auch kürzere Zeitabschnitte können entspannt gestaltet werden. Aus der Sicht der Kinder ist es bedeutsam, dass diese das Gefühl haben, ihr Vater ist bei der Sache. Kinder wollen Vätern erzählen, was sie am Tage erlebt haben. Und Kinder wollen wissen, wie der Tag des Vaters war. Sie sind gute Zuhörer. Als konstruktiv hat sich die Einführung von Ritualen erwiesen.

Festgelegte Rituale haben den ungemeinen Vorteil, das Zusammensein nicht ständig diskutieren und neu festlegen zu müssen. Das erspart Stress und bietet den Kindern die Sicherheit, dass der Vater sie nicht vergessen hat. Und umgekehrt gilt: Für den Vater sind solche Termine Fixpunkte wie andere auch – und Zeit für die Kinder wird nicht gerade noch in den Terminkalender gequetscht. Hat man allerdings Rituale abgesprochen, ist es wichtig, diese auch unbedingt einzuhalten. Rituale bringen Normalität mit sich, können helfen, den Erwartungsdruck zu minimieren, den sich Väter wie Kinder auferlegen.

«**Das hört sich** gut an», entgegnet Maria Weber, Mutter zweier Kinder. «Meinem Mann ist das theoretisch klar. Aber in der Praxis sieht das doch anders aus. Mal kommt er schon um fünf, dann um acht abends, mal redet er gar davon, schon um vier zu kommen.» Sie sieht mich genervt an: «Aber in Wirklichkeit», sie macht eine Pause, «rauscht er dann um sieben abgeschlafft durch die Haustür und ist zu nichts zu gebrauchen! Also, da mach ich doch lieber alles gleich allein!»

Das mache sie sowieso, ergänzt Manuela Kramer, Mutter des zweieinhalbjährigen Fabian, ihr Mann sei «Überzeugungstäter». Was sie damit meine, bohre ich nach. «Der ist überzeugt, Väter seien erst später für die Erziehung wichtig. In den ersten Jahren müssten die Mütter ran. Das sei nun mal so von der Natur vorgesehen! Wenn ich dann davon lese, vom neuen Mann und so, der sich um die Erziehung und den Haushalt kümmert. Von wegen!» Sie macht eine wegwerfende Handbewegung. Ihr Mann habe sich zweimal aktiv um Fabian gekümmert: «Erstens bei der Zeugung, und dann bei der Geburt hat er auch mitgepresst. Das war's!» Als einige Mütter protestieren, relativiert sie: «Gut, wenn ich am Mittwochabend zum Yoga gehe, passt er auf Fabian auf. Aber das ist es dann wirklich!»

Auch wenn verschiedene Befragungen einen Trend zu einem veränderten Rollenverständnis von «Väterlichkeit» aufzeigen – zwischen 20 und 25 Prozent der Männer leben eine Vaterschaft, die versucht, eine Balance zwischen Beruf und Familie zu finden –, Kinder erleben nach wie vor stärker die klassische Rollenverteilung von Müttern und Vätern.

Doch unverkennbar sind positive Tendenzen der letzten Jahre. Männer besuchen mit ihren schwangeren Frauen Kurse zur Geburtsvorbereitung, wohnen der Geburt ihrer Kinder bei. Studien haben gezeigt: Männer, die sich frühzeitig auf die Vaterrolle vorbereiten, die ihre Frauen bei der Geburt nicht alleine lassen, fühlen sich stärker zum Kind hingezogen, zeichnen sich durch mehr Sensibilität aus.

2. Der Stress berufstätiger Mütter

Gesprächsrunde mit neun- bis zwölfjährigen Kindern berufstätiger Mütter: «Früher», meint Jakob fast schon abgeklärt, «drehte sich bei mir alles um die Schule, um die Hausaufgaben. Das war fürchterlich und gab immer Krach. Und dann machte sich meine Mutter ständig Gedanken um mich. Die hat mich nicht nur zur Schule gefahren. Die war auch noch im Elternbeirat. Und so konnte ich in der Schule nicht alleine sein. Überall geisterte sie rum. Also ich find's gut, dass sie jetzt arbeitet und auch mal an sich denkt!»

«Eigentlich finde ich das ja auch gut», fährt Norbert etwas zögerlich fort, «nur jetzt muss ich mehr im Haushalt helfen, den Tisch decken, abwaschen und so. Das find ich ehrlich nicht so toll. Und dann ess ich eben manchmal auch alleine. Das war früher besser. Aber insgesamt ist Mama jetzt besser gelaunt, seit sie arbeitet. Und das Taschengeld ist auch höher. Aber ich glaub, das hat sie nur wegen ihres schlechten Gewissens gemacht!»

Jessica nickt, als sie das hört: «Jetzt bin ich ja größer. Aber früher fand ich das schon doof, wenn ich von der Schule nach Hause kam und keiner da war. Das war echt blöd. Nun, denke ich, habe ich es aber doch besser. Wenn ich das von Kathrin hör, wie die gleich nach der Schule ausgefragt wird, wenn sie nach Hause kommt, das find ich echt ätzend. Ich kann mir meine Zeit einteilen, weil meine Mutter erst am Abend kontrolliert.»

«Ja», ergänzt Nina, «ich bin ganz stolz auf sie. Die musste sich gegen Oma und Opa durchsetzen – und auch gegen Papa. Das war nicht einfach. Und wenn es Probleme mit mir gab, hatte sie die Schuld. Das fand ich damals schon gemein. Aber Papa hat sich dann irgendwie beruhigt, und nun hilft er sogar im Haushalt mit. Also», schließt sie, «ich will später auch mal arbeiten.»

Während (populär-)wissenschaftliche Untersuchungen bevorzugt danach fragen, ob die Berufstätigkeit von Müttern sich negativ auf die intellektuelle und gefühlsmäßige Entwicklung von Kindern auswirke, gehen die Betroffenen wesentlich differenzierter mit der Situation um. Die Gründe liegen auf der Hand: Vorgefasste Meinungen («Meine Frau gehört ins Haus!», «Kinder ohne Mütter verwahrlosen!») prägen Sichtweise und Untersuchungsperspektive. Man betrachtet mütterliche Abwesenheit als einen emotionalen Verlust, der sich negativ auf das Kind auswirkt. Das Bild von den armen, vernachlässigten «Schlüsselkindern», das seit Jahrzehnten durch die Öffentlichkeit geistert, spukt nach wie vor in vielen Köpfen.

Kinder haben dagegen eine eigene Position, die zeigt, dass sie mit der berufsbedingten Abwesenheit ihrer Mütter produktiv umgehen können. Und produktiv meint nicht, dass damit nur Glücksgefühle verbunden sind, denn jede Alltagssituation hinterlässt nun einmal Spuren in der kindlichen Psyche. Dies gilt gleichermaßen, wenn die Mutter halb- oder ganztags berufstätig ist. Nicht jedes Kind reagiert freudig-erregt, vergnügt oder aufgeschlossen, wenn es sich morgens von der Mutter trennen muss. Und viele Kinder macht es traurig, wenn sie im Kindergarten nicht von der Mutter abgeholt werden können, weil diese im Büro sitzt, oder wenn sie von der Schule nach Hause kommen und niemand sie empfängt.

Die Stabilität der Mutter-Kind-Beziehung wird durch die Berufstätigkeit nicht erschüttert. Und je selbstbewusster Mütter zu ihrem beruflichen Engagement stehen, desto mehr können Kinder sich darauf einlassen. Umgekehrt gilt: Je unsicherer und zweifelnder Mütter ihren Beruf angehen, umso ängstlicher handeln auch Kinder, umso vehementer setzen sie Tränendrüse und Verzweiflung ein, um Mütter von der Arbeitswelt fern zu halten.

Gesprächsrunde mit berufstätigen Müttern von drei- bis sechsjährigen Kindern: «Auch wenn immer auf die Vorteile von arbeitenden Müttern hingewiesen wird», so Marlies Behrens, «hat man trotzdem ein schlechtes Gewissen. Ich war die ersten Jahre zu Hause, weil ich gehört habe, wie wichtig die Bindung zum Säugling ist, weil hier letztendlich das Urvertrauen aufgebaut wird. Meine Svenja ist jetzt vier, und wenn sie irgendetwas hat, krank ist oder so, habe ich ein schlechtes Gewissen, weil ich vor anderthalb Jahren begonnen habe, wieder als Verkäuferin zu arbeiten.»

«Ich kann Sie verstehen», meint Rosa Apel, «mir wird auch ganz anders, wenn ich morgens meine Kleine im Kindergarten abgebe und die herzzerreißend weint. Und ich muss mich dann losreißen, weil ich zur Arbeit muss. Und wenn ich dann die anderen Kinder sehe, die nicht weinen, weil die Mütter möglicherweise mehr Ruhe haben, dann tut das schon weh. Wenn ich dann hör, dass Sarah sich sehr schnell beruhigt und vergnügt ist, ist mir wieder wohler, aber man macht sich trotzdem seine Gedanken.»

Veronika Meinhard nickt, als sie das hört: «Genau! Es sind diese widersprechenden Gefühle, die einem zu schaffen machen. Den Tagesablauf krieg ich irgendwie gebacken. Mein Mann hilft, so gut er kann. Trotzdem bleibt 'ne ganze Menge an mir hängen. Aber auch das schaff ich. Nur dieser Gedanke, Kindern möglicherweise seelische Schäden zuzufügen, weil man sie zurücklässt, das zehrt an einem.»

In Gesprächen mit Müttern fällt auf: So pragmatisch sie mit den verschiedenen organisatorischen Problemen umgehen, die sich aus der Doppelbelastung von Haushalt und Beruf ergeben, so couragiert sie sich diesen Herausforderungen stellen und sich als kompetente Zeitmanagerinnen erweisen, so groß sind ihre Skrupel und Bedenken, wenn es um die gefühlsmäßigen Auswirkungen geht, die ihre Berufstätigkeit auf das Seelenleben der Kinder haben kann. Hier sind sie hin und her gerissen zwischen Pflicht und Neigung: Da ist einerseits die Sorge um das Wohl des Kindes, da sind andererseits Wünsche und Träume, sich in Bereichen jenseits des Familienlebens zu verwirklichen.

Es gibt – unausgesprochen oder nicht – zwei Vorurteile, mit denen berufstätige Mütter zu kämpfen haben und die zur Selbstkasteiung führen. Da steht einerseits die Behauptung im Raum, berufstätige Mütter kümmerten sich zu wenig um ihre Kinder. Eine Mutter hat es so ausgedrückt: «Immer wenn etwas passiert, führe ich das auf meine Berufstätigkeit zurück, mache mir Vorwürfe.» Und eine andere ergänzt: «Man will eine gute Mutter sein. Und gut bin ich nur, wenn ich mich ständig um das Kind kümmere.»

Im Wochenschnitt ist eine Vollzeitmutter etwa acht Stunden täglich bei ihren Kindern, eine berufstätige Mutter dagegen nur fünfeinhalb Stunden. Bevor man aber zu einem vorschnellen «Siehste!» abhebt, sollte man bedenken: Männer der Vollzeitmütter wenden sich zwei Stunden, die der berufstätigen Frau dagegen viereinhalb Stunden dem Kind zu.

Zählt man die Stunden zusammen, stellt man fest: Kinder berufstätiger Mütter kommen nicht zu kurz. Und darüber hinaus sollte man nicht vergessen: Kinder lernen nicht allein von ihren Eltern, Kinder lernen auch von Kindern. Und hier fällt auf: Mütter, die man als überbehütende Glucken beschreiben kann, lassen Kindern häufig zu wenig Raum und Zeit, eigene Erfahrungen mit anderen Kindern zu machen. Die Kinder berufstätiger Mütter sind dagegen häufiger auf sich gestellt.

Und hier kommt ein zweites Vorurteil zum Tragen: Unausrottbar scheint die trivialpsychologische Meinung zu sein, wonach allein schon die Abwesenheit der Mutter Kinder zu seelischen Krüppeln macht.

Zweifelsohne bedeutet die berufsbedingte Abwesenheit der Mutter eine gefühlsmäßige Herausforderung für das Kind, auf die es häufig mit Tränen, Trauer und Schmerz, mit Trotz, Verweigerung und Passivität reagiert. Aber schon jüngere Kinder können mit Trennungen umgehen, wenn

■ sie das Gefühl haben, diese Trennung sei kurzfristig und überschaubar, das heißt die abwesende Mutter nach einem festgelegten Zeitraum pünktlich zurück ist;

■ sie darauf vertrauen können, dass andere Personen zuverlässig für sie da sind. Dabei muss die Anzahl der Bezugspersonen überschaubar sein, und sie dürfen nicht ständig wechseln – sonst stellen sich Unsicherheit und Misstrauen beim Kind ein, und es lässt die Mutter nur schwer los;

- die Bezugspersonen ein ähnliches Erziehungsverhalten wie die Eltern haben. Sie müssen nicht gleich handeln, aber sie müssen auf die kindlichen Grundbedürfnisse nach Annahme und Zuwendung, nach Recht auf Achtung und körperliche Unversehrtheit ähnlich eingehen wie die Eltern. Dann baut sich ein Urvertrauen zu den Bezugspersonen auf, und dann lässt sich das Kind auf sie ein.

Naht allerdings der Abschied, stellen sich – allen fürsorglichen Rahmenbedingungen zum Trotz – Trauer und Tränen ein. Dann reagiert das Kind mit Zorn und Wut. Trennung und damit einhergehende Gefühle lassen sich durch Rituale zwar nicht verhindern, aber so bannen, dass das Kind nicht ins Bodenlose versinkt:

- Maria, drei Jahre, bekommt von ihrer Mutter einen Ring mit, der an einer Kette hängt. Maria hat sich die Kette um den Hals gehängt. Wenn sie sich unsicher fühlt, berührt sie sie.
- Gabi, vier Jahre, hat Mamas Schal mit dabei, weil der «nach Mama riecht». Diesen Schal trägt sie in der ersten Zeit im Kindergarten ständig.
- Jonathan, fünf Jahre, hat in seiner Hosentasche eine Haarlocke seiner Mutter, die er, wenn er sich nicht wohl fühlt, betrachtet und streichelt.
- Sybille, vier Jahre, zieht sich, wenn sie den Kindergarten betritt, selber die Straßenschuhe aus, um sich dann von der Mutter die Pantoffeln geben zu lassen. Dabei sagt die Mutter: «Adieu!», steht auf, wirft ihrer Tochter eine Kusshand zu und geht, ohne sich ein weiteres Mal umzusehen.
- Fritz und seine Mutter singen bei der Tagesmutter zum Abschied das Lied von «Hänschen klein», sie umarmen sich kurz. Fritz gibt seiner Mutter zwei Küsse, bevor er sagt: «Nun kannst du gehen!»

Kinder brauchen zum Abschied Rituale, weil in ihnen existenzielle Gefühle aufgehoben sind, weil sie Kindern und Müttern ein Mittel an die Hand geben, sich dem Trennungsschmerz zu stellen, ohne ihm ausgeliefert zu sein.

Es gibt keine allgemein gültigen Rezepte, nach denen man die Entscheidung für oder gegen die Berufstätigkeit treffen kann. Aber Kriterien könnten sein:

- Zunächst: Kinder reagieren höchst individuell. Während einige Kinder mit der mütterlichen Berufstätigkeit gut umgehen können, wirken andere nervös, aggressiv und ängstlich. Deshalb kann es manchmal sinnvoll sein, erst dann wieder in die Arbeitswelt einzusteigen, wenn es der emotionale und intellektuelle Entwicklungsstand des Kindes zulässt.
- Von großer Bedeutung ist das ureigene Gefühl. Jede Mutter muss aufgrund ihrer individuellen Lebens- und Alltagssituation entscheiden. Hat man sich dann zu einer Entscheidung durchgerungen, muss man zu ihr stehen. Dabei gilt: Jede Entscheidung hat Vor- und Nachteile. Es gibt keine perfekte Lösung.
- Und schließlich: Kinder brauchen bedingungslose Zuwendung. Für berufstätige Mütter heißt das, Kinder nicht verantwortlich und zum Sündenbock zu machen, wenn manches nicht so gut läuft. Und für Vollzeitmütter bedeutet das, Kindern später nicht vorzuhalten, man habe ihnen zuliebe auf vieles – auch auf den Beruf – verzichtet. Deshalb seien sie nun für das gefühlsmäßige Wohlbefinden der Mutter mit verantwortlich – nach dem Motto: Eine Hand wäscht die andere.

3. Alleinerziehende

Sie sei allein erziehend, eröffnet Conny Moritz das Gespräch. Ihre Tochter, die zehnjährige Silja, mache «nur noch Unsinn». Statt der Schule habe sie Jungen, Disco, den Computer und ihre Freundinnen im Kopf. «Ich brauche nur das Wort ‹Hausaufgaben› in den Mund zu nehmen, schon flippt sie aus.» Sie schüttelt vehement ihren Kopf: «Ich komme nicht mehr an sie heran. Und es stimmt», sie stockt, «Sylvia gibt mir das Gefühl, eine absolute Versagerin in der Erziehung zu sein.»

«Ich komme auf Anraten des Klassenlehrers», erzählt mir Niklas' Mutter, Ruth Bauer. Ihr Sohn sei jetzt etwas über elf Jahre alt. «Und er ...», sie macht eine Pause, «klaut. Nicht viel, ich hab's zunächst gar nicht gemerkt. Es waren wohl nur Kleinstbeträge.» Sie formuliert nachdenklich: «Jetzt macht er das auch in der Schule.» Die Mutter hat einen melancholischen Gesichtsausdruck: «Nun hat er ein paar Mal zusätzlich den Unterricht geschwänzt. Und das ist ja wohl ein Alarmzeichen!»

Was sie von mir wissen wolle, frage ich sie.

«Der Lehrer meinte, Niklas brauche einen männlichen Gegenpart, denn ihm fehle eine Reibefläche, eine Hand, die mal kräftig auf den Tisch haut und ihm zeigt, bis hierher und nicht weiter!» Sie sieht mich fragend an: «Können Sie nicht mal mit Niklas reden?»

Wenn Alleinerziehende – und es sind in der Mehrzahl Frauen – in die Beratung kommen, fällt mir auf: Sie führen Schwierigkeiten, die die Kinder haben oder machen, auf ihr Single-Dasein zurück, darauf, dass den Kindern ein männlicher Ansprechpartner fehlt. Und da Alleinerziehende dieses – auch von der Umwelt geprägte – Bild nahezu verinnerlicht haben, kommt es nicht selten zu einer sich selbst erfüllenden Prophezeiung: Da man glaubt, man habe versagt und dem Kind etwas genommen, was es zu seiner Entwicklung braucht, tritt das negative Ereignis automatisch ein.

Dabei zeigen Befragungen und wissenschaftliche Untersuchungen: Kinder aus Ein-Eltern-Familien sind nicht verhaltensauffälliger, gewaltbereiter oder häufiger durch Schulversagen geplagt. Ein-Eltern-Familien gehören inzwischen zur Normalität, wachsen doch mittlerweile nahezu 2,6 Millionen Kinder in Deutschland nur mit der Mutter oder dem Vater auf. Und da etwa zwei Drittel aller Heranwachsenden mit der Mutter leben, die zudem noch für den Lebensunterhalt sorgt (ergänzt durch väterliche Zahlungen), soll diese Gruppe im Mittelpunkt meiner Betrachtungen stehen.

Meine Beobachtung: Je selbstverständlicher sich der allein erziehende Elternteil mit der Situation des Getrenntlebens arrangiert hat, umso selbstbewusster und eigenständiger gehen Kinder damit um, umso sicherer richten sie sich ihr Leben ein. Kommt es zu Problemen in der Schule, zum Beispiel zu Unpünktlichkeit oder zu Schwierigkeiten mit den Hausaufgaben, dann kann das mit einer mangelhaften Alltagsorganisation – und das ist für manche Alleinerziehende ein Problem – zusammenhängen.

Die Mutter des zwölfjährigen Max sorgte sich, weil dieser wiederholt verspätet oder gar nicht in der Schule erschien. Max war ein Langschläfer. Die Mutter verließ das Haus frühmorgens, um zu arbeiten. Max stand mit dem Wecker auf, überhörte diesen häufig und verpasste dadurch den Schulbus. Da das schon ein paar Mal passiert war und man ihm die Ausrede («Ich hab einfach den Wecker überhört!») nicht mehr glaubte, blieb er lieber gleich zu Hause. Max' Verhalten war von Scham und Trotz gleichermaßen gekennzeichnet. Die Mutter sorgte sich nun um die schulische Laufbahn ihres Sohnes. Sie änderte ihren Tagesablauf, weil Max meinte, es sei so schwierig für ihn, allein aufzustehen. Sie verließ die Wohnung erst, nachdem sie Max geweckt hatte. Max' Verspätungen hatten ein Ende.

Bei Bernhard führten die Hausaufgaben zu Stress in den häuslichen Beziehungen. Bernhards Mutter kontrollierte die Schularbeiten jeden Abend und fand immer ein Haar in der Suppe. Meist fragte sie ihren Sohn Vokabeln ab, regte sich über Eselsohren in seinen Heften oder über seine unleserliche Schrift auf. Und konnte Bernhard sein Hausaufgabenheft nicht finden, war das der Einstieg zu einem Riesenzoff. Das Ende vom Lied: Bernhard verweigerte die Hausaufgaben oder belog seine Mutter. Die Situation eskalierte, zumal die Lehrer die Mitarbeit der Mutter einforderten. Schließlich sackte Bernhard in seinen schulischen Leistungen dramatisch ab. Und auch die häusliche Atmosphäre verdüsterte sich.

Er kam in die Beratung. Auf meine Frage, *wann* er die Hausaufgaben machen würde, antwortete er: «Bei meinem Freund und dessen Mutter. Die ist einfach ruhiger!» Ich muss ihn verwundert angesehen haben, denn er meinte: «Ich seh meine Mutter nur kurz am Tag, und ich glaub, es gibt dann doch Schöneres, als sich über die Schule zu streiten.» Die Kontrolle der Hausaufgaben wurde verändert: Bernhard machte diese bei seinem Freund, dessen Mutter überprüfte alles. Und einmal in der Woche berichtete Bernhard seiner Mutter von der Schule, legte seine Arbeiten und Hausaufgaben vor. Die Situation entspannte sich zunehmend. Bernhards Mutter war erleichtert, obgleich da «ein Gefühl blieb, diese Situation nicht gepackt, wieder einmal versagt zu haben. Man ist eben nicht zufrieden, selbst wenn das Ergebnis positiv ist. Man meint ja, man habe zu wenig Zeit für das Kind. Und dann tut man sein Bestes und kommt mit einem Mal vom Regen in den Traufe.»

Hier ist ein weiteres Vorurteil angesprochen: Der Beruf raube allein erziehenden Müttern die Kraft, sich ausgiebig um die Kinder zu kümmern. Allein erziehende Berufstätige haben jedoch eine ähnlich intensive Beziehung zu ihren Kindern wie andere Mütter – auch wenn das Zeitquantum nicht so hoch ausfällt. Doch dieser Nachteil wird durch andere Gesichtspunkte ausgeglichen: Der Beruf schafft ökonomische Selbständigkeit und Unabhängigkeit, der Job gibt Selbstbewusstsein und Identität, und er baut einen Abstand zur Familie auf.

Dazu Maren Karcher, Mutter des zehnjährigen Tobias: «Also ich traue mich nicht, es zu sagen: Aber diese Stunden im Büro, die tun mir gut. Das gibt Kraft. Und dann freue ich mich auf den Jungen. Aber wenn er dann morgens so traurig guckt, das macht mir zu schaffen. Oder wenn er so zögerlich, so in sich gekehrt ist, dann denke ich, ich bin schuld, weil ich nur an mich denke. Das ist schon ein verdammter Teufelskreis!» Und sie fügt hinzu: «Ich mag ja meinen Beruf. Da engagiere ich mich. Aber jeden Tag alles unter einen Hut zu bringen, das ist fast ein Kunststück, mit dem man im Zirkus auftreten könnte.»

Es ist weniger die Berufstätigkeit, die Kindern zum Nachteil gereicht, es ist eher die Alltagsorganisation, bei der Erwerbstätigkeit, Hausarbeit und Erziehung in Einklang gebracht werden müssen, die den Stress mit sich bringt. Alleinerziehende sind häufig eingezwängt in einen engen Zeitplan, den man nur mit viel Disziplin, Flexibilität und Kreativität einhalten kann – und der subjektiv das Gefühl hinterlässt: «Ich bin nicht da, wenn mein Kind mich braucht!» Die knappe Zeit fordert die Alleinerziehenden heraus und überfordert sie nicht selten: Kinder müssen in der Tagesstätte, im Hort, bei Freunden, bei Oma und Opa untergebracht werden, man muss sie zwischen Arbeitsschluss und Schlafenszeit abholen, muss noch was unternehmen, Aufgaben kontrollieren, die Kinder ins Bett bringen. Und je jünger das Kind ist, umso schwieriger ist die Koordination. Dazu kommt noch die Hausarbeit. Zeit zum Genuss, Zeit für sich bleibt da kaum. Und so opfern sich nicht wenig Alleinerziehende auf, da auf keinen Fall das Kind zu kurz kommen soll.

Meine Tipps für Alleinerziehende:

- Setzen Sie Prioritäten im Alltag! Sie müssen nicht jeden Tag den Haushalt auf Hochglanz bringen!
- Lassen Sie mal fünfe gerade sein! Machen Sie «Chaos-Tage» mit ihrem Kind, mit Freunden oder für sich allein! Auch wenn der Geldbeutel keine großen Sprünge zulässt, kann man viel Spaß haben: Wer den Alltag für Stunden loslässt, kann ihn hinterher stärker genießen!
- Vergleichen Sie sich nicht ständig mit anderen! Stehen Sie zu ihrer Situation! Bedenken Sie: Ein So-ist-es-Gefühl stärkt, eine Oh-wie-schade-Traurigkeit schwächt!
- Schaffen Sie sich ein soziales Netzwerk aus Verwandten, Freundinnen und Gleichgesinnten, bei denen Sie sich ausquatschen können, die Sie emotional und materiell unterstützen. Wer nur isoliert in seiner Wohnung sitzt oder eingespannt ist in Arbeit, Kindererziehung und Haushalt, dreht sich irgendwann im Kreise.

Diese Tipps sind nicht leicht zu realisieren. Aber Gespräche entlasten, tragen dazu bei, sich nicht jeden Schuh anzuziehen.

«Ich musste mich erst dazu durchringen, allein zu erziehen», so sieht es Anke Thomas, Mutter von drei Kindern. «Das war ein schwerer Schritt. Aber ich war eigentlich auch schon früher allein erziehend. Mein Mann war ja nie da. Und wenn er zu Hause rumturnte, hat er alles durcheinander gebracht, weil er einfach vieles besser wusste, meinte er jedenfalls. Und nichts konnte man ihm recht machen. Wir passten irgendwann nicht mehr zusammen. Gut, mir fehlt jetzt hin und wieder ein Ansprechpartner. Aber diese lästigen und bösen Auseinandersetzungen, die sich ja nicht nur um die Kinder drehten, die entfallen nun.» Sie stockt: «Ich könnte mir vorstellen, wieder mit einem Mann zusammenzuleben. Nur müssen dann die Aufgaben partnerschaftlich verteilt sein. Ich möchte ein Stück Unabhängigkeit behalten. Und dann muss er natürlich die Kinder akzeptieren!» Sie lacht: «Ich gehe hin und wieder an Teichen vorbei. Da gibt es Frösche. Die mag ich gerne leiden. Aber bis jetzt war noch kein König dabei!»

Alleinerziehende sehen bei allem alltäglichen Stress in der überwiegenden Mehrheit deutliche Vorteile ihrer Situation. Zum Beispiel haben sie oft das Gefühl, eine krisenhafte Situation gemeistert zu haben. Sie erleben das Besinnen auf eigene Fähigkeiten, das wachsende Selbstbewusstsein und genießen es, zu den Kindern in eine stabile Beziehung zu treten. Diese Vorteile lassen sich aber nur leben, wenn sich eine So-ist-es-Einschätzung ausgebildet hat, die sich über das Gefühl, versagt oder den Kindern etwas genommen zu haben, durchzusetzen beginnt.

Alleinerziehende, die dagegen nur die positiven Aspekte ihrer Situation herausheben, die problematischen Anteile des Alltags nicht wahrhaben wollen oder verdrängen, zeigen freilich, dass sie sich mit ihrer Situation nicht wirklich auseinander gesetzt haben. Denn zum Selbstbewusstsein von allein erziehenden Müttern gehören auch Widersprüche, zählen Phantasien, die Anke Thomas so ausgedrückt hat: «Manchmal habe ich doch die Vorstellung, wenn jetzt ein Mann da wäre, wäre es schön, wenn er dich in den Arm nehmen würde. Und seitdem ich mir das zugestehen kann, weiß ich, wie gut ich mit meiner Situation zurechtkomme!»

4. Trennung und Scheidung

«Für mich brach damals», erinnert sich Claudia Reinders, jetzt 20 Jahre alt, «eine Welt zusammen, als meine Eltern sich trennten. Es war ein Schock. Ich habe gebetet, dass sie irgendwann wieder zusammenleben. Aber damit war es natürlich nichts!» – «Ich hab nicht nur gebetet», so Dominik Andresen, «ich hab alles getan, dass sie sich wieder vertragen. Ich hab die Schuld wegen der Trennung bei mir gesucht. Und deshalb war ich mit einem Male ganz brav. Ich hab nichts mehr gemacht. Ich dachte ja, mein Vater geht, weil ich es war, weshalb sich meine Eltern stritten. Und ich meinte, wenn ich lieb bin, haben die sich auch lieb.»

«Ich war», so rückblickend Monika Bremer, «aggressiv, habe viele Sachen angestellt. Einmal haben mich meine Eltern sogar von der Polizeistation abgeholt. Mein Vater war schon längst ausgezogen und ist drei Stunden mit dem Auto gefahren, um mich bei der Polizei abzuholen und mit mir nach Hause zu fahren. Als ich die beiden gesehen habe, habe ich geheult und war zuerst froh, weil ich dachte, nun wird alles wieder gut. Aber das war naiv. Mein Vater machte meiner Mutter nur noch schlimmere Vorwürfe. Sie sei an allem schuld. Und das dachte ich auch. Und dann war ich zornig und wütend auf sie!»

«Wenn ich an die Trennung meiner Eltern zurückdenke, das ist nun schon 15 Jahre her», erzählt der zwanzigjährige Christopher Jakob, «dann fällt mir nur die große Apathie ein, in die ich gefallen bin. Ich konnte an nichts mehr denken, war nur verzweifelt, fühlte mich in einem tiefen schwarzen Loch, aus dem ich mich niemals mehr würde befreien können. Und ich fühlte mich völlig allein gelassen, so wie Hänsel und Gretel im Wald.»

«Ich kann das so nicht teilen», meint der gleichaltrige Bernd Weber, «für mich war es eine Befreiung, als mein Vater endlich auszog. Ich verkläre das jetzt nicht nachträglich. Endlich war Schluss mit diesen Streitereien, mit diesem Nerv. Ich hab richtig aufgeatmet. Vor allem auch, weil ich spürte, meine Eltern bleiben nur meinetwegen zusammen. Und dabei hätten sie sich schon längst trennen sollen.»

So äußern sich junge Erwachsene über elterliche Trennungen, die sie im Kindesalter erlebt haben. Vater und Mutter sichern für Kinder die emotionale und materielle Versorgung, sie garantieren Sicherheit, auf sie kann man sich verlassen, selbst dann noch, wenn die Welt untergeht. Solch positives Elternbild schafft Vertrauen, gibt Kindern Kraft und Selbstbewusstsein. Trennungen erschüttern das positive Bild von Vater und Mutter. Und deshalb versuchen Heranwachsende, Trennungen oder Scheidungen zu verhindern. Sie beten, verfallen in Tagträume, in denen sie Vater, Mutter und sich zusammen sehen, sie lenken von bevorstehenden Trennungs- und Scheidungsabsichten durch Krankheit, Unfall oder andere Auffälligkeiten ab, suchen die Schuld für elterliche Zerrüttungen gar bei sich und versprechen Wohlverhalten, nur damit ihre Eltern zusammenbleiben. Aber zugleich gibt es eine kleine Zahl von Heranwachsenden, die das Auseinandergehen von Eltern als Befreiung empfinden, weil eine Last von ihnen abfällt.

Eltern wissen um die gefühlsmäßigen Einflüsse, die Trennungen mit sich bringen. Viele bleiben um der Kinder willen zusammen, zögern die Trennung hinaus. Manche Eltern sind gar der Meinung, ältere Kinder könnten mit Trennungen besser umgehen, und schieben die Scheidung so lange vor sich her, bis die Kinder in der Pubertät sind, in der Hoffnung, diese würden dann weniger leiden, würden die elterlichen Motive besser verstehen. Das ist ein Trugschluss. Wenn Eltern sich als Paar nicht mehr verstehen, wenn Meinungsverschiedenheiten den Alltag beherrschen, spüren Kinder dies genau. Wird dann nicht offen über die Situation geredet, sehen Kinder sich als Sündenbock. Sie reagieren mit überzogenem Wohlverhalten oder mit Traurigkeit, sie nehmen kleinkindhafte Züge an, oder sie drücken ihre Unsicherheit durch Aggressivität aus. Kinder brauchen Klarheit. Und dies selbst dann, wenn sie wehtut. Solche Klarheit kann bedeuten, Kinder von der selbst auferlegten Aufgabe zu befreien, die Beziehung der Eltern zu kitten.

Kinder wissen meist sehr genau, woran sie sind und was sie zu verarbeiten haben. Für sie ist dabei wichtig: Auch wenn Vater und Mutter auseinander gegangen sind, bleiben sie Vater und Mutter. Diesen Grundgedanken muss das Kind verinnerlichen. Es hat nach wie vor Vater und Mutter, die sich gemeinsam oder einzeln bemühen, Erziehungsverantwortung zu übernehmen. Zwar bedeutet die Trennung, dass ein gemeinsamer Lebensweg zu Ende, der Versuch, das Kind zusammen großzuziehen, schief gegangen ist, aber man kann solche Krisenmomente auch als Chance betrachten.

Vermitteln Eltern Kindern im Prozess der Trennung das Gefühl, dass auch in der neuen Situation Geborgenheit und Sicherheit möglich sind, lernt das Kind, damit umzugehen. Aber schmerzfreie Trennungen gibt es nicht. Abschiede tun weh, sind mit Trauer verbunden, verlaufen tränenreich.

Alexander war fünf Jahre, als seine Eltern sich trennten. Er zeigte zunächst keine Symptome, fraß vielmehr vieles in sich hinein, wirkte still, fast apathisch. Bemühungen seiner Erzieherinnen, ihn aufzumuntern, halfen nicht. Im Gegenteil: Er zog sich immer mehr zurück. Und obgleich sich seine Eltern bemühten, den Prozess der Trennung so erträglich wie möglich zu gestalten – Alexander trug die Trauer mit sich herum. Nach etwa einem halben Jahr schlug seine Verzweiflung in zerstörerisches Verhalten um: Er griff ohne Vorwarnung andere Kinder an, beschädigte Sachen.

Die Erzieherinnen reagierten mit großer Nachsicht, die Alexander aber nicht besänftigte, im Gegenteil. Er fühlte sich nicht ernst genommen, provozierte weiter, übertrat mutwillig Regeln, um endlich Grenzen gesetzt zu bekommen. Als auch Alexanders Mutter mit Verständnis reagierte, die Schuld bei sich suchte, wurde sie Zielscheibe seiner Aggressionen. Nichts konnte sie ihm recht machen, er trieb sie zur Weißglut. Wenn sie dann außer sich vor Wut war, erklärte Alexander: «Du hast mich nicht mehr lieb!» Hatte er sie in den Zustand völliger Verzweiflung gebracht, meinte er fast beruhigend: «Ich hab dich aber lieb!»

Dieses Wechselbad der Gefühle, das die Mutter nur schwer aushielt, ging einher mit einer Idealisierung des ausgezogenen Vaters. Der Vater blieb die grandiose Person, die für den Sohn alles richtig machte. Aber dann wandelte sich Alexanders Bewunderung von einem Tag zum anderen. Er versuchte, seinen Vater gegen die Mutter auszuspielen: Wenn er bestimmte Dinge nicht bekäme, würde er ihn nicht mehr besuchen. Der Vater zeigte sich weiter konsequent. Alexander kam nach wie vor zu Besuch – wenn auch häufig widerwillig und manchmal von der Mutter mit sanftem Nachdruck geschickt.

Mittlerweile ist Alexander elf Jahre alt. Die Situation hat sich beruhigt, zu beiden Elternteilen hat er eine Balance von Nähe und Distanz entwickelt. Er hat sich mittlerweile mit der Trennung arrangiert: «Natürlich bin ich manchmal noch traurig und denke, warum haben sie das nicht geschafft und sind zusammengeblieben? Aber ich seh auch das Gute. Wenn ich bei Papa bin, dann hab ich ihn ganz, und dann nervt Mama nicht rum. Und wenn ich bei Mama bin, hat sie keinen Stress mit Papa wie früher. Und dann hab ich ja auch gedacht, ich sei schuld, wenn die sich streiten. Weil Mama hat schon manchmal gesagt, sie hätten sich wegen mir gestritten.»

Anders verlief die Auseinandersetzung mit dem elterlichen Trennungsprozess bei Mareike Sulzer. Sie war zwölf Jahre, als der Vater auszog. Mareike verkroch sich in ein Schneckenhaus, war nicht ansprechbar, kapselte sich ab. Elterliche Hilfestellung nahm sie ebenso wenig an wie professionelle Begleitung durch einen Therapeuten. Diese Phase, in der sie mit niemandem Kontakt haben wollte, zog sich hin bis zum sechzehnten Lebensjahr. Einzig zwei Freundinnen waren ihre Gesprächspartnerinnen. Sie flüchtete in die Welt des Trivialen, verschlang jede Menge Heftchen-Romane, zog sich Hollywood-Schinken rein. Die Eltern machten sich Sorgen. Zwar besuchte Mareike ihren Vater regelmäßig, aber auch er hatte keine Chance, eine normale Beziehung zur Tochter aufzubauen.

Nach etwa dreieinhalb Jahren «taute», wie die Mutter sagt, «Mareike auf, aber anders als wir gehofft hatten». Sie entwickelte ungeheure Aggressionen gegenüber der Mutter, wollte ihren Vater auch nicht mehr sehen. Besuchstermine ließ sie platzen, verweigerte die Mithilfe im Haushalt, beschimpfte die Mutter, äußerte nur noch das Notwendigste. Wenn die Mutter weiter Forderungen stelle, so drohte Mareike, würde sie zum Vater ziehen.

Als diese Nötigungen sich häuften, gab es ein Gespräch zwischen den drei Beteiligten in Anwesenheit eines Vermittlers. Der Vater erklärte sich bereit, die Tochter zunächst für vier Wochen aufzunehmen. Dies war möglich, da Mareike ihre gewohnte Schule besuchen konnte und auch die Freundinnen in der Nähe lebten. Schon nach vierzehn Tagen, als sie merkte, dass sie auch beim Vater mitarbeiten musste und Pflichten zu erfüllen hatte, wollte sie wieder nach Hause. Mareike musste freilich die restliche Zeit beim Vater verbringen, weil es so abgemacht war.

Ein halbes Jahr später baute sich weitere Spannung auf: Mareike bekam ein Handy geschenkt, telefonierte im ersten Monat für knapp 2000 Mark. Sie bezahlte die fällige Rechnung nicht, ließ Mahnungen verstreichen. Der Gerichtsvollzieher drohte. Beide Eltern sprangen schließlich ein, beglichen die Schulden, verpflichteten Mareike aber zu arbeiten, um den Eltern die verauslagte Geldsumme zurückzahlen zu können. Mareike stimmte dieser Abmachung – wenn auch fluchend und widerwillig – zu. Danach beruhigte sich die Situation allmählich. Mareike ist heute 19, trägt sich mit dem Gedanken auszuziehen. Die Besuchsregelung mit dem Vater gestaltet sie flexibel, weil sie in der Berufsausbildung ist.

Sie legt allerdings großen Wert darauf, einmal im Jahr mit ihm in Urlaub zu fahren. Und auch die Beziehung zur Mutter hat sich völlig entspannt. Mareike gibt der Mutter auf eigenen Wunsch Haushaltsgeld, das sie von den Unterhaltszahlungen des Vaters abzweigt.

Heranwachsende verarbeiten Trennungen höchst unterschiedlich. Dies hat mit dem Alter des Kindes ebenso zu tun wie mit dem Temperament, dem Entwicklungsstadium, das ein Kind gerade durchläuft, oder der Art und Weise, wie die Eltern mit der Trennung umgehen.

Nicht die Trennung an sich wirft mithin Probleme auf, es ist vielmehr die Art und Weise der Trennung, die zu einer Überforderung der Heranwachsenden führen kann:

- Manchen Kindern wird der Kontakt zum ausgezogenen Elternteil untersagt in der Annahme, so könnten sie den Abschied besser verkraften – nach dem Motto: aus den Augen, aus dem Sinn. Dies ist ein Irrtum. Wenn Kinder die Beziehung zu beiden Eltern wünschen, muss man sie ihnen ermöglichen.

- Wenn der Expartner herabgewürdigt wird, bringt man damit das Kind in Loyalitätskonflikte. Eine Entwertung des Partners findet auch statt, wenn man beispielsweise die Aktivitäten, die der «Ex» mit den Kindern unternimmt, gering schätzt oder wenn dieser die Exfrau kritisiert, sich zu wenig um die Kinder zu kümmern.

- Kinder sind keine Kuriere, die im Auftrag der getrennt lebenden Eltern Botschaften übermitteln: «Sag Papa einmal . . .!», «Was meint Mama dazu, wenn du . . .» Und Kinder sind auch keine Spione, die das Leben des oder der «Ex» auskundschaften.

- Das Besuchsrecht erfüllt nur dann seinen Sinn, wenn dem Kind damit ein Stück Normalität in einer krisenhaften Zeit geboten wird.

- Kinder dürfen nicht zum Partnerersatz werden: Jüngere Kinder sind überfordert, wenn man sie als Kuschelkissen benutzt, um Einsamkeit zu überwinden. Pubertierende Kinder eignen sich nicht als Gesprächspartner, denen man alles anvertraut, um sich Sorgen von der Seele zu reden. Wenn Eltern ihre Trennungsgefühle bearbeiten wollen, sollten sie sich adäquate Gesprächspartner suchen.

- Unklare Trennungen überfordern Kinder maßlos. Wenn sie auf Fragen nach möglicher Trennung keine oder unzureichende Antworten bekommen, wenn der eine Partner ständig ein- und auszieht, wenn man Kindern den Kontakt zum Partner untersagt oder sie in eine eheliche Auseinandersetzung hineinzieht, dann reagieren sie verunsichert.

Verlässlichkeit und Sicherheit bietet Kindern schon eine klare Besuchsregelung. Auch wenn mit festen Vereinbarungen (zum Beispiel alle vierzehn Tage am Wochenende und dazwischen ein Nachmittag) möglicherweise eine gewisse Starrheit verbunden ist, führen flexible Regelungen manchmal zu Unverbindlichkeit. Rituale – und die gehen mit dem Besuchsrecht einher – bedeuten für das Kind Stabilität. Kinder mögen Rituale, Kinder brauchen Rituale. Im «Kleinen Prinzen» von Saint-Exupéry will der Fuchs vom Prinzen wissen, wann dieser wiederkomme, damit er anfangen könne, sich zu freuen. Und zur Begründung fügt der Fuchs hinzu: «Wenn du aber irgendwann kommst, kann ich nie wissen, wenn mein Herz sich freuen soll.» Haben sich Kinder an verlässliche Besuchsregeln gewöhnt, können flexible Vereinbarungen hinzutreten, die mehr Spontanität zulassen. Drei Gesichtspunkte scheinen mir bei Besuchsregelungen wichtig:

- Für den besuchten Elternteil gilt es, den Kontakt so normal wie möglich zu gestalten. Gemeinsame Gespräche, Spiele und Unternehmungen sind ungleich wichtiger als Disneyland-Besuche. Achten Sie darauf, dass das Kind bei Ihnen zumindest eine Ecke hat, die ihm gehört. Auch vertrautes Spielzeug, das dort liegt, baut Sicherheit auf!
- Kinder reagieren nach dem Besuch nicht selten widerspenstig, ungeduldig, intolerant. Dies führt manchmal zu der Überle-

gung, die Besuche lieber einzustellen, weil man meint, das Kind würde darunter leiden. Doch damit unterschätzt man die Kinder. Sie können sich mit Abschieden arrangieren, auch wenn diese wehtun. Und umgekehrt gilt: Wenn Kinder den ausgezogenen Partner nicht sehen wollen, muss man mit ihnen und dem «Ex» darüber reden, wie man Besuche möglicherweise anders gestalten kann. Man kann Rituale des Übergangs schaffen, dem Kind vertraute Sachen mit auf den Weg geben, einen Anruf versprechen – all dies sollte mit einem gewissen Nachdruck geschehen. Allerdings hat es wenig Sinn, Zwang auf das Kind auszuüben oder es moralisch unter Druck zu setzen.

■ Sollten die Auseinandersetzungen auf der Paarebene nicht geklärt sein und diese die Besuche überschatten, empfiehlt es sich, besondere Übergaberituale zu inszenieren. Zum Beispiel kann man die Kinder bei einer neutralen Person abgeben, damit sie dort vom Partner abgeholt und später auch wieder hingebracht werden. Denn wenn es bei der Übergabe ständig partnerschaftlichen Streit gibt, zieht dies für das Kind emotionalen Stress nach sich. Und manchmal trauen Kinder sich nicht, die Gefühle zu zeigen, die sie haben. Wenn ein Kind beispielsweise seinen Vater vierzehn Tage nicht gesehen hat, freut es sich auf ihn. Und dann sollte die Mutter es zulassen, wenn das Kind ihren «Ex» umarmt. Kann sie das nicht aushalten, muss ein Übergang gefunden werden, der dem Kind einen unbefangenen Umgang mit dem Vater ermöglicht.

Trennung tut weh, Abschied schmerzt. Doch auch wenn Eltern sich trennen, bleiben sie Eltern. Das Kind ist das Ergebnis einer gemeinsamen Liebe, die es zum Wohle des Kindes fortzusetzen gilt – wenn auch unter veränderten Bedingungen. So wie das Kind ein Recht auf Achtung und Respekt hat, so hat auch der Expartner oder die Expartnerin ein Recht darauf, anerkannt zu werden. Wer den jeweils anderen Partner ständig herabsetzt, bringt das

Kind in Loyalitätskonflikte und erschwert die Auseinandersetzung des Kindes mit der Trennung. Und schließlich: Kinder mögen Vater *und* Mutter, auch wenn diese getrennt leben. Eltern haben nicht das Recht, diese Gefühle des Kindes zu zerstören. Dies gilt selbst dann, wenn der Vater sich von der Familie gelöst hat, nichts mehr von seiner Exfrau oder seinem Kind wissen will. Dann machen Kinder sich – spätestens in der Pubertät – auf den Weg, ihren Vater zu suchen.

5. Trauer und Tod

Benni, viereinhalb Jahre, kennt mich aus vielen Besuchen im Kindergarten. Er kommt eines Tages auf mich zu, zupft mich am Ärmel. Ich gehe in die Hocke.

«Du», sagt er mit leiser Stimme, «du, mein Opa ist tot.»

«Ja, Benni, hat mir deine Mama erzählt», antworte ich. «Du bist traurig, nicht?» Ich sehe ihn an.

Er nickt langsam mit seinem Kopf, um nach einer Pause hinzuzufügen: «Ein bisschen!» Sein Blick geht nach innen. Plötzlich sieht er mich an: «Find ich gemein von ihm!»

«Wieso?»

«Er hat mir versprochen, dass er mit mir eine Baumhöhle baut!» Benni schüttelt den Kopf: «... eine Baumhöhle!»

Er schaut mich mit traurigen Augen an: «Wer baut die nun mit mir?» Er fixiert mich: «Du vielleicht?» Und bevor ich antworten kann, stellt er ganz grob fest: «Du kannst das nicht so gut wie mein Opa!»

Als ich mich erheben will, hält Benni mich fest: «Du? Mama hat gesagt, Opa ist jetzt im Himmel. Glaubst du das auch?»

Ich nicke. Er lächelt: «Ich glaub das auch!» Kurze Pause, dann ein fragender Blick: «Du?» Er fasst mich am Arm: «Du? Glaubst du, dass es ihm im Himmel gut geht?»

«Was meinst du denn?», frage ich zurück.

Er springt auf: «Klar geht's ihm gut!»

«Und wieso?», will ich wissen.

Benni grinst übers ganze Gesicht: «Jetzt braucht er Oma nicht mehr zu fragen, wenn er einen Schnaps trinken will!»

Miriam, vier Jahre, kommt zur Mutter in die Küche, beobachtet sie eine Weile, dann fragt sie völlig unvermittelt: «Kannst du sterben?»

Die Mutter schaut ihre Tochter an: «Miriam, was hast du?» Doch Miriam überhört diesen Satz.

«Kannst du sterben, Mama?»

Die Mutter geht einen Schritt auf ihre Tochter zu: «Geht es dir nicht gut?»

Miriam, ganz ernst: «Kannst du sterben, Mama?»

«Warum willst du das denn wissen?», weicht sie aus.

Miriam schüttelt den Kopf. Sie spürt ganz offensichtlich, dass sie so nicht weiterkommt. Dann erzählt sie von Roman, ihrem fünfjährigen Freund. Sie haben sich darüber unterhalten, ob Eltern sterben können.

«Was hat Roman gesagt?», hakt die Mutter nach.

«Seine Mutter hat gesagt, sie stirbt nicht. Aber Roman weiß jetzt nicht, ob das stimmt.»

Sie sieht ihre Mutter nachdenklich an: «Das kann doch sein, dass sie stirbt, oder?» Miriam sieht ratlos aus. Dann, wie aus der Pistole geschossen: «Mama, lüg jetzt nicht! Kannst du sterben?»

«Ja!», antwortet die Mutter mit gedehnter Stimme.

«Aber noch nicht so schnell, Mama!», ruft Miriam jetzt aufgeregt.

«Nein, ich denke, ich lebe noch lange!»

Miriam denkt nach: «Mama, aber wenn du gestorben bist, darf ich dann dein Bett in mein Zimmer stellen?»

«Was ist denn das schon wieder?»

«Dein Bett ist nämlich viel kuscheliger als meins!» Sie sieht ihre Mutter an. Diese schlägt die Augen nach oben: «Meinetwegen!»

Miriam springt fröhlich auf: «Jetzt gehe ich zu Roman und sag ihm, dass seine Mutter lügt.»

Diese beiden Situationen zeigen die Souveränität von Kindern im Umgang mit dem Thema Tod, und sie veranschaulichen zugleich die Unsicherheit von Erwachsenen.

Unabhängig von realen Anlässen, zum Beispiel einem Todesfall in der näheren Umgebung, fragen Kinder zwischen dem vierten und fünften Lebensjahr nach dem Tod. Und dieses Interesse weist auf Reifeschritte des Kindes hin: Es fängt an über das «Woher komme ich?» (ausgedrückt durch die Frage «Wie werden Kinder gemacht, Mama?») und über das «Wohin gehe ich?» (aufgehoben in der Frage «Kannst du sterben, Mama?») nachzudenken.

Der Tod bedeutet bis zum sechsten, siebten Lebensjahr nicht das absolute Ende. Kinder begreifen noch nicht das ganze Ausmaß des Todes. Deshalb fragen sie zunächst ohne Angst und erhalten – paradox – angstbesetzte Antworten von Erwachsenen.

Kinder bringen Tod bis zum sechsten, siebten Lebensjahr mit hohem Alter, dem Gefühl des Alleinseins in Zusammenhang, binden ihre Todesvorstellungen an Symbole oder Situationen: den schwarzen Mann, die Dunkelheit, die Nacht, eine Krankheit, eine Verletzung oder den Schmerz.

Fragen nach Tod und Trauer, nach Gott und Himmel sind für Kinder normal.

Erwachsene sind mit den Antworten deshalb häufig überfordert, weil solche Fragen an Verdrängtes, Verleugnetes rühren. Je mehr aber der Tod aus dem Alltag, dem Leben von Erwachsenen ausgeblendet bleibt, je mehr Erwachsene sich diesen Grenzerfahrungen hilflos ausgeliefert fühlen, desto mehr spüren Kinder, wie sie von engsten Bezugspersonen bei sie bedrückenden Erlebnissen allein gelassen werden. Kinder empfinden sich dann als halt- und orientierungslos. Darüber hinaus sind Fragen der Kinder nach dem Tod nicht nur Fragen nach dem Ende. In ihren Fragen sind zugleich Wünsche enthalten; es sind Wünsche nach Auskunft über zentrale Sinnfragen des Lebens.

Der Tod als *Symbol* ist schon früh Bestandteil kindlicher Entwicklung. Diese ist ohne Autonomie nicht denkbar, und Eigenständigkeit ist ohne den Abschied von vertrauten Situationen und Personen nicht vorstellbar. Sich zu trennen aus der symbiotischen Einheit mit der Mutter, aus der Geborgenheit der Familie, der Vertrautheit des Freundeskreises gehört zu den existenziellen Erfahrungen der Kinder.

Tod hat mit Trennung, hat mit Abschiednehmen zu tun. In Trennung und Abschied sind Momente der Endgültigkeit des Todes enthalten. Die Entwicklung des Kindes hin zur Selbstwerdung und zu Selbstbewusstheit, zum Gefühl des «Ich kann allein» und zu Grenzerfahrungen wie «Ich brauche meine Eltern nicht mehr» ist gebunden an Abschied und Trennung.

Ein Leben, das nicht Bilder und Symbole des Todes beinhaltet, ist ein armseliges und unvollständiges Leben. Kinder spüren das. Sie erleben Wirklichkeit in Polaritäten – und damit in ihrer Ganzheitlichkeit. Zum Leben gehört der Tod; die Gesundheit erhält ihren unbezahlbaren Wert durch die Krankheit, das Glück ist ohne Trauer undenkbar, erst in der Niederlage zeigen sich die intensiven Momente des Siegens, das innig erlebte Gefühl des festlichen Rituals wäre ohne die Mühen der Ebene nicht zu spüren, zur Nacht gehört der Tag, zum Tag die Nacht; Mond und Sonne sind untrennbar miteinander verbunden, genauso wie der Konflikt zur Versöhnung gehört. Der Tod, das ahnen Kinder, ist nicht einfach das Ende.

Die eingangs angeführten Situationen zeigen – trotz aller widersprüchlichen Gefühle, die die Erwachsenen dabei an den Tag legen – eine konstruktive Perspektive auf, wie man auf kindliche Fragen nach Tod und Trauer eingehen kann.

Fragen nach dem Tod sind altersbedingt – unabhängig von aktuellen Ereignissen wie zum Beispiel einem Todesfall in der Familie oder der Verwandtschaft. Das Kind wird größer, es bildet ein

Körpergefühl aus. Das Kind wird sich zunehmend seiner körperlichen Macht und Kraft bewusst. Zugleich wirkt es gegenüber Erwachsenen noch sehr klein und verwundbar. Daraus ergeben sich Vernichtungsängste, die das Kind – ganz in einem animistisch-symbolischen Denken verfangen – an Monster, Gespenster, Einbrecher, Räuber, aber auch an wilde Tiere bindet. Solche Symbole sind aus der Sicht von Kindern doppeldeutig: Die «guten» Tiere oder Monster repräsentieren die Anlehnungsbedürfnisse, die Wünsche nach Zärtlichkeit; die «bösen» Elemente symbolisieren die zerstörerisch-aggressiven Phantasien des Kindes.

Allmählich entwickeln sich beim Kind Formen des Zeitbewusstseins, Vorstellungen über das Woher und Wohin. Diese Spannung bedeutet für das Kind Unsicherheit, fördert aber auch seinen Wissensdurst. Fragen nach dem Tod sind insofern ein Zeichen für Reife. Das Interessenspektrum des Kindes weitet sich – und damit reichen das bisherige Wissen, die bisher gestellten Fragen nicht mehr aus. Das Kind spürt: Veränderte Situationen erfordern andere Fragen, einen veränderten Zugriff auf Realität. Das Kind will neue, gleichwohl feste und verlässliche Sicherheiten. Die Kinderfragen stehen für Sinnsuche – aber sie beinhalten zugleich den Wunsch nach Halt und Bindung. Nur auf dieser Basis sind Kinder aufgeschlossen für neue, bisher ungewohnte Erfahrungen.

Kinder werden früh in vielerlei gesellschaftliche, soziale und ökonomische Probleme und Krisen eingebunden. Die multimediale Darstellung und Inszenierung von Katastrophen bedeutet für das Kind, dass es auf eine abstrakte, wenig greifbar-begriffliche Weise mit Situationen konfrontiert wird, die Vernichtungs-, vor allem Trennungsängste zurücklassen. «Das kann uns nicht passieren!», «Du brauchst keine Angst davor zu haben!», «Nun stell dich nicht so an!»: Solche Antworten helfen wenig und signalisieren dem Kind lediglich elterliche Hilflosigkeit. Und das Kind *fühlt* sich allein gelassen.

Weil Kinder bis zum achten, neunten Lebensjahr Katastrophen und Unglücke als Aktualisierung von (vorhandenen) Vernichtungs- und Trennungsängsten erleben, ist neben einer möglichst ehrlichen Antwort der persönliche Halt wichtig: «Es kann passieren! Aber wenn es passiert, bin ich bei dir!»

Erzählungen aus dem Zweiten Weltkrieg während der Bombennächte untermauern diese Feststellung: Kinder, die während der Bombardierung nahe bei ihrer Mutter waren, denen die Mutter emotionale Nähe geben konnte, haben in der Regel weniger traumatische Erinnerungen als Kinder, die diese schreckliche Situation von ihren Müttern getrennt erleben mussten.

Generell gilt: Das Thema Tod ist erst dann von Eltern und Pädagogen aufzugreifen, wenn Kinder danach fragen. Würde das Thema von außen hineingetragen, hätte das in der Regel eine gefühlsmäßige Überforderung zur Folge. Wenn Fragen gestellt werden, sollen Erwachsene genau zuhören, auf das achten, was das Kind wissen will. Fühlt man sich unsicher, sind geschickte und einfache Rückfragen angezeigt.

«Was ist, wenn ich tot bin? Krieg ich dann eine schöne Beerdigung?», fragt die siebenjährige Sibylle. Der Vater nähert sich ihr, lächelt: «Ich denke, du lebst noch lange. Noch ganz lange.» Kurze Pause: «Aber wie möchtest du, dass deine Beerdigung aussieht?»

Eine andere Situation: «Wenn Oma jetzt im Himmel ist, wie sieht es wohl dort aus?», will Johannes, sechs Jahre, wissen. «Was meinst du, wie sieht es dort wohl aus?», gibt die Mutter die Frage zurück. Johannes überlegt kurz, erzählt dann von seinen Phantasien. Rückfragen knüpfen an Vorstellungen und Phantasien der Kinder an. Das Kind kann sich im Hier und Jetzt angenommen fühlen. Es erfährt: «Meine Frage nimmt man ernst. Ich bin nicht hilflos oder zu klein für diese Fragen!»

Nun gibt es Situationen, in denen Antworten nicht möglich sind. Manchmal benötigt man Bedenkzeit, weil man selber vom Tod eines Menschen tief getroffen ist oder von der Kinderfrage überrascht wurde. Mancher Erwachsene sieht sich überfordert – nach dem Motto: «Ich muss jetzt aber richtig handeln!» – und gibt, ohne es zu merken, die Überforderung an die Kinder weiter. Angemessener sind Antworten wie: «Ich kann das jetzt nicht beantworten, aber nachher habe ich Zeit für dich, und dann komme ich!» Es braucht wohl nicht betont zu werden, dass man später von sich aus auf das Kind zugeht und sein Versprechen einhält.

Während einige Eltern und Pädagogen sich den Kinderfragen nach dem Tod entziehen, meinen es andere besonders gut. Sie geben eine Menge an Informationen, die das Kind möglicherweise gar nicht hören will, weil es diese noch nicht verarbeiten kann. Solche Schilderungen können Bilder und Phantasien beim Kind hervorrufen, auf die es emotional nicht vorbereitet ist. Und Eltern sollten bedenken: Das Kind im Hier und Jetzt anzunehmen bedeutet, dem Kind das Vertrauen zu vermitteln, dass es wieder zu den Eltern kommen kann, wenn es sich als notwendig erweist, weitere Nachfragen zu stellen.

So kann die elterliche Antwort auf eine Frage des Kindes mit dem Satz schließen: «Falls du mehr wissen willst, kannst du jederzeit kommen.» Klare und wahrhaftige Auskünfte sind notwendig. Doch genauso bedeutsam ist die emotionale und körperliche Nähe, in der diese Gespräche stattfinden. Kinder brauchen verlässlichen Halt – dann können sie mit den Antworten ihrer Eltern und anderer Erwachsener umgehen. Solcher Halt bewahrt nicht vor Schmerz und Trauer, aber er bietet einen Rahmen, um in Schmerz und Trauer nicht allein zu sein.

Nach dem plötzlichen Tod seines Vaters reagiert der neunjährige Klaus mit einem Schock. Er weint, schluchzt, macht äußerlich dicht, lässt nichts an sich herankommen. Ohne Gefühl und wie versteinert wirkt er auf seine Umwelt, keiner kommt an ihn heran. Seine Leistungen in Schule und Sportverein bleiben unverändert gut. Er macht seine Aufgaben, als wäre nichts geschehen, er lebt ein Stück Normalität im Durcheinander. Nur manchmal lacht er unmotiviert und schrill auf, ist aufgesetzt fröhlich und ungeheuer betriebsam.

Nach knapp anderthalb Jahren entwickelt Klaus Zorn und Wut auf seinen Vater, ja einen richtigen Hass. Er schreit: «Es ist richtig, dass du tot bist!», oder er weint hemmungslos: «Warum musstest du sterben und hast mich allein gelassen?» Diese heftigen Ausbrüche dauern einige Wochen, schwächen sich dann ab. Klaus scheint wieder versteinert, in sich zurückgezogen. Eines Tages fragt er seine Mutter, ob er den Schlafanzug des Vaters anziehen könne. Zudem wolle er den Rucksack seines Vaters als Schultasche benutzen. In dieser Phase setzen vorsichtige Fragen nach dem Vater ein, er wünscht sich von der Mutter, dass sie von ihm erzählt. Und manchmal sehnt er sich seinen Vater herbei: «Es wäre so schön, wenn er bei meinem Geburtstag hier wär!»

Klaus geht nun häufiger auf den Friedhof. Seine Mutter gewinnt fast den Eindruck, als wolle er auch tot sein. Und dann folgt der Schock: An seinem zwölften Geburtstag trampelt Klaus auf dem Grab des Vaters herum, brüllt: «Du hast uns verlassen! Du gemeiner Hund! Warum hast du gerade uns verlassen?» Er schreit sich so in Rage, dass er auf dem Grab zusammenbricht. Es folgt dann eine Phase, in der er den Vater verklärt, geradezu unheimliche Verschmelzungswünsche entwickelt. In seinem Zimmer stehen fünf Bilder vom Vater, in einer von Klaus genau festgelegten Ordnung, die keiner anfassen darf.

Am Morgen seines 13. Geburtstages sammelt Klaus alle Fotos des Vaters in seinem Zimmer zusammen, legt sie der Mutter auf den Frühstückstisch: «Ich habe seinen Rucksack. Und ein kleines Bild!»

«Wo?», fragt die Mutter überrascht.

«In meinem Herzen!», antwortet Klaus wie selbstverständlich.

Obgleich jede Bewältigung von Trauer und Tod einzigartig und individuell ist, kann man doch einige Phasen der Verarbeitung unterscheiden – Phasen, die nicht nacheinander verlaufen, sondern nebeneinander stehen und sich häufig wiederholen können:

- Es gibt die Phase der Abwehr, des Nicht-Wahrhaben-Wollens. Das Kind weigert sich zu glauben, jemand sei gestorben. Es geht der Auseinandersetzung aus dem Weg, zeigt damit aber auch, dass es mit dem Schmerz noch nicht fertig wird, sich überfordert fühlt. Es existiert eine Vielzahl von Abwehrmechanismen: Manche Kinder reagieren auf den Tod eines Verwandten oder Bekannten mit einer Umkehr der Gefühle. Sie sind fröhlich, ungeheuer in Bewegung, ihnen fällt ständig etwas ein. Andere Kinder brechen bei geringsten Anlässen und Stresssituationen in Wut und Wehklagen aus oder fallen körperlich zusammen. Und dann gibt es Kinder, die reden nicht über den Tod, sparen dieses Thema aus oder schneiden ein anderes an, wenn das Gespräch darauf kommt. Wieder andere Kinder reagieren mit Lernhemmungen, chronischen Krankheiten. Als Abwehrmechanismen kann man auch Verhaltensregressionen beobachten. Jüngere Kinder neigen hin und wieder zu grausamen Spielen, quälen zum Beispiel ein Tier, um Trauer und Schmerz zu überspielen.

- In einer weiteren Trauerphase idealisieren Kinder den verstorbenen Menschen. Alles, was an den Toten erinnert, wird wichtig. Gegenstände erinnern an den Toten. Sie rufen schöne Stunden der Gemeinsamkeit wach. Gerade bei jüngeren Kindern kann es zu starken Verschmelzungswünschen mit der verstorbenen Person kommen: Man will ihre Sachen anziehen, ihren Beruf ergreifen. Zweifelsohne besteht in dieser Phase bei Kindern mit noch nicht gefestigter Identität die Gefahr, dass die Entwicklung des eigenen Ichs gehemmt wird.

- Die Phase der Idealisierung wechselt häufig mit der Abwertung des Toten ab. In den Schmerz mischen sich Wut und Zorn darüber, allein gelassen zu sein. Die negative Besetzung des Toten ist der Versuch des Kindes, Abschied zu nehmen. Kommt es bei der Verarbeitung der Trauer zu einer zu frühen Idealisierung, kann es passieren, dass das Kind den Toten nicht loslässt. Nur ein realistisches Bild des verstorbenen Menschen, also ein Nebeneinander all seiner Persönlichkeitsanteile, bietet die Gewähr dafür, den Toten loszulassen, um sich ihm auf neuer Stufe wieder anzunähern. Nicht übersehen werden darf: Die Verarbeitung von Trauer ist ein äußerst schmerzhafter, bewegender Prozess, der dem Kind viel Energie abverlangt. Deshalb braucht ein Kind Zeit, in der es nicht trauert, in der es Trauer abwehrt, sich den Toten wieder lebendig wünscht.

Am Ende des Trauerprozesses, dessen zeitlicher Verlauf nicht vorhersehbar ist, steht eine Wiederannäherung an den Toten auf einer qualitativ neuen Stufe. Die Trauer geht zu Ende, ist aber nicht abgeschlossen. Das Kind ist nun fähig, zu dem Toten eine veränderte, reifere Beziehung einzugehen. Aber auch dann sind Trauer und Schmerz noch möglich. Narben bleiben zurück. Der Verlust ist nicht ungeschehen zu machen. Erwachsene jedoch können Kindern vorleben, wie man mit diesen Narben umgehen kann.

Tod, Verlust, Trennung bringen für Kinder Trauer und Schmerz mit sich. Viele Eltern meinen, dies Kindern vorenthalten zu müssen, weil sie noch «zu klein» dazu seien, solche Gefühle sie unnötig belasten würden. Zweifelsohne sind Trauer und Schmerz schwierige Erfahrungen, bringen Tränen und Weinen mit sich. Doch schwächen diese Gefühle Kinder keineswegs.

Wer ihnen solche Erfahrungen vorenthält, verstellt ihnen eine wichtige Seite der Wirklichkeit, die der Philosoph Bachofen so umschreibt: «Mit der Zeugung beginnt das Reich des Todes.» Kinder spüren dies. Sie sind Philosophen und Forscher, die konkret-anschaulich Komplexe angehen, sie durch Spiel und Ritual auf den Begriff bringen.

Und dabei gehen sie manchmal ungewöhnliche Wege, die Erwachsene erstaunen, ihnen manchmal den Atem rauben.

Vanessa, sieben Jahre, muss mit ihrer Mutter nach New York fliegen. Ihre Mutter, Ricarda Siemens, arbeitet dort. Drei Tage vor dem geplanten Abflug erfährt Vanessa, dass eine Maschine der Swiss Air auf dem Flug von New York nach Genf abgestürzt ist. Vanessa weigert sich augenblicklich, mit ihrer Mutter zu reisen. «Ich will nicht abstürzen!» Diesen Satz wiederholt sie beharrlich – und in unendlichen Variationen: «Meinst du, ich will abstürzen?» oder: «Ich will nicht tot sein!», oder: «New York ist sowieso doof!» oder: «Oma und Opa sagen auch, wir sollen nicht fliegen!»

Als die Mutter nicht mehr weiterweiß, der Abflugtermin unerbittlich naht, bittet sie um ein Beratungsgespräch. Vanessa und ihre Mutter kommen.

«Du magst nicht fliegen!», eröffne ich das Gespräch. Vanessa nickt. Sie schaut ihre Mutter vorwurfsvoll an: «Ich flieg nicht, weil Mama spinnt!» Ich sehe Vanessa überrascht an: «Die spinnt mich an!», wiederholt sie selbstbewusst.

«Vanessa!», ruft die Mutter vorwurfsvoll. «Vanessa!»

«Doch!» Vanessa lässt sich nicht von ihrer Meinung abbringen.

«Und warum spinnt Mama?», bin ich neugierig geworden.

«Die sagt», und sie schaut ihre Mutter vorwurfsvoll an, «die sagt, wir können nicht abstürzen ...», sie holt tief Luft, «weil wir mit Lufthansa fliegen.» Sie bedenkt ihre Mutter mit einem verächtlichen Blick, dreht sich weg, sieht mich ernst an: «Fliegst du auch?»

«Ja!», antworte ich. «Ich flieg sehr viel!»

«Fliegst du mit Lufthansa?»

«Ja!» Ich schaue sie an und füge hinzu: «Da fühle ich mich sicher!»

Aber Vanessa ignoriert den Satz: «Können die Flugzeuge von denen auch abstürzen?», hakt sie mit Bestimmtheit in ihrer Stimme nach.

Ich nicke: «Jedes Flugzeug kann abstürzen.»

Sie sieht ihre Mutter strafend an: «Siehste!» Dann wendet sie sich mir wieder zu: «Aber so schnell willst du nicht abstürzen, nicht?»

Ich lache sie an: «Stimmt!»

«Dann wär dein Sohn nämlich traurig, oder?»

«Sicher!»

«Und ich will auch nicht abstürzen, weil Oma und Opa dann traurig sind!» Sie schaut mich mit großem Ernst an.

«Und deshalb fliegst du auch nicht?», stelle ich mit fragendem Unterton fest.

«Ich würd schon fliegen!», entgegnet sie, das Wörtchen «schon» ganz lang hinziehend.

Die Mutter setzt sich aufrecht hin: «Wie bitte? Und warum sind wir dann hier?»

«Was muss denn passieren, damit du mit Mama fliegst?», will ich wissen.

«Ich will ganz nahe bei Mama im Flugzeug sitzen!», antwortet sie: «Ganz nah! Sie soll mich anfassen!»

«Tu ich sowieso, die sitzt immer bei mir!», erklärt Ricarda Siemens mit vorwurfsvollem Ton: «Wir sitzen doch immer zusammen! Das weißt du!»

«Das ist sehr wichtig für dich, nicht?», frage ich Vanessa.

Sie nickt: «Willst du wissen warum?»

«Natürlich!»

«Weil ...», meint sie mit ruhiger Stimme, «weil wir, wenn wir abstürzen, dann sitz ich bei Mama, halt sie fest, und dann fliegen wir zusammen in den Himmel.»

Die Mutter verdreht die Augen.

«Und jetzt fliegst du?», frage ich vorsichtig.

Sie schüttelt den Kopf.

«Jetzt hör aber auf zu spinnen!» Die Stimme der Mutter überschlägt sich fast.

«Ich spinn überhaupt nicht, du spinnst», ruft Vanessa einigermaßen patzig.

«Du hast gesagt, wir fliegen mit Lufthansa, und die stürzen nicht ab!» Sie dreht sich von ihrer Mutter weg, holt ihren Rucksack vom Boden, kramt darin rum, zieht einen Zeitungsausschnitt mit einem Bild heraus, auf dem treibende Gepäckstücke auf dem Meer zu sehen sind.

«Hier!», sagt sie zu mir, hält mir das Bild hin.

«Und?»

«Wenn man vom Himmel stürzt, von da ganz oben, dann kann ich meine Mama nicht festhalten ...»

«Vanessa!», die Mutter klingt erschrocken.

«... und dann fliege ich in den Himmel und Mama in die andere Ecke vom Himmel.» Vanessas Mutter schüttelt den Kopf.

«Und dann sind wir beide wieder nicht beieinander.»

«Deshalb fliegst du nicht?»

Sie nickt heftig.

«Meinst du, ich will im Himmel allein sein!» Dann schaut sie ihre Mutter an, die mit den Augen rollt, als wolle sie ausdrücken: «Wann hört das endlich auf!» Aber Vanessa lässt sich überhaupt nicht irritieren: «Ich hab mir etwas ausgedacht. Ich geh jetzt mit Mama zu Karstadt, wir kaufen einen Engel, brechen den in der Mitte durch. Und Mama hängt sich eine Hälfte um den Hals, ich die andere!»

«Und? Was soll das?» Die Mutter klingt mehr als genervt. Vanessa atmet tief aus: «Oh, Mama!», bevor sie selbstbewusst fortfährt: «Wenn wir abstürzen, und wir verlieren uns und sind dann im Himmel, dann gehe ich so lange mit meinem Engel durch den Himmel, bis ich deinen Teil gefunden hab! Und dann haben wir uns wieder!»

«Und jetzt fliegst du nach New York?», will ich wissen.

Sie lacht: «Natürlich. Da ist es doch auch schön. Da wohnen Mike, Eliza und Jimmy, das sind doch meine besten Freunde!»

Gesagt, getan. Sie führen das Engel-Ritual durch. Sie besteigen den Flieger. Nach fünf Stunden, das Flugzeug nähert sich allmählich New York, wacht Vanessa aus ihrem Dämmerschlaf auf, schüttelt sich kurz, fasst ihren Engel an und ruft laut in die Kabine hinein: «Mama, ist das hier die Stelle, wo das Flugzeug abgestürzt ist?» Keine Antwort. Die Mutter döst.

Vanessa, nun noch lauter: «Mama, ist das hier die Stelle, wo das

Flugzeug abgestürzt ist?» Die Mutter zuckt zusammen, wirkt konsterniert, findet keine Worte. Auch andere Passagiere, die in der Umgebung sitzen, blicken verstört, manche entsetzt.

«Ich glaub schon!» Die Mutter ist immer noch nicht ganz bei sich: «Ich glaub schon, Vanessa. Ich glaub schon!»

«Mama, hast du den Engel?», fragt Vanessa. Und bevor die Mutter antworten kann, fährt sie fort: «Mama, fass ihn an! Jetzt wird's gefährlich!»

Zweifellos bringen Tod und Trauer heftige Gefühle mit sich. Und jede Verarbeitung von Tod und Trauer ist ein einzigartiger Prozess, der dann für Kinder konstruktive Erfahrungen mit sich bringen kann, wenn man sich als Erwachsener über folgenden Rahmen im Klaren ist:

- Je mehr das Kind Sicherheit, Schutz und Bindung spürt, je verlässlicher und vertrauter sich die Gesamtsituation darstellt, desto mehr fühlt sich das Kind ernst und angenommen.
- Kinder verarbeiten Unbegriffenes im Spiel und im Ritual. Hier haben sie die Möglichkeit, unverarbeitete Trennungsgefühle auf eine für sie nachvollziehbare Weise zu inszenieren.
- Antworten Sie auf Kinderfragen nach Sterben und Tod, nach Trauer und Trennung in anschaulichen Bildern. Kinder wollen klare Informationen, die ihnen behutsam, nicht überzogen naturalistisch, vermittelt werden. Nicht die objektiv richtigen Informationen sind häufig passend. Es sind die wahrhaftigen, jene, die sich am Entwicklungsstand des Kindes orientieren. Und bedenken Sie: Mitleid nimmt Kinder nicht ernst, nur Mitgefühl gibt ihnen Unterstützung und Geleit.

Literaturempfehlungen

Die angeführte Literatur hat mir bei der Arbeit sehr geholfen und bietet für interessierte Leserinnen und Leser weitere wertvolle und vertiefende Informationen. Dabei habe ich weitgehend auf wissenschaftliche (Standard-)Werke verzichtet, mich stattdessen auf Bücher konzentriert, die leicht zugänglich sind und die ihre Informationen verständlich aufbereitet haben.

Literatur zu Kapitel 1
Thomas Berry Brazelton/Stanley I. Greenspan: Die sieben Grundbedürfnisse von Kindern. Weinheim/Basel 2002
William Damon: Die soziale Entwicklung des Kindes. Stuttgart 1989
Wayne Dosick: Kinder brauchen Werte. Bern/München/Wien 1995
Axel Hacke: Der kleine Erziehungsberater. München 1998
Jesper Juul: Das kompetente Kind. Reinbek 1997
Robert Kegan: Die Entwicklungsstufen des Selbst. München 1986
Heidi Keller (Hg.): Lehrbuch Entwicklungspsychologie. Bern 1998
Mia Kellmer-Pringle: Was Kinder brauchen. Stuttgart 1979
Remo H. Largo: Kinderjahre. Die Individualität des Kindes als erzieherische Herausforderung. München 1999
Thomas Lickona: Wie man gute Kinder erzieht! Die moralische Entwicklung des Kindes von der Geburt bis zum Jugendalter. München 1989
Rolf Oerter/Leo Montada (Hg.): Entwicklungspsychologie. München/Weinheim 2002
Wilhelm Rotthaus: Wozu erziehen? Entwurf einer systemischen Erziehung. Heidelberg 1999
Lotte Schenk-Danzinger: Entwicklungspsychologie. Wien 1995
Robert Murray Thomas/Birgitt Feldmann: Die Entwicklung des Kindes. Weinheim/Basel 1989
Helmut Zöpfl: Der kleine Erziehungsratgeber. Augsburg 1996

Literatur zu Kapitel 2
Dieter Baacke: Die 0- bis 5-jährigen. Weinheim/Basel 1999
Thomas Berry Brazelton: Ein Kind wächst auf. Das Handbuch für die ersten sechs Lebensjahre. Stuttgart 1995
Manfred Döpfner/Stephanie Schürmann/Gerd Lehmkuhl: Wackelpeter und Trotzkopf. Weinheim 2000
Sabine Friedrich/Volker Friebel: Trau dich doch! Wie Kinder Schüchternheit und Angst überwinden. Reinbek 1996
Alexander von Gontard: Bettnässen: verstehen und behandeln. Düsseldorf/Zürich 2001

Alison Gopnik/Patricia Kuhl/Andrew Meltzoff: Forschergeist in Windeln. Wie Ihr Kind die Welt begreift. Kreuzlingen/München 2000

Stanley I. Greenspan: Das große Erziehungshandbuch für die ersten sechs Lebensjahre. Düsseldorf/Zürich 2001

Doris Heueck-Mauß: Das Trotzkopfalter. München 1997

Heidi Keller/Hans-Jürgen Meyer: Psychologie der frühesten Kindheit. Stuttgart/Berlin/Köln/Mainz 1982

Judith S. Kestenberg/Janet Kestenberg-Amighi: Kinder zeigen, was sie brauchen. Freiburg/Basel/Wien 1993

Ulla Kiesling: Sensorische Integration im Dialog. Dortmund 1999

Rita Kohnstamm: Praktische Kinderpsychologie: die ersten 7 Jahre. Bern 1990

Remo H. Largo: Babyjahre. Die frühkindliche Entwicklung aus biologischer Sicht. München 2001

Penelope Leach: Die ersten Jahre deines Kindes. München 2001

Lisa Miller/Deborah Steiner: Versteh dein Baby. Ein praktischer Elternratgeber für das erste und zweite Lebensjahr. Weinheim 1997

Franz Petermann/Manfred Döpfner/Martin H. Schmidt: Ratgeber Aggressives Verhalten. Göttingen/Bern/Toronto/Seattle 2001

Emmi Pikler: Lasst mir Zeit. Die selbständige Bewegungsentwicklung des Kindes bis zum freien Gehen. München 2001

Emmi Pikler: Friedliche Babys – zufriedene Mütter. Freiburg/Basel/Wien 1989

Gisela Preuschoff: Von Null bis Drei. Alltag mit Kleinkindern. Köln 1995

Susan Reid/Judith Trowell: Versteh dein Kleinkind. Ein praktischer Elternratgeber für das dritte und vierte Lebensjahr. Weinheim 1997

Gertrud Teusen: Das Trotzalter. Berlin 1999

Chantal de Truchis: Die ersten Schritte in die Welt. Freiburg/Basel/Wien 1998

Vivian Weigert: Warum schreit mein Baby? München 1999

Renate Zimmer: Handbuch der Sinneswahrnehmung. Freiburg/Basel/Wien 1996

Literatur zu Kapitel 3

Dieter Baacke: Die 6- bis 12-jährigen. Weinheim/Basel 1999

Jonathan Bradley/Eileen Orford: Versteh dein Schulkind. Ein praktischer Elternratgeber für das 11. und 12. Lebensjahr. Weinheim/Basel 1999

Walter Bräutigam/Paul Christian/Michael von Rad: Psychosomatische Medizin. Stuttgart/New York 1992

Dieter Bürgin: Psychosomatik im Kindes- und Jugendalter. Stuttgart/Jena/New York 1993

Wolfgang Edelstein (Hg.): Moralische Erziehung in der Schule. Weinheim/Basel 2001

Oggi Enderlein: Große Kinder. Die aufregenden Jahre zwischen 7 und 13. München 2001

Günther Deegener: Aggression und Gewalt von Kindern und Jugendlichen. Göttingen 2002

Martin Herbert: Kinder, die sich schlecht benehmen. Bern 1999

Rita Kohnstamm: Praktische Psychologie des Schulkindes. Bern/Göttingen/Toronto/Seattle 1994

Ingrid M. Naegele/Dieter Haarmann (Hg.): Schulanfang heute. Ein Handbuch für Elternhaus, Kindergarten und Schule. Weinheim/Basel 1999
Elsie Osborne/Lisa Miller/Dorah Lush: Versteh dein Schulkind. Ein praktischer Elternratgeber für das 8. bis 10. Lebensjahr. Weinheim/Basel 1998
Ulrike Petermann/Franz Petermann: Training mit sozial unsicheren Kindern. Weinheim 2000
Gisela Preuschoff: Schulprobleme. Köln 1997

Literatur zu Kapitel 4

Brigitte Beil: Schlummertuch und Hochzeitstag. Rituale in der Familie. München 1998
Thomas Berry Brazelton: Mein Kind verstehen. München 1992
Yolanda Cadalbert-Schmid: Aber Papa hat's erlaubt! Warum Männer und Frauen unterschiedlich erziehen. Zürich 1998
Terri Degler/Yvonne Kason: Liebe, Grenzen, Konsequenzen. München 1993
Jo Douglas/Naomi Richman: Mein Kind will nicht schlafen. Stuttgart/Jena/New York 1993
Rudolf Dreikurs/Vicki Soltz: Kinder fordern uns heraus. Stuttgart 1988
Rudolf Dreikurs/Shirley Gould/Raymond J. Corsini: Familienrat. Der Weg zu einem glücklicheren Zusammenleben von Eltern und Kindern. München 1985
Volker Friebel/Sabine Friedrich: Schlafstörungen bei Kindern. Stuttgart 1989
Sabine Friedrich/Volker Friebel: Einschlafen, Durchschlafen, Ausschlafen. Reinbek 1993
Gunhild Grimm/Inga Bodenburg: So werden Kinder sauber. Reinbek 1991
Helga Gürtler: Kinderärger, Elternsorgen. Ravensburg 1994
Regina Hilsberg: «Meine Suppe ess ich nicht!» Kultur und Chaos am Familientisch. Reinbek 1995
Silvia Hofmann: Diese Suppe ess ich nicht! Das Drama mit dem Essen. Zürich 1995
Cornelia Nack: Wenn Eltern aus der Haut fahren: Von der Unmöglichkeit immer liebevoll, geduldig und ausgeglichen zu sein. Reinbek 2001
Cornelia Nitsch: Bloß nicht alles richtig machen! Vom partnerschaftlichen Umgang mit Kindern. Reinbek 1998
Carola Schuster-Brink: Regeln und Rituale im Kinderalltag. Berlin 1998
Renate Valtin: Mit den Augen der Kinder. Freundschaft, Geheimnisse, Lügen, Streit und Strafe. Reinbek 1991

Literatur zu Kapitel 5

Judy Dunn/Robert Plomin: Warum Geschwister so verschieden sind. Stuttgart 1996
Rita Haberkorn: Zwillinge. Reinbek 1996
Isabell Hauser-Schöner: Kinder brauchen ihre Großeltern. München 1994
Hartmut Kasten: Geschwister. München 1998
Ingrid Leifgen: Immer diese Besserwisser! Was tun, wenn andere sich in die Erziehung einmischen. Freiburg/Basel/Wien 2001
Bettina Mähler: Geschwister. Reinbek 2002
Peter Schwob: Großeltern und Enkelkinder. Heidelberg 1988

Literatur zu Kapitel 6

Tobias Brocher: Wenn Kinder trauern. Reinbek 1993
Jean le Camus: Väter. Weinheim/Basel 2001
Helga Felbinger: Und den Alltag schaff ich auch. Ein Ratgeber für allein
  erziehende Mütter. München 1993
Mitch Golant/Susan Golant: Vater sein dagegen sehr. Bergisch Gladbach 1995
Dagmar Greitemeyer: Die Trennungsfamilie. München 1998
Earl A. Grollman/Gerri L. Sweder: Was Kinder sich von ihren berufstätigen
  Eltern wünschen. Zürich 1996
Hans Jellouschek: Mit dem Beruf verheiratet. München 2003
Verena Krähenbühl: Stieffamilien. Struktur – Entwicklung – Therapie.
  Freiburg 1995
Elisabeth Kübler-Ross: Kinder und Tod. München 2000
Gerd Lehmkuhl/Ulrike Lehmkuhl (Hg.): Scheidung – Trennung – Kindes-
  wohl. Weinheim 1997
Marcel Müller-Wieland: Der innere Weg. Mut zur Erziehung. Zürich 1982
Gabriele Niepel: Alleinerziehende. Abschied von einem Klischee. Opladen 1994
Hilarion G. Petzold (Hg.): Die Kraft liebevoller Blicke. Band 2. Paderborn 1995.
Otto Speck: Chaos und Autonomie in der Erziehung. München/Basel 1991
Daniela Tausch-Flammer/Lis Bickel: Wenn Kinder nach dem Sterben fragen.
  Freiburg/Basel/Wien 1994
Franz Zang: Damit Erziehung gelingt. Vom Umgang mit den Möglichkeiten
  unserer Kinder. Bern/Göttingen/Toronto/Seattle 1996

Auf einige Erziehungsthemen bin ich in dem vorliegenden Buch
nicht weiter eingegangen, da ich sie anderweitig dargestellt habe.
Geschlechtsunterschiede sind ausführlich dargestellt in «Lauter
starke Jungen», das ich gemeinsam mit Bettina Mähler verfasst
habe. In «Kinder, die den Rahmen sprengen» sind Bettina Mähler
und ich genauer auf Wahrnehmungsstörungen, Hyperaktivität und
andere Entwicklungsbesonderheiten eingegangen. Den Themen-
komplex Medien habe ich in «Kinder können fernsehen» behandelt. «Ängste machen Kinder stark» geht umfassend auf Ängste der
Kinder von der Geburt bis zur Vorpubertät ein. Das vorliegende
Buch verzichtet auf eine Darstellung der Pubertät, da ich diese
Entwicklungsphasen in «Pubertät. Loslassen und Haltgeben» dargelegt habe.

Stichwortregister

negative Aufmerksamkeit 357
negative Rückmeldungen 232
negative Zuneigung 332
Nein! 327ff.
Neugier 116
Neugierverhalten 85
Normen 15, 148, 187, 203, 226,
    271, 283, 288f., 303

Ohnmacht 91
Onanie 33
Ordnung 249ff.

Pechvogel 228
Persönlichkeit 358, 379
Pflichten 186
Phantasien 43, 239
Pornographie 173
Problemlösungskapazität 232
Provokation 191, 356
Prügelknaben 380
psychosomatische Reaktion 92
Pubertät 12, 145, 147, 170, 245

Quengeln 92

Rache 335f.
Raufrituale 355f.
Raufzone 204f.
Recht des Stärkeren 225
Rechte 186
Reflexe 21
Regeln 35, 44, 149ff., 157f., 186,
    195, 201f., 205, 224, 244, 261,
    299, 301, 314f., 338, 355
Regelüberschreitungen 183, 286
Regelverletzung 284, 319
Regression 154, 211, 349, 351
– sprachliche Regression 65, 72f.
– Verhaltensregression 54, 416
Respekt 9, 43, 111, 135, 147, 174f.,
    186, 189, 201, 202, 224f., 232,
    289f., 308, 322, 338, 357, 407

Rituale 35, 44, 92, 112, 116f., 157,
    186, 195, 201f., 213, 266f., 244,
    287ff., 298f., 350ff., 356, 358,
    377f., 387, 393f., 406f., 417,
    421
Rolle 388, 341, 375, 376
Rückmeldungen 62
Rücksichtnahme 278
Rückzug 153

Sammelleidenschaft 238
Sandwich-Kinder 341f.
Sanktionen 232
Sauberkeitstraining 47ff.
Scheidung 400ff.
Schimpfworte 283
Schlüsselkinder 390
Schreireflex 62
Schüchternheit 78, 106ff.
Schuldgefühle 329
Schule 242ff.
Schulreife 245
Schulweg 158, 244
Selbstachtung 224
Selbständigkeit 79, 93, 114, 267,
    272
Selbstbefriedigung 33ff., 173
Selbstbehauptung 131
Selbstbetroffenheit 193, 209, 215
Selbstbewusstsein 77ff., 85, 146,
    155, 168, 200, 235, 292, 380,
    401
selbstverantwortliches Handeln 323
Selbstvertrauen 89f., 129, 218, 292,
    337
Selbstwertgefühl 23, 85, 110, 129,
    223
sensomotorische Integration 63
sexistische Sprüche 170, 174
Sexualaufklärung 40
Sexualität 29, 172ff.
Sicherheit 267, 303, 401, 406, 421
Sinne 28, 155f.